Developmental Psychology

발달심리학

| 송형철 권 봉 김종필 문홍남 신민식 양철수 이상열 공저 |

양 성 원

머리말

최근 인문학의 열풍으로 심리학이 각광을 받으면서 발달심리학은 어느 때보다 관심이 고조되고 있다. 또한 생애주기 문제가 사회 전체에 화두로 등장하면서 발달심리학은 많은 관심을 불러일으키고 있다. 그럼에도 불구하고 기존 학습서들은 발달심리학을 제대로 바라보지 못하고 있음은 안타까운 일이 아닐 수 없다. 다시 말해서, 발달심리학은 심리학의 한 분야라는 점을 새삼 강조하고 싶다. 발달심리학은 심리학이다. 이런 평범한 논제가 오히려 어렵게 만들고 있음은 많은 수의 교재가 있음에도 또 출판해야 하는 공동저자들로서는 착잡함이 앞선다.

한 사람이 출생해서 사망하기까지의 생애주기에 대한 수많은 변화의 과정을 연구하는 발달심리학은 이론심리학과 응용심리학에서 가장 먼저 이해를 필요로 하는 기초학문이다. 즉, 발달심리학은 생애주기라는 실제와 심리학이라는 이론이 끊임없는 대화를 해야 하는 만만치 않은 학문이다. 인간에 대한 이해는 여러 영역의 학문을 거쳐 접근되어 왔다. 즉, 다각적인 分析이 시도되었지만, 발달심리학에서는 인간이 가진 고유한 특성의 발달과정에 대한 심리학적 이해를 하는데 관심의 초점이 된다.

본 서는 생애주기를 8단계로 구분하고 이에 맞는 심리학적 이론을 도입하고 있다. 즉, 본 서는 생애주기를 심리학적으로 연구하는 발달심리학에 충실하고 있다. 심리학은 학문 가운데에서도 어려운 분야에 속한다. 더구나 생애주기에 맞게 연구해야 하는 발달심리학은 더욱 어려움을 준다. 이러한 와중에도 본 서는 학습자들의 편의를 위해 좀 더 쉽게 서술하고 있음을 밝히고자 한다.

본 서의 구성을 보면,

1장 발달심리학의 기초
2장 심리성적 발달이론
3장 심리사회적 발달이론
4장 인지발달이론
5장 사회문화적 인지이론
6장 인간중심이론
7장 욕구위계이론
8장 성격발달이론
9장 학습발달이론
10장 도덕성 발달이론
11장 애착발달이론
12장 언어발달이론
13장 생애주기 발달이론

탈고하면서 발달심리학에 대한 공동저자들의 이해 및 연구의 한계를 뼈저리게 느끼고 있음을 솔직히 고백하고자 한다. 특히, 자료수집의 부실과 관련분야의 연구 부족으로 내용이 충실하지 못한 부분에 대해 양해를 부탁드린다. 본 서를 학습하는 많은 분들의 많은 지적과 조언을 부탁드리며, 차후에는 더욱 보완하여 알찬 내용으로 출간할 것을 약속드린다.

본 서를 출판하기까지 수고를 아끼지 않으신 강철원 사장님과 관계자 여러분들께 진심으로 감사드린다.

2018년 8월

공동저자 대표 송형철

차례

제5장 사회문화적 인지이론 / 131

제6장 인간중심이론 / 145

제7장 욕구위계이론 / 167

제8장 성격발달이론 / 189

제9장 학습발달이론 / 211

제10장 도덕성 발달이론 / 237

제11장 애착발달이론 / 259

제12장 언어발달이론 / 279

제13장 생애주기 발달이론 / 295

CHAPTER

01

[developmental psychology]

발달심리학의 기초

학습목표

1. 발달에 대한 이해 향상
2. 생애주기와 심리학의 조화
3. 발달심리학의 임상

학습내용

1. 심리학의 이해
2. 발달의 이해
3. 발달심리학의 연구방법론

개요

발달은 일생에 걸쳐 점진적으로 일어나는 체계적인 변화이며, 신체적 · 심리적 · 사회적 영역에서 일어나는 전체적 변화를 의미한다. 그리고 발달은 양적 변화와 질적 변화를 포함하며, 양적 변화는 크기 또는 양에서의 변화를 의미하고, 질적 변화는 본질, 구조, 비율, 기능의 변화가 포함된다. 또한 발달은 유기체나 기관이 양적으로는 증대하고, 구조적으로는 분화, 정밀화 그리고 통합되고, 기능적으로는 유능화되는 현상과 관련된 상승적 변화와 아울러 양적 감소, 구조의 단순화, 기능의 무능화 현상과 관련된 퇴행적 변화를 모두 포함한다. 본 장에서는 이러한 인간발달을 심리학 측면에서 학습하고자 한다.

CHAPTER 01 발달심리학의 기초

1. 심리학의 이해

1) 심리학의 개념

심리학을 마음의 이치, 인간의 마음에 대한 학문이라는 정도로만 이해하고서는 이해하기 어렵다. 그리고 철학이나 신학 등과 어떻게 다른가에 답하기 곤란하다. 왜냐하면 아주 오래전부터 수많은 철학자 역시 인간의 본질에 대한 질문과 그에 대한 해답을 찾고자 하는 노력들이 이루어져 왔다. 또한 신학자들도 인간의 본질에 대한 질문에서 출발하여 신이란 무엇인가에 대한 질문과 그에 대한 해답을 찾고자 노력을 해왔기 때문이다(이주희 외, 2013: 15).

심리학이 독립적인 학문으로 발전하게 된 구체적인 시기는, 1879년에서 1895년이라고 해도 좋을 듯하다. 분트(Wilhelm Wundt, 1832-1920)는 1862년에 독일 하이델베르크대학교(University of Heidelberg)에서 최초로 심리학을 강의했으며, 1879년에 라이프치히대학교(University of Leipzig)에서 최초로 심리학 실험실을 창설하고 실험과 관찰법을 동원해서 의식 속의 심리적 사실을 연구하고자 했다. 따라서, 그를 '심리학의 아버지' 또는 '심리학의 창시자'라고 부르기도 한다.

이 시기에 분트가 연구대상으로 삼은 것은 '심리적 사실(fact)'이다. 즉, 철저하게 과학적 전통에 입각해서 감각적 경험을 통해 의식 속에 일어나는 작용들만이 관찰 가능하다고 보고, 이를 연구대상으로 삼은 것이다. 따라서, 심리학은 의식 속의 심리적 사실을 연구하는 학문으로 정의되었고, 이렇게 정의함으로써 심리학은 비로소 과학적 방법으로 통제된 조건에서 관찰되는 대상들을 갖는 과학적 심리학이 되었다. 하지만 과학적 심리학의 탄생이라는 사실에는 커다란 의의가 있기도 하지만 심리적 사실을 연구대상으로 삼는 것 자체에 대해서는 비판이 대두되었다. 즉, 의식 속에서 일어나는 심리적 사실은 의식하는 사람의 사적 경험에 지나지 않고 또 타인에게 관찰될 수 없기 때문에 객관성이 없다는 것이다(객관성이 없다는 사실은 과학적 자료로서의 가치가 전혀 없다). 그리하여 그 대상은 심리학의 연구목적에 보다 부합되는 행동 쪽으로 옮겨지게 되고 인간의 행동을 연구하는 학문으로 정의되었다. 이러한 정의는 20세기의 유력한 철학 조류인 과학철학과 논리적 실증주의 및 자연과학의 성공과 과학기술의 발달 등으로 더욱 정당화되었다(손진훈 외, 1994: 8-9).

그러나 문제는 행동의 관찰만으로 인간을 제대로 이해할 수 있느냐는 것이다. 즉, 행동의 관찰로는 그 사람의 의식 속 이루어지는 지식의 형성과정이나 그 지식에 대한 주관적 경험내용 등을 알 수가 없다는 데에 문제가 있다. 이를 수정 · 보완하여 최근에 와서는 인간의 행동과 정신과정을 연구하는 학문으로 정의하고 있다. 이 정의는 심리학의 관심사가 관찰 가능한 행동의 객관적 연구임과 동시에 직접관찰이 불가능하되 행동이나 생리적 자료를 통해 유추가 가능한 정신과정의 과학이라는 것을 시사한다. 물론 이 정의에 대해 모든 심리학자가 동의하는 것은 아니지만 오늘날 심리학의 흐름을 가장 잘 나타내고 있다.

심리학의 정의는 시대의 흐름에 따라 심리학의 연구 주제와 대상에 따라 변해왔다. 그래서 심리학에 대한 정의는 학파와 학자에 따라 다르다. 하지만 심리학의 커다란 흐름 속에서 이루어지는 심리학의 정의는 심리를 강조하는 정의와 인간과 인간사 전체를 강조하는 정의로 구분할 수 있다.

첫째, 심리학은 마음의 이치를 따지는 학문이다. 심리학이란, 문자가 의미하는 바와 같이 심리학은 마음의 이치를 따지는 학문이다. 인간의 마음(mind), 심리(psycho), 정신(spirit)을 보다 학문적이고 체계적으로 연구함으로써 마음의 구조, 심리의 구조, 정신의 구조를 알고, 더 나아가 인간의 마음과 심리, 정신이 어떻게 작용하고 기능하는지를 알아보려는 학문이 심리학이다. 심리학을 과학적인 학문으로 발전시키는 데 이정표 역할을 한 분트는 인간의 내적인 경험과 의식을 강조하면서 "심리학은 자연과학의 주제를 다루는 외적인 경험의 대상들과는 달리 내적인 경험(감각, 감정, 사고, 의욕 등)을 연구하는 학문이다”(한국심리학회, 2004: 20 재인용)라고 정의한다.

둘째, 심리학은 행동을 다루는 학문이다. 인간이란 심리 이외에도 다른 요소들이 함께 어우러져 구성된 존재다. 그중에서도 가장 대표적인 것이 행동이다. 인간의 내부 심리 속에서 무엇을 생각하고 무엇을 느끼는지를 연구하는 것은 과학의 원칙에 위배된다. 그래서 누구나 눈으로 볼 수 있고 객관적으로 검증할 수 있는 행동을 연구해야 한다는 주장이 대두되었다. 이때 인간 행동이란 행동, 언어 그리고 학습되었거나 학습되지 않은 모든 관찰 가능한 것들을 말한다. 이런 입장에서 행동주의를 창시한 왓슨(J. Watson, 1878-1950)은 “심리학은 인간 행동을 주제로 삼는 자연과학이다”(한국심리학회, 2004: 21 재인용)라고 정의한다.

셋째, 심리학은 인간학이다. 심리학은 사회적 존재인 인간의 심리와 행동을 연구하는 학문이다. 그러나 심리학은 과학적 심리학이 출발 당시에 갖고 있던 의도보다도 훨씬 더 광범위하게 인간의 제반 영역을 다루게 되었다. 결국 심리학은 인간의 심리와 행동을 포함한 인간과 인간사 전체를 연구하는 학문이다. 보링(Boring, 1939)은 “인간이란 무엇인가? 심리학은 이 질문에 대해서 답변하려고 한다”고 주장한다.

이상의 정의들을 종합해 볼 때, 심리학은 인간의 행동과 정신과정을 과학적으로 연구하는 학문이라고 정의할 수 있다. 심리학자들은 인간의 행동을 기술하고, 설명하고, 예측하고, 통제하기를 원한다. 즉, 과학적 연구결과에서 얻은 지식을 토대로 인간의 행동과 정신현상에 대한 법칙과 원리를 구성하고, 이를 인간 행동을 이해하는 데 이용한다. 인간 이해와 관련하여 이제까지 상식으로 알아왔던 것들이 잘못 알려져 있는 경우가 의외로 많다. 심리학적 지식은 상식에 기초한 것이 아니라 인간에 대한 과학적 연구방법과 증거를 통해 도출된 것이기 때문에 상식이나 개인적인 경험에 의존한 판단보다 정확하고 과학적 통찰을 할 수 있도록 돕는다. 심리학적 지식은 생활 전반에 걸쳐 발생되는 문제들을 광범위하게 다룸으로써 문제를 해결하거나 실생활에서 유용하게 활용되고 있다.

2) 심리학의 목적

심리학은 학문적 목적과 이상적 목적을 가지고 있다. 인간이란, 무엇인지를 알고 이해하기 위해 존재하는 심리학은 인간의 심리와 행동을 설명하고, 예측하고자 한다. 더 나아가 인간의 심리와 행동을 설명하고, 예측함으로써 얻어진 결론을 통해 인간의 심리와 행동을 통제하려고 한다. 이런 과정을 통해 심리학은 인간과 사회의 복지를 증진시키고, 궁극적으로는 인간과 사회의 진리와 선을 달성하고자 한다. 이때 전자를 심리학의 학문적 목적이라고, 하고, 후자를 심리학의 이상적 목적이라고 한다.

(1) 학문적 목적

심리학의 학문적 목적은 다음과 같다.

첫째, 심리학은 인간의 심리와 행동을 설명하려는 학문이다. 인간을 이해하기 위해서는 무엇보다도 인간의 심리와 행동, 그리고 인간을 둘러싸고 있는 사회와 사회현상들을 보다 정확하게 설명할 수 있어야 한다. 심리학의 첫 번째 목적은, 현상을 정확하게 설명(explanation)하는 것이다. 그래서 심리학자들은 다양한 현상을 설명하기 위해 늘 무엇(what)을 어떻게(how) 설명할 수 있을까에 대해 고민한다.

둘째, 심리학은 인간의 심리와 행동을 예측하려는 학문이다. 심리학은 인간의 심리와 행동을 정확히 측정하고 설명한 것을 바탕으로 인간의 심리와 행동을 예측(prediction)하고자 한다. 가령, 성격검사를 통해 성격을 설명하고 이를 바탕으로 그 사람의 행동패턴과 심리상태를 예측하려고 한다. 그러나 예측의 정확을 위해서는 무엇보다도 정확한 측정과 설명이 전제되어야만 한다. 설명이 정확하지 않다면 예측이 틀릴 수도 있기 때문이다.

셋째, 심리학은 인간 심리와 행동을 통제하려는 학문이다. 심리학은 인간의 심리와 행동을 설명하고 예측하려는 목적 이외에도 인간의 심리와 행동을 통제(control)하려는 목적을 가지고 있다. 통제라는 단어의 의미가 인간을 의도적으로 조작한다는 느낌을 주기도 하지만, 여기서의 통제는 부정적인 의미에서의 통제는 아니다. 통제는 어떤 현상을 설명하고 예측함으로써 얻어진 정보를 인간과 사회의 복지, 진리, 선을 달성하기 위해 심리학의 연구결과를 활용하는 것이다. 예를 들어, 정신질환에 걸릴 소지가 많은 사람이라고 진단되면 그 사람을 스트레스로부터 보호해 주고, 심리치료를 통해 더 심한 정신질환으로 발전하지 않도록 통제해야 한다.

이와 같이 심리학은 어떤 현상을 설명하고, 예측하는 데서 끝나지 않고 적극적으로 인간의 심리와 행동을 통제하려는 목적을 가지고 있다(한국심리학회, 2004: 21-22).

(2) 이상적 목적

심리학의 이상적 목적은 인간의 심리와 행동을 설명하고, 예측하고, 통제하려는 학문적 목적을 통해 궁극적으로는 인간과 사회의 복지를 증진시키고, 진리와 선을 달성하고자 하는 것이다. 심리학의 학문적 목적이 주로 심리학의 현상(appearance)을 규명하려고 하는데 비해, 이상적 목적은 심리학의 본질(essence)을 규명하고자 한다.

현상이란, 인간의 심리와 행동의 외현적 표현양상이며, 본질이란, 현상의 기저에 놓여 있는 근본적인 원리이다. 본질이란, 인간은 알 수 없고 신만이 알 수 있는 심오한 그 무엇은 아니다. 행동을 이해하고자 한다면 행동이 본질이 되는 것이고, 기억을 연구하고자 한다면 기억이 본질이 되는 것이다.

심리학자들은 경험론적인 과학적 방법, 개념적 사유인 이성, 분석과 추리가 바탕이 되는 지성을 통해 인간의 심리와 행동이 빚어내는 현상들을 알고 이해한다. 그리고 궁극적으로는 직관을 통해 인간의 심리와 행동의 본질인 진리에 도달한다.

경험론과 기계론적 인간관이 주류를 이루는 과학적 심리학의 초기에는 과학적 방법의 틀로만 현상을 분석하고 이해하려는 데 급급한 나머지 본질을 추구하는 것 자체가 사변적이고 궤변적인 것으로 치부된 적도 있었다. 그러나 과학적, 경험적, 실증적, 기계론적 방법론과 이성, 지성의 역할은 한계를 드러냈다. 직관을 사용하지 않고 "인간이란 무엇인가?"에 대한 물음에 답하기도 어렵거니와 직관이 없는 경험과 과학적 발견들은 인간의 허울적인 현상들을 설명하기에도 급급하다(한국심리학회, 2004: 22-23).

3) 심리학의 관점

심리학이 인간을 이해하는 과학적 학문으로 자리를 잡게 된 것은 약 130여 년밖에 안 된다. 그 짧은 기간 동안 심리학은 사회과학의 기초학문으로 그리고 응용학문으로 성장과 발전을 거듭하고 있다.

심리학은 인간의 행동과 심리현상을 이해하고 설명하기 위해 다양한 관점을 선택하고 있다. 각각의 관점들은 인간의 행동과 심리현상을 이해하고 설명하는 데 있어서 매우 다르고, 때로는 상충되는 경우도 있기는 하지만, 넓은 의미에서 보면 인간의 행동과 심리현상을 이해하는 데 상호보완적인 측면을 갖고 있다. 각 관점들은 나름대로 독특하고 유용한 설명방식을 통해 인간의 복잡한 행동과 심리현상을 이해하는 데 도움을 준다(이주희 외, 2013: 25).

심리학의 역사를 보면, 여러 가지 접근법 또는 관점이 있어 왔다. 오늘날의 심리학자들 역시 마찬가지이다. 현대 심리학은 대체로 다섯 개의 큰 관점으로 나누어 설명해 볼 수 있다.

(1) 생물학적 관점

인간의 대뇌는 수많은 신경세포로 연결되어 있고, 인간이 하는 모든 생각과 행동은 대뇌의 통제를 받게 된다. 대뇌는 끊임없이 정보를 받아들이고, 통합하며, 전달하는데, 이런 대뇌활동에 의해 인간은 세상을 보고, 듣고, 경험하며, 적응해 나간다.

생물학적 관점은 인간의 행동과 심리현상을 이해하는 기초로서, 신체적 또는 생물학적 측면에서 이해하고 설명하려고 한다. 생물학적 접근방법을 취하는 심리학자들은, 인간의 행동, 정서, 정신장애 및 기타 심리현상을 연구할 때 생물학적 요소들을 찾고, 이런 생물학적 요소들이 어떻게 그의 정신과정 및 행동과 연관되어 있는지에 관심을 갖는다. 인간의 행동, 정서, 정신장애 및 기타 심리현상들과 유전적 요인, 뇌의 구조적 측면, 뇌의 생화학적 측면들 간의 관계에 관심을 두고 접근한다. 즉, 생물학적 접근방법을 취하는 심리학자들은, 외부 자극에 대한 뇌와 신경계통에서의 변화,

심리적 기능과 대뇌 간의 관계, 대뇌의 생화학적 변화와 행동 및 심리현상 간의 관계들에 관심을 갖는다(이주희, 2013: 26-27).

우리의 사고, 꿈 및 정신 이미지 등이 신경계, 그 중에서도 중추적 역할을 하는 뇌에 의해서 이루어진다는 것이 심리학자들의 가정이다. 생물학적 접근(biological approach)을 취하는 심리학자들은 두뇌에서의 사건(예, 뇌세포의 활동)과 정신과정 간의 연결을 찾아보고자 한다. 그 예로, 줄담배를 피우는 행동을 이해하고자 그가 어떻게 니코틴에 중독되었는가를 연구하게 된다. 그리하여 여러 가지 생물학적 요인(예, 유전, 두뇌에서의 전기적·화학적 활동, 호르몬의 활동 등)이 그의 정신과정 및 담배 피우는 행동에 어떻게 연관되는지를 조사하게 된다. 이러한 관점을 가진 심리학자들은, 정서, 정신장애, 기억, 사고 및 기타 심리현상을 연구할 때 생물학적 요소를 찾아서 연구하게 된다. 병원에서 뇌 사진을 찍을 때 사용하는 많은 기법(예, SCAN, PET, fMRI 등)은 생물학적 접근을 하는 심리학자들이 즐겨 사용하는 자료수집방법이기도 하다(현성용 외, 2015: 26).

이런 생물학적 관점이 인간의 행동과 심리현상에 대한 생물학적 이해를 증진시켰다. 하지만 이 관점은 몇 가지 한계를 지니고 있다.

첫째, 생물학적 관점은 인간의 행동과 심리현상에 대한 심리사회적인 요인을 간과하는 경향이 있다. 최근 많은 신체적인 질환의 경우에도 심리사회적 요인이 매우 중요하다는 인식이 증가되면서, 건강심리학과 같은 연구분야가 발달하고 있다. 인간의 행동과 심리현상은 신체적·심리적·사회적 요인의 복합적인 상호작용에 영향을 받는다는 것이 현대 심리학의 가장 보편적인 견해이다.

둘째, 대뇌 신경구조의 손상이나 생화학적 변화와 이상이 어떤 행동이나 심리문제를 유발하는 원인인지 아니면 그 결과인지를 확인하기 어렵다는 것이다.

셋째, 생물학적 입장에서 사용되는 약물치료만으로 행동 및 정신장애의 문제를 근본적으로 치료할 수 없다(이주희, 2013: 26-27).

(2) 인지적 관점

인지적 접근(cognitive approach)을 취하는 심리학자들은 정신과정에 연구의 초점을 둔다. 우리가 보통 마음(mind)이라고 부르는 것들(예, 지각, 기억, 사고, 판단, 의사결정, 기타 정보처리체계)을 연구한다. 즉, 인간의 두뇌가 어떻게 정보를 받아들이고 이를 처리하며, 특정 행동유형을 만들어 내는가를 연구하게 된다. 예를 들어, 줄담배를 피우는 사람을 인지적 관점에서 보면, 그의 행동은 담배 피우는 데서 오는 위험을 크게 평가하지 않기 때문으로 볼 수 있다. 또는 중요한 정보를 처리하기 위한 어떤 조직화가 이루어지지 않아서 그럴 수 있다고 본다. 그렇다면 중독된 사람을 치료하는 데도 약물만이 아니라 그가 정보를 보다 조직적이고 합리적으로 처리하도록 돕는 훈련이 필요할 수 있다.

인지적 관점을 크게 둘로 나누면, 피아제(J. Piaget, 1896-1980)에 의해 발전된 인지발달이론이 그 하나이고, 컴퓨터 과학의 영향을 받은 정보처리이론이 또 다른 하나이다.

① 인지발달이론

피아제가 어린이들의 지적 발달(인지적 발달)에 대해 보여준 혁신적 연구는 발달심리학자와 교육심리학자들을 자극하여 많은 연구가 이루어지게 하였다. 이러한 연구의 초점은 어린이와 성인이 세상을 얼마나 다르게 이해하고, 논리를 사용하는가에 대한 것이었다. 즉, 어린이는 성인의 축소판이 아니라 나름대로의 발달과정을 가지며, 단계별로 발달의 과제를 완수해 가면서 지적인 성장을 한다는 것이다.

② 정보처리이론

심리학은 출발부터 그 시대 자연과학의 발달이 미치는 영향을 받으며 성장해 왔다. 예를 들어, 프로이트의 정신역학(psychodynamics)이론은 19세기 열역학(thermodynamics)의 발전과 관련되어 있다. 이와 유사하게 오늘날의 많은 인지심리학자는 컴퓨터 과학의 영향을 많이 받았다. 컴퓨터는 문제를 해결하기 위해서 정보를 처리한다. 즉, 컴퓨터에 정보가 입력되고 처리되면서 기억에 저장된다. 정보를 디스켓에 장기적으로 저장할 수도 있고, 처리하는 동안 일시적 저장도 가능하다. 컴퓨터에 비유한다면 인간의 기억에도 장기기억과 단기기억, 작업기억, working memory 등이 있다. 따라서, 많은 인지심리학자는 인간이 수행하는 정보처리를 컴퓨터에 비유해서 이해하고자 한다. 즉, 정보입력, 저장, 인출, 문제해결을 위한 처리, 그리고 문제해결로 이어지는 과정이 바로 정보처리 이론가들이 연구하는 인간의 정보처리과정이다(현성용 외, 2015: 27).

인지적 관점의 한계점은 다음과 같다(이주희, 2013: 30-31).

첫째, 인간을 이해하는 데 지나치게 인지적인 측면만을 강조하여 동기적·정서적 측면을 간과하고 있다.

둘째, 인지적 관점은 심리현상의 인지적 요인과 과정에 대한 설명을 하고 있을 뿐이며, 심리적 현상의 궁극적인 원인에 대한 설명은 아니라는 것이다. 행동 및 정신장애의 원인이 잘못된 인지구조와 과정에 있다고 설명하고 있지만, 그런 잘못된 인지구조와 과정이 어떻게 형성되었는가에 대한 발생학적인 측면에 대해서는 명쾌하게 설명하지 못하고 있다.

셋째, 여러 행동 및 정신장애에 대한 인지적 치료방법의 효과가 매우 좋은 것으로 밝혀지고는 있지만, 그 적용대상에는 한계가 있다. 지적 능력이나 학력수준이 낮고, 심리적 내성능력이 부족한 사람에게는 적절하지 않는 것으로 알려져 있다.

(3) 행동적 관점

일상생활에서 마음의 상태나 경험에 따라 드러나는 행동이 달라진다. 즉, 인간의 심리현상은 그 사람의 행동으로 드러난다. 행동적 관점은 과학으로서 심리학의 연구대상은 관찰 가능한 행동만을 대상으로 해야 한다는 행동주의에 근거를 둔 관점으로, 인간의 모든 행동은 환경과의 상호작용에 의해서 학습된 것이라고 본다. 즉, 모든 행동은 그것이 이상행동이든, 정상행동이든 간에 학습의 원리에 의해 학습된 것이라고 가정한다. 행동적 접근방법을 취하는 심리학자들은 유기체가 새로운 행동을 학습하게 되는 원리와 과정에 관심을 갖고 있다. 그리고 수많은 실험연구를 통해서 새로운 행동이 학습되는 다양한 학습원리를 제시하고 있다(이주희, 2013: 27).

왓슨(John. B. Watson, 1878-1958)은 실험실에서 의식의 측정 또는 정신과정의 측정을 하지 않기로 작정했을 뿐 아니라, 일상생활의 모든 것을 이해하는 데 행동적 접근을 시도하였다. 그는 어떤 사람이 무엇을 하는가에 대해 이해하려면, 그의 학습 역사, 상황적 영향, 그리고 그 과정에 포함된 보상을 보면 된다고 하였다. 즉, 개인의 의식 및 자발적 선택에 대해서는 도외시하였다. 따라서, 행동적 접근(behavioral approach)에서는 어떤 사람이 학습을 통해 '무엇을' 알게 되었는가를 보고자 하는 것이 아니라 무엇이, 즉 어떤 외적인(external) 절차가 그를 조건화시켰는가를 보고자 한다. 예를 들어, 담배 피우기는 학습의 결과로 볼 수가 있다. 어릴 때 주위에서 존경받는 어른들이 담배 피우는 것을 보거나 영화에서 멋있는 배우가 그럴듯한 장면에서 담배를 한 대 피우는 것을 보고 성장하면서, 담배 피우기가 존경이나 멋있는 것으로 연결되도록 조건화되어 담배 피우기에 대한 호의적 태도가 학습되었다고 볼 수 있다.

(4) 정신분석적 관점

1940년대와 1950년대에 심리치료에는 정신분석이론이 크게 활용되었으며, 심리학 전반에 널리 영향을 미쳤다. 대부분의 심리치료가들은 정신분석에 몰두해 있었으며, 많은 저명한 작가, 예술가들이 자신의 무의식에 있는 아이디어를 표현하고자 하였다. 자동적으로 그림 그리기(automatic painting)와 자동적으로 글쓰기(automatic writing)가 인문과학 분야에서의 주요 운동으로 등장할 정도였다.

오늘날 정신분석이론의 영향은 계속되고 있으나 과거처럼 심리학 전반에 걸쳐 영향을 미치고 있지는 않다. 프로이트의 후계자들 가운데 호나이(K. Honey), 프롬(E. Fromm) 및 에릭슨(E. Erikson)과 같은 사람들은 프로이트가 중점을 두었던 무의식적인 성적·공격적 충동의 역할보다는 오히려 개인의 의식적이고 신중한 선택 및 자기지시(self-direction)에 더 큰 중점을 둔다.

정신분석적 접근(psychoanalytic approach)에서 볼 때, 비정상적 행동이나 문제행동은 과거에 갈등이 불만스럽게 해결되었거나 해결에 실패한 것을 나타낸다. 담배 피우기 역시 무의식적인 갈등의 상징일 수 있다. 예를 들어, 응석 부리는 어린이로 있고 싶은 바람과 독립적인 성인이 되고 싶은 바람 사이의 갈등일 수 있다. 따라서, 담배연기를 빨아들이는 것은 어린이가 젖병을 빠는 것을 상징할 수도 있는 것이다. 그렇다면 치료방법은 담배 피우는 사람의 내적 갈등을 해소하여 영원히 담배를 끊을 수 있는 자신의 능력을 강화시켜 주는 것이다.

(5) 인본주의적 관점

인본주의는 2차 세계대전 종전 후 등장한 사상이며, 1960년대에 절정에 이르렀다. 또한 인간의 부정적인 본능을 억제할 필요성을 강조한 프로이트의 정신분석이론과 상반되는 이론이다. 실제로 프로이트 관점의 영향력이 감소한 하나의 원인이 인본주의 관점의 발달에 관계된다.

인본주의 심리학은 형태주의 심리학 및 인지적 접근의 분위기를 강하게 풍기면서 보다 나중에 형성된 관점이다. 이들은 의식과 자기인식(self-awareness)을 강조하므로 현상학적 관점이라 부르기도 한다. 인본주의적 접근(humanistic approach)에서는 개인의 경험을 가장 중요한 연구대상으로 한다. 즉, 인생행로에서 자기인식, 경험 및 선택을 통해 '우리 자신을 제작하게 된다'는 관점이다.

전적으로 자신에게 행동의 선택권이 있는가 또는 외부 요소가 자신의 행동을 결정하는가에 대해서는 논쟁이 끝날 수가 없다. 행동주의적 접근은 후자의 관점이다. 그러나 로저스(C. Rogers, 1902-1987)와 매슬로우(A. Maslow, 1916-1972) 같은 인본주의자들은 전자의 관점을 가지고 있다. 이들은 우리가 자신의 개인적 정체성을 발견하고 인생의 의미를 부여하기 위해서는 자부심과 책임을 가지고 각자에게 주어진 자유를 활용해야 한다고 주장한다. 그리하여 이들은 사람들이, 자신의 느낌에 접하고 자신의 잠재력을 실현하도록 도와주는 방법을 연구하였다.

인본주의는 인간의 긍정적 잠재력을 강조하는 인간의 본성을 이해하려는 접근방식이며 사람들이 자신에게 가지는 기대와 열망에 초점을 맞춰 연구한다. 인본주의 심리학자들은 인간을 발달하고, 성장하고 자신의 잠재력을 이끌어내려는 욕구를 가진 존재로 여기고, 인본주의 심리치료사들은 사람들이 잠재력을 이끌어내는 일을 돕기 위해 노력한다. 이들은 '환자' 대신 '내담자'라는 용어를 사용하기도 한다.

인본주의적 관점은 인간의 행동과 심리현상을 이해하기 위해서는 그 사람이 경험한 사건내용이 아니라, 그 사건을 지각하고 해석하는 그 개인의 현상학적인 장을 이해해야 한다고 보는 관점이다. 이 관점의 심리학자들에게 인간은 자신의 의지에 의해 행동을 선택할 수 있는 능력이 있고, 성장할 수 있는 고유한 잠재능력을 갖고 있다. 유기체로서 인간은 여러 가지 기능과 구조로 구성되어 있지만, 통합된 전체로서 반응하는 존재이며, 따라서, 인간을 요소로 쪼개어 분석적으로 이해하기보다는 기능하는 전체로 이해해야 한다. 자기실현 경향성은 전체로서의 유기체와 자신을 유지하고, 향상시키려는 생득적인 성향이며, 행동의 원천이다. 즉, 인간의 행동은 궁극적으로 자아실현의 목표를 향하고 있다(이주희 외, 2013: 31).

인본주의 심리학에서는 인간을 선천적으로 선한 의지와 선택능력이 있는 능동적인 창조물로 본다. 이 관점에서는 인간을 위한 주요한 과제는 그들의 잠재력(potential)을 개발하고 성장을 위해 부단히 노력하는 것이다. 행동을 연구하는 것 자체를 반대하지는 않지만, 실험실 연구처럼 구성요소, 자극과 반응의 관계 등으로 설명하는 것이 아니다. 그 대신에 개인이 어떻게 살아왔는가와 같은 그 사람이 경험해 왔던 주관적인 세계에 초점을 맞추고 있으며, 이는 상담이나 인간 행동의 치료영역에 주로 응용되는 관점이다. 인본주의 심리학에서는 개인중심의 접근방법으로 성격이나 인간관계를 이해하고 있기 때문에 심리치료나 상담장면의 경우 고객중심치료(client-centered therapy), 또 교육장면의 경우 학생중심학습(student centered learning)을 표방한다. 곧 인간의 존재에 대해서 의미, 가치, 자유, 책임감, 잠재능력, 자아실현 등의 조사를 통한 총체적인 접근방법이라고 할 수 있다(윤가현 외, 2016: 31-32).

하지만 이 관점은 한계점을 갖고 있다. 이 관점은 실험이나 체계적인 경험적 연구에 의해 형성된 것이 아니라, 대부분 내담자의 주관적 경험과 체험에 관한 임상적 관찰에 근거하여 설명하고 있다. 그리고 인간의 발달문제들에 대해서 관심을 갖고 있지 못하다는 점, 지나치게 낭만적인 인간관을 갖고 있다는 점 등은 제3자의 현상학적 장을 직접 관찰할 수 없으므로 그 사람의 행동이나 말에서 추론할 수밖에 없고 이로 인해 순환논법에 빠질 수 있는 위험이 있다(이주희 외, 2013: 32).

이상에서 살펴본 다섯 가지 관점을 좀 더 개념적 초점, 인간 본성에 대한 견해, 정신과 정에 대한 강조, 그리고 '환경과 인간'에 대한 강조의 관점에서 보면 다음 표와 같다.

〈표 1-1〉 심리학의 5대 관점 비교

구분	개념적 초점	인간본성에 대한 견해	정신과정의 강조	환경/인간의 강조
생물적	행동의 기초는 생물학적 기능이다.	중립적	중간	인간
인지적	사고과정 및 세상에 대한 이해	중립적	최대	인간 및 환경
행동적	관찰 가능한 행동	중립적	최소	환경
정신분석적	무의식적 요인들	부정적	최대(무의식을 강조)	인간
인본주의적	잠재력을 실현하기 위한 인간의 욕망	긍정적	최대	인간

출처: Feldman(2002).

2. 발달의 이해

1) 발달의 개념

인간은 수정되는 순간부터 죽음에 이르는 전 생애에 걸쳐 정체되어 있는 것이 아니라, 역동적 변화를 거듭하는 존재다. 인간은 태어나는 즉시 말도 못하고 몸도 제대로 움직이지 못하여, 실제로는 스스로 아무것도 할 수 없다. 그러나 생후 1년 후에는 서고, 걷고, 가족들을 알아보며, 웃기도 한다. 자신이 기쁠 때는 손뼉도 치고, 가족과 가족이 아닌 타인들도 구별할 수 있게 된다. 3, 4세쯤 되면 언어를 구사하여 자기 의사를 밝힐 줄 알고, 사극이나 사람을 보고 자기 나름대로 사고할 수도 있다. 어른의 행동을 모방할 수 있고, 자기감정을 노래로 표현하며, TV나 라디오에서 노래를 따라 부를 수 있고 결정행동을 모방하며 즐거워한다. 이러한 행동변화는 출생 후에만 일어나는 것이 아니라, 출생 전 태내부터 큰 행동의 변화와 신체조직의 변화가 나타난다. 이러한 출생 전 및 후에 나타나는 행동변화를 '발달'이라고 한다. 그러나 모든 변화를 발달이라고는 할 수 없다(김혜선 · 유안진, 2011: 4).

인간에 관한 한 발달이란, 상향적 · 지향적으로 변화하는 것을 의미한다. 즉, 양적으로 더 증대되고, 기능적으로도 더 유능해지고 세련될 때 발달이라고 한다. 신체의 구조나 신경구조 및 정신구조 등이 전보다 정밀해질 때, 신체적 · 정신적 행동이 전보다 더 다양화되고 다채로워지고 능숙해질 때, 그리고 행동구조 역시 전보다 더 정밀해지며 정교해지는 변화가 나타낼 때 발달이라고 할 수 있다

이러한 인간의 역동적 변화를 설명해줄 수 있는 개념이 바로 '발달(development)'이다. 발달이란, 어원적으로는 유기체 내에 잠재해 있는 본질 또는 가능성이 점차 그 모습을 드러내는 현상을 의미한다. 발달이란, 사전적 의미로는 심신의 형태와 재능의 상승적인 변화과정이다. 이는 개체의 발육을 정의하는 성장과 매우 유사한 개념이나, 발육 등의 양적인 변화뿐 아니라 구조나 재능이 분화 · 복잡화 · 정밀화 · 유능화 · 통합화되어 가는 것으로 기술하는 경우에 사용한다(표갑수 외, 2016: 14).

발달에 대한 정의를 근거로 볼 때, 발달은 일생에 걸쳐 점진적으로 일어나는 체계적인 변화이며, 신체적 · 심리적 · 사회적 영역에서 일어나는 전체적 변화를 의미한다. 그리고 발달은 양적 변화와 질적 변화를 포함하며, 양적 변화는 크기 또는 양에서의 변화를 의미하고, 질적 변화는 본질, 구조, 비율, 기능의 변화가 포함된다. 또한 발달은 유기체나 기관이 양적으로는 증대하고, 구조적으로는 분화, 정밀화 그리고 통합되고, 기능적으로는 유능화되는 현상과 관련된 상승적 변화와 아울러 양적 감소, 구조의 단순화, 기능의 무능화 현상과 관련된 퇴행적 변화를 모두 포함한다(권중돈, 2014: 30).

인간발달은 모든 인간에 관한 것이고 동시에 개개인에 관한 것이다. 발달학자들은 호모 사피엔스(Homo sapiens) 공통의 발달패턴에 관심을 두고 있다. 그러나 그 종(種)을 이룬 개개인은 독자성을 갖고 있기 때문에 발달론자들은 또한 어떤 요인으로 인해 한 개인이 다른 개인과 차이가 나게 되는지를 알고자 한다. 어떤 인간은 대량학살자가 되고 또 어떤 인간은 인본주의자가 되게 하는 요인은 무엇인가? 무엇이 그를 그의 이웃사람들과 다르게 만들고 더구나 그의 형제자매와 다르게 만드는가? 인성은 복잡하기 때문에 발달론자들이 그러한 질문에 충분한 해답을 줄 수는 없다. 그러나 인간

이 일생을 통해 어떻게 발달하는가를 탐색해봄으로써 인간 자체에 대해 많은 것을 배우게 된다. 즉, 인간의 욕구에는 어떤 것이 있으며, 인간에게 미치는 어떤 영향이나 환경에 인간이 어떻게 반응하는가? 인간은 어떻게 개개인 또는 인간이라는 종으로서의 가능성을 최대한 발휘할 수 있는가를 알게 된다(Papalia and Olds, 2008). 발달의 범위에는 키가 커지고 체중이 늘어나며 지식의 양이 많아지고 적응능력이 커지는 것과 같은 성장의 변화와 마찬가지로, 체력이 떨어지고 신체기능이 약화되며 기억력과 같은 인지능력이 떨어지는 쇠퇴 또는 노화의 변화도 포함된다. 뿐만 아니라, 전 생애발달의 연구는 발달의 방향성이 결코 일방적이지 않다. 성인기까지는 항상 성장 또는 증가의 방향으로 변화하는 것은 아니다. 예를 들어, 뇌의 신경세포는 출생에서부터 꾸준히 선택적으로 감소한다. 또한 후기 발달의 시기에서도 경험과 관련된 지능은 증가한다. 이처럼 발달의 어떤 단계에서도 성장과 감소의 변화는 함께 일어난다(신명희 외, 2013: 16-17).

이러한 발달에 대해 기존 학자들의 정의를 종합하여 보면, 발달이란, 인간의 수정에서부터 죽음에 이르기까지의 전 생애에 걸쳐서 신체, 심리 그리고 사회적 측면에서 나타나는 질서정연하고 연속적이며 상승적 또는 퇴행적 변화과정을 의미한다.

발달학자들은 대개 발달은 모두 천성이거나 모두 육성이 아니고, 모두 안정이거나 모두 변화가 아니며, 모두 연속적이거나 모두 불연속적이지는 않다는 것을 인정한다.

2) 발달의 요인

인간의 발달과정과 현상을 연구하는 학자들의 주요 관심 중에 하나는 발달의 요인에 관한 것이다. 이와 함께 많은 학자들은 유전과 환경이 인간에게 미치는 영향 정도와 내용에 관해 연구해 왔으며, 서로 다른 입장에서 열띤 논쟁과 함께 상이한 이론들을 주장하였다. 인간발달에 있어서 유전과 환경 중 어느 것이 더 결정적인 영향을 미치는가 하는 문제에 대해 현재까지 끊임없이 이어진 논쟁 중의 하나이다(이주희, 2013: 95). 다시 말해서, 일생 동안 진행되는 인간의 다양한 발달적 변화들은 유전

(heredity)에 의한 것인지 또는 환경(environment)에 의해 발달하는지에 관한 문제이다. 그 예로, 인간의 전성설을 주장하는 학자들은 인간은 유전적·선천적으로 완전한 형상을 갖추고 있기 때문에 발달은 이미 결정된 순서와 일정에 따라 발달하며 환경의 영향을 받지 않는다는 것이다. 반면에, 아동을 '백지상태(tabular rasa)'에 비유하는 환경론자들은, 발달은 생물학적 기초보다는 환경이 중요하며, 환경이 발달을 결정하는 요인이라고 주장한다. 그러나 최근에는 인간발달에서 유전과 환경의 상대적인 영향력을 엄격하게 구분할 수 없으며, 또한 발달영역에 따라 두 요인의 영향에 차이가 있다는 주장이 확산되면서 인간발달은 유전과 환경이 상호작용하는 과정에서 진행되는 것으로 설명하고 있다.

(1) 유전적 요인

인간발달에 생물학적 요인을 강조하는 유전설은 발달을 규정하는 원동력은 개체 내에 있다고 보는 입장이며, 생득설(nativism) 또는 선천설이라고 한다. 즉, 유전설은 발달의 본질로 생득적인 요인인 유전을 강조하며, 인간의 모든 발달특성은 부모로부터 유전된다고 보는 것이다. 인간은 유전인자를 포함하고 있는 46개의 염색체로 구성되어 있으며, 수정되는 순간에 부모로부터 물려받아 개개인의 독특한 체질과 특성에 의해 발달하는 것이다. 따라서, 유전론을 주장하는 학자들은 발달에 있어서 선천적으로 타고나는 태생적인 요인을 강조하고 환경 요인은 발달에 거의 영향을 미치지 않는 것으로 설명한다. 또한 발달이나 변화의 과정을 생물학적으로 예정된 순서와 계획에 의해 단계적으로 일어나는 현상으로 보고 성숙 요인과 생득적 요인을 중시한다. 그 예로, 모든 영아들이 성숙 이정표에 따라 앉고, 서고, 걷는 보편적으로 발생하는 발달현상이나 사춘기의 성적 발달, 또는 일란성 쌍생아들이 다른 형제자매에 비해 발달의 영역에서 상관관계가 높다는 사실들은 유전이 개개인의 발달에 중요한 작용을 하고 있음을 입증하는 것이다. 인간발달을 주장하는 학자들은 가계연구나 쌍생아 연구, 입양아 연구의 결과를 통해 자신들의 입장을 증명하고 있다(강경미, 2016: 14).

발달의 유전적 요인을 주장하는 학자들은 입양아를 대상으로 양부모·친부모 간의 유사성의 차이를 비교해서 설명하였다. 그 예로, 입양아의 발달특성이 자신의 친부모 및 친형제·자매간의 특성과 흡사하다면 이것은 유전의 영향으로 볼 수 있다. 또한 일란성 쌍생아가 입양되어 서로 다른 환경에서 양육된 경우에 두 쌍생아 간의 공병률이 높다고 하면, 이는 유전적 영향에 대한 강력한 증거가 되는 것이다. 따라서, 입양아 연구는 발달의 유전적 요인과 환경적 요인을 분리할 수 있는 방법으로 가계 연구와 쌍생아 연구의 단점을 보완할 수 있는 우수한 연구법이라고 할 수 있다.

(2) 환경적 요인

인간은 일생 동안 지속적으로 외부적 조건인 환경의 영향을 받게 된다. 인간발달의 요인을 환경이라고 주장하는 학자들은 인간발달의 모든 변화는 유전보다는 환경에 의한 것이라고 설명하였다.

환경의 유형은 크게 세 가지로 물리적 환경과 자연환경, 사회적 환경이 있다. 물리적 환경은 개인적으로 작용하는 외적 조건과 자극이 일정한 규칙에 의해 조직화·체계화되어 있는 환경이며, 자연환경은 자연과학의 대상이 되는 외부 환경을 포함해서 동식물 등, 인간 이외에 모든 생물들이 존재하는 세계를 의미한다.

사회적 환경은 개인에 의해 구성되는 가정과 집단, 사회, 국가 등이 포함되어 있는 환경이며, 한 사회의 제도적·문화적·정치적·경제적 조건과 변인들을 말한다. 이와 같이 환경은 단순히 물리적인 조건만을 의미하는 것이 아니라 인간발달에 영향을 미칠 수 있는 모든 외적인 조건들을 말한다. 발달의 측면에서 보면 물리적 환경 자체보다는 사회적 환경들이 인간의 마음에 작용하는 심리적 환경에 더 많은 영향을 미치는 것으로 인식되고 있다.

환경론과 함께 외부에서 주어진 자극에 의해 인식하게 되는 경험이 발달에 영향을 미치게 된다고 주장하는 경험론이 있다. 이 설은 로크(John Locke, 1632-1704)에 의해 발전되어 온 인식론으로 발달심리학적 입장에서는 환경론에 해당된다. 환경이 인간발달에 영향을 미치는 것은 임신하는 순간부터 시작된다(이주희, 2013: 95). 그 예로, 임신 중에 모체가 약물을 복용하거나 음주, 흡연을 하게 되면 그 영향이 태아에게 미치게 되면서 신체기형이나 장애를 초래할 수 있다. 또한 가정환경이나 부모의 자녀양육태도 등은 아동의 발달에 긍정적·부정적 영향을 미치게 된다. 따라서, 생득설이 주장하는 것처럼 발달의 가능성은 개체의 내부에 있다고 해도, 환경이 변화되면 개인의 발달에 다양한 변화를 초래할 수 있기 때문에 외부적 환경이 발달의 주요 영향 요인이라고 주장하는 것이다.

(3) 유전과 환경의 상호작용

최근에는 생애발달적 관점과 발달적 맥락주의에 근거해서 발달은 유기체에 이미 존재하고 있는 유전적 가능성과 함께 발달과정에서의 환경조건에 따라 차이가 있다는 새로운 관점이 제시되었다. 이와 함께 현재 대다수의 심리학자들은 인간의 발달을 유전과 환경 간의 역동적인 상호작용의 결과로 이해하고 있다. 그 예로, 성격은 유전적 요인에 의해 기초가 형성되지만 환경적 경험이나 자극의 의해 수정될 가능성도 있기 때문이다. 따라서, 동일한 유전적 요인을 가지고 있더라도 주어지는 환경조건이나 심리적 자극에 따라 성격과 행동의 양상이 달라질 수 있는 것이다.

유전과 환경의 상대적인 영향은 발달내용에 따라 다르지만, 대부분의 행동특성은 환경과 유전의 두 가지 요인에 의해 영향을 받는다는 사실이 확산되고 있다. 그 예로, 성숙이 선행되어야만 학습은 그 효과가 높으며, 학습 여부를 통해 성은 어느 정도 촉진 또는 지연될 수 있다. 또한 아동의 지적 능력은 거의 전적으로 유전에 의해 결정되나 태내 모체의 조건이나 또는 성장하면서 생활환경의 영향을 받아 정신지체아 또는 우수아로 발전할 수 있는 것이다. 따라서, 환경은 선천적으로 타고난 잠재력의 범위 내에서 영향을 미치게 되며, 동시에 같은 유전적 가능성을 가지고 출생했음에도 불구하고 환경의 영향에 따라 그 가능성이 발전되는 정도는 다르다고 할 수 있다(강경미, 2016: 17-18).

인간의 발달에 유전과 환경 중 어느 것이 더 큰 영향을 미치는가에 대한 논의는 예부터 계속되었다. 유전과 환경이 발달에 미치는 영향을 설명하는 조망 중 하나는 유전과 환경이 상호작용한다는 것이다. 이 조망에서는 두 요인의 상호작용이 역동적으로 이루어지기 때문에 두 요인이 발달에 미치는 영향을 분리할 수 없다고 주장한다.

유전과 환경의 상호작용을 주장하는 각 모델들은 다음과 같다.

반응범위(reaction range) 모델에서는 각 개인이 가지고 태어난 유전적 특성에 의해 환경과의 독특한 상호작용 방식이 결정된다고 설명한다. 이때 반응범위란 개별 유전자들이 다른 종류의 생활경험에 대해 반응을 나타낼 수 있는 범위를 말한다. 유전은 특정한 속성에 대한 가능한 범위를 설정하지만, 환경은 유전자가 정한 범위 내에서 그 사람의 위치를 결정한다. 이 모델에 따르면, 사람들은 유전적으로 다르게 태어났으므로 동일한 환경에 처하더라도 그에 대한 반응이 매우 다를 것이라 기대할 수 있다.

수로화(canalization) 모델은 유전자가 발달을 제한한다고 가정하고, 강하게 수로화된 행동일수록 유전적으로 설계된 계획을 따르고 강한 환경적인 자극이 가해졌을 때 그것이 변화할 수 있다고 강조한다. 예를 들어, 인생 초기의 지각발달이나 운동발달은 정상적인 아기라면 모두 유사한 속도와 순서를 따라 발달하기 때문에 강하게 수로화된 행동들이다. 이에 반해 개인의 지능이나 성격은 물리적, 사회적 및 교육적 경험과 같은 환경의 영향을 많이 받으므로 수로화가 약한 특성에 속한다.

근래의 연구에 따르면, 환경의 영향도 발달을 제한할 수 있다고 설명한다. 예를 들어, 태내기에 알코올이나 방사선과 같은 유해물질에 노출된 아기나 문화적 자원이 박탈된 시설기관에서 양육된 아동은, 이후 바람직한 환경에 노출된다 하더라도 정상적인 개인으로 자라나지 못할 가능성이 높다. 이 모델은 개인의 발달경로가 다양할 수 있으며, 유전자나 환경 중 하나가 다른 요인이 발달에 영향을 주는 정도를 제한할 가능성을 보여 준다.

이 밖에도 유전과 환경은 서로 상관되어 있기 때문에 유전적으로 유사성을 지니고 있는 사람들은, 환경을 선택할 때에도 서로 유사한 환경을 선택한다고 설명하는 유전-환경 상관모델(genotype-environment correlation)이 있다. 이 모델에서는 유사한 유전적 특질을 지닌 사람들은 유사한 훈육방식이나 양육방식을 경험하기 때문에 유사한 특성을 지닌 사람으로 성장한다고 주장한다. 그러나 유전과 환경의 상관의 정도는 연령에 따른 차이가 존재하므로 세 가지 상관방식을 가정한다. 상관방식에는 수동적 상관, 자극유발적 상관, 능동적 상관이 있다.

수동적 상관(passive correlation)이란 어린 연령에서 나타날 수 있는 유전과 환경의 상관 유형으로 스스로 환경자극을 선택할 수 없는 어린 아동들이 부모가 제공하는 환경자극에 수동적으로 노출되는 경우를 말한다.

자극유발적 상관(evocative correlation)은 아동의 유전적 특성이 다른 사람들의 반응을 불러일으키고 이는 다시 아동의 원래 반응양식을 강화함으로써 발달이 이루어지는 것을 말한다.

능동적 상관(active correlation)은 개인이 나이가 많아질수록 자신의 유전적 경향성에 적합한 환경을 스스로 선택하고자 능동적 역할을 하는 것을 말한다(한국심리학회, 2014 재인용).

3) 발달의 원리

인간발달은 전 생애를 통하여 계속적이고 점진적인 과정을 거쳐 이루어지며, 일반적이고 보편적인 순서와 방향성에 따라 진행된다. 모든 인간은 유전적 요소와 환경적 요인에 따라 발달에 있어서 개인적인 차이가 나타나며, 이러한 발달은 각각의 측면이 상호 간에 밀접히 관련되어 있다. 또한 인간발달은 분화와 통합의 과정을 거쳐 이루어지며, 인간과 환경 간에 이루어지는 상호작용의 산물인 것이다 이러한 인간발달의 보편적인 원리는 다음과 같다(이순형 · 성미애, 2014: 10-14).

(1) 연속성

인간발달은 어느 시기에 특정한 부분이 급격히 이루어지기도 하지만 그 시기 이후에 중지되는 것은 아니며, 서서히 계속적으로 나타나는 점진적이고 연속적인 변화과정인 것이다(Santrock, 2015). 즉, 인간은 어느 한 시기에 발달한 부분이 다음 시기에 발달하지 않고 멈추는 것이 아니라, 발달은 계속적인 과정이지만 그 속도(speed)는 일정한 것이 아니라 계속적으로 발달이 진행되며, 발달의 속도는 일정하지 않지만 시간의 경과에 따라 발달이 점진적이고 계속적으로 이루어진다.

발달은 계속적인 과정이지만 그 속도(speed)는 일정한 것이 아니라, 연속적이고 계속적인 출생 사망과정이라는 것이다. 다시 말해서, 신체의 부분에 따라 발달의 속도는 다르며, 정신기능에 따라서도 발달의 속도는 각기 다르다. 뿐만 아니라, 특정부분의 발달에서도 발달의 단계에 따라 그 속도는 일정하지 않다. 예를 들어, 신체부위의 발달은 영아기와 사춘기에 급격히 증가되나 다른 시기에는 비교적 발달의 속도가 느리다. 또한 2~5세 때에는 급격히 어휘량이 증가하지만, 추리력은 서서히 발달한다. 그러다가 성년기에 이르면 추리력의 발달은 현저해지고 완숙한 경지에 이른다.

(2) 순서

인간발달은 일정한 순서에 따라 이루어진다. 즉, 인간발달은 일반적이고 보편적인 순서와 방향성에 따라 진행되며, 순서가 뒤바뀌지 않고 일정하게 이루어진다. 인간발달의 순서는 상체에서 하체로, 중심에서 말초로, 그리고 전체활동에서 특수활동으로 이루어지며, 한 단계의 발달은 보다 높은 차원의 다음 단계 발달로 이어진다. 구체적인 발달순서는 다음과 같다.

첫째, 인간발달은 상체에서 하체의 방향(cephalo-caudal direction)으로 발달한다. 신생아는 신체적인 발달이 우선 목 → 허리 → 다리와 같은 순서로 변화가 나타난다. 처음에 목을 가누고, 다음으로 허리로 힘을 줘서 앉을 수가 있고, 다음으로 다리로 설 수 있는 순서로 신체발달을 보여준다.

둘째, 인간발달은 중심에서 말초(proximal-distal direction)의 방향으로 이루어진다. 인간의 중심은 뇌이며 이를 지배하는 것이 중추신경이다. 다음으로 척수(spinal corel)가 있고 신체발달에 말초신경이 분포되어 있다. 이들 신경의 발달 순서도 중추신경에서 말초신경 방향으로 발달이 진행된다.

셋째, 인간발달은 전체활동에서부터 특수활동(mass-specific direction)의 방향으로 이루어진다. 모든 운동발달은 세분된 특수운동이 나타나기 전에 전면적인 전체활동이 먼저 나타난다. 다시 말해서, 몸의 전체활동이 팔과 다리의 근육활동으로 분화되었다가 다시 걷는 활동으로 통합된다. 영아들은 처음에는 온몸을 움직여서 이동을 하다가 점차 배밀이를 하고 다음으로 양팔로 그 다음에는 양팔과 양발로 움직이는 것과 같은 점차 특수하고 세분화된 운동으로 변하게 된다.

(3) 개인차

인간발달에는 일반적인 원리가 존재하지만 모든 사람이 동일하게 발달하는 것은 아니다. 유전과 환경의 영향으로 인해 모든 개인이 동일한 발달양상을 보이지 않는다. 인간발달에서 동일한 발달단계를 거치고 동일한 연령이 되었다 하더라도 개인적인 차이가 크게 나타난다. 비록 인간이 대개 일반적인 발달 순서를 거치면서 정상적인 발달을 이루어 간다 해도 거기에는 상당한 개인차가 있다. 즉, 발달적 변화의 시기나 표현방식에 있어서 차이가 있다(Papalia and Olds, 2008). 즉, 연령과 성별이 같다 해도 신체적 · 심리적 · 사회적 · 문화적 측면에서 발달의 속도는 양적인 면에서나 질적인 면에서 개인차(individual difference)가 있다. 예를 들어, 어떤 사람은 대학시절까지 신장이 계속 증가되는가 하면, 어떤 사람은 고교시절 말기에 키가 다 자란다. 어떤 아동은 또래보다 좀 늦게 발달한다. 심지어 유전적으로 타고난 바가 동일한 일란성 쌍생아의 경우에도 환경과 경험의 차이로 인해 발달차가 있다.

이러한 인간발달의 개인차는 유전, 성별 및 환경에 의해서 다르게 나타날 수 있으며, 연령이 증가하면서 더욱 두드러지게 나타나게 된다.

(4) 상호관련성

인간발달의 각 측면은 상호 간에 아무런 관련성이 없는 것처럼 보이지만, 각각의 측면들은 상호 간에 밀접히 관련되어 있다. 즉, 인간발달의 한 측면은 다른 여러 측면의 발달과 각기 독립적으로 이루어지지 않고 상호 간에 밀접하게 관련되어 영향을 미친다. 예를 들어, 신체발달이 빨라 대근육 및 소근육 운동기능이 먼저 발달한 경우 주변 환경을 탐색하거나 타인과 상호작용할 기회를 상대적으로 많이 갖는다. 이 경우 또래에 비해 지적으로 앞서거나, 사회적으로 외향성과 적극성을 발휘하기도 한다. 또한 언어발달이 늦은 경우, 자신의 의사를 표현하거나 타인의 의사를 이해하는 것이 어려워 상호 간 생각과 감정을 공유하는 공감능력에 문제가 발생할 수 있다.

신체발달은 지적 발달, 도덕성 발달, 사회성 발달 등과 관련되어 있으며, 정서발달은 성격발달, 사회성 발달 등과 관련되어 있다. 이렇게 한 측면의 발달은 다른 여러 측면의 발달과 서로 밀접히 관련되어 있다.

(5) 분화와 통합

발달은 분화(differentiation)와 통합(integration)의 과정을 거친다. 즉, 인간발달은 분화의 과정이면서 동시에 통합의 과정인 것이다. 인간발달은 전체적인 측면에서 부분적인 측면으로 분화되어 가는 동시에 분화된 각 측면들이 통합되어 하나의 체제를 형성해 나간다. 운동발달에서 세분화된 특수한 활동이 나타나기 이전에 전체적인 활동이 먼저 나타나게 되며, 세분화된 특수한 활동들이 통합되어 하나의 운동기능이 발달된다. 예를 들어, 아기는 물건을 잡으려 할 때 처음에는 먼저 몸을 물건 쪽으로 구부린다. 그 다음에 이 활동이 분화되어 팔을 뻗고, 이것이 다시 분화되어 손목을 움직이며, 거듭 분화되어 손가락을 사용하게 된다. 몸을 구부려서 팔을 뻗고 손목과 손가락을 사용하는 활동은 결국 원하는 물건을 붙잡아 쥐는 행동으로 통합되어, 마침내 소원대로 목표물을 움켜잡게 된다. 이것이 발달의 원리인 문화와 통합의 첫 과정이다.

(6) 가소성의 원리

인간은 근본적으로 미완성적 존재로서 풍부한 가소성(plasticity)을 가졌다. 인간은 자연의 모태에서 출생한 대로는 미완성의 존재이고, 문화의 모태 안에서 완성되어 간다.

다른 동물들은 그들이 살아야 할 자연환경에 꼭 맞도록 육체적 기관들과 기능들이 특수하게 전문화 내지 완성되어 나타나기 때문에 환경에 대한 반응으로서의 행동의 도식도 기계적으로 결정되어 있다. 그래서 다른 동물들은 본능에 따라서, 기계적으로 움직이면서 살아갈 수 있는 반면에, 인간은 미약한 본능만을 가졌으며 문화적인 규범에 따라서, 능동적으로 선택할 수밖에 없다. 따라서, 인간은 스스로의 힘으로 자기의 발달 목표를 설정하고 그 성취를 위해 노력하며 조정할 수 있는 유일한 존재이다.

이렇게 함으로써 각 유기체의 구조와 기능은 최고의 가능성을 향해 성장과 발달을 계속한다. 따라서, 인간발달은 이 가소성을 어떻게 발휘하는가에 따라서, 그 수준과 질이 좌우된다(강봉규, 2000: 63-64).

3. 발달심리학의 연구방법론

과거에는 발달심리학의 연구대상이 주로 아동기와 청소년기에 집중되면서 성장을 위주로 연구하였으나 최근에는 연구대상과 내용이 성인기와 노년기를 포함해서 전 생애로 확대되면서 인간발달의 성장과 쇠퇴의 모든 변화를 연구하게 되었다. 이와 함께 발달심리학의 정의도 변화해서 현재는 발달심리학을 인간의 전 생애에 걸쳐 발생하는 양적·질적인 발달적 변화와 과정을 유기체의 연령을 기초로 단계적으로 연구하는 학문이라고 정의한다. 이를 구체적으로 설명하면, 발달심리학은 생명이 시작되는 수정의 순간에서부터 사망하기까지 유전과 환경의 영향을 기초로 신체, 심리 및 행동 상에서 발생하는 모든 변화를 연구하는 심리학의 한 분야이다.

발달심리학에서는 인간의 발달적 변화와 과정, 단계별 발달특성과 관련해서 다음과 같은 과제들을 연구한다.

첫째, 인간의 전 생애를 통해 나타나는 발달의 보편적 내용과 현상에 관해 연구한다.

둘째, 인간발달에 영향을 미치는 요인(유전, 환경)에 관해 영향의 정도 및 차이, 상호작용을 연구한다.

셋째, 연령의 증가와 심리적 특성에 따라 변화하는 단계별 발달과정과 문제에 관해 연구한다.

넷째, 일정한 단계와 순서로 진행되는 인간발달의 개체별, 심리특성별로 나타나는 개인차에 대해서 연구한다.

발달심리학은 인간의 발달을 다루는 학문이므로 매우 정교하고 과학적인 연구법을 사용한다. 또한 발달심리학에서 사용하는 연구방법은 인간의 발달이 일생에 걸쳐 이루어진다는 점에서 다른 학문에서 사용하는 연구법과는 차이가 있다. 자세한 연구방법들을 살펴보면 다음과 같다.

1) 자료수집방법

연구에 있어서 가장 우선적으로 채택되는 연구방법이 자료수집방법이다. 자료수집방법은 다음과 같다(김보기 외, 2017: 32-39; 이순형·성미애, 2014: 19-23).

(1) 표본조사

표본조사(survey)는 사람들이 행동, 태도, 신념, 의견 및 의도를 기술하도록 설문지를 사용하거나 특별한 면접방식을 통해 표본집단에 대하여 연구하는 방법이다. 물론 그 결과를 전체 집단에 일반화하고자 하는 것이 목적이다. 예를 들어, 표본조사를 이용한 심리학 연구에서 사회계층이 다르면 아이들에 대한 훈육방식이 다르다는 것을 발견하였다(현성용 외, 2015: 36).

표본조사를 하려면 연구자들은 설문을 만들고 신중하게 응답해 줄 사람을 선정해야 한다. 샴푸에 대한 조사를 하고자 할 때 비누밖에 쓰지 않는 남성에게 설문한다면 나올 수 있는 응답은 아무것도 없다. 같은 또래의 사람들에게만 설문을 하면 전체 인구 중에서 극히 편파적인 일부에 대해서만 자료를 뽑게 된다.

표본조사를 할 때 또 다른 어려운 점이 있다. 사람들은 자신에 대해서 바람직하지 않거나 마음에 거슬리는 질문에는 응답하려 하지 않는다. 여러 가지 어려움이 있지만, 그럼에도 불구하고 표본조사는 낮은 비용으로 많은 사람들에 대해서 연구할 수 있는 방법이다. 표본조사를 통해서 예측을 하고, 검증 가능한 가설을 세우며, 추가적인 실험이나 가설을 검증한다.

(2) 관찰법

관찰법(Observation method)은 행동하고 있는 집단이나 개인을 전문적인 관찰자가 곁에서 관찰(특정한 착안점에 입각해서 행동을 분석적으로 보는 것)함으로써 자료를 수집하는 방법을 말한다. 관찰법은 인간의 언어와 행동을 관찰하고 그러한 언어와 행동을 객관적으로 기록하는 방법이다. 아동과 어머니의 언어적·비언어적 상호작용이나 또는 아동이 또래와의 관계에서 보이는 공격행동에 대한 연구를 위해 관찰법을 사용한다면 그들의 실제 모습을 가능한 자연스러운 맥락에서 살펴볼 수 있다.

관찰은 특별한 조작이나 통제 없이 인간의 언어와 행동을 있는 그대로 포착할 수 있다는 장점을 지닌다. 그럼에도 관찰상황은 실제상황과 엄밀히 동일하지 않으며, 자신이 관찰되고 있다는 사실의 지각이 피험자의 언어와 행동에 영향을 미칠 수 있다는 점에서 한계를 지니기도 한다.

(3) 실험법

실험법(experimental method)은 심리학의 연구방법 가운데 가장 대표적이다. 실험법은 심리학이 과학적인 학문으로 발전하는 데 가장 큰 기여를 했다. 실험법은 기본적으로 통제된 상황에서 실시된다. 인간의 심리와 행동을 사람들이 살고 있는 현장에서 연구하다 보면 어떤 원인에 의해 어떤 결과가 나오는지를 분간하기 어렵다. 그래서 다른 조건들을 일정하게 통제하고 어떤 원인을 조작했을 때 어떤 결과에 어떻게 영향을 미치는지를 알아보고자 하는 방법이 실험법이다. 그래서 실험법은 주로 통제된 실험실이나 연구실에서 이루어진다.

실험법은 발달에 영향을 미칠 것이라 가정되는 요인을 독립변수로, 독립변수의 영향을 받을 것이라 가정되는 발달적 특성을 종속변수로 설정하여, 종속변수에 대한 독립변수의 효과를 측정하는 것이다. 예를 들어, 신체표현활동 프로그램에 참여한 아동과 그렇지 않은 아동을 각각 실험집단과 통제집단으로 나누어 프로그램 실시 전과 실시 후 정서조절 수준의 차이를 비교할 수 있다.

실험법은 종속변수에 영향을 미칠 수 있는 요인을 사전에 통제하고 엄격한 실험설계를 갖춘다면 가능한 객관적인 결과를 얻어 인간발달의 원인과 결과를 밝힐 수 있다. 하지만 세밀하고 다양한 인간발달의 모든 양상을 실험을 통해 검증한다는 것이 불가능하며, 실험과정에서 엄격한 의미의 통제가 어렵다는 한계가 있다.

〈표 1-2〉 실험법의 연구방법

독립변수 (가외변인통제)	→	(처치)	→	종속변수 (독립변인의 처치결과)

출처: 김보기 외(2017: 37) 재인용.

(4) 질문지법

질문지법은 개인의 경험이나 생각을 알기 위해 적절히 구성된 질문지를 활용하는 방법이다. 예를 들어, 다양한 놀이행동을 제시하고 어머니에게 그 중 자녀의 모습과 유사한 행동에 응답하도록 하거나, 자녀양육에 대해 가지고 있는 개인적인 신념이나 태도를 물을 수 있다. 또한 성인에게 그들이 직장생활에서 경험하는 스트레스의 종류를 선택하게 하고 그 수준을 주관적으로 평정하도록 할 수 있다.

질문지법은 시간적으로나 비용적으로 경제적이라는 큰 장점을 가진다. 또한 익명이 보장된다는 점에서 조사내용에 사적인 부분이 포함될 수 있고, 관찰이나 실험을 통해 드러나지 않는 개인의 사고와 태도 등을 직접 조사할 수 있다는 장점이 있다. 그러나 질문지법은 질문을 스스로 읽고 해석할 수 있는 능력이 없는 대상에게는 실시할 수 없으며, 피험자가 얼마나 솔직한 응답을 했는지도 가늠하기 어렵다는 한계가 있다.

(5) 면접법

면접법은 질문지법과 유사하게 개인의 경험이나 생각을 알기 위한 목적으로 진행되지만 면접자가 면접대상자와 일대일로 마주한 상황에서 직접 그에게 질문을 던지고 응답을 얻는 방법을 사용한다.

면접법은 한 번에 대상 한 명에 초점을 두고 진행되고 그들의 경험과 사고의 의미를 총체적으로 이해하고자 하는 방식으로 접근하며, 면접을 이끌어 나가는 과정에서 추가 질문을 할 수 있다는 점 때문에 질문지법에 비해 피상적이지 않은 결과를 얻어

낼 수 있다는 장점을 가진다. 하지만 깊이 있는 대화를 진행하기 어려운 대상에게는 실시될 수 없으며, 솔직하고 풍부한 답변을 얻어낼 수 있도록 면접을 적절히 이끌어 나가는 면접자의 노련함이 필요하다.

(6) 검사법

검사법은 표준화된 검사를 사용하여 개인의 특성을 측정하고 그렇게 얻은 점수를 같은 연령의 다른 사람들의 점수와 비교하는 방법이다. 예를 들어, 10세 아동에게 지능검사를 실시하였을 때, 검사를 통해 얻은 그의 지능지수를 해당 집단의 평균과 비교하여 평균보다 높은 수준인지 또는 낮은 수준인지를 확인하거나 집단 중 상위 몇 퍼센트(%)에 해당하는지를 알 수 있다. 일반적으로 널리 사용되는 검사에는 지능검사 이외에도 적성검사, 성격검사, 언어발달검사 등이 있다.

표준화된 검사를 사용한 경우에도 피험자의 조건과 상황에 따라 동일한 피험자에게서도 검사결과가 상이하게 나타날 수 있으며, 하나의 문화권에서 개발된 검사도구가 다른 문화권에 있는 대상에게 실시되기에 타당하지 않을 수 있기 때문에 검사 실시와 결과의 적용에 주의가 필요하다.

(7) 비교문학연구법

비교문화연구법은 서로 다른 문화를 가진 집단의 생활과 특성을 알기 위해 사용되는 방법이다. 한 문화에서 일반적이라 받아들여지는 인간의 사고방식이나 행동양식이 어느 문화에서나 동일한 의미로 받아들여지는 것은 아니다. 예를 들어, 아동의 독립성을 고양시키고자 하는 양육 신념, 모유수유방식 등 문화의 차이가 존재한다.

인간의 성장과 삶의 모습을 그들이 속한 문화 안에서 온전히 이해하는 것이 쉽고 간단한 일은 아니다. 하지만 인간발달에 대해 더 폭넓게 이해할 수 있다는 점에서 비교문화연구는 상당한 가치를 가진다.

2) 질적 연구방법

질적 연구는 양적 연구의 한계를 비판하면서 대안으로 모색된 연구방법이다. 양적 연구에서 양은 비교와 측정을 통한 관계적 속성을 밝히는 연구인데 비해, 질적 연구는 개별의 고유한 속성을 있는 그대로 보기 위해 범주, 척도 등의 인위적인 개념을 최소화하여 연구하는 것이다. 질적 연구법의 초기는 단순히 나와 타인의 상이점을 이해하기 위해서 철학적 사고에 근거를 둔 인문학 또는 인류학에서 비롯되었다. 질적 연구의 종류는 다음과 같다(조복희 외, 2016: 33-37).

(1) 이야기(화술) 연구

이야기(화술) 연구(narrative research)는 한 명 또는 두 명의 연구대상자와의 상호작용을 통해 수집된 이야기나 경험담을 연구자가 분석하고 보고하는 절차를 거친다. 질적 연구자는 본인이 설계했던 연구문제에 의거하여 자료를 분석할 때에 이야기분석법(narrative analysis)을 쓰기도 하고, 전기법을 쓰기도 한다. 후자의 경우 자서전(autobiography), 생활사(life history) 또는 구술사(oral history)의 형태로 연구결과를 보고할 수 있다(Creswell, 2015).

(2) 현상 연구

이야기(화술) 연구는 한 명 또는 두 명의 연구대상자에 초점을 두는 반면, 현상 연구(phenomenological research)는 여러 명의 경험담 또는 이야기를 연구대상으로 한다(Creswell, 2015). 연구자가 정한 하나의 현상을 여러 참여자들이 체험하고, 그 과정에서 어떠한 공통된 경험을 하는지에 연구자는 귀추를 기울인다. 연구결과를 보고할 때에는 한 현상에 대한 개개인의 경험을 극소화하면서 여러 명에게 적용 가능하도록 일반적이며 보편적인 본질로 기술한다.

연구자는 하나의 현상을 정해 놓고 이 현상을 다방면으로 경험한 대상자만을 선정해 연구에 참여하도록 유도하여야 한다. 따돌림 받는 아동들의 경험을 조사하고자 할 때 단순히 한 집단 내에서 따돌림 받는 아동과 한 학급 또는 학교 전체에서 따돌림

받는 아동의 경험 정도는 상당히 다를 것이다. 따라서, 연구자는 본인이 계획한 연구 문제에 입각하여 한 현상에 대한 대상자의 경험 정도를 미리 명확히 한정해야 한다.

(3) 근거이론 연구

근거이론 연구(grounded theory research)는 수집된 자료를 토대로 하나의 분석적인 이론을 산출하는 연구이다. 근거이론 연구자는 소수에게서 수집된 경험적 자료를 토대로 다수에게 적용할 만한 하나의 보편화된 이론을 성립하고 설명하고자 하므로, 연구자의 연구개입이 앞의 두 연구방법보다 한층 더 활발하여 질적 연구임에도 불구하고 일반화(보편화, generalizibility)가 기능하다(Creswell, 2015).

(4) 민족지학 연구

민족지학 연구(ethnographic research)는 어원(ethnic)에서 보듯이 문화적 차이를 밝힌다는 데서 출발한다. 근거이론 연구에서와 마찬가지로, 민족지학 연구도 참여자들 간에 형성되는 공통된 행동, 사고, 언어 등의 공유양식(pattern)을 연구하고자 한다. 근거이론 연구는 20명 남짓의 개개인을 연구에 참여시키는 반면, 민족지학 연구는 이보다 많은 수를 연구대상자로 고려한다. 연구의 참여자를 선정할 때에도 임의로 참여자 개개인을 선정하는 근거이론 연구자와 달리, 민족지학 연구자는 한 문화집단 내의 인원 전부를 연구대상으로 선정한다.

민족지학 연구는 다른 종류의 질적 연구에서도 흔히 사용되는 관찰법이 주된 연구방법으로 쓰인다. 다만 민족지학 연구에서의 관찰자료는 연구자가 더 직접적으로 관여하여 수집된 자료라는 점에서 다른 질적 연구에서의 관찰자료와 달리한다. 관찰 중에서도 참여관찰(participant observation), 즉 연구자가 대상 집단에 직접적으로 관여함으로써 집단 내 개개인들의 행동, 언어, 상호작용 등을 유심히, 그리고 상세히 관찰한 결과를 자료로 수집하게 된다(Creswell, 2015).

(5) 사례 연구

사례 연구(case study)는 실험법과 관찰법이 현재 중심적으로 이루어지는데 비해 과거 중심적인 연구방법이다(한국심리학회, 2004: 48). 이 연구방법은 대량 관찰이나 대표적 표본에 의존하지 않고 단일사례에 대해 심층적으로 연구하는 방법이다. 이는 연구의 초점을 소수대상(개인이나 집단)에게만 맞추고 그에 대해서 자세히 조사하는 방법이다. 그 사례의 과거를 면접이나 질문지로 조사하고 행동의 동기나 감정에 대해서 분석하기도 하여 문제의 주소, 원인, 대책 등에 관한 전망을 얻고자 함을 목적으로 한다. 조사나 실험에서 파악된 특수한 사례에 대해서 이 방법을 병용하면 매우 효과적이다(손진훈 외, 1994: 20-21).

사례분석의 경우, 관심대상에 대한 관찰, 면담, 기록 등의 각종 자료를 장기간에 걸쳐 심층적으로 수집하고 분석한다. 즉, 비행청소년의 인간관계, 성적, 생활특징, 질병, 가정사 등을 조사하여 비행청소년의 문제해결을 돕는다(김남일 외, 2015: 26). 때로는 사례 연구가 제공하는 심층조사 결과가 표본조사에서 제공되는 포괄적 내용보다 더 도움이 될 수 있다. 사례 연구는 특정의 개인, 집단 또는 상황에서 발생한 현상에 대해 실시하는 집중적·심층적 연구방법이다. 특히, 그 현상이 아주 복잡하거나 비교적 희귀한 경우에는 사례 연구가 아주 유용하다.

사례 연구의 장점은 연구대상으로부터 관찰, 심층면접, 관련 문서 등 다양한 방법으로 자료를 수집하여 광범위하면서 심층적인 자료를 얻을 수 있다는 것이다. 단점으로는 사례 연구를 통해 얻어진 자료가 쓸모없이 단순히 한 현상에 대한 모습만 보여주는 경우가 허다하다는 지적을 받고 있다. 즉, 현상에 대한 원인과 결과의 관계를 보여 주지도 못하고 일반화도 할 수 없이 시간과 노력만 낭비하는 연구로 끝낼 수 있다는 단점이 크다(김보기 외, 2017: 35).

3) 발달심리학 측면에서의 접근방법

발달심리학의 주관심사는 발달적 변화에 대한 연령 효과이다. 발달 연구는 연령에 따른 변화과정을 진단하려는 목적을 갖는 점에서 다른 심리학 분야의 연구와 구별되는 특징이 있다. 인간발달의 연구는 연령의 증가에 따른 변화과정을 분석하기 위한 것이므로 연령변인의 조작방식에 따라 몇 가지 방법으로 구분할 수 있다. 연구방법의 접근법은 다음과 같다.

(1) 종단적 접근방법

종단적 접근법(longitudinal approach)은 동일한 연구대상자를 오랜 시간 반복적으로 관찰함으로써 연령에 따른 변화를 연구하는 방법이다. 예를 들어, 3~12세 아동의 자아존중감 발달을 연구하기 위해 3세 아동을 표집하여 이 아동들이 6, 9, 12세가 되었을 때, 각 연령단계에서의 자아존중감을 진단함으로써 연령 변화에 따른 자아존중감의 발달과정에 대한 자료를 얻는다. 종단 연구는 시간 경과에 따른 개인적 성장과 행동특성의 변화양상을 밝혀 낼 수 있다는 장점이 있는 반면, 연구기간이 길고 대상집단을 추적해야 하는 어려움이 있으므로 쉽게 사용하기 힘든 연구 설계법이다. 대표연구로 피아제의 “놀이가 아동의 발달에 미치는 연구”이다. 그는 수십 년 동안 동일한 대상을 택해 놀이의 영향력을 연구했다.

> 어린 시절 공부에 집중한 아이들과 놀이를 통해 성장한 아동 간의 장기간 종단연구를 하였다. 공부의 효과는 학년이 올라갈수록 반감하였으며, 훗날 성인이 되었을 때는 오히려 놀이를 통해 성장한 아이들에게 뒤처지는 결과가 나타났다(김남일 외, 2015: 73).

이런 접근방법의 장점은 동일한 대상으로 한 연구이기에 발달의 연속성을 살필 수 있다는 측면에서 가치가 있다. 하지만 동일한 대상에게 동일한 검사를 반복 실시하기에 연습효과가 나타날 수 있으며, 장기간의 연구이기에 피험자 탈락(subject loss)이라는 문제를 안고 있다. 또한 특정시기에 나타난 발달적 변화가 연령효과인지 아니면 조사시기의 효과인지 불분명하다는 문제점도 가지고 있다.

종단적 접근법은 연령의 증가에 따른 보편적 발달변화를 밝힐 수 있다는 장점을 통해 횡단적 접근법의 한계를 보완한다. 하지만 장기간에 걸쳐 동일한 피험자 집단을 지속적으로 추적해야 하므로 연구에 투자되는 시간, 경비, 노력이 꽤 필요하다. 또한 피험자의 탈락현상이나 반복되는 조사나 검사에 대한 연습효과 등을 통제하기 어렵다. 더불어 연구의 결과를 연구대상과는 다른 역사적·문화적 배경에서 성장한 출생집단에게도 일반화하는 것이 타당한지에 대한 문제가 존재한다(이순형·성미애, 2014: 24). 즉, 연구과정에서 개인의 경험을 통제하지 못한다는 단점이 있다. 이런 단점과 함께 많은 경비와 시간, 노력이 요구되므로 극히 일부의 연구만이 종단적인 방법으로 행해지고 있는 실정이다(조복희 외, 2016: 30).

(2) 횡단적 접근방법

횡단적 접근방법(cross-sectional approach)은 많은 시간과 비용을 요구하는 종단 연구의 단점을 보완하기 위해 고안된 접근방법으로 각기 다른 연령의 서로 다른 개인을 대상으로 동일한 시기에 연구하는 방법이다. 즉, 아동과 성인, 영아와 청소년, 성인과 노인 등 각 집단을 비교함으로써 세대 간의 차이를 연구한다. 횡단 연구는 동시에 여러 연령층을 연구할 수 있기 때문에 시간과 비용이 적게 들기는 하지만, 분명한 개인차나 연령에 따른 변화를 밝히기 어려우며 연령집단 간의 차이만 확인할 수 있다. 예를 들어, 3세 집단, 6세 집단, 9세 집단, 12세 집단을 선발하여 동시에 조사하는 방법이다. 오늘날 발달 연구에서 주로 사용하는 방법으로 종단 연구의 단점을 극복할 수 있다는 측면에서 장점을 지닌다(김남일 외, 2015: 73).

횡단적 접근방법은 다수의 연구대상을 단기간에 조사할 수 있다는 점에서 쉽고 경제적이다. 하지만 연구결과에는 동시대 출생집단(cohort) 효과가 반영될 가능성이 존재한다는 점에서 시간의 흐름에 따른 순수한 효과를 분별하기 어렵다(이순형·성미애, 2014: 23-24).

(3) 순차적(단기 종단적) 접근법

순차적 접근법(sequential research)은 앞서 설명한 횡단적 접근법과 종단적 접근법을 혼합하여 각각의 단점을 보완하고 장점을 극대화하기 위한 방법이다. 순차적 접근법에서는 두 개 이상의 동시대 출생 집단을 몇 차례에 걸쳐 반복적으로 추적하여 조사한다. 예를 들어, 8세(2004년 출생), 9세(2003년 출생), 10세(2002년 출생) 이렇게 세 집단의 아동을 그들이 각각 10세, 11세, 12세가 될 때까지 추적하여 그들의 도덕성을 측정한다. 3년에 걸친 조사로 8세에서부터 12세 아동의 도덕성에 대한 방대한 자료를 얻을 수 있으며, 이를 통해 발달적 차이에 영향을 미치는 요인 중 연령과 동시대 출생집단뿐 아니라 측정시기가 가지는 효과까지 분리해낼 수 있다(이순형 · 성미애, 2014: 24-25).

순차적 접근법의 장점은 연구기간이 종단적 방법에서 소요되는 것보다 짧으면서 개인의 성장과 발달에 영향을 미칠 수 있는 시간효과와 사회적 영향을 배제시킬 수 있다. 단점은 시간과 비용의 투입에 비하여 연령에 따른 정확한 변화를 연구하기에 부족할 수 있다(이근홍, 2015: 26-27).

(4) 시간 차이 연구

시간 차이 설계(time lag design)는 연령을 일정하게 하면서 연구시기를 다르게 하고 연구대상을 달리하는 연구로서 문화적 효과를 평가할 수 있는 방법이다(Hughes & Noppe, 1985).

예를 들어, 5세 아동을 연구대상으로 할 때 2010년, 2011년, 2012년에 태어난 아동을 2015년, 2016년, 2017년에 측정하는 것이 시간 차이 설계이다.

(5) 연속적 연구

연속적 연구(sequential research)는 종단적 접근, 횡단적 접근과 시간 차이 설계의 단점을 보완하고 각각의 장점을 극대화시키기 위한 혼합적 방법이다. 네슬로오드와 발테스(Nesselroade and Baltes, 1974)의 청소년 연구에서 처음에 13 · 14 · 15 · 16세 네 집단의 피험자를 15 · 16 · 17 · 18세가 될 때까지 추적하여 조사하였다. 이 연구의 전체적인 기간은 2년밖에 안되었으나, 13~18세까지의 자료를 수집할 수 있었으며, 각 집단간의 비교 시 종단적 연구, 횡단적 연구, 시간 차이 연구의 제한점을 배제시켜 해석할 수 있었다(조복희 외, 2016: 31).

CHAPTER 02

[developmental psychology]

심리성적 발달이론

학습목표

1. 프로이트의 사상 연구
2. 정신분석학의 정확한 이해
3. 원초아 · 자아 · 초자아의 관계 학습

학습내용

1. 정신분석이론의 개요
2. 프로이트의 생애와 사상
3. 주요 개념 및 특성
4. 심리성적 발달단계

개요

프로이트는 성격이 심리성적 발달단계(psychosexual development)에 따라 형성된다고 보았다. 심리성적 단계의 주요한 특징은 정신에너지인 리비도가 신체부위의 어디에 집중되느냐에 따라 다섯 단계로 구분된다. 이러한 다섯 단계는 구강기, 항문기, 남근기, 잠복기, 생식기이다. 본 장에서는 프로이트의 심리성적 발달단계를 학습하고자 한다.

[developmental psychology]

CHAPTER 02 심리성적 발달이론

1. 정신분석이론의 개요

정신분석이론(psychoanalytic theory)은 20세기 서구문명의 지적 충격이라고 할 수 있는 프로이트(Sigmund Freud)에 의해 최초로 개발된 성격발달이론이다. 정신분석이론이란 인간의 정신세계의 대부분을 차지하고 있는 무의식에 초점을 두어 무의식적인 성적·공격적 충동에 의해 발생하는 갈등을 파악하고 이를 분석한 이론이다. 프로이트 이론의 특징은 인간의 성격발달에서 성적 욕망을 강조했다는 것이다.

정신분석이론은 프로이트의 학설로 그의 이름을 따서 프로이트주의(Freudism)라고도 부른다. 그의 학설은 '자유연상법'이라는 방법을 사용한 신경증 치료 기술로서, 또 인간심리의 해명으로서 성립하였다. '자유연상법'이란 꿈이나 말의 차이, 글의 차이 등의 현상을 포착하여 그때 마음속에 떠오르는 것을 계속해서 서술하는 것으로, 의식되지 않고 심리 깊숙한 곳에 감추어져 억압되어 온 심리활동을 읽어내고 그에 기초하여 신경증의 치료법을 세우는 것을 말한다. 1896년 그는 이런 방식을 '정신분석'이라고 명명했다. 그는 신경증의 치료에서 얻은 지견을 꿈, 남 앞에서 빗나간 말을 하는 것, 농담이라는 형식으로 방출시키는 속마음 등을 연구하여 1900년 이후 자기 나름의 심리학 체계를 세우고 이를 정신분석이라고 불렀다. 자기의 학설이 처음부터 가설에서 출발한 것이고 과학적인 입증이 불가능한 것이어서 감히 정신분석학이라는 '학'을 넣지 못했던 것이다.

그의 심리학설은 '심층심리학(depth psychology)'이라고 하는데, 심리를 의식·전의식·무의식의 세 층으로 구별하고 그것에 따라 심리현상을 설명하려고 하는 것이다. 그 방법은 생물학주의적이며, 기계론적인 기법이 특징이다. 심리의 기초를 본능에 두고 본능은 '불쾌'를 회피하고 '쾌'를 추구하는 것이라 보는데, 이것을 객관적으로 말하면 종 및 개체보존본능이라고 할 수 있다.

프로이트는 이 두 본능을 거론하고 있는데 그가 주로 논했던 것은 종족보존본능, 즉 성욕이었으며 그것으로 심리의 모든 것을 설명하려고 시도하였다. 그러나 성욕 그대로의 발현은 사회적 제약에 부딪혀 그 충족이 억압된다. 거기서 성욕이라는 '본원적 욕구(이것을 Id 또는 Es라고 하며, 그 발현 에너지를 'Libido'라고 부른다)'는 현실생활에 적응하는 힘에 의해 '억압'된다.

이와 같이 그는 무의식의 근저로부터 오는 성적 본능과 그것을 억압하는 힘을 기계론적으로 설명하고 있다. 본원적 욕구 에스와 그것을 받고 있는 자아, 그리고 자아가 스스로를 제어하는 '초자아'가 있어, 이 초자아에 반하는 경우에 자책감이 생기고 여기로부터 우울이나 열등감 등이 생기게 된다. 억압되어 있는 에스에 의한 욕구의 힘(콤플렉스)을 어떤 방법으로든 해방시키는 것에 신경증 요법의 의미가 있다.

이러한 프로이트의 학설은 현대에는 융이나 아들러 등에게 수용되어 변용도 되며 또한 사회사의 해석에도 적용되고 있는바, 이들을 가리켜 신프로이트학파라 한다. 신프로이트학파로는 히틀러에 쫓기어 독일로부터 미국으로 건너간 호르나이, 프롬과 설리번, 카디너 등이 대표적이고, 여기에 린턴, 달라드, 미드 등을 꼽기도 한다. 물론 프로이트는 죽는 순간까지 그의 생각을 계속해서 수정하였다. 그 신프로이트학파는 정통 정신분석학이론에 중요한 변화를 가져 오고 또 중요한 것들을 첨가하였다. 이런 생각들의 유입은 전체 정신분석적 운동에, 특히 환경적 변인들의 영향과 자아의 역할에 관하여 더욱 현대적인 맛을 주었다. 신프로이트학파의 업적은 사회심리학·인류문화학에 지대한 영향을 끼쳤다. 따라서, 프로이트의 이러한 이론이 많은 학자들의 비판을 받고 있지만, 아직도 그의 이론은 심리학은 물론 다양한 학문 분야에 깊게 영향을 미치고 있다.

2. 프로이트의 생애와 사상

프로이트
(Sigmund Freud,
1856~1939)

프로이트는 1856년 5월 6일 모라비아(Moravia, 체코 동부) 지방의 프라이베르크에서 유대인으로 출생하였다. 그가 태어난 오스트리아-헝가리 제국에서는 유대인에 대한 편견이 심했다. 그의 아버지는 세 번째 결혼한 아말리에(Amalie)와의 사이에서 지그문트를 낳았다. 그의 이복형은 어머니와 나이가 비슷했다. 이복형제들에 비해 어머니의 보살핌을 많이 받았고, 김나지움(Gymnasium, 독일의 중등교육기관) 7학년 내내 최우수 학생으로 총명했다. 빈대학교(University of Vienna) 의학부에 입학하여 폰 브뤼케(Ernst Wilhelm von Brcke, 1819~1892) 실험실에서 신경해부학(Neuroanatomy)을 공부하였다. 졸업 후 얼마 동안 뇌의 해부학적 연구를 하였고, 코카인의 마취작용을 연구하여 우울증 치료제로 시도했지만 결과는 좋지 못했다. 1885년 파리 살페트리에르(Salpetriere) 정신병원에서 샤르코(Jean-Martin Charcot, 1825~1893)의 지도 아래 히스테리(hysteric) 환자들을 관찰하였고, 1889년 여름에는 낭시(Nancy, 프랑스 북동부)의 베르넴과 레보 밑에서 최면술을 보게 되어, 인간의 마음에는 본인이 의식하지 못하는 과정, 즉 무의식이 존재한다는 것을 믿게 되었다.

이보다 앞서 브로이어(J. Breuer)는 히스테리 환자에게 최면술을 걸어 잊혀 가는 마음의 상처(심적 외상)를 상기시키면 히스테리가 치유된다는 사실을 발견하였다. 프로이트는 브로이어와 공동으로 그 치유의 방법을 연구하였고, 1893년 카타르시스(Katharsis, 정화)법을 확립하였다. 그러나 얼마 후 이 치유법에 결함이 있음을 깨닫고 최면술 대신 자유연상법을 사용하여 히스테리를 치료하는 방법을 발견하였고, 1896년 이 치료법에 '정신분석'이라는 이름을 붙였다. 이 말은 후에 그가 수립한 심리학의 체계까지도 지칭하는 말이 되었다.

1900년 이후 그는 꿈・착각・말실수와 같은 정상 심리에도 연구를 확대하여 심층심리학을 확립하였고, 1905년에는 유아성욕론을 수립하였다. 초기 그의 학설은 무시되었으나, 1902년경부터 점차 공명하는 사람들(슈테켈, 아들러, 융, 브로일러)이 나타났으며, 1908년에는 제1회 국제정신분석학회가 개최되어 잡지 『정신병리학 · 정신분석학 연구연보』(1908~1914), 『국제정신분석학잡지』 등이 간행되었다. 또 1909년 클라크대학교 20주년 기념식에 초청되어 강연한 일은 정신분석을 미국에 보급시키는 계기가 되었다. 제1차 세계대전 후 사변적 경향을 강화하여 원초아 · 자아 · 초자아와 같은 생각과, 생의 본능 에로스 · 죽음의 본능 타나토스(Thanatos) 등의 이론을 주장하였다. 1938년 오스트리아가 독일에 합병되자 나치스에 쫓겨 런던으로 망명하였고, 이듬해 암으로 죽었다. 그의 유골은 지금 런던의 골더스 그린(Golders Green)에 안장되었고, 그가 마지막 저서를 집필했던 마레스필드(Maresfield) 가든 20번지에는 프로이트 박물관이 세워졌다. 그곳에서 프로이트는 지금도 세계화시대를 맞이한 정신분석은 어떤 모습이어야 하는지, 세계는 어떠해야 하는지를 꿈꾸는 방문자를 맞으며, 그의 영향력을 과시하고 있다(강응섭, 2010: 30-31).

파시즘으로 열망하는 역동의 시대를 거슬러 살았던 그는 나치즘의 시기를 보낸 유대인이었다. 그가 정신분석을 하게 된 두 가지 요소 역시 유대혈통과 특수했던 가족환경을 들었다. 그는 편견이나 선입관에서 벗어나는 법을 자신의 혈통을 통해 배웠고, 나이 차이가 많은 자신의 아버지와 어머니를 통해 심리학적 현상들을 발견하게 되었다. 또한 그가 좋아했던 성경과 문학에 대한 해박한 지식들은 그의 정신분석학적 텍스트에 큰 영향을 끼친다. '오이디푸스 콤플렉스'나 '나르시즘' 같은 이론은 문학작품이나 신화를 통해 설명되었으며, 그의 작품 곳곳에는 성경이 등장하게 되고 무의식 개념을 새로운 미학으로 인문학에 영향을 미치게 된다.

프로이트의 특징은 수많은 임상경험을 토대로 자신의 이론을 발전시킨다는 점이다. 당대에 유행하던 최면요법 대신 그는 수많은 환자들과의 면대면 대화를 통하여 그의 무의식 이론체계의 핵심이 될 개념을 도출했고 개별적인 치료가 아닌 보편적인 무의식 이론으로 발전시켰다. 그는 미숙한 인간이 성인으로 형성되어 가는 과정에서 무의식이 생성되며, 꿈과 환상은 기억 조각 사이의 공백을 메워주는 중요한 요소라는 확신을 갖고 있었다. 따라서, 과거를 객관적으로 복원하는 일은 불가능하며 언제나 기억은 환상이나 욕망에 의해 왜곡된다는 결론을 얻게 되었다. 수많은 사례들을 통하여 전개되고 있는 그의 논리들은 책 속에 담겨졌다. 그리고 끊임없이 학문들과 작용하며 나치가 현대에 부여했고 끔찍했던 보편성으로 부정되었던 개별성과 주관성을 존중하는 새로운 시각을 제공하게 되었다.

20세기의 사상가로 프로이트만큼 큰 영향을 끼친 인물은 없다고 평가되며, 심리학 · 정신의학에서 뿐만아니라 사회학 · 사회심리학 · 문화인류학 · 교육학 · 범죄학 · 문예비평에도 큰 영향을 끼쳤다.

주요 저서에는 『히스테리 연구』(1895), 『꿈의 해석』(1900), 『일상생활의 정신병리학』(1901), 『성욕에 관한 세 편의 에세이』(1905), 『토템과 터부』(1913), 『정신분석입문』(1917), 『쾌락 원칙을 넘어서』(1920), 『자아와 이드』(1923) 등이 있다.

3. 주요 개념 및 특성

프로이트의 이론은 인간의 성격을 지형학적 모형과 구조적 모형으로 제시하고 있으며, 지형학적 모형은 우리의 심리를 나타내는 것으로 무의식, 전의식, 의식으로 구분된다. 마음을 나타내는 구조적인 모형은 원초아, 자아, 초자아로 구분되며 이 각각의 삼차원의 구조가 상호작용하여 전체 성격체계를 구성하고, 각각의 하위체계는 개인의 행동에 각기 다른 영향을 미친다.

1) 인간관

프로이트에 의해서 창시된 정신분석은 인간심리에 대한 결정론과 무의식이라는 두 가지 기본적인 개념에 기초를 두고 있다. 인간 행동은 비합리적인 힘, 무의식적 동기, 생물학적이고 본능적인 충동에 의해 영향을 받는다(Freud, 1914, 1920a, 1920b). 19세기에 다윈(Charles Robert Darwin, 1809-1882)은 『종의 기원』(*On the Origin of Species*, 1859)을 통해 진화론을 주창하였는데, 프로이트의 정신분석은 인간을 생물학적 존재로 보는 당시의 시대정신을 반영하고 있다.

프로이트의 결정론적 관점에 의하면, 아무런 원인도 가지지 않는, 즉 저절로 발생하는 현상이란 없다. 그 어떤 원인이 반드시 있었기 때문에 그 결과로 인간은 기뻐고, 괴롭고, 또 분노한다. 사람들의 희로애락을 결정하는 것은 외부의 환경적 조건이라는 견해를 가진 학자들도 있지만, 프로이트는 이와 정반대의 입장을 취했다. 즉, 인간 행동을 결정하는 것은 환경의 외적 조건보다 오히려 개인의 심리내적 조건이다. 이러한 심리결정론(psychic determinism)에서는 개인의 사고, 감정, 행동이 심리내적 원인에 의해 결정된다. 개인이 겪는 갈등은 내부에 존재하는 어떤 정신적 원인이 작용한 결과이므로 그 원인이 제거되지 않는 한 심리적 문제는 결코 해결되지 않는다. 따라서, 개인의 사고, 감정, 행동을 결정하는 정신적 원인의 실체를 규명하고자 하는 것이 정신분석이 추구하는 궁극적 목표다.

인간은 현재 자신의 행위를 결정하고 그에 따른 책임을 질 수 있는 주체적 존재라기보다는 과거 성장기 동안의 생활경험에 의해 전적으로 영향을 받는 존재다. 정신분석에서는 생애 초기 6년 동안의 발달적 경험을 강조하고 있는데, 과거 어린 시절의 경험과 심리성적 에너지는 무의식적인 동기와 갈등으로 잠재되어 있다가 개인의 현재 행동에 영향을 미친다고 본다(Arlow, 1989 ; Baker, 1985). 인간에 대한 이러한 결정론적인 관점은, 우리로 하여금 주어진 어떤 현상을 있는 그대로 이해하는 것에서 한 걸음 더 나아가, 이면의 그 무엇을 발견하려는 '분석적 태도'를 취하게 한다. 적절하고 타당한 원인을 이해할 때까지는 '원인이 무엇인가?'라는 질문을 끊임없이 던지는 자세가 필요하다.

정신분석에서는, 개인이 즉각적으로 자각하거나 통제할 수 있는 범위를 넘어서 있는 그 어떤 힘, 즉 무의식의 영향을 받는다. 프로이트는 비이성적인 힘인 본능적 추동(drive)이나 무의식적 동기가 인간의 행동을 결정한다고 주장한다. 삶의 목표가 고통을 피하고 쾌락을 추구하는 데 있으므로, 인간 행동은 생물학적인 욕구와 본능을 충족시키려는 욕망에 의해 동기화되며 비합리적인 무의식의 지배를 받는다. 본능은 프로이트 이론의 핵심으로서 원초아 내에 저장되어 있는 심리 에너지로 구성된다(김춘경 외, 2016: 73-74).

프로이트는 이중 본능 이론(dual instinct theory)을 통해 본능을 크게 삶의 본능(life instinct)과 죽음의 본능(death instinct)을 강조한다. 삶의 본능은 에로스(Eros)라고도 하며, 배고픔과 같이 삶을 유지시켜 주는 것, 종족을 번식시키는 성과 같은 것 등을 말한다. 성에 대한 본능은 개인의 정신구조에서 상당히 중요한 역할을 하므로 이것이 영향력이 가장 큰 삶의 본능이다. 성 본능에 내재된 리비도(Libido, 라틴어의 '소망', '욕구'에서 유래)라는 것인데, 이는 생존본능의 힘을 일컫는 것이 되었다. 그리고 다른 하나는 '타나토스(Thanatos)'라고 하는 죽음의 본능이다. 이것은 인간 모두가 가지고 있는 죽음과 파괴에 대한 경향을 말한다. 타나토스는 소리를 지르거나 욕을 함으로써, 또는 영화 관람이나 운동경기를 관람하면서 평상시에 조금씩 내면 밖으로 내보내야 한다고 프로이트는 말한다. 만약 그렇게 하지 않으면 댐 둑이 한방에 무너지듯, 한꺼번에 감정이 폭발하게 되어 폭력, 살인, 방화 등을 하게 되거나 사이코패스 같은 정신분열병에 걸리게 된다는 것이다(이우언 외, 2017: 150-151). 원시적 본능의 파괴적 힘을 잘 다루지 못하는 경우에는 다음과 같은 것들이 있다(김계현 외, 2016: 178). 첫째, 현실적 제약을 무시할 정도로 본능적 욕구를 통제하지 못하는 경우다. 이때 개인은 매우 충동적이 된다. 둘째, 본능적 욕구 자체를 부정하여 그것이 없는 것처럼 억압하는 경우다. 개인은 자신의 본능적 욕구가 드러날 것 같은 상황이 되면 불안해지면서 그러한 불안을 피하거나 그로부터 자신을 보호하려는 기제(방어기제)를 작동시킨다. 그런데 이 기제가 현실 적응에 도움이 되지 않거나 지나치게 경직되어 있을 때 그 사람은 심리사회적 문제를 경험한다. 따라서, 심리사회적으로 건강하려면 성욕이나 공격성 같은 본능적 욕구를 과도하게 따르거나 완전히 부정할 것이 아니라, 자신에게 본능적 욕구가 있다는 사실을 인정하면서 적절한 수준에서 충족할 수 있어야 한다.

삶과 죽음의 본능은 서로 영향을 미치며, 서로 융합되어 있기도 하다. 예를 들어, 음식을 먹는 것은 배고픔을 해결하고자 하는 삶의 본능적 표현이지만, 음식물을 파괴하여 섭취한다는 점에서 죽음의 본능이다. 그리고 삶의 본능과 죽음의 본능이 병적으로 혼합되면 인간은 강간 또는 피학적 성행위, 수간 등 변태적 성행위를 하기도 하고,

성행위를 몰래 훔쳐보기 등과 같은 행동들을 하게 된다.

2) 인간의 의식수준

프로이트가 제시한 지형학적 모델은 그의 저서 『꿈의 해석』(*Die Traumdeutung*, 1900)에서 처음으로 언급되었다. 프로이트는 정신분석학의 이론을 정립시키는 과정에서 지형학적인 모형을 가지고 성격(personalty)의 구조를 설명하고 있다. 즉, 우리 인간은 많은 층의 의식을 갖고 있다. 프로이트는 임상 초기 마음을 세 가지 영역으로 구분하는 지형학적 모형(topographic model)을 구상하였다. 즉, 프로이트는 눈에 보이지 않는 인간의 정신을 이해하기 위하여 인식의 수준을 가시화한 일종의 지도를 제시하였다.

일반적으로 정신분석학에서는 인간의 전체의식을 '의식', '전의식', '무의식'으로 나눈다. 의식은 각성상태의 의식을 말하고, 전의식은 의식 바로 밑에 있어 보통 때는 인식되지 않지만 쉽게 끄집어 낼 수 있는 생각들을 말한다. 전의식의 내용은 종종 백일몽이나 몽상에 빠져 있을 때 의식의 표면에 떠오르기도 한다. 이에 비해 무의식은 잘 알려진 것처럼 의식에 의해 인식되지 않는 부분으로서 의식의 기저를 이루는 것으로 이해되어 왔다.

(1) 의식

의식(Consciousness)은 개인이 현재 자각하고 있는 생각을 포함한다. 의식의 내용은 새로운 생각이 정신에 들어오고, 오래된 생각은 정신에서 물러나면서 계속적으로 변한다. 의식은 어떤 순간에 우리가 알거나 느낄 수 있는 모든 경험과 감각을 말한다. 이것은 지각・운동・활동・감정 등을 통해 외부세계와 접촉하며, 꿈・심상・사고 등과 같은 개인의 내적 세계와 접촉한다. 생리적 욕구나 심리적 욕구가 존재할 때 또는 외부 자극이 존재할 때, 개인이 그 욕구나 자극대상에게 관심을 집중함으로써 의식작용이 발생한다. 그러나 의식 속에 있던 내용은 개인의 주의나 관심이 다른 것으로 돌려지게 되면 곧 전의식이나 무의식 속으로 사라져 버린다.

프로이트는 정신세계의 극히 일부만이 의식의 범위에 포함된다고 보았다. 우리가 어떤 순간에 경험하는 일들은 선택적 여과과정을 거쳐 극히 일부만이 의식으로 나타나게 된다.

의식은 정신생활의 중심이 아니며, 수면 위에 떠올라 있는 빙산의 일부에 지나지 않는 것으로 비유되고 있다. 정신생활의 더 큰 부분은 수면 아래에 잠겨 있는 것으로 비유되는 무의식이며, 무의식적인 내용이나 동기를 의식적인 것으로 나타내기 위한 방법이 정신분석의 중요한 과제가 되었다.

(2) 전의식

전의식(Preconscious)은 현재 의식되지는 않지만 주의집중을 통해 지난 경험이나 생각이 의식의 상태로 돌아올 수 있는 상태를 의미한다. 전의식은 무의식과 의식을 연결하는 역할을 하는데 정신분석 치료에 의해 무의식 속에 잠재되었던 내용이 전의식으로 나오고 전의식 수준에서 다시 의식될 수 있다. 예를 들어, 길을 가다 만난 동창생의 이름, 지난주에 일어났던 사건, 자신의 생일, 부모의 고향, 자신이 좋아하는 음식 등과 같이 조금만 신경 쓰면 알아낼 수 있는 정신세계이다.

전의식은 의식과 무의식의 중간에 있는 자각으로서 꽤 용이하게 의식으로 가져올 수 있는 정신의 부분이다. 엄격히 말하면, 전의식은 무의식의 부분이지만 쉽게 거기에 저장된 기억, 지각, 생각이 의식으로 변화될 수 있는 의식의 아래 부분이다.

전의식은 개인이 그 내용을 의식하지 못하기 때문에 어떤 의미에서 무의식의 일부라고 할 수 있다. 그러나 전의식의 많은 부분은 개인이 조금만 노력하면 자발적으로 회상할 수 있기 때문에 의식의 일부로도 나타낼 수 있다. 이와 같이 전의식은 마음속에서 무의식과 의식을 연결해 주는 통로가 되고 있다.

(3) 무의식

프로이트의 가장 큰 공헌은 무의식에 대한 인식이다. 무의식(Unconscious)은 우리가 자각하지 못하는 경험과 기억, 억압된 재료들, 의식영역 밖의 욕구나 동기들로 구성되어 있으며 인간 행동을 결정하는 주된 원인이 된다. 무의식에 대한 임상적인 증거는 꿈, 말실수, 망각, 자유연상이나 도출된 자료, 최면 암시, 정신적 증상의 상징적 내용 등이다. 또한 의식과 무의식 사이에 존재하는 전의식은 현재 의식하지는 못하지만 조금만 노력하여 회상하려고 마음을 집중하면 전의식에 저장된 기억이나 지각, 생각 등을 의식으로 전환할 수 있는 정신이다.

프로이트에게 무의식은 정신병리에서 지배적인 힘으로 보았으며, 성격의 일부분으로서 반드시 탐구해야 하는 것으로 생각했다. 그는 성격의 이러한 영역에 인간 행동의 중요한 인과적 요인이 존재한다고 믿었기 때문에, 인간 행동을 이해하려면 반드시 무의식을 밝혀내야 한다고 했다. 그러나 무의식적 내용은 변장되고 상징화된 형태로 나타나기 때문에 이러한 무의식을 연구하는 수단으로 환상과 꿈을 해석할 것을 강조하였다(Hjelle & Ziegler, 1994).

이러한 무의식의 존재는 직접적으로 알 수 없으므로 다음과 같은 다양한 임상적 증거를 통해 간접적으로 확인할 수 있다(김춘경 외, 2016: 77-78).

① 최면 후 암시(post-hypnotic suggestion) : 상대방에게 최면을 건 상태에서 "당신은 오늘 2시에 아무개에게 전화를 걸게 될 것입니다"라고 하면, 그는 최면에서 깨어난 후 시계가 2시를 알리면 최면에서 지시받은 행동인 전화를 거는 행동을 하게 된다. 왜 전화를 걸었는지 그 이유를 물으면 그는 "나도 몰라요. 괜히 전화를 하고 싶었어요"라든지 또는 다른 그럴듯한 이유를 들어 자신의 행동을 설명하려고 한다.

② 꿈 : 무의식적인 욕구, 소망, 갈등은 꿈이라고 하는 상징적인 표상을 통해 간접적인 충족을 시도한다. 배고픈 사람은 흔히 맛있는 음식이 가득 차려진 잔칫상 앞에 앉아 있는 꿈을 꾼다. 그렇게 해서라도 현실에서 즉각적으로 충족될 수 없는 음식에 대한 욕구를 부분적으로 또 일시적으로나마 해결하고 욕구를 충족시키려고 한다.

③ 말의 실수(slips of the tongue) : 질병이나 피로에 의해 주의력이 분산되는 경우가 아님에도 불구하고 실언을 하게 된다. 예를 들어, 의장이 개회인사에서 "의회의

'폐회'를 선언합니다"라고 말했다는 것은 그가 의회를 빨리 폐회해 버리고 싶었던 의도가 공공연하게 표현되어 나온 것이다.

④ 망각 : 자아를 위협하거나 또는 의식수준에서 용납되기 어려운 불쾌한 생각은 쉽게 잊혀진다.

이와 같이 프로이트는 인간의 심리세계를 3개의 층으로 구분하고 가장 깊은 곳에 있는 무의식을 강조했기 때문에 그의 정신분석을 '심층심리학(depth psychology)'이라고 한다. 인간의 정신세계는 마치 빙산처럼 대부분 의식으로 떠오르지 않고 무의식 속에 잠겨 있다. 심층심리학은 이와 같은 무의식을 연구하며, 일상적인 정신생활을 무의식에 근거하여 설명한다.

3) 인간의 성격구조

프로이트의 초기 성격구조이론의 중심이 되는 개념은 무의식적인 정신과정이었다. 그러나 프로이트는 인간의 다양한 행동을 설명할 수 있는 좀 더 정교한 성격이론을 개발하기 위해 끊임없이 노력했다. 그는 1923년에 발표한 『자아와 원초아』(*The Ego and the Id*)에서 마음의 지형학적 모델을 성격의 삼원구조이론으로 발전시켰다. 그는 원초아, 자아, 초자아라는 세 가지 심리적 구조를 제안했으며, 특히 자아의 기능을 중요하게 여겼다. 인간의 정신세계는 매우 충동적이고 비합리적인 마음, 현실을 인식하는 합리적인 마음, 도덕과 양심을 중시하는 마음이 서로 충돌하고 타협하면서 외부세계와 상호작용한다고 하였다(이우언 외, 2017: 153).

인간의 정신이 원초아(Id), 자아(Ego), 초자아(Superego)의 세 가지 부분으로 되어 있다는 가설을 프로이트가 최초로 사용한 후 지금은 정신병리를 논할 때 이 생각의 방법이 필요불가결하게 되었다. 이것으로 인해 성격의 각각 다른 부분이 상충하는 역동도 잘 이해될 수 있고 또 구조도 설명이 되지만, 이를 구체적인 현실로 잘못 인식해서는 안 된다. 오히려 세 가지의 각기 다른 기능과 '힘의 할거'라고 하겠다.

프로이트는 구조학적 모형의 원초아, 자아, 초자아는 비록 세 부분이 밀접하게 상호작용하더라도 각 부분들은 그 자체의 특징들을 가지고 있다고 보았다. 구조에 따른 내용과 기능은 다음과 같다.

〈표 2-1〉 정신구조에 대한 개념

구조	의식성	내용과 기능
원초아(Id)	무의식적	기본적인 충동(성과 공격), 결과와 관계없이 즉각적인 만족 추구, 이성과 논리는 통하지 않음. 즉각적 · 비합리적 · 충동적
자아(Ego)	현저하게 의식적	원초아의 충동과 초자아의 억제 사이를 중재하는 집행부, 현실을 검증, 공간과 시간을 합리적이고 논리적으로 고려함.
초자아 (Superego)	의식적 및 무의식적	이상과 도덕, 완전 추구, 부모로부터 내면화됨. 관찰한다 · 지시한다 · 비평한다 · 금한다. 만족에 대한 한계를 지움. 개인의 양심이 됨.

출처: 표갑수 외(2016: 172).

(1) 원초아

원초적 자아(*Id*) 또는 자아의 원초라는 뜻의 이 한자 조어는 프로이트에서는 '그것'이라는 독일어 3인칭 대명사인 'Es'이다. '그것'의 내용은 유전된, 신체조직에서 유래하는 충동들로서, 심리학적으로 중요한 것은 배고픔과 목마름 같은 생리적 욕구들보다는 성과 공격의 추동들이다.

원초아는 출생할 때부터 작용하는 생득적인 정신에너지의 근원으로서 전 생애동안 성격의 기초가 된다. 원초아는 심리적 에너지, 충동, 행동의 동기를 정신에 제공하며, 성격의 원천적인 요소로서 이것으로부터 자아와 초자아가 분화되고 발달한다. 원초아는 성욕이나 공격성과 같은 본능적 욕구를 관장하는 곳으로, 현실을 고려하지 않고 생물적인 쾌락과 충동에 따라 행동하려 한다.

원초아는 본능에 따라 움직이므로 모든 억압을 무시하며, 성욕과 공격성과 같은 충동에 의해 나타나는 정신에너지를 즉각적으로 방출하는 '일차적 원리(primary principle)'를 나타낸다. 만일 이러한 충동이 억제될 경우에는 성격체제에 긴장이 오기 때문에, 원초아는 참을성이 없이 즉각적으로 긴장을 감소하려는 쾌락원칙(pleasure principle)에 따른다. 따라서, 원초아는 무의식적이고 충동적이며 불합리하고 자애적인 방법으로 표현되며, 이런 행동이 다른 사람이나 자신의 보전에 미치는 영향을 전혀 도외시한다.

프로이트는 긴장으로부터 성격을 해방시키는 원초아의 두 가지 기제로 반사작용(reflex actions)과 일차과정(primary process)을 제시했다. 원초아는 반사작용을 통해 자동적으로 불안을 일으키는 자극에 대하여 반응하며, 이러한 자극이 유발하는 긴장을 재빨리 제거한다. 일차적 과정은 심리학적인 현상으로서 개인이 언젠가 자기의 기본적인 욕구를 만족시켜준 적이 있는 어떤 대상물의 심상을 떠올려 긴장을 감소시키는 것이다. 일차적 과정은 적극적인 과정이지만, 배고픔, 목마름, 성적충동 등에 의해 야기된 긴장을 만족스럽게 방출할 수는 없으며, 참된 만족을 얻으려면 현실세계와 접촉해야 한다(Nye, 1991: 27).

현실과 접촉이 없으므로 진정하게 '심리적' 현실이라고 할 수 있는 원초아는, 쾌락원칙을 따르며 일차과정적으로 기능한다. 배고픈 아기가 마구 울다가 젖을 먹으면 웃는 것처럼, 충동들이 만들어내는 긴장이 해소될 때 즐거움과 행복이 느껴진다. 일차과정이란, 욕구충족의 방식이면서 사고의 양식이다. 일차과정적 욕구충족은 즉각적인 대신 대상이나 방법이 유동적이다. 배고픈 아기는 엄마가 자기 앞에서 우유를 타고 있는데도 즉각적 충족을 요구하며 울어대지만, 엄마가 빈 젖꼭지(소위 '공갈 젖꼭지')를 물려주면 그친다. 자기 손가락을 빨며 울음을 그치기도 한다. 물론 빈 젖꼭지나 손가락에서 젖이 나오는 것이 아니므로 아기는 곧 다시 운다.

일차과정적 사고양식은 비합리적이고, 시각적 심상에 의존하며, 시간의식이 없는 것이 특징이다. 꿈 사고가 바로 이러한 양식이다. 우리는 오줌이 마려울 때 꿈에서 화장실에 가지만(즉각적 욕구충족, 유동적 대상/방법) 결국은 방광이 터지기 전에 일어난다. 또 주로 시각적 심상들로 나타나며 과거와 현재가 뒤섞이는 꿈의 사고는 너무 비합리적이어서 '사고'라 하기도 어려울 지경이다. 일차과정적 사고는 자아가 무너진 정신병(정신분열증 등) 환자의 알아듣기 어려운 횡설수설에서도 볼 수 있다.

원초아가 지배적인 성격을 가진 사람은 성적·공격적 충동과 같은 본능적인 욕구를 거의 통제하지 못한다. 그런 사람의 행동은 주로 쾌락원칙에 따라 욕구를 즉각적으로 충족시키고자 하며, 현실세계나 사회의 윤리와 가치에 거의 관심을 보이지 않는다.

(2) 자아

라틴어 *ego*의 번역인 '자아'란 프로이트에서는 독일어 일인칭 대명사인 '나'이다. '나'는 보고 들으며, 기억하고, 감정을 느끼며, 판단을 내린다. '나'는 수의적 운동을 맡는다는 점에서 성격의 '집행자'이다. 원초아로부터 자아가 분화되는 이유는 욕구충족과 긴장해소는 결국 바깥세계에서 오는 또는 찾는 대상들을 통해서만 가능하기 때문이다. 자아는 너무 강한 자극들은 피하고 적당한 자극들을 찾아내며, 결국 바깥세계를 유리한 쪽으로 변화시키기를 배운다(김보기 외, 2017: 173).

자아가 원초아를 위해서 봉사만 하는 것은 아니다. 현실을 상대하는 구조로 원초아의 겉껍질에서 분화된 자아는 점점 원초아에 대항하여 추동요구들을 지배한다. '나'는 '그것(ES)'의 요구들을 충족시켜야 할지 말지를 결정하고, 이 충족을 적당한 시간 및 상황으로 미루거나 아니면 그 흥분을 아예 억누른다. '그것'이 쾌락원칙을 따르고 일차과정적으로 기능하는 것처럼, '나'는 현실원칙을 따르고 이차과정적으로 기능한다. 이차과정은 욕구충족을 뒤로 미룰 수 있으며 대신 특정한 대상과 방법을 고집한다. 이를 위해 자아는 언어적, 논리적으로 사고하고 추리할 수 있어야 한다(이차과정적 사고).

(3) 초자아

초자아(Superego)란 프로이트에서 '윗 - 나', 즉 '나'의 위에 있는 존재이다. 인간의 아동기는 유난히 길며, 부모에 의존해 사는 기간이 길기 때문에 부모의 영향을 지속시키는 구조가 자아로부터 분화되어 독립하게 된다. 부모의 영향에는 물론 부모의 개성뿐 아니라 부모가 이어가는 가족, 민족 전통의 영향, 부모가 대표하는 당시 사회적 환경의 요구들도 작용한다. 또한 아동이 커가면서 초자아는 부모의 대리인들, 즉 교육자, 공적인 모델들이 주는 영향도 받게 된다.

'윗 - 나'란 옳고 그름에 대한 부모의 규범들을 내면화한 것이다. 부모는 아이가

'착하게' 행동할 때 칭찬하며, '못되게' 굴 때 비난한다. 부모가 좋아하는 행동들은 '자아이상'의 형태로, 부모가 싫어하는 행동들은 '양심'의 형태로 내면화된다. 초자아는 흔히 실제의 부모가 모범을 보여 준 것보다 더 엄격하게 우리 속에서 부모가 행사한 기능들을 계속하여 '나'를 감시하고, 명령을 내리고, 판결하고, 칭찬하거나 처벌을 위협한다. 초자아는 '나'를 실제 행위에 대해서 뿐만 아니라, 생각이나 의도만 가지고도 질책한다. 우리 자신이 의식하지 못하는 '나쁜' 생각에 대해 스스로를 나쁜 놈이라고 비난하며 죄책감(양심의 가책)에 시달린다. 이 가책이란, 사실 부모의 애정상실에 대한 두려움인 것이다.

(4) 원초아, 자아, 초자아의 관계

우리 내면의 이 세 구조는 각각 고정되어 있는 것이 아니라, 어느 것이 강해지면 다른 것이 약해지는 관계에 있다. 어린애 같이 원하는 것은 즉시 가져야 하고, 현실도 도덕도 무시하는 사람이 있는가 하면, 현실논리만 따지는 지극히 이성적이고 계산적인 사람이 있다. 옳고 그름만 따지며 욕망도, 자기 이익도 초월한 사람이 있는데, 이는 각각 원초아, 자아, 초자아가 다른 구조들에 비해 상대적으로 강한 경우들이 된다. 원초아와 자아만 기능하고 초자아는 발달하지 않은 사람을 생각해 보면, 사기꾼, 조직폭력배 두목 같은 유능한 범죄자가 생각난다.

세 구조의 세력관계에는 발달적 변화도 있어서, 사춘기와 갱년기같이 호르몬 변화가 클 때, 원초아 추동들이 강해지면서 자아와 초자아 기능이 일시적으로 교란, 약화되기도 한다. 훨씬 짧은 시간범위에서 주기적이거나 일시적인 변화도 있다. 잠잘 때 자아의 기능이 약해져서 원초아적 일차과정이 우세해지는 것처럼, 술에 취하거나 몸이 아플 때 또는 외적 유혹(예, 밤에 도승의 암자에 찾아온 황진이)이 있을 때에도 평소의 세력균형이 일시적으로 흔들린다.

세 구조 중 대들보는 물론 '집행자' 자아이다. 자아는 우선, 원초아의 무차별적 요구들을 상대하여 즉각적 긴장해소를 미루고 개체의 안전을 지켜야 한다. 원초아가 어린애처럼 막무가내로 보챈다면 초자아는 부모처럼, 흔히 실제의 부모보다 더 엄격하게 자아를 감시하고 옳고 그름을 따진다. 현실을 전혀 고려하지 않는 두 구조의 요구들을 자아는 현실 속에서의 행위를 통해 충족시켜야 하는데, 현실세계는 현실세계대로 나름의 제약과 요구들을 한다. 이를 테면, 배고프다고 돈 없이 남의 물건을 가져가면 교도소가 기다리고 있고 부모가 쫓아낼지도 모른다.

원초아, 초자아, 현실의 요구들을 감당하기 어려울 때, 자아는 불안으로 반응하는데, 위험의 출처에 따라 이를 각각 원초아 불안(신경증적 불안), 초자아 불안(죄책감), 현실불안(공포)이라고 부른다. 불안은 위험이 있으므로 대책을 찾아야 한다는 신호이다. 현실불안 또는 공포를 느낄 때 자아는 객관적 위험을 피하거나 공격할 가능성 등을 찾아내려 한다. 나머지 두 유형의 불안들에는 대처하기가 힘들다. '위험'이 무엇인지 보이지 않기 때문이다(한국심리학회, 2004: 426).

왜 어떤 사람은 유난히 초자아가 강하거나가 혹할 정도로 엄격한 것일까? 왜 어떤 사람은 이성의 접근을 받아들이지 못하는 것일까? 이러한 물음들은 '성격은 어떻게 발달하는가'라는 물음들이 된다.

4) 방어기제

방어기제(defense mechanism)는 적응기제에 포함되는 심리기제인데, 적응기제에는 방어기제, 도피기제, 공격기제 등이 있다. 프로이트가 밝힌 자아방어는 유기체가 그 나름대로의 심리적 평형을 이루려는 노력의 결과로 나타나는 것이며, 그 자체는 부적응적이거나 이상행동이 아니지만 각자의 기제가 과도하게 이용되는 경우 부적응 또는 신경증으로 발전할 수 있는 것으로 보인다.

방어기제의 유형과 그 내용을 살펴보면 다음과 같다.

(1) 억압(repression)

불안을 야기시키는 생각이나 충동, 공포, 소원 등을 의식세계로부터 배제시키고자 하는 심리기제이다. 이러한 것들에 대해 더 이상 의식하지 않게 되면 불안은 감소되거나 해소되는 것이다. 프로이트는 이것이 불안을 감소시키는 데 사용되는 가장 기본적인 기제로 보았다. 그는 그 예로서 모든 소년소녀들은 오이디푸스 콤플렉스(Oedipus complex)에 의해 생기는 불안과 억압을 통해 해소시키는 것으로 보았다.

그러나 억압된 내용들은 소멸되어 버리는 것이 아니라, 어떤 상황 하에서는 다시 의식의 세계로 항시 되돌아 올 수 있는 소지를 지니고 있다. 억압된 내용이나 재료는 실언이나 꿈, 그 밖의 어떤 예외적 행동으로 나타나기도 한다. 엄밀히 말한다면 실언은 실언이 아닌 것이며, 그가 억압한 것(의식적이든 무의식적이든)의 내용인 것이다. 억압은 다시 두 가지로 구분하여 살펴볼 수 있다.

- 원초적 억압 : 현실에서 의식화된 적이 없는 요소에 대한 억압(예, 근친상간 같은 것)
- 실제적 억압 : 현존하는 것이며 의식되는 위험한 충동을 억제하는 일

(2) 합리화

합리화(rationlization)는 무의식적 동기의 실체는 모르는 상태에서 자신을 괴롭히는 행동이나 경험에 대해 그럴 듯한 이유를 들어 자신의 무능이나 실패를 두둔하고자 하는 방어기제이다. 자신이 무능하다거나 실패했다는 사실은 경우에 따라 마음의 평형에 강한 위협이 되기도 하므로 사실을 왜곡시키고, 자신을 기만함으로써 마음의 평정을 찾고자 하는 것이다.

자신은 그 과목에 대해 열심히 공부했는데 담당교수가 괴팍하여 중요하지 않은 문제만 골라서 출제했으므로 성적이 나쁘게 나왔다거나, 의과대학 시험에 낙방한 학생이 "사실 나는 의사가 되고 싶지 않은데 부모의 강압적 태도 때문에 응시를 했고, 다행히 떨어져서 내 적성에 맞는 학과에 진학하게 됐다"고 스스로 위안하는 행위 등이 그것이다. 볼이 아웃되었을 때, 자신도 모르는 사이에 공연히 테니스 라켓 줄을 바로잡는 일은 흔히 보는 합리화의 예이다.

(3) 투사

투사(projection)는 사회적으로 용납되지 않는 충동이나 생각들을 무의식적으로 남에

게 전가시킴으로써 불안을 감소시키는 행위이다. 자신은 거의 의식하지 못하는 것이지만, 실제로는 자신에게 있는 강한 충동을 다른 사람에게서 발견하거나 다른 사람이 갖고 있는 것으로 간주하여 그를 비난하는 행위이다. 춤바람이 나서 도망간 여자를 맹렬히 비난하는 여자는, 실상 자기의 부도덕한 성충동을 투사하고 있는 것일 수도 있는 것이다. 길거리를 지나면서 자신을 쳐다보는 남자들이 자신을 유혹하고 있다고 믿는 경우, 역시 자신의 충동을 그들에게 투사하는 것일 수 있다. 이 투사의 정도가 심하고 오래 지속되면 인간관계는 비뚤어지고, 사람들과의 관계는 더 멀어지는 악순환이 계속된다. 투사를 하면 할수록 사람들은 못 미더워 보이고, 그들을 의심하게 되고, 적대시하게 되며, 더 나아가서 피해망상에 이르게도 된다. 이는 망상형(과대망상이나 피해망상, 관계망상 등) 정신분열증 환자에게서 흔히 발견되는 대표적 증세이기도 하다.

(4) 반동형성

불안을 야기하는 충동에 대한 의식에서의 반동형성(reaction formation)은 억압과 마찬가지로 충동을 의식에서 추방하지만, 방법적으로는 무의식 속의 용납할 수 없는 충동을 반대의 감정으로 대치시켜 표현한다. 즉, 바람직하지 못하다고 생각되는 생각, 소원, 충동 등을 정반대의 것으로 표현하는 경우로 위협적인 충동에 대처하기 위해 적극적으로 그런 충동에 반대되는 행동을 하는 것이다. 불안을 피하고자 하는 목적 때문에 겉으로 드러나는 태도나 언행이 자연스럽지 못하고, 상당히 융통성 없이 표현되는 특성도 보인다. 그 예로, "미운 놈 떡 하나 더 준다"는 속담이 있다. 사랑을 미움으로 표현하는 경우, 부인에 대해 성난 감정을 무의식적으로 억압하는 남편은 애정이 각별한 것처럼 행동하는 경우를 들 수 있다. 현실적으로 적응에 문제를 일으키지 않는 한 불안을 막는 유용한 방어기제로 사용된다.

(5) 전위

전위(displacement)는 어떤 대상이나 사물에 향했던 본능적이고 충동적 감정을 덜 위험하거나, 편안한 대상이나 사물로 향하게 하여 긴장을 완화시키는 방어기제이다. 예를 들어, 자식이 없는 부부가 강아지나 고양이 같은 애완동물을 귀여워하는 것, 아버지에게 혼이 난 아이가 마당의 개를 발로 차버림으로써 화를 푸는 것, 젖꼭지를 빨고자 하는 욕구가 차단될 경우에 그와 유사한 손가락을 빠는 경우, 아버지로부터 꾸중을 들은 아이가 동생에게 화풀이를 하는 경우, 남편에 대한 공격 대신 그릇 닦는 소리를 요란하게 내고 깨버리기도 하는 행위 등이 있다. 그러나 본래의 대상과 유사한 것이라도 원래의 대상이 주는 만족보다는 못하기 때문에 긴장이 완전히 해소되지는 않는다.

(6) 퇴행

퇴행(regression)은 현실이 감당하기에 지나치게 어려울 경우, 초기의 어느 발달단계로 되돌아가서 위안을 받고자 하는 심리기제를 말한다. 동생의 출현으로 엄마의 애정을 상실한 것으로 여기는 아동은, 갑자기 말을 더듬거나 배변을 아무렇게나 하거나 자기도 동생처럼 기어 다니는 행동을 보이기도 한다. 성인이 되어서의 퇴행은, 비교적 충족이 잘되었던 심리성적 발달단계로 돌아간다. 항시 자신만만하던 회사 간부가 해결불능의 사태를 맞아 지나치게 의존적이거나, 수수방관하는 태도를 보일 수 있는 것이다.

부부싸움 후에 아내가 아이들을 데리고 친정으로 가는 이유는 갈 만한 장소가 친정 외에는 별로 없다는 이유 이외에도, 결혼을 하지 않은 처녀의 상태로 잠시 퇴행함으로써 심리적 위안을 받을 수 있기 때문이다.

(7) 승화

승화(sublimation)는 사회적으로 인정되지 못하는 욕구나 충동을 사회가 인정해 주는 방향으로 표출하는 행위를 일컫는다. 공격성의 발휘를 권투로 해소한다든가, 성적 리비도를 그림이나 예술행위로 격상시키는 행위 등이 이에 속한다. 프로이트에 따르면, 조각은 항문애적 리비도(배변 보유)가 승화된 것이며, 그 밖에 문학, 예술 등은 대개가 원욕이 승화된 현상이다.

4. 심리성적 발달단계

프로이트는 성격이 심리성적 발달단계(psychosexual development)에 따라 형성된다고 보았다. 심리성적 단계의 주요한 특징은 정신에너지인 리비도가 신체부위의 어디에 집중되느냐에 따라 다섯 단계로 구분된다. 이러한 다섯 단계는 구강기, 항문기, 남근기, 잠복기, 생식기이다. 인간이 출생하여 이러한 다섯 단계에 따라 성격을 형성하지만, 때로 어떤 사람은 지나친 좌절 또는 만족 때문에 심리성적 발달단계의 어떤 단계에 머물러 있는 경우가 있다. 이렇게 리비도가 신체의 다른 부위로 이동하지 않는 것을 '고착(fixation)'이라고 한다(노안영·강영신, 2011: 76). 여기서는 프로이트가 제안한 심리성적 발달단계의 주요한 특징을 살펴보고자 한다.

1) 구강기

구강기(oral stage)는 태어나서부터 18개월까지를 말한다. 이때 영아는 리비도가 입에 집중되어 있어 입으로 빨고, 삼키고, 깨무는 행위를 통해 쾌감을 느낀다. 이때의 영아는 배가 고프지 않아도 손에 잡히는 모든 것을 입에 넣고 빤다. 보통 영아는 6개월이 되기 전까지는, 대상부재(objectless)의 상태로 자신의 욕구를 만족시켜 주는 사람이 자신과 분리된 다른 사람이라는 생각을 하지 못한다. 즉, 욕구가 만족되지 못하면 두려워 울지만 그러한 욕구를 만족시켜 주는 사람이 바로 자신이라고 생각한다. 그러나 6개월이 지나면서 영아는 자신과 분리된 타인, 즉 어머니의 존재를 느끼고 자신의 욕구를 채워 주는 대상으로 어머니가 존재한다는 것을 인지한다. 이때부터는 어머니가 보이지 않으면 불안해지고 이유가 시작되면서, 어머니에 대한 욕구불만을 가지는 따위의 최초 '양가감정(ambivalence)'을 느낀다. 즉, 어머니에게 애정과 동시에 적대적인 태도를 갖는다는 것이다. 이 시기에 고착된 성인이 심리적 갈등에 처하면 퇴행하여 음식에 집착하거나, 연필과 같은 사물을 물어뜯거나, 구강기적 쾌감을 위해 흡연이나 음주에 몰두하는 행동을 보인다.

2) 항문기

항문기(anal stage)는 생후 18개월에서 3년까지를 말한다. 이때는 리비도가 항문에 집중되어 영아는 괄약근을 조절하면서 최후의 순간까지 배설을 참아 내장의 압력을 증가시켜 마지막 방출의 쾌감을 높이려 한다. 또한 이 시기에는 배설물에 흥미를 느껴 그것을 가지고 놀려고 한다. 그러나 이러한 행동은 양육자에 의해 강하게 통제되면서 영아는 배변훈련(toilet training)을 받는다. 이런 배변훈련이 지나치게 엄격할 경우 영아는 배변을 참게 되고 이러한 행동이 일반화되면 항문적 보유(anal-retentive) 성격이 되어 지나치게 인색하고 완고한 성격의 소유자가 될 수 있다고 한다.

항문기에 고착된 성격은 두 가지로 나타난다. 첫째, 항문기의 폭발적 성격으로 물건을 낭비하고 자신을 지저분하게 함으로써 반항하는 것이다. 둘째, 부모가 정한 규율에 지나치게 동조하여 발달된 성격인 항문기의 강박적 성격으로 깨끗하고 질서정연하며 정돈하고 싶은 욕구에 집착한다. 이 시기에 고착된 사람은 반동형성의 방어기제를 많이 사용하여 배변훈련을 시키는 부모와 권위적 인물에게 분노를 느끼지만 분노 대신에 철저한 복종을 표현한다.

그러나 배설행동을 두고 부모와 갈등을 겪으면서 부모에 대한 애증, 즉 양가감정(ambivalence)을 갖게 되기도 한다. 배변훈련에 따른 칭찬과 처벌은 영아의 성격 형성에 큰 영향을 미친다. 배변훈련을 둘러싼 부모와 영아 간의 갈등은 다음과 같은 상황에서 유발되거나 한층 더 심각해질 수 있다(김춘경 외, 2016: 77-78).

① 배뇨·배변에 관여하는 척추신경은 보통 생후 1년 반에 발달이 완료되는데, 간혹 이러한 신경조직 발달이 채 완성되지 않은 상태의 아동에게 부모가 무리하게 대소변을 가리라고 요구할 때

② 영아가 바지를 벗고 입을 능력이 생기기 전에, 또는 화장실·변기 등이 어디에 있는지 알지 못하는 경우에 부모가 무리하게 대소변 가리기를 요구할 때

③ 대소변을 싼다고 부모가 벌주거나 야단칠 때

④ 혼자서 화장실 가는 것을 겁내거나 양변기 속이나 재래식 화장실 안에 자기가

통째로 빠져 버리지 않을까 하고 겁내는 것은, 이 시기 영아들에게서 일반적으로 나타나는 현상인데도 이를 이해하지 못하는 부모가 계속 배변 가리기를 요구할 때

따라서, 이 시기에 배변훈련이 적절하게 이루어지면 자율적이고 창조적인 성격이 형성되어 긍지감이 높고, 독립적이며, 수치심이 없고, 자기주장을 하는 원만한 성격이 된다. 그러나 배변훈련을 너무 빨리 시작하거나 지나치게 엄격하면 오히려 완고하고, 완벽을 추구하며, 고집스럽고, 때로는 지나친 순종을 보이는 등 항문고착형 성격을 갖게 된다.

3) 남근기

남근기(Phallic stage)는 3세에서 6세까지를 말한다. 남아의 경우에는 오이디푸스 콤플렉스(Oedipus Complex)를 갖는 시기라 하고 여아의 경우에는 엘렉트라 콤플렉스(Electra Complex)를 갖는 시기인데, 프로이트는 이 시기를 주로 오이디푸스 콤플렉스로 설명하였다. 이 시기는 리비도가 유아의 성기에 집중되어 자신의 성기를 남의 것과 비교하고 싶어 하고, 남녀의 성기가 서로 다른 것에 많은 호기심을 갖는다.

이 시기에 남아는 갑자기 어머니에게 달려들어 키스하고, 함께 자려는 행동을 보이고, 커서 어머니와 결혼할 것이라고 이야기하지만, 이미 어머니가 아버지와 결혼하였다는 사실을 알고 실망한다. 어머니에 대한 애정을 구하는 경쟁자로서 아버지는 너무 크고 결국 아버지로부터 보복을 당할지 모른다는 '거세불안(Castration Anxiety)'을 느낀다.

특히, 여아들이 이미 거세당해 남성의 성기가 없다고 생각하면서 더 불안을 느끼고, 결국 어머니에 대한 근친상간적 욕구를 포기하면서 아버지를 동일시한다. 여아의 경우 남아와 비교하여 자신에게 남성의 성기가 없음을 알면서 '남근선망(Penis Envy)'을 가지며 이런 실망을 아버지에게서 보상받고자 아버지와 결혼하고자 하지만, 그것

이 현실적으로 불가능하다는 것을 알면서 아버지에 대한 근친상간적 욕구를 포기한다. 프로이트는 남아의 경우 거세불안 때문에 근친상간적 욕구를 포기하지만, 여아의 경우 포기 이유가 뚜렷하지 않아 남성이 여성보다 초자아가 더 많이 발달되었다고 주장하여, 최근 여권주의자들로부터 강한 비판을 받고 있다.

이 시기에 고착된 사람은 남성의 경우 대부분 경솔하며 과장되고 야심적이며 항상 남자다움을 나타내려고 노력한다. 또한 여성의 경우에는 난잡하고, 유혹적이며, 경박한 기질을 갖거나, 아니면 강하게 자기주장을 하여 남성을 능가하고자 하는 노력을 한다.

〈그림 2-1〉 오이디푸스 콤플렉스(Oedipus complex)

4) 잠복기

잠복기(latency period)는 6세부터 사춘기 이전의 12~13세까지를 말한다. 이때는 아동의 성적·공격적 환상들이 무의식 속에 잠복하여 리비도가 특정 신체부위에 집중되지 않는다. 이때의 에너지는 신체의 발육과 성장, 지적 활동, 친구와의 우정 따위에 집중되어 성적 관심은 줄어들며, 따라서, 이드보다 자아와 초자아가 강해진다. 그러나 잠복기에 고착되면, 성인이 되어서도 이성에 대한 정상적 관심을 발달시키지 못하고 동성 간의 우정에 집착할 수 있다. 이에 따라 성적 에너지도 특별히 한정된 곳이 없으며, 성적인 욕구가 억압되어 심리적으로 비교적 평온하고 잠잠하다. 그러나 아무런 변화가 없다는 뜻은 아니며, 성적으로 잠시 침체된 시기이다.

이 시기를 무난히 넘기면 학업이나 활동에 있어서 성취감을 느끼고 대인관계도 원만해져 자신감과 적응능력이 높아진다. 그러나 이전 발달단계의 과제들이 미해결 상태로 남아 성적·공격적 충동이 잘 제어되지 못한다면, 학업에 지장을 받게 되고, 누적된 학업 실패는 열등감을 유발한다. 또한 두려운 나머지 내면의 충동들을 과도하게 제어하다 보면, 오히려 성격발달을 정체시키게 되고, 외현상 조숙한 듯 보이지만 실제로는 심각한 강박적 성격으로 발전할 가능성이 높다.

5) 생식기

사춘기가 시작되어 이성에 대한 관심이 생기면서 생식기(genital stage)가 시작된다. 이 시기에는 호르몬과 생리적 요인들로 인해 그동안 억압되었던 성적 감정들이 크게 강화되어 성적 에너지가 성인과 마찬가지로 직접적으로 표현된다. 이때 다시 오이디푸스 감정이 의식 속으로 올라와 청소년들은 부모 앞에서 불안하고, 오히려 떨어져 있어야 편안한 안정감을 느낀다.

프로이트에 따르면, 사춘기 이후 중요한 과제는 '부모로부터 자유로워지는 독립'이라고 하면서, 이러한 독립이 오랫동안 부모에게 의존하여 오던 상태에서 쉽게 이루어지지 않고 독립이 매우 고통스럽게 받아들여질 수 있다고 하였다. 정신분석이론에서는 생식기적 성격을 가장 이상적인 성격유형으로 보고 이런 성격의 사람은 일하고 사랑할 수 있는 능력을 갖추어 사회적·성적 인간관계가 원만하고 책임감이 잘 발달되어 이성과의 사랑이 만족스럽다고 하였다. 프로이트의 심리성적 발달단계는 다음과 같다.

▌〈표 2-2〉 프로이트의 심리성적 발달단계

단계	연령	주요 특징
구강기	0~18개월	• 구강활동을 통한 쾌를 추구 • 원초아가 지배함
항문기	18개월~3세	• 배설활동을 통한 쾌를 추구 • 자아와 원초아가 지배함
남근기	3세~6세	• 성기를 통한 쾌를 추구 • 자아, 원초아, 초자아의 완성
잠복기 (잠재기)	6세~사춘기	• 성적 본능의 욕구에서 자유로운 시기 • 탐색, 기술의 습득에 관심
생식기 (성기기)	사춘기 이후	• 이성에 대한호기심 • 성숙한 성관계 확립

출처: 신명희(2013: 33) 재인용.

5. 평가

1) 프로이트 이후

프로이트와 같이 연구했던 학자 가운데 융(Carl Jung), 아들러(Alfred Adler)는 각자 독자적 이론을 발전시켰다. 스위스의 심리학자인 융은 인간에게는 두 종류의 무의식, 즉 개인적 무의식(personal unconscious)과 집단적 무의식(collective unconscious)이 있다고 하였다. 개인적 무의식은 프로이트가 언급한 무의식과 같은 것으로 사람마다 각자가 지니고 있는 무의식이다. 집단적 무의식은 선조로부터 유전된 인류에게 공통적인 것이다. 그는 집단적 무의식이 인류에게 유사한 역할을 한다는 것을 증명하기 위해 여러 민족의 종교적 가공물(artifact)을 수집하였다(Hall, 1983).

아들러는 프로이트와 달리, 인간 성격의 중요 부분은 '의식'이라고 보았다. 인간발달에서 야기되는 모든 문제는 각자의 인생에 대한 목표와 그 목표를 달성하지 못하는 열등감과의 괴리에서 비롯된다고 간주하였다. 따라서, 프로이트에 의한 성적 에너지보다는 남들보다 뛰어나고자 하는 욕망이 심리발달에 중하다고 믿었으며, 이와 같은 욕망을 본능으로 간주하였다. 만약 이 욕구가 없다면 그것은 열등감(inferiority complex)이 뿌리 깊게 박혀 있는 것으로 보았다.

융과 아들러 두 학자는 프로이트와 연구를 같이 하였으나 각자 새로운 이론을 개발하였을 뿐 아니라 프로이트와 매우 반대되는 견해를 폈다는 것이 특기할 만한 사실이다(Monte, 1980).

2) 비판

프로이트의 발달이론에 대한 비판은 다음과 같다(이순형·성미애, 2014: 39-40).

첫째, 프로이트 이론은 인간의 욕망, 특히 성적 욕구를 지나치게 강조했다는 점이다. 특히, 유아기의 성욕을 강조하고 성적 에너지가 성감대를 찾아 여러 신체 부위로 옮아가는 과정을 발달로 보았다는 점에서 비판이 있다.

둘째, 인간을 성욕과 과거의 경험에 지배되는 수동적이고 소극적인 존재로 보았다는 점에서, 그의 인간관은 비관적이라는 비판이 있다.

셋째, 남아의 오이디푸스 콤플렉스와 여아의 엘렉트라 콤플렉스, 여성의 열등감 등에 대한 그의 편견은 비교문화 연구결과, 그 보편성이 증명되지 못했다는 비판이 있다. 즉, 문화에 따라서는 이러한 콤플렉스를 경험하지 않고도 발달이 이루어지고, 남녀의 성역할이 전도되어 나타나는 문화도 있기 때문이다.

넷째, 프로이트의 이론은 양심의 발달에 주변 사람들의 격려와 인정과 처벌이 영향을 미친다는 사실을 무시했다는 비판이다. 즉, 주양육자인 부모나 가족뿐 아니라, 교사나 이웃 등의 주변 사람들의 영향도 개인의 양심발달에 공헌하고 있다는 반론이 제기된다.

다섯째, 프로이트가 그의 발달이론을 구축하는 데 사용한 자료가 신경증 환자들의 치료과정에서 얻은 것이기 때문에, 정상 성인이나 정상 아동의 발달을 거꾸로 추적하고 설명하는 데 무리가 있다는 것이다. 더욱이 자유연상법을 사용한 그의 연구방법은 과학적 검증이 가능하지 않다는 점에서 비판을 받고 있다.

CHAPTER

03

[developmental psychology]

심리사회적 발달이론

학습목표

1. 에릭슨의 사상 연구
2. 에릭슨과 프로이트의 이론 비교
3. 에릭슨의 심리사회적 발달 9단계 학습

학습내용

1. 심리사회적 발달이론의 개요
2. 에릭슨의 생애와 사상
3. 주요 개념 및 특성
4. 심리사회적 발달단계

개요

정신분석가이며 자아심리학자인 에릭슨에 의해 체계화된 심리사회적 이론(Psychosocial theory)은 프로이트가 성본능(libido)을 중시한 것과는 달리, 인간의 성격발달에서 개인의 자아와 사회의 역할을 모두 중요시하였다. 특히, 사회문화가 성격발달에 미치는 영향을 강조하였기 때문에 그의 이론을 심리사회적 이론이라고 부른다. 본 장에서는 에릭슨의 심리사회적 발달단계를 학습하고자 한다.

[developmental psychology]

CHAPTER 03 심리사회적 발달이론

1. 심리사회적 발달이론의 개요

정신분석가이며 자아심리학자인 에릭슨에 의해 체계화된 심리사회적 이론(Psychosocial theory)은 프로이트가 성본능(libido)을 중시한 것과는 달리, 인간의 성격발달에서 개인의 자아와 사회의 역할을 모두 중요시하였다. 특히, 사회문화가 성격발달에 미치는 영향을 강조하였기 때문에 그의 이론을 심리사회적 이론이라고 부른다.

에릭슨(Erikson, 1950, 1982)에 따르면, 내적 본능 및 욕구와 외적 문화적·사회적 요구 간의 상호작용으로 인해 심리사회적 발달이 전 생애를 통해 계속된다. 그리고 내재된 '기초안(ground plan)'에 의해 발달이 이루어진다고 믿었다. 그에게 있어 주요 개념은 자아정체감의 발달이다. 확고한 자아정체감을 확립하기 위해서는 일생을 통해 여덟 가지의 위기(또는 갈등상황)를 성공적으로 해결해야 한다고 하였다. 매 단계마다 갈등상황(또는 위기)은 '신뢰감 대 불신감'이나 '통합감 대 절망감'에서처럼 긍정적인 결과와 부정적인 결과를 초래할 수 있다. 즉, 여덟 개의 발달단계마다 나름대로의 갈등이 있으며, 그 갈등은 양극의 결과를 초래할 수 있다. 후기의 저술에서 에릭슨은 갈등을 성공적으로 해결할 수 있는 잠재력(potential strength) 또는 생명력(vital strength)에 대해 언급하고 있다. '성공적인 해결'은 반드시 긍정적인 측면만을 의미하는 것은 아니다. 최상의 해결책은 긍정적인 측면과 부정적인 측면이 균형을 이루는 것이다.

에릭슨은 다른 발달단계 이론가들과는 달리, 특정 단계의 과업이나 위기를 완전히 해결하지 않고서는 다음 단계로 진행할 수 없다고 생각하지는 않았다. 위기를 해결하든 해결하지 못하든 일정한 연령에 도달하면 생물학적 성숙이나 사회적 압력에 의해 다음 단계로 진행하게 된다고 보았다. 새로운 단계에서는 새로운 윤리와 새로운 갈등을 만나게 된다. 60세나 70세가 되었을 때에 전 단계에서 해결하지 못한 과업이나 위기는 그대로 남아 있어 자아통합감을 이루고자 할 때 장애가 된다.

에릭슨은 성격이 일련의 단계를 거쳐 발달한다는 프로이트의 관점을 받아들였으나, 심리성적 발달에 초점을 맞춘 그와 달리 심리사회적 발달이론을 수립하였다. 심리사회적 발달이론은 개인의 전 생애에 걸쳐 일어나는 사회의 영향력을 고려하며, 성격이란 생애 초기 몇 년에 걸쳐 완성되는 것이 아닌 전 생애를 걸쳐 진화되는 것으로 본다(정옥분, 2015: 67).

에릭슨은 '전 생애 발달(life-span development)'이라는 개념을 제안한 최초의 인물이며, 그는 성격의 발달이 점성적(후성설) 원리(epigenetic principle), 즉 앞 단계의 발달이 이후의 연속된 단계를 예측할 수 있다는 원리에 의해 진행된다고 보았다. 또 각 단계에는 심리사회적 위기(psychosocial crisis)가 존재하며, 이는 하나의 전환점으로 성장 잠재력이 큰 동시에 매우 취약한 기간을 말한다. 각 단계에서 다루어져야 하는 발달과제가 어떻게 해결되느냐에 따라 개인의 특징적인 행동패턴이 결정된다. 이때 자아(ego)는 각 단계에 나타나는 두 특성 사이의 균형을 발달시키며, 갈등의 양 측면을 모두 통합해야 한다. 갈등이 균형적으로 통합될 때 '자아 특성' 또는 '덕목(virtue)'이 나타난다.

2. 에릭슨의 생애와 사상

에릭슨
(Erik Homburger Erikson, 1902~1994)

에릭슨은 1902년 6월 5일 독일 프랑크푸르트 암 마인(Frankfurt am Main)에서 출생하였다. 그의 부모는 덴마크 코펜하겐(Copenhagen)에서 살았으나 이혼으로 어머니가 독일로 이주하여 프랑크푸르트에서 출생하게 되었다. 그가 3세 때 어머니는 아동소아과 의사인 홈부르거(Homburger)와 재혼하였다. 그의 어머니는 철학과 문학, 예술에 깊은 관심을 가지고 있었으며 에릭슨은 이런 분위기 속에서 성장하였다. 에릭슨은 초등학교를 수학하고 18세에 김나지움(Gymnasium, 독일의 중등교육기관)을 졸업한 것이 최종 학력이다. 그는 라틴어와 그리스어에 능했지만 대학에 진학하지 않고 유럽을 여행하면서 방랑과 방황을 하였다. 이때 독학으로 독서와 사색에만 몰두하였다. 한때 미술가가 되기 위해 고전미술 공부에도 전념하였지만 곧 포기하였다. 방황기에 피렌체(Firenze)에서 만난 아동 정신분석학자 페이스 블로스의 추천으로 칼스루에(Karlsruhe)에서 학교운영을 돕는 역할을 하였다. 이를 계기로 에릭슨은 정신분석학을 접하게 되었으며 인생의 전환기를 맞이하게 되었다. 빈대학교에서 안나 프로이트(Anna Freud) 등으로부터 정신분석학을 배웠고, 학교와 아버지의 병원에서 아이들을 관찰하게 되었다. 그의 폭넓은 체험을 바탕으로 아동정신분석학자로 발전하게 되었다. 그는 인간의 발달단계를 8단계로 분류하였다. 각 단계는 단절된 것이 아니라 연속되고 축적되며 불안과 갈등을 겪으면서 성장한다고 파악했다.

1933년 31세에 미국 보스톤(Boston)으로 이주하였으며, 보스톤 최초의 아동정신분석학자가 되었다. 1936년 예일대학교(Yale University)에서 강의하였고 1938년 인디언 아동에 관해 연구하였다. 1939년 버클리대학교(University of California, Berkeley)에서 아동발달에 대한 연구를 진행하였다. 이 연구의 결과로 『유아기와 사회』(*Childhood and Society*, 1950)를 저술하였다. 에릭슨은 미국 각지에서 임상연구에 종사하였으며, 인간 형성을 문화・사회와 관련지어 설명하고, 특히 청년기의 '정체성(Identity) 위기' 해결방법 여하에 따라서, 역사의 양식을 창조하는 측면을 밝혀냈다. 그의 정체성 이론은 임상의 세계를 바꾸고, 사회과학, 인문, 역사연구에도 영향을 주었을 뿐만 아니라, 60년대의 흑인해방운동과 인종집단이나 학생의 저항운동 속에서 중요한 역할을 하였다.

1960～1970년 하버드대학교(Harvard University) 교수로 재직하였으며, 은퇴 이후 샌프란시스코에서 마운트 지온 병원(Mount Zion Hospital)에서 고문으로 재직하였다. 1994년 5월 사망하였다. 그의 업적에서 심리사회적 발달단계(8단계설), 동일성(identity), 자아동일성(ego identity), 동일성 위기(identity crisis), 동일성 확산(identity diffusion), 기본적 신뢰(basic trust), 모라토리움(moratorium) 등의 개념이 유명하다.

주요 저서로는 발달의 사회성을 주창하는 『유아기와 사회』(*Childhood and Society*, 1950)・『정체성과 생애주기』(*Identity and the Life Cycle*, 1959), 개인생활사와 역사의 만남을 예증하는 『청년 루터』(*Young Man Luther*, 1962) · 『간디의 진리』(*Gandhi's Truth: On the Origins of Militant Nonviolence*, 1970) 등이 있다.

에릭슨의 연구는 프로이트의 성심리적인 발달에 문화인류학적 지식을 추가하여 발달을 문화적 · 역사적으로 다루고, 자아심리학의 영역을 발달시켜 자아의 독자성이나 동일성 등을 나타낸 '아이덴티티', 청년기의 '모라토리엄' 등의 개념을 제창했고, 인간의 일생을 심리적 발달을 기초로 유년기부터 노년기까지의 9단계로 구분하는 등의 업적을 남겼다. 루터(Martin Luther, 1483-1546)와 간디((Mahatma Gandhi, 1869-1948) 등에 대해 역사적 · 심리학적인 연구를 시도하기도 하였다.

에릭슨은 인간 형성에 대해 문화 · 사회와 연관지었다. 그는 청년기의 '정체성 위기' 해결방법에 의해서 역사의 양식을 창조하는 측면을 밝혔다. 정체성 개념에 의해 프로이트 이후의 정신분석학적 자아심리학을 비약적으로 발전시켰다

3. 주요 개념 및 특성

1) 인간관

에릭슨은 인간에 대한 관점이 프로이트와는 달라서, 합리적이며, 창조적이고, 적극적인 존재로 보았다. 즉, 인간은 자신의 정체성을 확립하며, 환경의 변화에 적응적이며, 동시에 극복할 수 있는 환경 속의 존재로 이해하였다. 즉, 인간은 개인의 문제나 갈등을 합리적으로 탐색하고, 창조적으로 해결할 수 있으며, 실패하더라도 새로운 대안을 마련할 수 있는 존재로 보았다(Erikson, 1975).

에릭슨은 인간 행동이 프로이트의 이론처럼 무의식에 의해 결정되는 것이 아니라 의식의 수준에서 자아의 경험에 의해 영향을 받는다고 보았다. 즉, 그는 인간 행동 발달의 결정요소를 본능적인 생물학적 힘이 아닌 심리사회적 경험으로 보았으며(Schultz & Schultz, 1994), 자아의 발달과 기능에 큰 관심을 기울였다. 에릭슨은 인간이 성장을 지시하는 잠재성을 가지고 있다고 보았으며, 인간 행동의 발달에서 유전적 요소

보다는 가족이나 친구 간의 사회적 접촉을 통한 사회화의 기능과 문화적 요인을 강조하였다(이근홍, 2015: 183).

에릭슨은 인간을 합리적이고, 이성적이며, 창조적인 존재로 간주하였다. 그에 따르면, 인간이 가변성을 지니고 있으며, 새로운 발달과업을 달성하려고 노력하는 성장지향적인 존재이다. 즉, 인간은 심리사회적 위기를 극복할 수 있는 잠재적 가능성을 지니고 있으며, 이러한 극복을 통해서 인간이 성장해 나간다는 낙관적인 견해를 가지고 있다. 인간은 그들이 직면하는 갈등이나 문제에 대한 합리적인 해결방안을 탐색하며, 현실을 검증하고 창조적으로 문제를 해결하며, 실패하였을 경우에는 새로운 대안을 모색할 수 있는 존재이다(권중돈, 2014: 238). 에릭슨의 인간관은 다음과 같다.

〈표 3-1〉 에릭슨의 인간관

주 제	내 용
인간은 환경속의 존재	인간의 이해를 위해서는 개인의 생리적·심리적·사회적 총체로 인식하여야 한다.
인간은 창조적 존재	환경 안에서 합리적으로 생각하고, 갈등이나 문제를 해결하고, 창조적으로 대처가 기능한 존재이다.
인간은 변화와 성장의 존재	개인은 끝없이 새로운 발달과업을 성취하면서 갈등을 해결하고, 더 나은 자아를 획득하려고 한다.
인간행동의 상호작용 이해	개인의 신체적 요인과 개인의 심리적 요인과 사회 문화적인 요인의 상호작용에 의한 결과물로 본다.

출처: 강기정(2015: 69) 재구성.

2) 후성설의 원리

후성설의 원리(epigenetic principle)는 전성설(preformation theory)과 대칭되는 개념으로 에릭슨 이론의 토대를 형성한다. 후성설의 원리는 태생학적 모델에 근거하는 것으로, 태내발달 동안 일어나는 모든 일들은 특별히 우세한 시기가 있으며, 이에 대한 계획은 유기체의 유전인자에 내재되어 있다. 에릭슨은 후성설에 대해, 성장하는 모든 것은 기초안을 가지고 있으며, 이 기초안으로부터 각 부분이 파생하고, 각 부분에는 특별한 상승기가 있으며, 궁극적으로 통합된 전체로 기능하게 된다(Erikson, 1965).

상당히 비슷한 방식으로 다양한 심리적 부분들이 결합하여 전적으로 새롭고 질적으로 독특한 실체를 형성한다. 기능하는 전체는 원래 그를 형성했던 부분들로 더 이상환원되지 않는다. 그러므로 후성설의 원리는 환원주의적 입장이 아니다. 이에 대한 한 유추로서 건물을 생각해 본다면, 완성된 상태의 건물은 단순히 콘크리트, 벽돌, 목재 이상의 존재와 같은 것이다. 한 독특한 실체로서 건물은 작업장소나 생활공간 또는 놀이공간이 될 수 있다. 기능의 단위로서 원래의 단순했던 구성요소들보다 훨씬 복잡한 새로운 수준의 목적을 위해 작용한다. 마찬가지로, 출생 시 존재하는 독립적인 반사들은 이들을 합한 것 이상의 질적으로 다른 행동을 낳는 방식으로 조직화된다.

에릭슨에 따르면, 이 같은 시간안(time plan)은 후성설의 원리에 입각한 성숙과정에 의해 통제된다. 에릭슨의 심리사회적 모델의 8단계에서 매 단계마다 다른 갈등이 인간발달상 특별한 중요성을 갖게 된다. 이러한 갈등이 간접적으로 성숙과 사회적인 요구 간의 싸움에서 비롯된다면, 자아는 발달과정에서 중요한 중재요소가 된다. 프로이트는 자아가 출생 이후 원초아의 발달적 부산물로서 형성된다고 믿지만, 에릭슨은 자아가 미숙한 상태이긴 하나 출생 시부터 존재한다고 주장한다.

3) 아이덴티티

1950년대에 미국의 정신분석학자 에릭슨이 '아이덴티티(identity)'란 개념을 특유한 함축성 있는 정신분석학적 자아심리학(ego psychology)의 기본 개념으로 사용하기 시작한 이후로, 이 유서 깊은 말은 논리학이나 철학의 영역을 넘어, 정신의학, 심리학, 교육학은 물론 경영학, 미술학 또는 패션 디자인에 이르기까지 모든 과학에 있어서 중요한 용어로 등장하게 되었다. 그리하여 1960년대 이후부터 1970년대에 이르러 일어난 세계적인 사회변동에 동반된 새로운 물결, 급속한 가치관의 유동화, 피압박 민족의 민족적인 자각, 청년들의 사회운동 등을 계기로 에릭슨이 말하고 있는 의미에서 '아이덴티티'란 말이 일상생활에서 불리게 되었다.

특히, 미국에서는 이러한 동향이 현저하게 눈에 띈다. 사실 미국이라는 사회 자체가 여러 잡다한 민족으로 구성된 집단인 만큼 '아이덴티티'란 개념이 성숙할 토양을 가지고 있다. 그런 면에서 아이덴티티란 용어는 단일민족으로 구성되어 있는 우리나라에서는, 미국에서 받아들여지고 있는 것처럼 충분히 소화하기 힘든 측면이 있다. 그러나 다민족 간의 갈등 속에서 생성된 이 개념이 어떠한 인간의 성장과정에서 자기와 타인과의 관계에서 근본적인 자아를 탐색하는 과정을 설명해줄 수 있는 구성개념으로 활용될 때, 그 활용범위는 어느 특수한 국민에게만 적용되는 개념이 아닌 것 같다. 이런 의미에서 아이덴티티는 세계적으로 유행하게 된 것이다.

박아청(1990: 359)에 따르면, 에릭슨이 자아발달이론의 주 개념으로서 개념화한 '자아-아이덴티티'는 그 정의가 애매한 점이 있고, 다의적이며, 그 후 그의 이론전개가 사회적으로 방향이 설정되어버렸기 때문에 '자아-아이덴티티'란 용어가 본래 지니고 있던 의미를 상실하는 결과를 초래하였다. 현재 자아-아이덴티티의 개념이 정신분석적 자아심리학의 중핵개념으로서의 지위를 얻은 것은, 에릭슨이 처음으로 정식화를 시도하려고 임상적, 매타심리학적 의미를 부여함으로써 새로이 정의를 내린 결과이다. 에릭슨(1994b: 9)도 아이덴티티란 용어는 한마디로 정의내리기가 어렵다고 주장한다. 에릭슨(1994b: 20-21)에 따르면, 이 용어를 정의하고자 할 때, 그 한계와 성격이 애매해지기 때문이다. 또한 아이덴티티란 용어의 단순한 사용이 얼마나 흔히 우리가 이 단어에 귀결시키는 의미와 유사한 뜻을 함축하는가를 이야기하는 것은 불가능하다(1994b: 295)고 주장한다. 아이덴티티란, 여러 상황에 있어서 이 개념의 불가결성을 확립함으로써 명백하여질 수 있다. 따라서, 에릭슨(1994a: 89)은 아이덴티티의 정의에 대해 아이덴티티란, 타인에 대해 자신이 갖는 동일성 및 연속성과 부합되는 내적 동일성과 연속성을 유지하는 자신의 능력에 대한 자신감이라고 주장한다.

에릭슨(1994b: 295)에 따르면, 아이덴티티의 개념 또는 용어는 미국의 흑인혁명(Negro revolution)에 관한 문헌의 대부분에 보급되어 있고, 다른 나라들에서도 식민지적 사고방식의 잔재로부터의 해방을 찾는 유색 인종들과 유색인 국가들(colored races and nations)의 혁명의 심리적인 핵심 속의 그 무엇을 나타내는 것처럼 보인다.

에릭슨은 심리사회학적 발달단계에 있어서 청소년기 아이덴티티에 대해 논하고 있다. 에릭슨(1982: 109)에 따르면, 아이덴티티는 이미 출생 시부터 구별되는데, 소년과 소녀는 각각 그들의 이름에서 아이덴티티를 발견할 수 있다. 그에 따르면, 기술과 도구의 세계(the world of skills and tools)와 좋은 초기 관계를 형성함에 따라, 그리고 사춘기(puberty)의 도래와 더불어 아동기(childhood)는 막을 내린다. 그리고 청·소년기(youth)가 시작된다. 사춘기와 청·소년기에 있어서 이전 시기에 의존했던 모든 동일성과 연속성(sameness and continuities)은 다시 다소 의문을 남기는데, 초기 아동기(early childhood)의 신체성장과 동등한 신체성장의 급속성 때문에, 그리고 새로이 부가된 생식기관의 성숙 때문에 이런 동일성과 성숙성에 의문이 생기게 된다. 발달하는 청소년들(growing and developing youths)은 자신들 내부에서의 이런 생리적 혁명에 직면해서 이제 일차적으로 자신들이 타인들의 눈에 어떻게 보이는지를 자신이 자신들에게서 느끼는 점들과 비교해서 생각하게 되고, 이전 시기에 길러둔 역할과 기술들을 당시의 직업적 원형(occupational prototypes)과 연결시키는 방법을 생각하게 된다. 연속성과 동일성이라는 새로운 감각을 찾기 위해서, 청소년들은 초기 몇 년의 오랜 전장에서 재전투를 치렀고, 심지어 그렇게 하기 위해서 그들은 인위적으로 완벽하게 선의적인 사람들(perfectly well meaning people)에게 '적의 역할(roles of adversaries)'을 부과해야 한다. 그리고 그들은 궁극적인 '아이덴티티의 수호자(guardians of a final identity)'로서 장기간 지속되는 '우상과 이상(idols and ideals)'을 자리에 앉힐 준비가 되어 있다(1993a: 261).

이제 자아정체성(ego identity)의 형태에서 현재 일어나고 있는 통합(integration)은 아동기의 동일시(childhood identifications)를 종합한 것 그 이상의 것이다. 리비도(libido)의 부침에 선천적 소양에서 발달되어 나온 성향과 관계되며, 또한 사회적 역할에서 제공된 기회가 관련된 모든 동일시를 통합하는 것은 자아 능력(ego's libido)의 축적된 경험이다. 그래서 자아정체감(the sense of ego identity)이란, 축적된 확신인데, 이는 작업(career)에 대한 확실한 기약을 분명히 하게 되는 것처럼, 과거에 준비했던 내적 동일성과 연속성이 타인과의 관계에 있어서 개인의 의미에 대한 동일성과 연속성과 들어맞게 된다.

이 단계에서의 위험이란, '역할 혼란(role confusion)'이다. 이와 같은 역할 혼란은 자기의 성에 대한 정체(one's sexual identity)와 관련된 이전의 강력한 의심에 근거를 두고 있는데, 이때 비행적이고 또 명백한 정신병적 행동사례들은 드문 일이 아니다. 만일 이 단계에서 이런 행동들을 올바르게 판단하고 치료한다면, 다른 연령에서 일으켰던 동일한 치명적이고 중대한 일을 이 단계에서는 일으키지 않을 수도 있다. 그러나 대부분의 경우에 있어, 젊은이들은 각자를 괴롭히는 이 직업적 정체(occupational identity) 문제를 해결할 능력이 아직 없다. 자기들 스스로를 잘 유지하기 위해서 이들은 분명히 완전한 자아정체성을 상실한 정도로까지 자기가 속한 집단이나 군중의 주인공(영웅)에게 잠정적으로 '과잉 동일시(overidentify)'한다. 이런 일은 "첫눈에 반하는(사랑에 빠지는, falling in love)" 단계에서 일어나는데, 사회적 관습이 성적인 사랑(sexual matter)을 요구하는 경우를 제외하고는, 이것은 결코 완전히 또는 근원적으로 성적인 의미에서 사랑에 빠지는 문제는 아니다. 상당한 정도로 청소년의 사랑(adolescent love)이란 개인의 혼란된 자아상(ego image)을 다른 어느 한 사람에게 투사함으로써, 그러고 나서 그 자아상이 다시 반영되어 점차 분명해진 자아상을 봄으로써, 개인의 정체를 정의하려는 시도다. 그렇기 때문에 젊은이의 사랑에서 많은 부분이 상대방과의 대화로 이루어지는 것이다.

젊은 사람들(young people)은 모든 '다른(different)' 사람들을 배척함에 있어서, 대단히 배타적이고 무자비할 수 있다. 즉, 피부색이나 문화적 배경에서, 취미나 재능에서, 그리고 종종 내집단원인가 또는 외집단원(in-grouper or out-grouper)인가를 나타내는 일시적 표식으로 선택된 옷이나 몸짓 같은 그런 하찮은 면에 있어서 매우 배타적이고 무자비해질 수 있다. '정체혼미감(identity confusion)'에 대항하는 방어로서 이와 같은 편협함(인내심이 부족함, intolerance)을 이해하는 것(너그러이 봐주거나 참여하는 의미가 아니라)이 중요하다. 청소년들(the adolescent)은 일당을 형성함으로써 그리고 자신들, 자신들의 이상, 자신들의 적에 대한 고정관념을 만듦으로써, 많은 불편감으로부터 일시적으로 서로를 돕는다. 뿐만 아니라, 청소년들은 괴팍할 정도로 집단에 대해 계속적으로 충성을 맹세할 수 있는가에 대해 서로의 능력을 테스트한다. 이런 충성심 맹세의 테스트를 기꺼이 받으려고 하는 것은, 단순하고 무자비한 전체주의적 신조가 자신들의 집단 정체성들(봉건적, 농업의, 부족의, 국가의)을 상실했거나, 상실하고 있는 나라와 계층, 그리고 세계적인 산업화, 해방, 그리고 보다 넓은 의사소통에 직면한 나라들과 계층들의 청소년들(youth)에게 호소력을 갖기 때문이다.

에릭슨(1993a: 262-263)에 따르면, 청소년기 마음(the adolescent mind)은 필연적으로 아동기와 성인기(childhood and adulthood) 사이의 심리사회적(psychosocial) 단계이며, 결정유예기간(moratorium)의 마음이다. 그리고 아동(the child)이 배운 도덕성과 성인이 발달시킨 윤리 사이의 결정유예기간 단계이다. 이것은 '이념적 마음(ideological mind)'이다. 그리고 실제로는 청소년들이 자신들의 또래들에게 지지받기를 갈망하고, 그 사회의 의례, 신조, 그리고 동시에(무엇이 악이며, 불가사의한 것이며, 또 해로운 것인지를 정의할) 프로그램에 의해 확인받으려고 하는 경향성을 가장 명백히 대변해 주는 것은, 이러한 한 사회의 이데올로기적 견해인 것이다. 따라서, 청소년들은 아이덴티티를 인도하는 사회적 가치를 추구함에 있어서, 이념과 특권계급(ideology and aristocracy)에 대한 문제에 직면한다. 즉, (정의된 세계상과 역사의 예정된 경로 내에서) 가장 좋은 사람들은 통치하게 될 것이며, 그런 통치로 인해 사람들(사이에서 최상의 상태를 개발하게 된다는 것을 의미하는 보다 폭넓은 관점에서)은 두 가지 문제에 직면한다. 자기 자신을 신랄하게 또는 냉담하게 상실하지 않기 위해서, 젊은 사람들은 다소간 얘기되는 성인세계에서 성공한 사람들은 '가장 훌륭한 사람'이 되어야 하는 의무를 짊어져야 한다는 것을 스스로 확신할 수 있어야 한다. 그러므로 에릭슨(1993a: 263)은 다음과 같이 결론을 내린다.

> 우리는 후에 만일 인간의 이상들(human ideals)이 민족주의적 또는 국제주의적 이데올로기, 공산주의적 또는 자본주의적 이데올로기에 의해 지배되는 경우에, 슈퍼머신(super-machine)의 운영에 이용되는 인류의 이상으로부터 위험에 대해 논의할 것이다. 오늘날의 대변혁이 산업화된 사회에서 자신의 아이덴티티를 재정의하려는 젊은이들의 심오한 욕구를 어떻게 해결하고, 또한 어떻게 이용하는지에 관해 논의할 것이다.

4) 기본적 덕목(미덕)

생애주기의 여덟 단계는 각각의 정체성 위기를 가지며 각 단계는 특별한 강점을 발달시킬 새로운 기회를 제공한다. 에릭슨은 이러한 강점을 기본적 덕목(virtue, 덕목)이라고 불렀다. 각 개인이 각 발달단계에서 적응 대 부적응 방식을 다루어 나가면서, 긍정적으로 적응적인 방식을 통해 이러한 강점이 비롯되며, 모든 세대에 걸쳐 공통적으로 나타난다. 이러한 기본적인 인간의 강점은 개인의 인생의 과정에 걸쳐 그리고 전 인류사에 걸쳐 자연스럽게 진화된 것이다. 각각의 덕목은 매우 중요하며 삶에 생기를 준다. 이러한 덕목은 타고난 것이 아니며 개발되어져야 하고, 한 개인의 삶에 걸쳐 끊임없이 재확인되어져야 한다.

발달단계에 대응하는 여덟 가지 기본적 덕목이 있다. 이러한 덕목은 각 단계에서 위기를 직면하여 만족스럽게 해결되었을 때에만 나타난다. 아동기에 나타나는 네 가지 덕목은 희망(hope), 의지(will), 목적(purpose), 그리고 능력(competence)이다. 그리고 충실성(fidelity)은 청소년기에, 사랑(love), 돌봄(care), 지혜(wisdom)는 성인기에 나타난다. 덕목들은 매우 서로 의존적이어서, 선행되는 덕목이 완전하게 확립되지 않으면 이후의 덕목은 발달되기가 어렵다. 각 발달단계의 덕목은 다음과 같다(노안영 · 강영신, 2011: 229-230).

① 희망

희망은 기본적인 신뢰에서 비롯된다. 희망은 바라는 것이 충족될 것이라는 견고한 믿음이다. 즉, 일시적인 후퇴나 어려움에도 불구하고 계속 유지되는 자신감이다.

② 의지

의지는 자율성으로부터 나온다. 의지는 선택의 자유와 자기통제를 실천하기 위한 거부할 수 없는 확고한 자기결심이다. 그리고 의지는 사회의 규칙을 수용하고 따르기 위해서 없어서는 안 될 기본적 요인이다.

③ **목적**

목적은 주도성에서 비롯된다. 목적은 중요한 목표를 계획하고 수행하려는 용기를 수반한다.

④ **능력**

능력은 근면성에서 비롯된다. 유능성은 장인정신이라고 불릴 수 있는데, 그것은 주어진 임무를 수행하고 완성하는 데에 있어서 기술과 지혜를 가지고 힘쓰는 것을 의미한다.

⑤ **충실성**

충실성은 자아정체감에서 비롯된다. 충실성은 타인과의 관계에서의 기본적인 성실함이나 의무감 그리고 정직, 순수함을 유지하는 것을 의미한다.

⑥ **사랑**

사랑은 친밀감에서 나온다. 에릭슨은 사랑이 가장 위대하고, 인간에게 가장 지배적인 덕목이라고 여겼다. 그는 사랑을 공유된 정체감을 가진 배우자와 파트너의 상호성이라고 정의하면서 다른 사람에게서 자신을 찾기도 하고 잃기도 하는 것이라고 하였다.

⑦ **돌봄**

돌봄은 생산성으로부터 생겨난다. 돌봄은 다른 사람을 향한 폭넓은 관심과 염려로 가르치고 지도하고자 하는 욕구에서 나타난다. 즉, 그것은 가르침을 받는 사람들을 위해서 뿐만 아니라 자신의 정체감을 실현시키도록 돕는 것이기도 하다.

⑧ **지혜**

지혜는 자아통합에서 나온다. 지혜는 삶의 문제에 의연한 방식으로 표현된다. 지혜는 아마도 '유산'이라는 단어로 가장 잘 기술된다. 왜냐하면 인간은 통합된 경험인 지혜를 다음 세대에 전달해 주기 때문이다.

4. 심리사회적 발달단계

에릭슨은 그의 저서 『아동기와 사회』(*Child and Society*, 1950)에서 생애주기 발달을 8단계로 설명하고 있다. 에릭슨의 발달단계는 심리사회적(psychosocial) 발달단계라고 한다. 그 이유는 인간발달이 생물학적인 성숙으로 인해 자극되고, 이러한 성숙을 바탕으로 잠재력을 개발할 수 있는 사회적 여건이 충족되어 각 단계에서 직면하는 위기를 극복하면 건전한 자아발달이 이루어진다고 보기 때문이다. 결국 사회적 요인이라 할 수 있는 사회제도와 주변 사람들이 개인의 발달에 긍정적 지지를 제공하며, 건강한 성격을 갖춘 개인이 다시 사회를 풍요롭게 한다는 것이다. 또한 프로이트와 달리 에릭슨은 문화적 다양성을 존중하였다. 어떤 문화는 다른 사람을 신뢰하고 관대한 사람이 되도록 하기 위해 오랫동안 모유를 먹이는가 하면, 다른 문화에서는 의존적이지 않은 독립적인 사람이 되도록 하기 위해 매우 일찍 이유를 실시하기도 한다. 이런 문화적 다양성의 영향을 인정하고 있다는 점이 프로이트와 다르다.

에릭슨은 프로이트의 5단계 이후에 3단계를 더 추가하여 노년기까지 총 8단계에 걸쳐 발달한다고 보면서 각 단계마다 극복해야 할 심리사회적 위기를 제시하고 있다. 이러한 위기는 모든 사람들에게 보편적인 현상이지만 문화에 따라 이를 해결하고 지지하는 방식이 다를 수 있다. 각 단계의 모든 위기는 긍정적 측면과 부정적 측면이 한 쌍을 이루어 제시되어 있는데, 긍정적 측면이 더 많이 발달되어야 하지만 부정적 측면 역시 전혀 없어서도 안 된다. 또한 심리사회적 위기를 극복하면 그 결과 각 단계마다 자아의 특질, 즉 기본적 강점을 얻지만, 반대로 이러한 위기를 적절히 해결하지 못했을 경우 병리적인 문제가 나타난다고 하였다.

에릭슨의 발달단계를 점성적 원리(epigenetic principle)로 설명하기도 하는데, 이것은 각 단계의 발달이 전 단계의 심리사회적 갈등 해결과 통합을 토대로 이루어진다는 것이다. 예를 들어, 1단계에서 기본적 신뢰감이 발달하지 않으면 부모와 떨어져 독립적으로 자율성과 주도성을 발달시키기 어렵다는 것이다. 각 단계를 살펴보면 다음과 같다(Erikson, 1950).

1단계 : 기본적 신뢰 대 불신(basic mistrust vs. trust)

프로이트의 구강기에 해당되는 인생 주기의 초기 단계이므로, 가장 중요한 단계이다. 이 단계에서 어머니는 어린아이 세계에서 최초의 가장 중요한 존재로서, 영아의 사회적 관계는 주로 어머니와의 관계이다. 어머니가 영아의 욕구를 충족시켜주면 영아는 어머니를 신뢰하게 되며, 기본적 신뢰감을 형성한다. 하지만 적절히 응해주지 못하거나 일관성 없이 대하면 영아는 좌절하고 불신감을 갖게 되는데, 이는 발달단계의 전 과정 동안 지속될 수 있다. 인생의 초기 단계에 신뢰감을 형성하는 것은, 후에 맺는 모든 관계의 성공 여부와 관련되므로 가장 중요한 시기라고 할 수 있다.

부모와의 관계에서 욕구를 충족하고 부모로부터 진정한 애정을 느끼게 되면 영아는, 부모를 비롯한 그의 주변세계가 안전하고 믿을 수 있다고 생각하여 신뢰감을 확대해 나간다. 즉, 부모로부터 따뜻하고 애정적인 보살핌을 받게 되면 영아는, 자신과 주변에 대해 신뢰감을 형성하지만, 부모로부터 부적절하거나, 거부적이거나, 일관성이 없는 보호를 받게 되면 불신감을 가지고 인생을 시작한다.

이 시기에 갖게 되는 영아의 신뢰감은 이후의 모든 대인관계의 기초가 된다. 부모와 영아와의 관계에서 영아가 신뢰감만을 갖고 불신감을 전혀 경험하지 않는 것이 바람직하다는 것은 아니며, 불신감보다 신뢰감을 훨씬 더 많이 경험할 수 있도록 해야 한다. 에릭슨에 의하면, 영아의 건전한 성장・발달은 전적으로 신뢰감에서만 기인하는 것이 아니라, 신뢰감과 불신감의 적절한 혼합에 있다.

이 시기에 형성된 신뢰감이나 불신감은 일생을 통해서 지속되며, 다음 단계의 성격발달에 직접적인 영향을 미치게 되고, 일단 형성된 불신감은 변화되기 어려운 특성을 갖고 있다. 신뢰감 대 불신감의 갈등이 성공적으로 해결되면 심리사회적 능력, 덕성 또는 자아특질인 희망을 얻게 된다. 그러나 이러한 위기가 적절하게 해결되지 못하면 자기비하, 정체감 혼란, 우울증 등을 초래할 수 있다.

한편, 신뢰 대 불신의 위기가 성공적으로 해결되어 얻어진 심리사회적 능력이 곧 희망이다. 희망은 확신감과 관련되어 있으며, 모성인물이 제공하는 보호의 질에 의해 결정된다. 반면에, 첫 번째 위기의 부정적 결과는 철퇴(또는 위축)다. 인생 후기의 낮은 자존감, 우울증 그리고 사회적 철퇴 경향은, 첫 번째 단계를 거치는 동안에 어려움이 있었다는 것을 보여주는 것이다.

2단계 : 자율성 대 수치심과 의심(autonomy vs. shame and doubt)

프로이트의 항문기에 해당되며, 상반되는 여러 충동 사이에서 스스로 선택하고자 하는 과정을 통해 자신의 의지를 나타내고자 하는 자율성을 갖게 되는 단계이다. 대소변의 통제가 가능해지고, 부모의 배변훈련을 통해 사회의 기대와 사회적으로 적합한 행동을 알게 된다. 하지만 배변훈련과정에서 실수하거나, 너무 엄격한 배변훈련을 받을 경우 수치심을 느끼게 된다. 언어에서 '나', '내 것' 등의 말을 자주 반복하며 자율성을 드러내며, '안 해', '싫어'라는 말로 자기주장을 표현한다. 부모가 유아로 하여금 자율적으로 할 수 있게 이끌어 주는 태도를 보일 때, 유아는 자율성을 획득하게 된다. 하지만 너무 엄격한 부모는 유아에게 무능감을 주고, 이 때문에 유아는 사회가 기대하는 행동을 적절히 수행하지 못하는 자신에 대해 수치심을 느끼게 될 수 있다.

유아에게 대소변 가리기 훈련은 자신의 행위에 대한 독립심을 키워주게 되어 자율성 개발의 기초가 된다. 대소변 가리기 훈련과정에서 부모가 자녀에게 칭찬해 주고 유아가 능력을 발휘할 수 있도록 적절히 도와주면, 자신의 신체와 주변환경을 통제할 수 있다는 것을 깨닫게 되며, 이러한 자신감이 자율성으로 발전된다. 즉, 부모가 사회적으로 적합한 행동을 요구하므로, 그러한 훈련을 통해 스스로 환경을 조절할 수 있다는 것을 알게 된다. 유아 자신이 무엇을 할 수 있다는 생각과, 동시에 자신의 지나친 시도에 대한 주위의 비난도 인식할 수 있게 되어 이 둘 간의 평형을 유지하도록 노력한다.

그러나 대소변 가리기 훈련과정에서 부모가 유아에게 너무 엄격하고 실수에 대해 비난하게 되면, 유아는 자기 자신에 대하여 수치심을 느끼게 된다. 즉, 유아가 덜 성숙된 상태에서 외부 통제가 너무 빨리 또는 너무 엄격하게 주어진다면, 유아는 자신의 통제능력의 미약함과 더불어 외부압력을 조절할 수 없는 무능력에 대해 심한 수치심과 의심을 갖게 된다.

부모가 과잉보호하거나 무관심하게 되면 유아는 환경에 적절히 대처할 능력을 배울 수 없게 되어 타인에 대해 수치심을 갖게 되며, 외부세계와 자신을 통제하는 자신의 능력에 대해 뚜렷한 의심을 갖게 된다. 이러한 유아는 자신의 의지력을 불신하게 되어 자기의심, 무기력 등과 같은 심리사회적 태도를 갖게 된다.

유아가 자율성을 충분히 획득하게 되면, 이후에 창의성・생산성・독립성・자존심 등을 갖게 되며, 유아의 신뢰감을 더욱 높이게 된다. 자율성 대 수치와 의심의 갈등이 성공적으로 해결되면, 심리사회적 능력, 덕성 또는 자아특질인 의지력을 얻게 된다. 그러나 이러한 위기가 적절하게 해결되지 못하면, 강박적 행동, 피해망상, 편집증 등을 초래할 수 있다. 이러한 자율성 대 수치와 의심의 극복은 일생 동안 지속되는 자기통제력의 기초가 된다.

한편, 자율성 대 수치심이라는 심리사회적 위기를 성공적으로 해결하게 되면, 의지력이 형성된다. 반면에, '자율성 대 수치심과 의심'의 부정적 결과는, 강박증, 즉 충동을 제한하기 위하여 반복적 행동을 하는 것이다.

3단계 : 주도성 대 죄책감(initiative vs. guilt)

프로이트의 남근기에 해당되며, 언어능력과 운동기능이 성숙하며 공격적 환경을 탐색하고, 성인의 활동에 열정을 보이고, 성인의 일에서 자기능력을 평가해보려 한다. 자유롭게 움직이는 것을 허락하는 부모와 가족에 의해 주도성을 격려 받고, 독립적임을 확신하게 된다. 하지만 반대로 유아가 무언가를 주도적으로 하려 할 때, 부모가 심하게 꾸짖거나, 목표를 이루지 못하면, 새로운 활동을 나쁜 것이라 느끼고, 죄의식을 발달시키게 된다. 또한 이 시기는 목표나 계획을 이루려는 목표지향적인 행동을 하게 되는 시기이므로, 부모나 교사는 유아가 가지는 환상의 좌절, 죄의식, 처벌에 대한 두려움 등에 방해받지 않고, 가치 있는 목표를 설정하고 추구하면서, 아동이 주도성을 발달시키도록 방해하지 않으면서 감독해야 한다. 이 단계의 심리사회적 위기를 성공적으로 극복하게 되면 목적의식을 갖게 되며, 반면에 과도하게 방해받게 되면 목표달성에 대한 의지와 용기가 부족하고 금지의 감정, 즉 생각과 표현의 자유를 방해하는 억제가 강하게 나타난다.

이 시기에 유아가 자신의 목표나 계획이 원만하게 성취되며, 부모가 유아에게 탐색하고 실험할 수 있는 자유를 허용하고, 유아의 질문에 대하여 충실히 답해 주게 되면 주도성이 발달하게 된다. 그러나 자신의 목표나 계획이 잘 이루어지지 않고, 유아의 신체활동이나 언어활동을 제한하고 간섭하며, 유아의 활동과 질문을 귀찮게 여기게 되면, 유아는 좌절을 느끼고 죄의식을 갖게 된다. 이와 같이 유아의 죄의식은 부모가 유아 스스로 목표나 계획을 완수하도록 기회를 제공하기를 꺼려하는데 기인한다고 본다. 또한 죄의식은 이성의 부모로부터 사랑을 받거나 사랑하려는 자녀의 욕구에 대해 부모가 너무 과도한 벌을 주기 때문에 생긴다는 것이다.

유아가 자신의 죄의식을 바람직하게 극복하고 주도성을 지닌 채 이 단계를 지나갈 것인가의 여부는, 부모가 유아의 주도적 행동에 어떻게 반응하는가에 달려있다. 즉, 유아가 자기 스스로의 활동을 추구하도록 고무된 아동은 주도성이 더욱 강화된다. 주도성의 발달은 부모가 자녀의 호기심을 인식하고, 환상적인 행동을 우스꽝스럽게 여기거나, 금지하지 않을 때 더욱 조장된다.

주도성을 갖지 못하고 죄의식에 의해 몸이 굳어진 유아는, 체념, 무가치감 등을 가지며, 자신을 내세우는데 두려워하고, 동료집단의 주변에만 머뭇거리며, 어른에게 심하게 의존한다. 또한 가능한 목표를 수립하고 추구하려는 목적의식이나 용기가 부족하게 된다.

주도성의 획득은 생산적으로 일할 수 있는 기반이 되며, 이후에 포부수준을 형성하는데 중요한 기초가 된다. 주도성 대 죄의식의 갈등이 성공적으로 해결되면, 심리사회적 능력, 덕성 또는 자아특질인 목적을 갖게 된다. 그러나 이러한 위기가 적절하게 해결되지 못하면, 소극성, 성적무기력, 불감증 등을 초래할 수 있다(Hjelle & Ziegler, 1994). 따라서, 이 단계의 성공적 발달은, 아동으로 하여금 목표지향적이 되도록 한다. 아동은 위대한 사람이 될 것을 꿈꾸며 그가 이해하고 존경하는 성격과 직업을 가진 사람과 동일시한다.

4단계 : 열등감 대 근면성(inferiority vs. industry)

프로이트의 잠복기에 해당되며, 인지적 기술과 사회적 기술을 습득하고, 숙달시키려는 근면성이 형성되는 시기이다. 이 단계의 아동들은 학교에서 지적인 기술을 습득하는 과정에 몰입하면서 근면성을 발달시키는데, 여기서의 근면성은 혼자 열심히 하는 것뿐만 아니라, 또래들과 협동하여 규칙에 순응하는 것도 포함한다. 아동이 성공을 경험하면 근면성을 가지게 되지만, 실패 시 부정적 자아상과 열등감을 가져 학습추구의 동기를 잃게 된다. 따라서, 이 시기에는 가정의 역할과 함께 교사의 태도가 매우 중요하다. 한편, 이 단계를 성공적으로 극복하면 개인적으로나 사회적으로 의미 있는 목표를 추구하면서 사회환경에 적극적인 영향력을 발휘할 수 있다는 자신감인 유능감을 갖게 되지만, 이 단계에서 실패하게 되면 무능력감을 낳는다.

아동은 학교를 다니기 시작하면서 그들의 문화에 대한 기술을 이해하기 시작할 때 근면성이 발달하며, 사물이 만들어지고 조작되는 방법에 몰두하기 때문에, 근면은 이 시기의 주요한 발달주제가 된다. 즉, 아동은 학교에서 부과하는 여러 가지 과제들에 꾸준히 주의를 기울이고 성실히 작업에 임하는 과정 속에서 근면성을 획득하게 되며, 이러한 근면성을 통해 전 생애 동안 중요하게 여기는 과업성실성을 갖게 된다.

이 시기에 아동은 사회에서 필요한 유용한 기술이나 지식을 익히게 된다. 아동은 기술이나 지식을 익히고 난 뒤의 성취감, 또래집단에 비하여 자기가 더 잘 할 수 있다고 생각하는 우월감, 이러한 일들에 대한 타인의 인정 등은 근면성 획득의 주요한 요소이다. 아동에게 무엇을 성취하도록 기회를 제공하고, 성취한 과업을 인정하며, 또다시 시도해 보도록 격려하게 되면 근면성을 갖게 된다

그러나 아동이 자신의 기술이나 지위가 다른 동료들에 비하여 열등하다고 느끼거나, 무엇을 성취할 기회를 주지 않거나, 성취한 결과에 대해 비난하거나, 무리한 요구를 하여 좌절을 경험하게 하거나, 귀찮은 존재로 취급하게 되면 열등감을 갖는다. 즉, 아동이 학교에서나 가정에서 자신에게 주어진 일에 적절한 성취를 느끼지 못하면 열

등감에 빠지게 된다. 이러한 점에서 아동을 격려하며, 재능을 발견하고 북돋워 줄 수 있는 교사나 부모의 태도가 중요시된다.

근면성의 획득은 과업에 대한 성실성을 기초로 하여 이후의 학교생활의 적응, 학업성취, 개인의 일과 의무에 대한 기본적인 태도 등을 형성하게 한다. 근면성 대 열등감의 갈등이 성공적으로 해결되면 심리사회적 능력, 덕성 또는 자아특질인 능력을 갖게 된다.

5단계 : 정체성 대 역할 혼란(identity vs. role confusion)

이 단계는 프로이트의 생식기에 해당되며, 정신적 성장이 급격한 신체적 변화를 따라가지 못하는 변화의 시기이다. 에릭슨은 심리사회적 발달과정 가운데 특히 청소년기의 발달을 중요시하였는데, 그 이유는 이 단계에서의 심리사회적 위기의 해결이 성인기의 성격에 가장 중요한 의미를 지닌다고 보았기 때문이다. 청소년들은 '내가 누구인가'에 대한 의문과 탐색을 통해 이제까지의 심리적 정체성을 재규정하게 되며 적절한 제한 속에서 스스로 독립적으로 행동하는 시도를 할 때 정체감이 발달된다. 하지만 심리적 과거와 현재, 미래를 통합하지 못하면 정체감 혼란에 이르게 된다. 또한 청소년기에는 결정해야 할 일이 너무 많고 모든 결정이 다른 가능성을 줄인다고 생각하기 때문에 결정하기 전 스스로 타임아웃을 하게 되는데 이것이 '심리사회적 유예기간(psychosocial moratorium)'이다. 이 시기의 위기를 잘 극복하면 스스로 지킬 것이라 약속한 대로 충실할 수 있는 성실성(충실)이 발달하지만, 그렇지 못할 경우 익숙하지 않은 역할과 가치를 거부하게 된다.

이 시기에 청소년은 가정, 학교, 사회에서 자신의 위치와 역할을 발견하게 되며, 남성 또는 여성으로서의 자신을 발견하기 위해 노력한다. '나는 누구인가?' 등과 같은 자신에 대한 끊임없는 질문과 함께 자신의 능력, 존재의 의미 등을 탐색하면서 고민과 갈등을 겪으며 방황하게 된다. 이러한 고민과 방황이 길어지면 정체감의 혼란이 일어난다(Burger, 1986: 91).

그러나 청소년이 자신의 역할을 정확히 인식하고, 뚜렷한 목적의식을 가지며, 자신에 대한 통찰력을 갖게 되면 자아정체감(ego identity)이 확립된다. 즉, 청소년이 자아정체감을 확립하기 위해서는 자기 자신이 내적 동일성과 일관성을 가진 것으로 지각해야 하며, 다른 사람이 자기를 동일성과 일관성이 있는 사람으로 지각해야 하고, 이러한 일관성에 대한 결과적 자신감이 있어야 한다는 것이다. 또한 자아정체감 발달에는 적절한 성역할에 대한 동일시가 있어야 한다. 여기에서 자아정체감이란, 자기 동일성과 일관성에 대한 자각이며, 자기의 위치, 능력, 역할 및 책임에 대한 인식이다. 이것은 장래의 진로와 직업 선택, 배우자 선택, 인생관 확립 등에 중요한 역할을 한다.

성공적인 청소년기를 위한 기초와 통합된 자아정체감의 획득은, 초기 아동기에서 유래하며, 청소년의 자아정체감의 발달은 그들이 서로 동일시하는 사회집단에 의해 현저하게 영향을 받게 된다. 또한 급격한 사회적·정치적·기술적 변화는 자아정체감의 발달을 위태롭게 할 수 있다. 이와 같이 불행한 어린 시절의 경험이나 현재의 사회환경 때문에 청소년이 정체감 발달에 실패하면 정체감 위기를 초래한다. 이것은 직업선택을 못하거나, 추후의 교육을 추구하지 못하는 것으로 나타나며, 무력감, 혼란감, 허무감, 부족감, 비인간화, 소외감 등을 느끼게 하며, 부정적 정체감을 추구하게 한다(Hjelle & Ziegler, 1994).

정체감 대 역할 혼란의 갈등이 성공적으로 해결되면, 심리사회적 능력, 덕성 또는 자아특질인 충성심을 갖게 된다. 이러한 충성심은 사회적 습관, 사회적 윤리, 사회의 이데올로기를 지각하고 이를 지키는 청소년의 능력을 나타낸다.

6단계 : 친밀감 대 고립감(intimacy vs. isolation)

성인생활이 시작되는 때이며, 이 시기에 경험하게 되는 심리사회적 위기는 친밀감 대 고립감이다. 이 단계에서는 부모로부터 독립하면서 직업을 선택하고, 배우자를 만나게 되며, 배우자나 직장동료 등 다른 사람과 친밀감을 이루는 것이 중요한 과업이다. 진정한 친밀감은 합리적인 자아정체감이 확립되었을 때만 가능한데, 에릭슨이 말하는 친밀감은 성적인 것 이상으로 타인의 복지에 대한 관심과 지적인 지극을 유발하는 상호작용에 대한 관심 등 사회적 친밀감을 포함한다. 따라서, 이 시기에는 개인적 정체감과 함께 사랑, 친교, 안정된 관계를 맺는 능력이 발달한다. 그러나 이러한 친밀감이 형성되지 못할 때 자신에게만 몰두하여 고립이 일어나며, 이 시기의 심리사회적 위기를 성공적으로 해결하면 사랑의 능력이 생기게 된다.

친밀감의 획득이 가능한 사람은 다른 사람을 사랑하고 일할 능력이 있는 사람이다. 그러나 이 단계에서 주요한 위험은 자기도취되거나, 친밀감이나 사회적 관여를 맺게 해주는 사람들과의 관계를 피하는 것이다. 이것은 안락하고 친밀한 인간관계를 맺을 수 없으며, 사회적 공허감이나 소외감을 느끼게 한다. 특히, 자기도취된 사람은 단순히 공식적이고, 피상적인 인간관계를 추구하며, 친밀감의 요구를 위협으로 느끼므로, 다른 사람들과 친근감을 나누지 못하고 자신을 고립시킨다.

친밀감은 다른 사람들과 감정과 가치를 교류하는 성숙된 인간관계를 필요로 하기 때문에, 자아정체감이 잘 확립되어 있는 사람만이 진정한 의미의 친밀감을 나눌 수 있다. 즉, 다른 사람이나 자신과 친밀해지려면 자신이 누구이며, 무엇인가에 대한 확고한 느낌이 발달되어 있어야 한다. 이러한 친밀감은 혼인생활을 성공적으로 수행하는데 결정적인 역할을 한다.

이 시기에 친밀감을 형성하지 못한 사람들에게는 고립감이 나타난다. 이러한 사람들은 사회적 관계를 회피하며, 다른 사람을 거절하고, 친밀감을 나타내는 것이 자신의 자아정체감에 대한 위협으로 보기 때문에, 친밀감을 두려워하고, 혼자지내기를 좋아한다(Schultz & Schultz, 1994).

이 단계의 긍정적인 결과는, 성적 친밀감, 진정한 우정, 안정된 사랑, 혼인생활의 지속 등을 포함한 친밀감의 유지이지만, 부정적 결과는 고립, 고독, 이혼, 별거 등이다. 친밀감 대 고립감의 갈등이 성공적으로 해결되면 심리사회적 능력, 덕성 또는 자아특질인 사랑을 얻게 된다. 이러한 사랑은 자신을 타인에게 관여시키고, 이 관여를 지키려는 능력이며, 다른 사람에 대한 보호, 존중, 책임의 태도를 가질 때 나타난다.

7단계 : 유발 대 침체(generation vs. stagnation)

이 시기에는 자녀를 낳아 키우고 교육하며, 다음 세대를 양성하는 데 관심과 노력을 기울이게 되는데, 여기서 중요한 것은 다른 사람에게 필요한 사람이 되고 싶은 소망이다. 이러한 생산성은 자신의 아이를 낳아 키우면서 발달하며, 다른 사람을 가르치거나 직업적 성취를 통해 나타날 수도 있다. 이 시기의 심리사회적 위기를 성공적으로 해결하면 타인을 배려하는 능력을 갖게 되지만, 그렇지 못할 경우 개인적 욕구나 안위를 주된 관심으로 하는 이기주의를 경험하게 된다.

생산성을 제대로 발달시키지 못하면, 성격은 침체되고, 황폐해져 자신의 에너지와 기술을 오로지 자기중심적으로 사용하게 된다. 즉, 다음 세대에 대한 관심이나 배려를 하지 않고 자기 자신의 신체적·물질적 측면에만 치중하게 되면 타인에 대한 관대함이 결여되며 침체성에 빠지게 된다. 이와 같이 생산성의 획득에 실패한 사람은 자신에게 더욱더 몰두하는 자기도취의 상태가 된다. 이러한 사람들은 자기탐닉을 위한 것을 제외하고는 누구에게도 무엇에 대해서도 관여하지 않는 사람들이다. 즉, 그들은 생산적으로 사회의 일원으로서 기능하지 못하고, 자신의 욕구를 만족시키기 위해 살며, 인간관계가 거의 없다.

유발 대 침체의 갈등이 성공적으로 해결되면, 심리사회적 능력, 덕성 또는 자아특질인 돌봄이 나타난다. 이러한 배려는 심리적인 무관심의 반대 개념으로, 다른 사람을 위해 마음을 쓰고 돌보는 것이며, 무엇인가 또는 누군가가 문제가 있다는 느낌으로부터 비롯된다(이근홍, 2015: 194).

8단계 : 자아통합 대 절망(ego integrity and despair)

통합성 대 절망감(integrity vs despair)은 노년기에 경험하는 심리사회적 위기이다. 노년기는 은퇴, 신체적 노쇠, 친구나 배우자의 사망 등을 경험하게 되면서 자신의 삶을 돌아보고 삶이 무의미한 것이었다고 느끼고 후회하면 절망에 빠지게 되지만, 자신의 인생을 수용하고 삶이 보람되고 자신의 삶이 지혜를 가지게 되었다 느끼면 보다 높은 차원의 인생철학을 발전시켜 자아통합을 이루게 된다. 이 시기의 심리사회적 위기를 성공적으로 해결하면, 자아는 지혜라는 능력을 얻게 되지만, 그렇지 못할 경우 인생이 무의미하다고 느끼게 된다.

노년기에는 지금까지 자신이 살아온 삶을 돌아보는 시기이다. 자신의 생애를 돌아보면서 보람이 있었으며 가치가 있었다는 것을 인식하고, 오랜 삶을 통해 노련한 지혜를 획득하게 되면 통합성을 갖게 된다. 즉, 통합성은 모든 관점에서 자신의 인생을 돌이켜 보고 겸허하게 그러나 확고하게 '나는 만족스럽다'라고 확신하는 능력에서 생긴다(Hjelle & Ziegler, 1994).

그러나 노년기에 직업에서 은퇴한 후 신체적·경제적 무력감을 느끼며, 지금까지 자신이 살아온 인생이 무의미하고 가치가 없다고 생각하고 후회와 회한에 빠지게 되면, 절망감을 느끼게 된다. 절망감과 죽음에 대한 공포를 느끼는 노인들은, 성취감을 이루지 못한 지금까지의 인생을 다른 방향으로 바꾸기에는 시간이 너무 짧다는 것을 인식하여 초조해지기 시작한다. 희망이 없고 고독감에 찬 노인들은 비참한 절망감에서 인생을 끝내게 되는 것이다.

자아통합 대 절망의 갈등이 성공적으로 해결되면, 심리사회적 능력, 덕성 또는 자아특질인 지혜를 갖게 된다. 이러한 지혜는 죽음에 직면하여 인생에는 초연하되, 이에 대하여 아주 적극적인 관심을 갖는 것이다. 그러나 이러한 위기가 적절하게 해결되지 못하면 우울증, 피해망상 등을 초래할 수 있다.

〈표 3-2〉 에릭슨의 심리사회학적 발달 8단계

발달단계		심리사회적 위기	미덕(덕목)	주요 대상
Ⅰ	영아기	기본적 불신 대 신뢰(basic mistrust vs. trust)	희망(hope)	어머니(모성 인물)
Ⅱ	초기 유아기	자율성 대 수치심과 의심(autonomy vs. shame and doubt)	의지(will)	부모(부성 인물)
Ⅲ	유아기	주도성 대 죄책감(initiative vs. guilt)	목적(purpose)	기본 가족
Ⅳ	아동기	열등감 대 근면성(inferiority vs. industry)	능력(competence)	이웃, 학교
Ⅴ	청소년기	정체성 대 역할 혼란(identity vs. role confusion)	충실(fidelity)	동료집단, 외부집단
Ⅵ	성인기	친밀감 대 고립감(intimacy vs. isolation)	사랑(love)	친구, 연인, 회사동료 등
Ⅶ	중년기	유발 대 침체(generation vs. stagnation)	돌봄(care)	분업과 가사분담
Ⅷ	노년기	자아통합 대 절망(ego integrity and despair)	지혜(wisdom)	인류, 우리들

출처: 정서영 외(2017a: 121).

1950년 발표된 에릭슨의 심리사회적 8단계는, 1982년 발간된 『완성된 생애주기』(Erikson and Erikson, *The Life Cycle Completed*, 1982: 105-114)에서 1단계를 추가하여 '9단계(the ninth stage)'를 제시했는데, 9단계는 '절망감 대 노령초월(despair vs. gerotranscendence)'로 설명하고 있다. 즉, 80~90대의 나이에는 과거의 절망 따위는 사치이다. 이는 죽음의 문(death's door)이 열려 있기 때문이다. 따라서, 90세 이상에서는 장애물과 손실물(hurdles and losses)에 대처하면서 살아가야 한다. 9번째 단계에서 절망감 대 노령초월(despair vs. gerotranscendence)로 이어지는 길에서 성공적으로 전진(headway)하도록 설득하고 있다(Erikson and Erikson, 1997: 112-1). 에릭슨이 주장하는 9단계는 다음과 같다.

〈표 3-3〉 에릭슨의 완성된 발달단계(9단계) *The Life Cycle Completed* (Extended Version)

발달단계		심리사회적 과제와 위기	미덕(덕목)
1	영아기	기본적 불신 대 신뢰(basic mistrust vs. trust)	희망(hope)
2	초기 유아기	수치심과 의심 대 자율성(shame and doubt vs. autonomy)	의지(will)
3	유아기	죄책감 대 주도성(guilt vs. initiative)	목적(purpose)
4	아동기	열등감 대 근면성(inferiority vs. industry)	능력(competence)
5	청소년기	정체성 혼란 대 정체성(identity confusion vs. identity)	충실(fidelity)
6	성인기	고립감 대 친밀감(isolation vs. intimacy)	사랑(love)
7	중년기	침체감 대 유발(stagnation vs. generation)	돌봄(care)
8	노년기	절망감과 혐오 대 통합(despair and disgust vs. integrity)	지혜(wisdom)
9	80~90세	절망감 대 노령초월(despair vs. gerotranscendence)	전진(headway)

출처: 정서영 외(2017a: 122).

이상에서 설명된 에릭슨의 심리사회적 발달의 주요 특징은 다음과 같다(오창수 외, 2015: 130).

① 인간의 발달은 평생을 통해 계속된다.

② 각 단계에는 달성해야 할 발달과업이 있다.

③ 각 단계에서 심리사회적 위기에 직면한다.

④ 각 단계의 위기는 대립되는 성격특성에 의해 표현된다.

5. 평가

1) 프로이트와의 비교

많은 사람들이 프로이트의 이론보다 에릭슨의 이론을 선호한다. 그 이유는 인간의 성적 본능을 지나치게 강조한 프로이트에 비해, 인간의 이성과 적응을 강조한 에릭슨의 이론이 훨씬 더 호소력이 있기 때문이다. 에릭슨은 프로이트 이론의 경험적 기초를 확장하여 정신분석이론의 신뢰도와 적용 가능성을 증가시켰다. 다시 말해서, 에릭슨은 심리성적 단계에 심리사회적 단계를, 생물학적 영향에 문화적 영향을, 자아방어에 자아정체감을, 비정상적인 연구대상에 정상적인 연구대상을, 특정한 문화적 시각에 비교문화적 시각을, 아동기에 대한 성인의 회상에서 아동에 대한 관찰을, 그리고 아동발달에 성인발달을 첨가시켰던 것이다. 특히, 인간발달에서 전 생애발달적 접근을 한 점과 문화적 상대성올 인정한 점은, 에릭슨의 매우 중요한 공헌이라 할 수 있다(정옥분, 2014: 76).

에릭슨의 이론은 프로이트 이론과 여러 측면에서 공통점과 차이점을 갖는다. 인간발달에 대한 에릭슨과 프로이트의 관점은, 발달이 일련의 단계를 거친다는 점에서 부분적으로 일치한다. 하지만 에릭슨은 문화적 관점에 기반한 자신만의 임상적 관찰을 덧붙여 프로이트 이론과는 차별성을 나타낸다(Newman & Newman, 2011).

두 이론의 대조적인 측면을 중심으로 살펴본 주요 차이점은 다음과 같다(오창순, 135-136).

첫째, 프로이트의 심리성적 발달이론에서는 성격이 인생 초기에 형성된다고 보는 반면, 에릭슨은 성격발달에서 심리사회적 측면을 강조하면서 인간발달이 평생 여덟 단계를 통해서 지속된다고 했다. 인간발달의 측면에서 보면, 에릭슨은 성격이 일련의 단계를 거치며 발달한다는 프로이트의 관점을 받아들였다. 하지만 프로이트의 이론이 심리성적 발달에 국한된 반면, 에릭슨의 이론은 전 생애에 걸쳐 일어나는 심리사회적 발달이라는 데 주요한 차이가 있다. 또한 프로이트는 인간발달이 초기 몇 년

안에 나타난다고 본 반면, 에릭슨은 성격이란, 태어나고 성숙하며 죽을 때까지 일생 동안 형성되어 가는 것이라고 보았다. 프로이트와 에릭슨의 발달단계는 5단계까지는 그 시기가 거의 일치한다. 심리사회적 발달(에릭슨)의 1단계는 심리성적 발달(프로이트)의 구강기에 해당하며, 2단계는 항문기, 3단계는 남근기, 4단계는 잠복기, 5단계는 생식기에 해당한다. 발달단계 차이점으로 프로이트는 인간의 발달이 5단계인 생식기에서 멈춘다고 본 반면, 에릭슨은 노년기까지 발달이 계속된다고 보았던 점을 들 수 있다. 또한 4단계인 잠복기의 경우 프로이트는 이 단계를 비활동적인 시기로 본 반면, 에릭슨은 이 단계를 매우 역동적이고 활동적인 시기로 보았다.

둘째, 에릭슨은 원초아보다 자아를 더 강조하였다. 즉, 프로이트 이론에서처럼 자아가 원초아에 보조적인 역할을 하는 것이 아니라 성격의 독립적인 부분이라고 보았다. 또 에릭슨은 자아가 부모 및 사회적 · 문화적 · 역사적 환경의 영향을 받으며, 평생을 통해 성장하고 발달한다고 믿었다.

셋째, 프로이트가 주로 본능을 강조한 반면 에릭슨은 성격형성에 대한 사회 · 문화 · 역사의 영향을 인식하였다. 그는 인간이 생물학적 힘인 본능에 전적으로 좌우되지 않으며, 이러한 힘은 아동기 이전에 중요하기는 하지만 전체적인 성격발달을 본능만으로 설명할 수 없다고 보았다. 프로이트와 에릭슨의 이론 비교는 다음과 같다.

〈표 3-4〉 프로이트와 에릭슨의 이론 비교

구분	프로이트의 이론	에릭슨의 이론
이론의 출발	폐쇄체계: 아동기 감정양식. 꿈, 사고, 기억의 분석을 기반으로 형성	개방체계: 사회적 경험을 통해서 이루어진 자아분석을 기반으로 형성
인간 행동과 기능의 기초	원본능이 지배적: 방어기제로 표출되는 행동 뒤에 숨어 있는 원본능의 파악	자아가 지배적: 인간의 현실적 행동에서 보이는 모습, 즉 자아의 분석에 초점
발달단계	리비도가 집중되는 신체부위가 구분의 기준	활동양식, 대인관계에서 일어나는 사회적 상호작용의 양상으로 구분
영향	충동과 사회적 기대의 모순 때문에 갈등	역사적 · 민족적 집단의 결속력과 강화가 기반
자아	불안이나 무의식적 욕구에 의해 위협받음.	자율적 성격구조로 봄.

구분	프로이트의 이론	에릭슨의 이론
주된 관심	심리·성적 요소·생물학적 결정론	심리사회적 요소, 사회문화적 설명, 사회적 지지에 의한 건강한 사회구성원
발달적 관심	초기 아동기에 형성된 성격은 초기 성인기에 절정에 이름	전 생애에 걸쳐 형성
강조점	부모나 양육자가 아동의 성껴발달에 미치는 영향 강조	아동의 자아가 형성되는 심리사회적 환경 강조

출처: 정은(2014: 68).

2) 비판

에릭슨 이론에 대한 비판으로는

첫째, 일부 학자들은 에릭슨의 생활주기, 각 발달단계의 위기, 획득된 산물 등에 관한 설명이 서구의 백인 중심, 남성, 가부장적 사회의 정점을 반영한 것으로 다른 문화나 현대사회에 적용하는 데는 한계가 있다고 지적하였다. 예컨대, 여성의 심리적 발달에 대한 연구에서 자율성, 성숙, 권력과 같은 특성은 관계성, 책임감, 돌봄으로 대치되어야 한다고 제안하였다(Engler, 2006). 이러한 논의는 심리사회적 발달이 문화와 사회에 따라, 또 남성과 여성에 따라 다르게 적용되어야 할 필요성을 제시한다.

둘째, 에릭슨의 인간발달이론은 과거의 행동을 잘 설명하고 인간을 이해하는 데 도움이 되지만, 프로이트 이론과 마찬가지로 미래의 행동은 예측하기 어려우며, 실증적으로 검증하기 어렵다는 점 등이 지적되고 있다(신명희 외, 2013).

에릭슨의 이론은 정신분석이론을 확대시켜 자아의 성장 가능성을 제시하였고, 인간의 건강한 발달에 관한 새로운 통찰력을 부여했다는 점에서 기여하는 바가 크다. 그러나 그의 개념은 매우 불명확하다는 한계가 있다. 예를 들어, 노년기에도 성장의 가능성이 있다는 새로운 통찰력을 제시하고 있지만, 구체적으로 그러한 과정이 어떻게 일어나는지, 그리고 성숙이 어떻게 성인기의 다른 단계들에 영향을 미치는지 설명하지 못하고 있다. 이처럼 개념이 명확하지 않으므로, 이론에 관한 실증적 연구가 부족하다는 것 또한 이론의 한계라고 할 수 있다(오창순 외, 2015: 138).

에릭슨의 심리사회적 발달이론은, 프로이트의 정신분석이론을 확장시켜 자아의 성장 가능성을 제시하였다는 점에서 이바지한 바가 크다. 또한 인간의 건강한 발달에 관한 새로운 통찰력을 부여했다는 점에서도 이바지하는 바가 크다. 하지만 에릭슨 이론은 발달의 원인에 대해 모호하다는 점 때문에 비난받을 수 있다. 사람이 어떤 종류의 경험을 극복해야 하고, 다양한 심리적 갈등을 어떻게 성공적으로 해결해야 하는가? 하나의 심리사회적 단계의 결과가 이후 단계에서의 성격에 정확하게 얼마나 영향을 주는가? 불행하게도 에릭슨은 이러한 중요한 문제에 대하여 명확하게 대답을 하지 못했다. 그래서 그의 이론은 발달이 어떻게, 그리고 왜 일어나는지를 설명하지 못하는 인간의 사회발달과 정서발달에 대한 하나의 기술적 개관이다(최덕경 외, 2014: 63).

에릭슨의 이론에 대한 비판은 다음과 같다(Crain, 2017).

첫째, 에릭슨이 자아발달의 여러 측면들을 프로이트의 성적 신체부위에 너무 무리하게 연결시키려고 하였다는 것이다. 즉, 에릭슨은 각 신체부위마다 자아가 외부세계와 상호작용을 하는 특징적 양식이 있다고 보았지만 그렇지 않다는 것이다. 예를 들어, 유아의 자율성을 획득하려는 많은 노력이 보유와 배설의 항문통제방식과 관계가 있다고 보기는 어렵다는 것이다.

둘째, 에릭슨의 이론은 개념정의가 명확하지 못하며, 이론체계가 명료하지 못하고 모호하다는 것이다. 즉, 이론을 구축하는 방법에서 애매하고 모호한 개념들이 많이 발견되고 있다.

셋째, 발달의 원인에 대한 설명이 부족하고, 각 발달의 구분에서 과학적인 정확한 근거가 제시되지 못했다는 것이다. 예를 들어, 노년기의 지혜가 어떻게 성숙의 일부분인지 분명하게 설명해 주고 있지 않다는 것이다.

CHAPTER 04

[developmental psychology]

인지발달이론

학습목표

1. 피아제의 사상 연구
2. 인지발달과 관련 이론 탐구
3. 인지발달단계 학습

학습내용

1. 인지발달이론의 개요
2. 피아제의 생애와 사상
3. 주요 개념 및 특성
4. 인지발달단계

개요

피아제의 인지이론은 인간이 외부세계를 이해하고 파악하는 바탕인 인지적 구조가 형성되는 과정을 설명한다. 그는 지식의 구체적 내용에 관심을 가진 것이 아니라 적극적 과정으로서의 인식에 관심을 가져, 인지적 성숙과정을 주된 연구영역으로 하였다. 여기서의 인식은 경험을 조직화하고 의미를 부여하는 과정으로 말한 것을 해석하고, 문제를 해결하며, 정보를 종합하고, 복잡한 과제를 분석하는 포괄적인 인지적 활동을 말한다. 본 장에서는 피아제의 인지발달단계를 학습하고자 한다.

CHAPTER 04 인지발달이론

1. 인지발달이론의 개요

인지이론에서는 인간을 매우 주관적인 존재로 규정한다. 즉, 이 세상에는 객관적인 현실이란 존재하지 않으며, 각 개인의 주관적 현실만이 존재하기 때문에 개인의 행동이나 사고를 이해하기 위해서는, 그 개인의 주관적 현실을 이해해야 한다고 보았다. 행동주의이론에서는 인간 행동이 환경의 영향을 받는다고 주장하지만, 인지이론에서 '안다는 것'은, 개인과 환경 간의 상호작용에 의하여 형성된다고 보았다(Norlin & Chess, 1997). 또한 인지이론에서는, 인간의 무의식에 초점을 두고 인간을 다분히 충동적 존재로 보는 정신분석이론과 달리 인간의 의식에 초점을 두고 인간을 사고하는 합리적인 존재로 인식한다. 더불어 환경적 원인들이 인간에 의해서 어떻게 지각되고 인식되는가에 중점을 두고 있다.

피아제의 인지이론은 인간이 외부세계를 이해하고 파악하는 바탕인 인지적 구조가 형성되는 과정을 설명한다. 그는 지식의 구체적 내용에 관심을 가진 것이 아니라 적극적 과정으로서의 인식에 관심을 가져, 인지적 성숙과정을 주된 연구영역으로 하였다. 여기서의 인식은 경험을 조직화하고 의미를 부여하는 과정으로 말한 것을 해석하고, 문제를 해결하며, 정보를 종합하고, 복잡한 과제를 분석하는 포괄적인 인지적 활동을 말한다.

피아제는 인식의 근원이 아동의 생물학적 능력에 있다고 가정하였다. 생물학을 전공한 피아제는 큰 호수에 있던 연체동물을 작은 연못으로 옮겼을 때, 환경의 변화로 인해 유기체에 구조적 변화가 오는 것을 관찰하고, 연체동물이 어느 정도 환경에 적응해 나갈 수 있는 특성을 갖고 태어난다는 구조상의 유연성을 깨달았다. 피아제의 연체동물에 관한 연구는 인간에게서 유사점을 발견하는 계기가 되었는데, 이는 아동이 나이가 들면서 사고과정의 유연성을 보이며 문제를 잘 해결한다는 발견이다. 즉, 인간의 뇌는 인지적 구조를 변화시킴으로써 환경에 적응하는 능력을 가지고 있으며, 지능은 환경이 적절한 다양성과 탐구에 대한 지지를 제공하면 체계적인 방식으로 발달한다는 것이다(이인정 · 최해경, 2007: 245-246).

피아제는 아동의 사고과정으로 동화와 조절을 새로운 지식에 대한 평형을 이루기 위한 기제로 제시하면서 성인의 사고과정과 질적으로 다르다는 것을 임상적으로 연구하였다. 아동의 인지발달은 언어적인 기술을 획득하는 것처럼 사고와 추론기술을 발달시키는 과정을 의미하며, 아동이 어떻게 생각하는지와 또 발달해 가면서 어떻게 변화하는지에 초점을 맞춘다(표갑수 외, 2016: 213).

인지는 지식, 의식, 사고, 상상, 추론, 문제해결, 개념화, 분류, 상징, 지각, 학습 등 정신적 과정을 포괄하므로, 인간의 심리과정을 이해하는 데 인지이론은 매우 중요하다. 피아제의 인지발달에 관한 이론은, 성격의 한 측면으로 간주될 수 있는 인지기능의 다양한 발달수준을 개념적으로 설명해주어 인지적 측면의 인간행동과 인간발달에 관한 사회복지사의 이해를 넓히는 데 기여한 바가 지대하다.

2. 피아제의 생애와 사상

피아제
(Jean Piaget,
1896~1980)

피아제는 1896년 스위스 뇌샤텔(Neuchâtel)에서 출생하였다. 그의 아버지는 뇌샤텔대학교에서 문학을 강의하는 교수였다. 그는 어려서부터 생물에 취미를 갖고 공부하였으며, 10세 때에 이미 새에 대한 논문을 출판하였고, 그 후 박물관에 있으면서 연체동물에 관심을 가져 연체동물학에 대한 연구 보고서를 출판하였다. 그는 뇌샤텔대학교에 다녔고 1915년에 연체동물학으로 학사 학위를 받은 후 소르본(Sorbonne)대학교에서 비네(Binet)에게 심리학에 대해 배우기 시작하여 1921~22년 사이에 4편의 심리학 논문을 발표하였다. 1929년에는 루소연구소의 기관장이 되어 어린이 연구를 하게 되었으며, 이것이 피아제를 심리학과 교육학에서 중요한 인물로 만들어 준 계기가 되었다. 그는 심리학에 점차 흥미를 가지고 연구하기 시작하였다. 특히, 어린이의 정신발달, 논리적 사고발달에 관한 연구를 통하여 인식론의 제반 문제를 추구하였다. 그의 연구 특징은 임상법에 있었다. 즉, 정신병 환자의 임상진단방법을 응용하여, 어린이와 대화를 나누면서 어린이의 사고과정의 하부구조를 밝히는 것이다. 그가 제네바의 루소연구소 부속 유치원에서 임상법을 이용하여 연구한 저술로 『아동의 언어와 사고』, 『세계관』, 『판단과 추리』, 『물리적 인과』, 『도덕적 판단』 등 5부작이 있다. 그의 연구에서 밝혀진 것은 어린이의 사고가 자기중심적이라는 사실이었고, 이 주장은 전 세계 심리학자들의 주목을 끌었다. 인간의 지식과 생물학적 지능의 본질에 관한 독창적인 견해는, 지금까지 철학적 접근에서 탈피하여 과학적 접근방법이라는 데 특징이 있었으며, 과학으로서 인식론을 창시하였다.

그 후 아동의 행동관찰을 통하여, 그는 '지능의 발생', '실재의 구성', '심벌의 형성' 등 문제를 추구하다가 점차 과학적 개념의 형성문제로 관심을 돌려, 아동기로부터 청년기에 걸친 수·양·공간·시간·운동·우연성 등을 연구대상으로 채택하였다. 또 감각운동적 지능 단계로부터 시작하여 표상적 사고의 단계, 구체적 조작의 단계를 거쳐 형식적 조작의 단계에 이르는 발달과정을 밝혔다. 동시에 그는 발달적 시점에 입각한 인식론을 연구하여 『발생적 인식론 서설』(3권)을 저술 발표하기도 하였다. 또 발생적 인식론 연구를 위하여 각 학문영역의 전문가들과 함께 공동연구에 몰두하였다.

피아제에 의하면, 영아는 생물 유기체에 불과하며 몇 가지 반사적인 충동을 가지고 있을 뿐이다. 이후 영아는 외부세계와 접촉을 통해서 발달한다. 피아제의 발달이론은 유기체의 적응구조를 나타내는 스키마(Schema)와 유기체가 외부와 상호작용으로 적응해가는 구조를 나타내는 '동화(assimilation)'와 '조절(accommodation)'이라는 개념으로 표현된다. 또한 인간의 인지발달단계를 4가지로 구분하였는데 이는 교육심리학에 대단한 공헌을 하였다.

피아제는 지적 활동에 대한 심리학적 이론에서 많은 공헌을 하였으며 아동심리에 대해서 특히 깊은 조예를 갖고 있다. 그의 심리학적・논리학적 구상은 발생적, 역사적, 비판적으로 지식을 분석하는 것이며, 그럼으로써 주관이 대상에 대해서 갖는 지식의 발전은 그 지식을 단단하고 확고하게 하여 일정한 불변적인 것이 되어 가는데, 이렇게 되는 것은 지식이 대상 및 대상의 여러 성질을 반영하기 때문이라고 생각했다.

주요 저서로는 『지능의 심리학』(1947), 『발생적 인식론서설』(1949-1950) 등이 있다.

3. 주요 개념 및 특성

1) 인간관

인지이론에서는 인간을 매우 주관적인 존재로 규정하고 있다. 인지이론에서는 이 세상에는 객관적 현실이란 존재하지 않으며, 각 개인이 나름대로 부여한 주관적 현실만이 존재한다고 본다. 따라서, 인지이론에서는 각 개인의 정서, 행동, 사고는 개인이 현실을 창조해내는 방식, 즉 현실세계를 구성하는 방식에 따라 달라진다고 본다(Beck, 1976). 인지이론에서는 인간본성에 대해 비결정론적 시각을 지니고 있으며, 성장 가능성을 인정하고 있다. 즉, 인지이론에서는 인간이 유전적 요인에 의해 결정되는 존재가 아니며, 환경적 영향을 받기는 하지만, 이러한 환경적 자극을 능동적으로 중재하고 재구성할 수 있는 능력이 있으며, 지속적으로 성장할 수 있는 잠재력을 지니고 있다고 본다.

피아제는 인간의 발달이란, 타고난 유전적 기질과 환경과의 상호작용의 결과라고 말함으로써 인지발달에 필요한 세 가지 변인을 암시하고 있다. 그것은 성숙, 물리적 경험, 사회적 상호작용으로 요약될 수 있다. 첫째, 성숙은 주어진 단계에서 인지발달의 가능성과 불가능성의 한계를 규정해 준다. 둘째, 물리적 경험은 감각적인 경험과 신체적인 아동이 사고나 정신적 조작을 통해 내재화된다. 마지막 요인은 사회적 상호작용으로 사물의 용도나 역할에 대해 인지한다. 이 중 어느 하나라도 결핍되었을 때 지적발달은 지연된다고 믿었다(구혜영, 20415: 99).

인지이론의 기본 가정은 일생을 통하여 인지적 성장과 변화가 이루어진다는 것이다. 특정 연령에서 각 개인의 특정 영역의 인지적 유능성은 개인이 기능하는 맥락에 따라 차이가 있다고 보았다. 인지는 개인이 환경적 사건에 노출된 결과일 뿐 아니라, 개인이 이러한 사건의 의미를 활동적으로 구성한 결과이다. 개인의 행동은 환경적 사건을 인지적으로 어떻게 표상하는가에 따라 달라진다. 예를 들어, 사건의 어떤 측면에 선택적으로 주의를 기울이며, 어떤 의미를 부여하는가에 따라 행동이 달라진다. 사고 감정, 행동, 그리고 그 결과는 원인과 관련성이 있다. 자신에 대한 사고를 포함한 인지적 표상은 사회적 기능과 정서적 안정에 영향을 미치며, 변화가 가능하다. 인지변화는 행동변화에 영향을 미친다.

피아제는 인간의 인지는 환경과의 상호작용을 통하여 변화하고 발달한다고 보고 있으며, 이러한 상호작용에서 인간의 능동적 역할을 중시하고 있다. 피아제를 비롯한 인지이론가들은, 무의식을 강조한 정신분석이론에 비해, 긍정적이고 환경에 인간이 능동적으로 적응한다는 측면에서 인간의 성장 가능성을 시사하고 있다.

2) 인지발달모델

피아제는 어린 시절부터 관심을 가졌던 연체동물에 관한 연구를 통하여 인간과의 유사점을 발견하게 되었다. 연체동물이 환경의 변화에 따라 유기체의 변화를 가져오듯이, 인간의 두뇌는 인지적 구조를 변화시킴으로써 환경에 적응해 가는 능력이 있다는 것을 발견하였다. 피아제는 인지발달이 유전과 환경의 상호작용에 의한 적응과정이라고 하였다. 즉, 인간은 능동적인 생물학적 유기체로서 환경과 끊임없이 상호작용을 하며, 이러한 상호작용을 통해서 자기 자신, 외부세계 및 자기와 외부세계와의 관계에 관한 지식을 얻는다.

피아제는 어린이들이 어떻게 환경에 반응하는 방법을 습득하는지에 대해 그들의 인지구조의 발달을 통해 설명하고 있다. 이러한 피아제의 인지발달모델은 사고체계의 4가지 주요 발달단계인 감각운동기, 전조작기, 구체적 조작기, 형식적 조작기로 구성되어 있으며, 여기서 각 단계는 후성설이론에 관한 용어로 개념화된 전형적인 발달의 수준을 말한다.

이러한 각 단계별 인지발달 성취 연령은 개인차가 있기 때문에 제시된 연령에 반드시 들어맞지 않을 수 있으며, 단계는 순서대로 통과하여 발달하며 절대로 단계를 뛰어넘을 수 없다. 그리고 다음 단계로 이동하는 과도기에는 두 단계의 인지적 특징이 함께 나타날 수도 있다. 마지막으로, 형식적 조작기에 도달한 아동이나 고도로 인지발달이 된 성인도 때로는 낮은 단계의 사고를 할 수 있다. 피아제는 단계가 가지는 특성을 다음과 같이 언급하고 있다(이우언 외, 2017: 220-221).

첫째, 사고의 형식은 각 단계별로 질적인 차이가 있다.

둘째, 각 단계는 내부적으로 조직화되며 그것은 그 스스로 전체적이다.

셋째, 개인은 진보적이고 불변하는 방법 속에서 단계를 통하여 발달하며 단계를 건너뛰지 않는다.

넷째, 각각 더 높은 단계가 만들어지고 계층적인 방식으로 다음 더 낮은 단계를 통합한다. 단계는 수평적으로 통합할 뿐만 아니라 수직적으로도 통합한다.

다섯째, 단계는 모든 인류에게 일정하다. 그들이 같은 문화를 공유하지 않는다고 해도 같은 단계는 모든 문화에서 명백하다(Norlin et al., 2005).

이와 같이 단계에 대한 개념은 그 자신의 권리 속에서 구별되는 기본적인 조직화된 도식(schema)과 연결된다고 할 수 있다. 단계이론은 성장과 발달을 설명하는 데 있어서 기초적으로 조직화된 도식으로 단계를 사용하는 것 중의 하나이다. 이러한 조직화된 도식은 유기체의 생물학적 경향성이라고 볼 수 있는 동화와 조절을 통한 적응과정을 통해 인지구조의 변화를 이루고 사고체계의 발달이 이루어지게 된다.

이처럼 인지구조의 발달과 관련한 주요 개념들에 대하여 구체적으로 설명하면 다음과 같다.

(1) 도식

도식(schema)은 어원으로는 '형태'라는 의미이며, 일반적으로 사물이나 사건 또는 사실에 대한 전체적인 윤곽이나 개념을 말한다. 피아제는 개념보다 도식이란 용어를 선호했는데, 도식이 언어와 그 외 다른 상징적 체계들이 발달하기 전인 아동기의 개념 및 개념적 연결에 해당되는 것이라고 보았다. 그는 도식을 행동이 유사한 상황 속에서 반복되면서 전승되거나 일반화되는 행동의 구조 또는 조직으로 정의했다(Piaget & Inhelder, 1969). 그리고 도식이 사건, 감정, 관련된 심상, 행동, 또는 생각들의 의미 있는 배치임과 동시에 자료나 정보가 투입될 때 일종의 준거틀로 기능한다고 보았다. 이에 따르면, 도식은 정신적 조직화의 일차적 단위이며, 인간은 도식을 통해 환경에 적응한다.

아동은 기본적 도식을 가지고 태어나, 조직화와 적응의 과정을 통해 새로운 도식을 개발하고 기존의 것들을 변화시킨다. 빨기와 잡기 같은 최초의 도식은 본질적으로 반사적이다. 도식은 연합에 의해 발달하는데, 반사가 다른 경험과 연합되면 빨기, 잡기, 보기와 같은 단편적인 행동이 좀 더 반경이 넓어지고 통합적으로 된다. 예를 들어, 보기, 잡기, 빨기는 동시에 보고 잡으며 빠는 것으로 통합된다. 도식은 일생에 걸쳐 계속해서 개발되며 수정된다(이인정 · 최해경, 2007: 247).

(2) 적응과 평형

적응은 환경과의 직접적인 상호작용을 통해 기존의 도식을 유지하거나 새로운 도식을 형성하는 과정으로, 동화와 조절이라는 상호보완적인 두 가지 수단을 통해 진행된다(오창순 외, 2015: 145).

먼저 동화는 새로운 환경자극에 반응함으로써 기존의 도식을 사용해 새로운 자극을 이해하는 것이다. 아동이 음식이든 아니든 무엇이나 입으로 가져가는 것은 동화의 한 예다. 이를 통해 아동이 환경의 요구에 관계없이 하나의 도식을 사용하고 있음을 알 수 있다. 조절은 기존의 도식으로 새로운 사물을 이해할 수 없을 때, 기존의 도식을 변경하는 것을 말한다. 아동이 조절을 할 때에는 도식의 형태에 질적인 변화가 일어난다. 아동이 사자를 보고 고양이라고 말할 때, 누군가가 "고양이가 아니고 사자다"라고 말해 줌으로써 잘못을 바로 잡을 수 있다. 이때 아동은 '사자'라고 불리는 새로운 도식을 형성하게 된다.

평형은 동화와 조절의 균형을 의미한다. 예를 들어, 5세 된 아이가 하늘에 날아다니는 물체는 새라고 배웠다고 가정하자. 하늘에 날아다니는 물체를 볼 때마다 아이는 그 사물이 자기가 가지고 있는 기존 체계, 즉 '새'라는 것에 자신의 생각을 동화시킨다. 그런데 어느 날 아이는 날아가는 비행기를 보게 된다. 이 새로운 사물을 보고 아이는 자신이 갖고 있는 기존 개념인 '새'에 결부시키려고 하지만 모양이나 크기 등이 너무 다르다. 따라서, 아이는 기존의 도식을 변경하지 않으면 안 되는데, 이 과정이 조절이다. 아이는 이제 불평형 상태에 놓이게 된다. 즉, 새로운 물체가 새인지 아닌지, 만약 새가 아니라면 무엇인지 알 수 없다. 그래서 어머니에게 물어본 후, 그것은 새가 아니라 비행기임을 알게 된다. 이제 아이는 새와 비행기의 차이를 알게 되는데, 이것이 평형의 상태다.

(3) 조절

조절(accommodation)이란 이전의 사고와 행동방식의 요소를 수정하거나 새로운 대상에 대해 좀 더 적절한 새로운 방법을 배우는 것을 의미한다. 아동이 새로운 자극을 만나면, 그것을 이미 갖고 있는 도식에 끌어들여 동화시키려고 한다. 그러나 때로 자극을 동화할 수 있는 도식이 없을 경우 인지적 구조의 변화를 가져오게 하는 인지과정이 필요하다. 즉, 새로운 자극을 받아들일 수 있는 새로운 도식을 만들거나, 이미 갖고 있는 도식을 변형하는 일이 필요한 것을 조절이라고 한다. 위의 예를 들어 설명하면, '네 발로 다니는 것은 모두 개다'에서 '네 발로 다니더라도 모두 개는 아니다'라고 이해했다면 기존의 이해의 틀이 변화되었으므로 조절이다. 즉, 네 발로 다니는 고양이가 개의 도식에 속하지 않음을 알게 되어 고양이를 보고 '야옹이'라고 부르게 되면 조절이 이루어졌다고 본다(표갑수 외, 2016: 214).

4. 인지발달단계

파아제는 지능발달에 대한 일반적 이론뿐 아니라, 도덕적 발달, 사회적 발달, 그리고 정서적 발달에 관한 이론을 정교화하였다. 피아제의 이론에서는 출생부터 청소년기에 이르기까지의 인지발달단계를 제시하고 있다.

각각의 발달단계에서는 새로운 기능과 능력이 성숙해짐에 따라 심리적인 재구조화가 이루어진다. 아동의 발달로 세계를 알게 됨으로써 나타나는 기본적 구조와 과정의 발달과 변화를 통하여 사고가 변화하고 변형되고, 다음 인지발달단계로 옮아가게 된다. 한 단계에서 다음 단계로의 진보는 생물학적 성숙과 아동의 환경 속에서의 경험과 활동에 의해 이루어진다. 인지발달, 정서발달 그리고 사회적 발달은 분리될 수 없고, 병행하여 발달하며, 각 단계에서의 인지적 발달은 개인 내적 사고뿐만 아니라 대인관계에도 영향을 미친다(Piaget & Inhelder, 1969).

피아제의 인지발달이론에서 모든 지식은 동화(assimilation)와 조절(accommodation)이라는 상호보완적이고 동시적인 정신과정의 산물이라고 본다. 인지모델에서 동화는 환경으로부터 정보를 수집하며, 자신의 현존하는 사고방식에 통합시키는 것이다. 이에 비해 조절은 외적 사건과 대상의 실질적 속성을 고려하고, 그 속성에 맞게 자신을 조정해 나가는 것이다(Flavell, 1985). 성장이란, 새로운 상황에 동화 또는 조절을 통해 적응해 나가는 것이다. 피아제는 감각 및 운동능력의 결과로 이루어지는 인지발달에서 출발하여 추상적이고, 논리적 사고의 습득과 표현, 즉 형식적 사고로 완결되는 인지발달의 네 단계를 제시하였다(이인정 · 최혜경, 2007: 251).

1단계 : 감각운동기(출생에서 2세까지)
2단계 : 전조작기(2세에서 7세까지)
3단계 : 구체적 조작기(7세에서 12세까지)
4단계 : 형식적 조작기(12세에서 성인기까지)

피아제의 인지발달단계 개념은 각 단계별로 발생하는 다양한 행동들을 단순히 기술하는 것이 아니라, 각 발달단계에서 일어나는 구조적 변화를 설명하고 있다. 새로운 단계에 들어간다고 해서 이전 단계들에서 발달한 능력이 상실되는 것은 아니며, 사고와 지식이 질적으로 새로운 접근방법으로 통합되는 것이다. 발달의 각 단계는 지속적이고 상호의존적이다. 다시 말해서, 한 단계의 완수는 그 이전 단계에서 형성된 인지적 구조에 의존하므로 단계별 발달은 지속적이고, 각각의 발달단계에서 새로운 능력과 기능이 성숙하면서, 심리적 재구조화가 이루어진다. 인지발달이론은 경험과 사회적 상호작용을 중시하므로, 개인의 자아와 세계관을 구성하는 것이 사회적 상호작용과 역할획득을 통해서라고 보았다. 또한 개인을 사회화 과정에서 능동적 역할을 하는 존재로 간주해 아동이 수동적으로 정보를 받아들이는 것이 아니라, 그들이 보고, 듣고, 느끼는 것을 선택하고 해석한다고 보았다.

발달단계들은 각기 다른 연령에서 나타나는 행동들을 보여주기 때문에 편리한 구분이긴 하나 이 단계들은 일반적인 연령기준 이상의 의미는 없다. 이 인지발달단계는 몇 가지 특징을 가진다. 첫째, 단계별 성취 연령은 개인차가 있기 때문에 제시된 연령이 반드시 들어맞지 않는다. 둘째, 모든 아동은 단계를 순서대로 통과하여 발달하며 절대로 단계를 뛰어넘을 수 없다. 셋째, 다음 단계로 이동하는 과도기에는 두 단계의 인지적 특징이 함께 나타날 수 있다. 넷째, 형식적 조작기에 도달한 아동이나 인지발달이 된 성인도 때로 낮은 단계의 사고를 한다. 각 인지발달단계를 설명하면 다음과 같다.

1) 감각운동기(sensorimotor period : 0~2세)

감각운동이란 용어는 아동의 행동이 자극에 대한 반응이기 때문에 붙여졌다. 즉, 아동이 경험하는 자극이 감각적이고 이에 대한 반응이 신체운동으로 나타난다는 것이다. 단순한 반사반응만 나타내는 출생 직후부터 초기의 아동적 언어를 사용하는 상징적 사고가 시작되는 2세까지가 이 단계에 해당된다. 신생아의 인지 세계는 미래에 대한 설계나 과거의 기억이 없는 현재의 세계이며, 신생아는 감각운동에 기초해서만 경험한다. 이 시기의 아동은 주로 사물을 만져보고, 그것들을 조작해보며, 환경을 직접 탐색해서 학습을 한다. 이 단계의 끝에 가서 최종적 성취는 자신의 환경이 독특하고 안정된 속성을 갖고 있다는 것을 아동이 이해하는 것이다(이인정 · 최혜경, 2007: 253).

감각운동기는 출생 직후 신생아의 타고난 반사활동에서 시작해서 초기의 아동적 언어를 나타내는 상징적 사고가 시작되는 2세경에 끝난다. 아동은 외부세계에 대해 빨기, 쥐기, 때리기와 같은 신체적 행동양식을 조직화하므로, 이 시기를 감각운동기라고 한다. 이때의 행동양식은 대부분 자극에 대한 반응으로 과거에 대한 기억이나 미래에 대한 계획이 아닌 순전히 감각운동에 기초하여 행동한다. 즉, 초기의 인지활동은 감각적이고 운동적인 행동도식을 통해 외부환경을 이해하고 적응해 나가지만 후기에는 꽤 발달된 지적 활동을 한다.

피아제는 감각운동기를 독립적이지만 상호 관련되는 여섯 개의 하위단계들로 구분하였다. 이 하위단계들은 아동이 어떤 체계적인 목적 없이 행동하는 수동적인 유기체에서 지능의 초기적 요소를 가진 사고하는 존재로 발달하는 과정을 나타낸다.

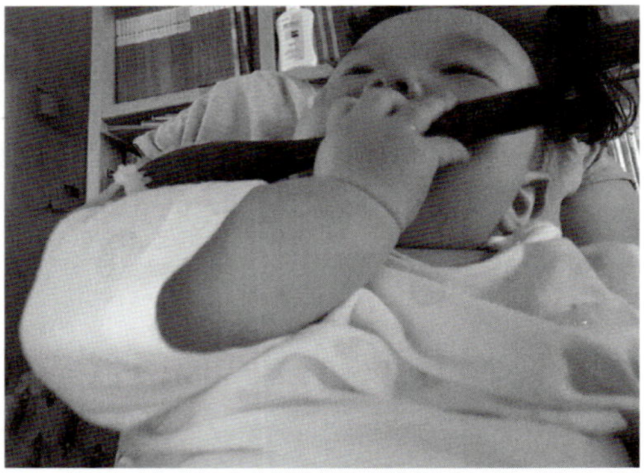

〈그림 4-1〉 감각운동기 적극적인 빨기

(1) 반사활동기

출생 직후부터 약 1개월까지 영아는 환경에서 자극에 적응할 수 있는 반응을 창출하는 도식을 형성한다. 즉, 신생아는 학습되지 않은 생득적 반사로 환경에 적응한다. 외부세계에 대한 아동의 선천적 능력과 준비는 제한되어 있어 아동은 대상에 행하는 자신의 행위와 대상 그 자체를 구분하지 못하며, 외부세계에 대한 지식을 습득하는 일차적 정보원은 잡기, 빨기, 큰 소리에 반응하기와 같은 반사적 행동이다. 출생 후 한 달 동안 아동의 행동에는 목적이 없다. 아동은 반복적으로 같은 반사를 사용하는 재생적 동화를 한다. 예를 들어, 아동은 장난감이든 이불이든 닥치는 대로 빨거나 손이 닿는 곳에 있는 모든 것을 잡는다. 동화가 환경적응의 대부분을 차지하지만 때로 조절도 일어난다. 예를 들어, 젖을 빨면서 젖꼭지와 가슴을 구별하게 된다.

반사활동기의 특징은 두 가지이다. 첫째는, 자신과 외부세계의 구분이 없다. 둘째는, 다양한 반사도식들을 사용해 경험을 쌓아감에 따라 아동은 증가하는 환경의 요구에 더욱 잘 적응할 수 있게 된다.

(2) 일차 순환반응

출생 후 약 1~4개월까지 영아는 새로운 경험을 하게 되면서 흥미를 끄는 행동을 반복한다. 이 시기는 아동의 관심이 외부의 대상보다 자신의 신체에 있기 때문에 일차 순환반응이라 불린다. 순환반응은 반복되는 빨기, 잡기, 블록치기와 같은 감각운동 행동의 반복을 의미한다. 반사활동기에는 동화와 조절의 기능이 거의 차이를 보이지 않으나 이 단계에서는 반사행동들 간의 분리가 증가하여 동화와 조절 기능이 분리된다. 순환반응의 목적은 기존 도식에 대한 수정이며, 도식의 수정은 곧 지적 발달을 의미한다. 이 하위단계에서 아동은 다양한 반사들에 숙달하고 이 반사들은 서로 협응된다. 예를 들어, 아동은 눈으로 흥미 있는 물체를 추적하면서 그 물체를 잡으려고 손을 뻗는다. 이 하위단계에서 아동은 많은 시행착오를 거쳐 학습을 하며 학습과정에서 우연은 중요한 요소가 된다.

이 시기에도 아동은 목적지향적이지 않으나 다양한 순환반응의 협응은 인지발달에 영향을 미친다. 시행착오 학습을 통해 아동은 구체적인 인과관계를 분명히 알지는 못할지라도 어느 정도 인과개념을 발달시킨다. 아동은 자기의 행동을 예측되는 결과에 연결시킨다. 즉, 딸랑이를 흔들면 소리를 듣게 되리란 것을 안다. 일차 순환반응은 환경이 제공하는 대로 학습하거나 획득하는 것이 아니며, 아동 스스로 발견하는 자신의 신체에 대한 탐구과정이다.

(3) 이차 순환반응

출생 후 약 4~8개월까지 영아는 최초로 자신의 환경 내에 있는 사물이나 상황에 관심을 가지고 이들을 탐색하는 행동을 보이게 된다. 이차 순환반응이란, 영아가 자신이 아닌 주위 환경에 대한 인식을 하게 되면서 우연히 했던 어떤 행위가 재미있었다면 똑같은 결과를 얻기 위해 행동을 반복하는 것이다. 예를 들어, 유모차에 누워 있는 영아가 눈 위에 있는 딸랑이를 손으로 건드려서 나는 소리를 듣고 흥미로우면 반복해서 손으로 건드리는 행동을 하게 된다.

영아의 반복적 행동은 자신의 행동을 통해 환경 내에서 어떤 결과를 얻게 될 수 있다고 인식한 다소 의도적이고 목적을 지닌 행위라 할 수 있다. 그러나 이러한 의도적인 행위는 우연한 것이며, 행동 이전에 목표를 갖고 계획되지는 못한다. 또한 이 시기에는 스스로 어떤 반응을 새롭게 만들어 내는 능력을 갖게 되며, 대상영속성의 개념이 서서히 나타나기 시작한다.

(4) 이차도식의 협응

출생 후 약 8~12개월까지 영아는 특정한 목적을 달성하기 위해 이전에 획득한 여러 가지 도식을 새로운 상황에 사용하게 된다. 이차도식의 협응은 목적을 달성하기 위해 의도적으로 수단이 되는 기존의 다른 도식들을 협응시키는 것을 의미한다. 예를 들어, 영아가 장난감을 잡으려고 베개를 치우는 것은 목적을 달성하기 위한 수단의 사용이다.

영아는 이 시기에 특정한 목적을 계속적으로 지향하는 행동을 하게 되며, 사람과 사물을 구별하게 되고, 숨긴 물건을 기억했다가 다시 찾으려고 하는 대상영속성이 어느 정도 획득된다. 즉, 영아의 행동은 수단과 목적을 결합하는 최초의 의도적인 문제해결 행동이며, 실질적인 지적 행동이다. 또한 이 시기에는 영아의 모방능력이 급속하게 발달되어 신체적인 움직임뿐만 아니라 얼굴 표정도 모방할 수 있게 된다.

(5) 삼차 순환반응

출생 후 약 12~18개월까지 영아는 수단과 목적의 관계를 단순히 반복하는 것이 아니라, 적극적인 탐색과 시행착오 과정을 통해 새로운 행동과 결과를 탐색하게 된다. 즉, 삼차순환반응은 단순한 목적을 지닌 반복이 아니라, 새로운 행동이 어떤 결과를 가져올 것인가를 알아보기 위해 다양하게 반복적으로 실험해 보는 것이다. 예를 들어, 영아는 손바닥으로 탁자를 약하게도 두드려 보고, 강하게도 두드려 보면서, 그에 따라 소리가 다르게 나는 것을 즐거워하며 반복적으로 두드린다.

영아는 마치 되풀이해서 새로운 실험을 하듯이 사물을 탐색하고, 속성을 파악하여 새로운 도식들을 형성하게 된다. 즉, 영아는 여러 가지를 스스로 학습해 보면서 외부세계에 대한 호기심을 일으켜 여러 가지 도식을 발달시켜 나간다는 것이다. 그러나 일련의 행동들이 감각운동 차원에서 이루어지며, 사고로 내면화되지 못하는 점에서 이 단계의 인지발달에 한계가 있다(이근홍, 20415: 27).

(6) 상징적 표상

출생 후 약 18~24개월까지 영아는 좀 더 내면적으로 사고한 후에 행동을 하게 된다. 영아는 문제를 해결하기 위해 실재의 물체뿐만 아니라, 상징이나 이미지를 인지적으로 조합하고 조정하기도 한다. 즉, 상징을 통해 새로운 인지구조를 생각하기도 하며, 이러한 인지구조들을 결합시켜 새로운 수단을 알아내는 사고를 시작한다. 이 시기에는 시행착오 과정을 통해 다른 행동을 취하는 것이 아니라, 머릿속으로 생각을 한 후 행동한다.

영아는 목격한 행동을 그 자리에서 모방하지 않고 시간이 지난 후에 사라진 모델의 행동을 재생할 수 있는 지연모방(deferred imitation)을 획득하게 된다. 지연모방이 가능하다는 것은 영아가 관찰한 상황을 표상의 형태로 저장하고 있음을 입증해 주는 예가 된다. 표상이 형성되면서 눈앞에 없는 대상에 대한 사고가 가능하게 되며, 전조작기 사고의 단계로 이행하게 된다.

〈표 4-1〉 부감각운동기 세부 단계별 특성

세부 단계		연령 범위	인지발달 특성
1	반사 활동기	출생~1개월	• 빨기, 파악반사, 웃음, 미소반사 등 타고난 반사행동을 통하여 환경과 접촉하고 적응적 방향으로 수정됨.
2	일차 순환반응	1~4개월	• 우연히 어떤 행동을 하여 흥미 있는 결과를 얻었을 때, 이러한 행동을 반복함(예: 손가락 빨기). • 점차 대상의 특성을 발견하고 그 물체의 요구에 따라 반응을 수정해 가는데, 이를 위해서는 감각체계 간의 협응이 이루어져야 함.
3	이차 순환반응	4~8개월	• 활동 자체의 흥미에서 벗어나 환경변화에 흥미를 가지고 활동을 반복(예: 딸랑이 흔들기) • 자신의 행동과 예상되는 결과를 예측하며, 자신의 욕구충족을 위하여 의도적으로 행동함. • 그러나 예상하지 못한 행동결과가 나타나면 놀라기도 함.
4	이차도식의 협응	8~12개월	• 친숙한 행동이나 수단을 통해 새로운 결과를 얻으려고 하므로, 이 단계의 행동은 의도적이고 목적적임. • 1차 도식(예: 엄마의 옷을 잡아당기기)과 2차 도식(예: 엄마를 다른 곳으로 데려가기)의 협응이 이루어짐.
5	삼차 순환반응	12~18개월	• 친숙한 행동으로 목표에 도달할 수 없을 경우 전략을 수정하여 사용함. • 도식 자체가 크게 변화하게 되고, 능동적으로 새로운 수단을 발견함. • 시행착오적 행동을 함(예: 높은 곳에 물건을 내리는 것에 실패할 경우 의자를 가져다 놓고 높은 곳에 있는 물건을 내림).
6	상징적 표상	18~24개월	• 행동하기 전에 생각을 함으로써 돌연한 이해와 통찰을 얻을 수 있음. • 수단과 목적의 관계에 대한 정신적 조작이 가능해짐. • 몸으로 행동하는 대신 마음속으로 행동의 결과를 예측함.

출처: 권중돈(2014: 352).

2) **전조작기**(preoperational period: 2~7세)

이 단계는 2세에서 7세까지 지속된다. '조작(operation)'이란 정보의 전환을 이해하는 능력, 즉 처음으로 되돌아갈 수 있는 능력을 의미한다. 이 단계에서 언어의 습득을 통하여 사물이나 사건을 내재화할 수 있는 능력이 생기고, 보이지 않는 것을 기억하는 상징적 표상능력을 지닐 수 있게 되며, 개념적 사고를 하기 시작한다. 하지만 자기중심적 · 직관적 · 비가역적 사고의 특성 때문에 아직 조작적 사고가 이루어지지 않는 상태이다.

전조작기의 아동들은 언어를 사용하게 되면서 사물이나 사건을 기억하고 표현하는 능력이 가능해지지만, 조작능력에는 한계가 있어 변형된 경험을 논리적으로 환원시키지 못하고 지각에 의한 직접적 경험으로 사물이나 사건을 이해한다. 즉, 이 시기에는 정신적 표상에 의한 사고는 가능하나 아직 개념적 조작의 단계에 들어서지 못하므로 전조작 단계라고 한다. 이 단계의 아동은 자신의 관점과 사고가 옳다고 보는 자아중심성으로 인해 사물을 자신의 입장에서 보기 때문에, 타인의 관점을 이해하지 못하며, 비논리적 사고로 직관적 사고에 의해 판단하므로, 보존개념을 획득하지 못한 상태이다(정서영 외, 2017a: 232-233).

지능은 지식에 의해 지배되는 경향이 있으며, 점차 보존, 분류, 서열의 개념이 생겨나기 시작한다. 2세가 지나면서 감각동작적 행동에만 의존하던 것을 차츰 새로이 습득한 언어를 사용할 뿐만 아니라, 언어 이외의 다양한 상징적 능력도 발달한다. 이 단계에서의 사고는 비논리적이며 환상이나 놀이를 통한 상징적 표상이 문제해결과 지배감을 갖게 되는 중요한 통로가 된다.

이러한 특성을 지닌 전조작단계는 전개념적 사고단계와 직관적 사고단계로 구분된다.

(1) 전개념적 사고단계

이 단계는 2~4세 시기로, 유아기에 발달한 도식이 상징적으로 사물을 조절할 수 있도록 해주는 표상기술을 획득하는 시기이다. 개념발달을 위해서 다양한 언어활동과 신체활동에 참여하는 시기이다. 이 시기의 유아들은 자기중심적이며, 흔히 잘못된 개념, 현실에 위배되는 개념들을 가지고 있다. 이 시기 유아들의 개념 획득에 가장 결정적인 것은 다양한 언어활동과 신체적 활동을 통한 경험이다. 따라서, 유아는 더 이상 만지거나 보지 않아도 되며, 표상기술을 사용하여 과거에 일어났거나 미래에 일어나기를 원하는 사건을 표현할 수 있다 이 단계에서는 상징놀이를 통하여 사회, 신체 및 내적 세계를 실험하고 이해하며, 현실적으로 불가능한 것도 다룰 수 있고, 언어적 제한성을 보충할 수 있다.

전개념적 사고단계에 있는 유아들의 특징은 자기중심적이다. 즉, 다른 사람의 관점에서 사물을 이해할 수 없다. 눈에 똑똑히 보이는 한 가지의 사실에만 기초하여 사물을 분류할 수 있고, 하나의 준거에 의해서만 물체를 수집할 수 있다. 예를 들어, 여러 가지 단추 중에서 동그랗게 생긴 것들을 가려낼 수는 있지만, 동그랗고 빨간 단추는 가려낼 수 없는 것과 같다. 사물을 단계별로 배열할 수 있다. 그러나 바로 접하지 않는 사물을 추리해서 배열할 수는 없다. 예를 들어, 연필을 길이가 긴 순서로 배열할 수는 있지만, 'a는 b보다 길고, b는 c보다 길기 때문에 a는 c보다 길다'라고 추리할 수는 없다 등이다.

(2) 직관적 사고단계

이 단계는 5~7세까지로서 여러 사물과 사건을 표상하기 위하여 많은 개념들을 형성하지만 아직 불완전하며, 부분적 논리를 통해 추론을 한다. 언어화되지 않는 모호한 인상이나 지각적인 판단에 의존한다. 상징적 매체, 즉, 언어가 개입되지 않은 직관에 의존하기 때문에, 이 시기 유아의 사물에 대한 판단은 흔히 잘못된 것이 많다. 예를 들어, 마주 하고 있는 선생님이 '오른손을 드세요' 하면서 오른손을 들면 유아는 선생님의 말은 무시하고, 선생님의 오른손은 자기의 왼손 방향에 있으므로 왼손을 들곤 한다.

이 단계에서는 상위개념과 하위개념을 완전히 구분하지 못하므로, 분류능력이 불완전하다. 사물이나 사건의 개별적 특성만을 고려하여 추리하고 특수한 것에서 특수한 것을 추가하는 전도추리 경향이 나타난다. 전체 상황 중에서 하나의 차원이나 측면에만 주의를 기울이고, 다른 중요한 차원은 무시하는 중심화 경향이 나타난다. 일련의 논리나 사건을 원래 상태로 역전시킬 수 없는 비가역적 사고 특성이 나타난다. 타인의 관점과 역할을 고려하지 않은 채, 자신의 입장에서 세계를 지각하는 자기중심적 사고 특성이 나타난다. 수의 개념을 사용하고 보존성의 원리를 어렴풋이 이해하기 시작한다. 이 단계의 아동들에게 나타나는 인지의 유형은 다음과 같다(이우언 외, 2017: 224-227).

① **자아중심성**(egocentrism)

자아중심성은 유아가 자신의 관점과 상이한 다른 사람의 관점이 존재한다는 사실을 깨닫지 못하기 때문에, 모든 사람이 자신이 보는 것과 같이 세상을 보고 있다고 생각하는 것을 말한다. 즉, 외부세계에 대해 자기가 생각하는 것이 전부이고 그것만이 가능한 것으로 생각하기 때문에, 모든 사람이 다 자신과 똑같은 방식으로 사물을 보고 있다고 생각한다는 것이다. 그래서 이 시기의 유아와 전화를 하면 자기가 가지고 노는 장난감에 대해서 '아빠, 이거 왜 이래?' 하면서 묻는다. 즉, 자기가 갖고 있는 장난감을 전화하는 아빠도 본다고 생각하는 것이다. 또한 자신이 갖고 싶은 물건은 다른 사람도 갖고 싶을 것이라고 생각하여 엄마에게 장난감을 선물로 준다거나, 자기가 배가 고프면 인형도 배가 고플 것이라고 생각하게 된다.

이와 같이 이 시기의 유아는 사물을 볼 때, 자신의 위치에서만 사물을 이해할 뿐 다른 사람의 위치에서 보이는 사물의 모습은 상상하지 못하는 한계가 있다. 그리고 듣는 사람이 자신의 말을 이해할 수 있는가를 따져보지 않은 채 자신의 생각만을 전달하는 의사소통의 양상을 보인다.

이러한 자아중심성을 이기적이라고 생각하여 걱정할 필요는 없다. 이 시기의 유아들은 함께 놀아도 상대방의 입장을 이해하지 못하므로 따로 노는 것이나 마찬가지이다. 이러한 성향은 또래들과 같이 노는 가운데 자연스럽게 극복된다. 왜냐하면, 유아들이 같이 놀기 위해서는 또래들을 이해시켜야 하고 스스로도 다른 유아의 관점을 이해할 수밖에 없기 때문이다.

② **물활론**(animism)

물활론이란, 사물은 모두 살아 있고 각자의 의지에 따라 움직인다고 생각하는 것이다. 즉, 유아는 생명이 없는 대상에게 생명과 감정을 부여한다. 4~6세가 되면 유아는 활동하는 것은 모두 살아 있는 것으로 여긴다. 예를 들어, 유아는 태양은 빛을 발하기 때문에 살아 있으며, 산은 아무것도 하지 않으므로 죽어 있다고 본다. 6~8세가 되면 유아는 움직이는 것들에 한해 생명을 부여한다. 예를 들어, 탁자와 꽃은 움직이지 않으므로 죽은 것이고, 자전거와 구름은 때때로 움직이므로 살아 있는 것으로 생각한다. 8세경이 지나야 비로소 스스로 움직이는 것에 한해서 생명을 부여하며, 그 이후가 되어야 생명이 있는 것을 식물과 동물에 한정시킨다(Crain, 1993).

③ **상징적 기능**(syntolic fanction)

상징적 기능은 유아가 눈에 보이지 않는 사물이나 행동을 표상하기 위해 상징을 사용하는 능력을 말한다. 상징적 기능은 상상놀이, 그림 및 언어를 통해서 가장 잘 표현하고 있다. 상상놀이란, 가상적인 사물이나 상황을 실제사물이나 상황으로 상징화하는 놀이이다. 나무토막으로 총놀이를 하는 유아는 실제로 나무토막으로 놀이를 한다기보다는 자신의 머릿속에 있는 표상을 나무토막이라는 상징물을 통해 재현하고 있는 것이다. 상상놀이를 통해 유아는 어떤 대상, 사람 및 상황의 속성을 재현할 수 있다. 소꿉놀이, 기차놀이, 병원놀이 등은 상징놀이에 속한다.

그림은 유아의 내적 표상이 표출되는 중요한 상징적 수단이다. 예를 들어, 유아가 해를 그릴 때, 눈, 코, 입을 그려 넣거나, 버스에 타고 있는 사람들의 다리까지 그려 넣은 것은 그들이 눈에 보이는 것을 그리는 것이 아니라, 자신의 머릿속에 있는 심상을 그리고 있음을 보여주는 것이다. 또한 언어는 유아의 내적 표상을 표현하는 상징적 수단이다. 언어는 유아의 시야를 넓혀주며, 언어를 통해서 유아는 과거를 다시 체험할 수 있고, 미래를 예기할 수 있으며, 사건을 다른 사람에게 전달할 수 있다.

④ **타율적 도덕성**(heteronomous morality)

타율적 도덕성은 유아가 성인들이 만들어 놓은 규칙과 제도에 무조건 따르는 것을 뜻한다. 이 시기의 어린이는 그들이 항상 따라야 하는 규칙이 있으며, 이 규칙을 지키지 않으면 벌을 받기 때문에 절대적으로 지켜야 한다고 생각한다. 따라서, 이 시기의 유아는 동화 속의 이야기를 사실대로 믿어서 거짓말을 하면 피노키오처럼 코가 길어진다고 믿고, 또 산타클로스의 신화도 그대로 믿는다. 그리고 저지른 잘못이 크면 클수록 의도가 어떻든 간에 벌이 크고 더 나쁘다고 생각하여 의도보다 결과에 치중한다. 예를 들어, 엄마를 도와주려다가 실수로 컵을 3개 깨뜨린 유아와 엄마가 먹지 말라고 한 우유를 먹으려다가 1개의 컵을 깰 경우, 누가 더 벌을 많이 받아야 하느냐고 물으면 대부분 3개의 컵을 깬 유아가 더 많은 벌을 받아야 한다고 대답한다. 이러한 타율적 도덕성은 10세까지도 대부분 지속되다가 점차 규칙이 협동적인 상호작용을 위한 계약이라는 것을 배우게 되면서 자율적 도덕성이 나타난다.

3) 구체적 조작기(concrete operational period : 7~11세)

구체적 조작기는 사고가 안정되고 일관성이 있으며, 조작적이면서 논리적 추리력을 갖게 되는 단계이다. 이 시기는 논리적 사고가 현저하게 발달하는 시기이지만, 아동의 사고가 현실에 존재하며 관찰이 가능한 구체적 사건이나 사물에만 한정되어 있기 때문에, 이 시기를 구체적 조작기라고 한다. 아동은 가상적인 상황을 만들어서 추론할 수 없기 때문에, 추상적이고 복잡한 가설의 정신적 사고는 아직 가능하지 않다. 구체적 조작기에 아동은 인지능력이 발달하여 보존개념, 분류화, 서열화, 탈중심화, 자율적 도덕성 등을 갖게 된다(이근홍, 2015: 281).

이 시기를 '구체적'이라고 표현한 이유는 구체적인 사물과 구체적인 행위에 대해서만 체계적으로 사고하고 직접적인 경험을 통해서만 인지를 획득하기 때문이다. 이 시기의 아동은 비논리적 사고에서 벗어나 논리적 사고로 전환되며, 다음과 같은 기본적인 논리체계가 획득되는 단계이다.

(1) 분류화(classification)

분류화란, 대상을 구분하고 동시에 두 개 이상의 계층을 고려할 수 있는 능력을 가질 수 있는 것을 의미한다. 색깔이나 크기에 따라 순서를 배열할 수 있는 능력을 갖고 크기를 비교할 수 있게 된다.

(2) 서열화(seriation)

서열화는 어떤 특정의 속성이나 특징을 기준으로 하여 상호관계에 따라 사물을 잘 어울리게 배열하는 것이다. 이것은 여러 사물이나 현상들을 특정 속성에 따라 순서대로 배열하는 것을 말한다. 이 시기의 어린이는 사물 간의 관련성을 이해하기 때문에, 한 사물을 여러 대상이나 사물들과 비교할 수 있게 되어 차례대로 늘어놓을 수 있게 된다.

(3) 보존(conservation)

보존은 어떤 대상의 형태와 위치가 변화하더라도 그 양적 속성이나 실체는 변하지 않는다는 것이다. 이 시기에 아동은 아무것도 보태거나 빼지 않을 경우 본래의 양은 동일하다는 '동일성(identity)' 및 어떤 변화상태란 그 변화과정을 역으로 수행하면 본래의 상태로 되돌아갈 수 있다는 '가역성(reversibility)', 그리고 어떤 차원에서의 변형에 의한 양의 손실은 다른 차원에서 얻어진다는 '보상성(compensation)'을 이해할 수 있다. 이러한 동일성, 가역성 및 보상성에 대한 이해는 보존개념의 획득을 가능하게 한다.

(4) 탈중심화(decenter)

탈중심화는 사물의 어떤 두드러진 특성이나 측면에만 얽매이지 않고 여러 가지 특성이나 측면을 고려하는 다면적 사고를 할 수 있는 것이다. 따라서, 이 시기에 아동은 자기중심적 사고에서 타인의 관점을 수용하고 이해하는 능력이 발달하게 된다. 하지만 구체적 조작을 성취함으로써 아동은 논리적으로 사고할 수 있지만 논리를 가설적 문제에 적용하지는 못한다.

(5) 자율적 도덕성(autonomous morality)

자율적 도덕성은 사람들이 서로 뜻을 같이 하여 규칙을 만들 수도 있고, 또 서로가 동의하면 언제든지 변화될 수 있다는 것을 의미한다. 또한 행위의 결과보다 행위자의 의도에 따라 옳고 그름에 대한 판단을 내리게 된다. 예컨대, 어린이가 어머니를 돕기 위해 설거지를 하다가 컵을 깨뜨렸다면 일부러 깨뜨린 것이 아니기 때문에 잘못했다고 판단하지 않는다. 어린이는 규칙을 어겼다고 해서 꼭 벌을 받는 것은 아니며, 경우에 따른 정상 참작이 필요한 것을 알게 된다.

4) 형식적 조작기(formal operational period: 11세 이후)

이 단계는 11세에서부터 15세까지 지속되는 단계로서, 아동은 자신의 지각이나 경험보다는 논리적 원리의 지배를 받으며, 추상적 사고가 가능하기 때문에 경험하지 못한 사건에 대한 가설적이고 추상적인 합리화를 통하여 과학적 사고를 할 수 있게 된다(정서영 외, 2017a: 234).

이러한 형식적 조작 사고단계에서 나타나는 인지발달의 특성을 요약하면 다음과 같다.

① 구체적인 상황을 초월하여 상상적 추론이 가능하다.
② 가설설정과 미래사건의 예측이 가능하며, 제시된 문제가 자신의 이전 경험이나 신념과 어긋난다 할지라도 처리가 가능하다.
③ 있을 수 있는 모든 개념적 조합을 체계적으로 고려하고 검증할 수 있다.
④ 관련된 모든 변인들의 관련성을 파악하여 적절한 문제해결방법을 찾아낼 수 있다.

이러한 형식적 사고는 이질적 성원으로 구성된 동년배 집단에 참여할 경우 더욱 촉진되는 것으로 나타났으며, 교과과정을 통한 학습이 형식적 사고의 발달을 촉진시키는 것으로 나타났다. 그리고 다양한 사회적 경험을 통해 자아중심성이 감소하고, 학교, 단체생활을 통하여 점차 타인을 배려할 수 있는 사회적 인지가 발달함에 따라 이 단계에서는 자기성찰이나 자기개선을 할 수 있게 된다. 형식적 조작기에 나타나는 사고는 다음과 같다(이근홍, 2015: 283-274).

(1) 추상적 사고(abstract thinking)

추상적 사고는 실제적, 구체적으로 경험할 수 없는 사물이나 사건을 머릿속으로 생각하는 것이다. 형식적 조작기에는 어떤 사물에 대해 다양한 요인을 함께 고려할 수 있을 뿐만 아니라, 사물이 존재하는 방식과 기능하는 방식에 대해 창의적으로 사고할 수 있다. 또한 이 시기에는 자신의 미래에 대해서나 자신이 나아갈 사회에 대해서도 사고를 하게 되며, 현실과 다른 가상적 사회를 꿈꾸고 구상하기도 한다.

(2) 가설 연역적 추리(hypothetical-deductive reasoning)

가설 연역적 추리는 제시된 문제에 내포된 정보로부터 하나의 가설을 설정하여 일반적인 원리를 바탕으로 특수한 원리를 논리적으로 이끌어 내는 것을 말한다. 즉, 구체적 조작기에는 어떤 문제상황에 놓이게 되면 과거의 문제해결 경험을 바탕으로 문제를 해결하려고 하지만, 형식적 조작기에는 문제해결 방안과 관련된 가설을 설정하고 체계적인 검증을 통하여 하나의 문제해결의 원리를 표출해 낸다.

(3) 조합적 사고(combination thinking)

조합적 사고는 하나의 문제를 해결하기 위해 여러 가지 가능한 해결책을 논리적으로 구성하여 문제해결에 이를 수 있는 사고이다. 구체적 조작기에는 문제해결을 위한 가능한 방법을 체계적으로 조합하여 생각하지 못하지만, 형식적 조작기에는 문제해결을 위해서 사전에 모든 가능한 방법을 생각하고 체계적으로 조합할 수 있는 능력을 갖게 된다.

(4) 명제적 사고(propositional thinking)

명제적 사고는 경험적 현상에 대해 추리하는 것이 아니라, 진술 간의 논리적 관계를 추리하는 것으로 논리적 판단을 언어나 기호로 표현할 수 있는 능력을 말한다. 형식적 조작기에는 현실세계의 상황을 고려하지 않고 명제의 논리적 진위만을 판단하며, 여러 명제 간의 논리적 추론을 이끌어 내는 명제적 사고를 할 수 있게 된다.

(5) **다차원적 사고**(multi dimensional thinking)

다차원적 사고는 하나의 차원을 넘어 여러 차원을 동시에 바라볼 수 있는 것을 말한다. 즉, 이것은 인식의 범위가 하나의 상황을 단일상황이 아닌 여러 가지 입체적·통합적 흐름 속에서 다면적으로 바라볼 수 있는 의식체계를 말한다. 청소년은 한 가지 측면의 사고에 국한되지 않고 다차원적인 사고능력이 발달함에 따라 다른 사람의 관점에서 사고할 수 있게 된다.

〈표 4-2〉 피아제의 인지발달단계

인지발달단계	연령	특징
감각운동기 (sensorimotor stage)	0~2세	• 감각 운동에 기초하여 다양한 감각 경험 및 발달 • 대상 영속성 개념 획득 • 사물을 직접 탐색하고 조작하여 학습함. • 하위 여섯 단계로 구분 ① 반사활동(0~1개월): 반사가 보다 효율적이며 모든 대상을 빨기 도식에 동화시킴. ② 1차 순환반응기(0~4개월): 새로운 경험을 반복하며, 협응 등 초보적인 학습능력이 생김. ③ 2차 순환협응기(4~10개월): 우연한 발견의 의도적 반복으로 새로운 반응능력을 갖게 됨. ④ 2차 도식협응기(10~12개월): 기존 도식을 새로운 대상에 활용, 조절 확대 ⑤ 3차 순환반응기(12~18개월): 문제해결을 위한 새로운 수단을 발견하고 반복 ⑥ 상징적 표상기(18~24개월): 행위의 내면화, 시작 전 상황에 대한 사고를 하기 시작
전조작기 (preoperational period)	2~7세	• 보이지 않는 것을 기억하는 표상적 상징이 가능 • 상징놀이, 물활론, 보존개념의 부족 등의 특성 (물활론 - 생명이 없는 대상에서 생명과 감정을 부여) 예, 곰인형이 무서울까 봐 빨리 집에 가야 한다고 함. • 자아중심적 사고, 직관적인 사고 • 사고는 가능하나 논리적이지는 않음.
구체적 조작기 (concrete operational period)	7~11세	• 분류, 영속성, 서열화, 보존개념의 획득 • 실제적이고 구체적인 대상과 사상들에 한정된 논리만 가능 • 간단한 산술과 연산 이해 • 자아중심성에서 탈피하여 자율적 도덕성 획득
형식적 조작기 (formal operation)	11세~	• 논리적, 연역적 추론, 추상적 사고 가능 • 가능성과 실제 간의 가설적 문제의 해결 가능 • 체계적인 사고능력, 다양한 해결책 고려할 수 있는 사고능력 발달

출처: 표갑수 외(2016: 219) 재구성.

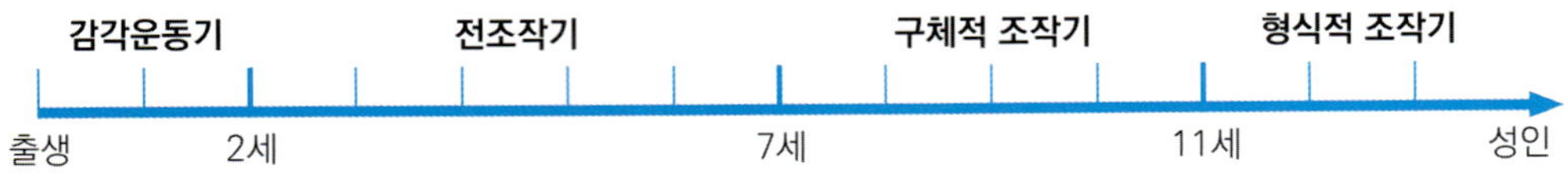

〈그림 4-2〉 피아제의 인지발달단계

5. 평가

피아제의 이론은 일상생활에서 실제로 아동이 하는 행동을 중심으로 개발한 이론으로서, 아동을 대상으로 아동의 나이에 적합한 놀이기구, 게임, 학습방법 등을 그들의 관점에서 바라볼 수 있어야 한다는 점을 인식시켜 주고 있다. 그러나 아동 스스로 학습한다는 자율성에 근거하여 훈련이나 연습의 효과를 무시한다는 것과, 아동에 대한 직접적인 관찰을 통해서 수집한 자료이기 때문에, 과학적인 방법으로 증명되기 어렵다는 점에서 비판받고 있다(정은, 2014: 130).

모든 개인의 사회적 및 정서적 성장과 발달이 고정된 과정을 거친다는 피아제의 인지발달모델에 대한 의문이 제기되고 있다. 이러한 모델은 문화적 차이를 고려하지 못하고 있으며, 과도하게 결정론적이다(Germain, 1987). 물리적 세계와 관련된 이동의 개념적 사고에서의 단계별 차이는 실험적 조건에서만 확인이 가능하며, 광범위한 사회적·정서적 현상에까지 일반화될 수 없을 것이다.

감각운동기와 형식적 조작기에서는 연령에 따른 인지발달 개념의 타당성이 입증되고 있다. 그러나 중간의 두 단계에서는 연령에 따른 인지발달 개념의 타당성이 명확하게 입증되지 않고 있다.

피아제의 인지발달이론에서는 청소년기까지의 인지발달만을 소개하고 있으나, 최근 대부분의 인지이론에서는 신체적 성숙이 이루어진 이후에도 지속적 성장과 발달이 일어난다고 가정하고 있다. 인지이론에서는 중재 및 상호적 영향의 가정은 인지체계가 개발적이고 역동적인 체계이며 성장과 변화의 잠재력이 항상 존재한다는 점을 기본 전제로 하고 있다. 바람직한 환경이 조성되고 생리적인 장애가 없다면 기본적인 인지구조와 과정은 아동기에 주로 발달한다. 이와 관련하여 인지이론은 특정 시점에서 새롭고 다른 개인적 현실을 구성하는 개인의 능력에 대해 낙관적이고, 비결정론적인 관점을 취하고 있다(Goldstein, 1982).

이와 동시에 '늙은 개에게 새로운 재주를 가르칠 수 없다'는 속담에 나타난 바와 같이, 개인의 인지기능은 변화시키기 어렵다. 논리적 분석을 방해하는 상충되고 비합리적인 사고임에도 불구하고, 고수하고 있는 신념체계와 새로운 정보를 무시하는 타인에 대한 지각이 이러한 예에 속한다. 인지가 개인적 현실을 구성하고 의미를 부여하기 때문에, 선호하는 사고방식을 고수함으로써 자기유지 기능을 존속시킬 수 있게 된다. 게다가 개인이 생각하고 알고 있는 것 중의 많은 것, 즉 행동과 감정을 중재하는 인지는 초기 학습의 산물이다. 케이건(Kagan, 1994)은 아동과 성인 모두가 과거에 효과적이었던 가설을 포기하지 않으려 한다고 하였다. 따라서, 일련의 다른 환경에 적응적이었던 신념은 새로운 환경에 대해 새로운 방식으로 사고하는 것을 방해한다.

인지기능의 안정성과 변화에 기여하는 과정과 기제는 아직도 정확히 밝혀지지 않고 있다. 인지불일치로 불리고 있는 인지갈등과 불안정을 만들어 내는 환경은 아마도 변화를 유발하는 동기적 요소로서 작용할 가능성이 높다(Markus & Zajoni, 1985).

노년기에 있어서 인지기능의 쇠퇴는 피할 수 없는 것이라고 보는 것이 공통적인 가정이다. 따라서, 노년기에 있어서의 정상적 인지기능의 일반적 특성을 이해하는 것은 매우 중요하다. 동시에 인지기능에 중대한 변화를 일으키는 알츠하이머병과 다른 종류의 치매와 같은 만성적 질병이 노년기에 특히 많이 나타난다는 것 또한 사실이다.

피아제의 인지이론에 대한 비판은 다음과 같다(오창순 외, 2015: 155).

첫째, 실험실에서 과학적으로 이루어진 연구가 아니고 자녀를 관찰한 내용을 토대로 하여 연구방법의 객관성과 신뢰성이 부족하다.

둘째, 유럽지역의 일부 아동을 대상으로 한 연구에 국한된 것으로서 아동의 인지발달에서 문화적·사회경제적·인종적 차이를 충분히 고려하지 않는다.

셋째, 인지발달에서 가까운 사람 및 사회환경과의 관계에는 관심을 두지 않았고,

정서장애나 성격장애에 대한 설명이 없다.

넷째, 인지발달이 청소년기에 멈춘다고 주장하여 이후의 발달단계에 있는 성인의 인지발달에 대해서는 언급이 없다.

CHAPTER

05

[developmental psychology]

사회문화적 인지이론

학습목표

1. 마르크스주의 사상 연구
2. 비고츠키의 사상과 마르크스주의 연관성 학습
3. 비고츠키 이론의 활용도 분석

학습내용

1. 사회문화적 인지이론의 개요
2. 비고츠키의 생애와 사상
3. 주요 개념 및 특성
4. 발달이론

개요

비고츠키는 사회적 · 문화적 · 역사적 기간에 따라 아동의 인지발달에 차이가 있음을 발견하고, 인간의 발달은 개인이 매일 경험하는 특정 사회의 문화적 · 역사적 관점에서 이해되어야 한다고 주장하였다. 그에 따르면, 아동의 정신기능의 발달은 아동과 부모 · 교사 · 주요 인물 또는 아동이 속해 있는 사회문화적 환경과의 상호관계 속에서 성숙되는 과정을 통해 효과적으로 사고하며, 문제를 해결하는 방법을 배우게 된다. 또한 아동의 인지발달에서 가장 중요한 사고의 심리적 도구를 언어, 특히 내적 언어라고 보고 이와 관련해서 근접발달영역과 비계라는 개념을 제시하였다. 본 장에서는 비고츠키의 사회문화적 인지이론을 학습하고자 한다.

[developmental psychology]

CHAPTER 05 사회문화적 인지이론

1. 사회문화적 인지이론의 개요

비고츠키의 인간발달이론은 러시아 사회주의의 토대가 되는 마르크스주의(Marxism)와 조화를 이루는 이론이다. 마르크스는 한 사회의 발달을 설명하기 위해 헤겔의 변증법적 개념을 채택하였다. 물질을 생산하고 분배하는 사회체제(예, 지주와 농노가 있는 봉건제도의 농경사회)가 확립되면(정), 기술의 발달(예, 산업혁명)은 그 체제와의 갈등을 촉진시킨다(반). 이때의 갈등은 그 사회체제가 새로운 체제(예, 자본주의)로 전환함으로써 해결될 수 있다. 일단 자본주의가 확립되면 또 다른 갈등이 발생하는데, 마르크스의 견해로는 적절한 해결책이 사회적 · 정치적 · 경제적 체제를 물질의 생산과 분배를 공유하는 공산주의로 전환하는 방식(합)이다.

사회의 발달과정에서 직면하는 몇 가지 변증법적 갈등상황 중에서 마르크스가 그의 변증법적 유물론에서 강조한 것은 사회계층 간의 투쟁이다. 비고츠키는 변증법적 공식을 아동발달에 적용하였다. 아동이 어떤 문제를 해결하려고 할 때, 기존의 방식(정)이 언제나 성공적인 것이 될 수 없다. 왜냐하면 기존의 방식이 현재 상황(반)에 맞지 않기 때문이다. 따라서, 아동은 그 상황에 적합한 새로운 문제해결방법을 궁리해야 한다(합). 이와 같이 아동발달은 끊임없이 변증법적 갈등과 해결의 순환으로 구성된다. 이때 그 해결방법은 아동의 지식체계를 형성하게 되고, 이 지식은 다시 아동이 다른 활동에 접근하는 데 이해나 기술로 작용한다.

비고츠키는 마르크스의 문화적 · 역사적 견해를 채택하여 아동발달이론을 공식화하였다. 아동발달을 이해하기 위해서는 한 문화의 역사적 배경을 이해해야 한다고 하였다. 왜냐하면 아동이 살고 있는 환경이 그 문화에 고유한 기회와 요구를 아동에게 제공하기 때문이다. 더욱이 아동자신의 개체발생적 발달아동이 체험한 과거의 변증법적 갈등의 연속이 아동으로 하여금 어떻게 앞으로 다가올 문제를 해결하게끔 준비하게 하는가를 결정하기 때문이다(정옥분, 2015: 131).

결론적으로 비고츠키의 사회문화적 인지이론은 특정 문화의 가치, 신념, 관습, 기술이 어떻게 다음 세대로 전수되는지에 초점이 맞추어졌다. 그에 따르면, 사회적 상호작용, 특히 아동과 성인 간의 대화가 아동이 특정 문화에 대해 적절하게 사고하고 행동하는 법을 습득하는 데 필수적이다(Wertsch & Tulviste, 1992). 따라서, 아동이 성장하고 있는 그 문화적 배경을 고려하지 않고서는 아동발달을 제대로 이해할 수 없다.

2. 비고츠키의 생애와 사상

비고츠키
(Lev Semenovich Vygotsky, 1896~1934)

비고츠키는 1896년 제정 러시아 시대 벨라루스(Belarus) 오르샤(Orsha)에서 출생하였다. 그의 부모는 유대인이었으며 아버지는 금융업에 종사하는 비교적 부유한 가정이었다. 지적인 어머니의 영향으로 어린 시절부터 시와 문학, 연극에 높은 관심을 가지고 있었다. 학창시절부터 문학지에 평론을 발표하며 재능을 보였다. 모스크바국립대학교(Moscow State University)에 진학하여 법학을 공부하였으며, 변호사가 되어 러시아에서 차별적 대우를 받는 유대인의 입장을 대변하고자 하였다. 또한 그는 추가로 샤냡스키대학교(Shanyavskii University)에서 심리학과 문학을 공부했다.

비고츠키는 1917년 러시아에서 10월 혁명(Russian Revolution)이 일어나자 고향인 고멜(Gomel)로 돌아가 학생들을 가르쳤다. 고멜에 머물면서 교육과 출판에 열성적인 노력을 기울였으며, 심리학에 관심을 가지고 연구했다. 1924년 그는 모스크바로 이주하여 실험심리학연구소에서 연구원으로 일하였다. 임상심리학을 연구하며 『예술심리학』(*The Psychology of Art*, 1925)을 저술하였다. 모스크바국립대학교(Moscow State University)에서 교수로 재직하였고, 하르코프대학(우크라이나)에서 의대생의 신분으로 의학을 공부하였다. 그는 임상적 실험을 통해 어린이를 대상으로 한 교육심리학 연구에 집중하였으며 생물학적 반응(또는 조건반사)이라는 개념을 심리학에 도입하여 사용하였다. 그는 생물학적인 토대에서 사회적 환경과 적절히 어울려 심리적 반응이 작용한다고 생각하였다. 따라서, 어린이의 교육은 학습효과가 증대될 수 있는 환경을 갖추는 것이 중요하며 교사의 지도에 따라 어린이는 능동적으로 교육에 참여한다고 역설했다. 또한 인간은 사회적·역사적 경험을 축적하기 때문에 능동적 학습으로 지적인 발달을 이룰 수 있다고 보았다. 1934년 결핵으로 사망하였다.

비고츠키의 견해는 그 후 들어선 스탈린 정부에 의해 부인되었지만, 그의 제자들에 의해 명맥을 유지했고, 후에 되살아났다. 발달심리학에 있어 개척자적인 비고츠키의 연구는, 러시아의 학교교육에 깊은 영향을 주었고, 비고츠키의 이론에 대한 관심은 계속해서 전 세계에 퍼져 나갔다.

비고츠키의 저서로는 『사고와 언어』(*Thought and Language*), 『심리학의 위기』(*The Crisis in Psychology*) 등이 있는데, 사후(1934년 하반기)에 출판되었으며 1958년이 되어서야 서방세계로 알려졌다.

비고츠키는 아동발달에서 문화와 사회적 관계를 강조하였기 때문에, 그의 이론은 사회문화적 인지이론으로 불린다. 최근 그의 이론이 영어로 번역되어 서구 사회에 알려지게 된 이후, 그의 이론에 많은 관심이 집중되고 있다. 그의 사회문화적 인지이론에 대한 관심이 날로 증대하고 있는 이유는 오늘날 아동발달에서 문화적 요인의 중요성에 대한 인식이 제고되었기 때문이다. 아동이 부모, 또래, 교사, 기타 성인과의 상호작용을 통해서 세계를 이해한다는 그의 생각은 매력적일 뿐만 아니라, 아동의 인지발달이 문화적 요인에 의해 형성된다는 비교문화연구의 결과와도 일치한다.

3. 주요 개념 및 특성

비고츠키(Vygotsky, 1978)는 사회적·문화적·역사적 기간에 따라 아동의 인지발달에 차이가 있음을 발견하고, 인간의 발달은 개인이 매일 경험하는 특정 사회의 문화적·

역사적 관점에서 이해되어야 한다고 주장하였다. 그에 따르면, 아동의 정신기능의 발달은 아동과 부모 · 교사 · 주요 인물 또는 아동이 속해 있는 사회문화적 환경과의 상호관계 속에서 성숙되는 과정을 통해 효과적으로 사고하며, 문제를 해결하는 방법을 배우게 된다. 또한 아동의 인지발달에서 가장 중요한 사고의 심리적 도구로 언어, 특히 내적 언어라고 보고 이와 관련해서 근접발달영역과 비계라는 개념을 제시하였다. 이 개념들은 현대 발달심리학에 중요한 쟁점으로 상당한 주목을 받고 있다.

1) 내적 언어

인간의 정신과정의 사회문화적 맥락을 강조한 비고츠키는 아동의 언어는 일반적인 발생학적 법칙에 의해 출현하며, 아동이 문제를 해결하기 위해 사고하고 계획하는 과정에서 발달한다고 하였다. 그에 따르면, 아동이 사용하는 기호(sign)나 언어의 첫 번째 목적은 의사소통과 사회적 접촉 또는 사회적으로 타인에게 영향력을 행사하기 위한 수단이다. 이와 함께 자신과 의사소통하는 혼잣말인 자기중심적 언어는 약 3세경에 아동의 사회적 · 집단적 행위가 개인의 심리기능으로 전화되는 과정에서 출현하며, 긍정적인 사고발달을 촉진할 뿐만 아니라 문제해결을 돕게 된다. 따라서, 아동은 쉬운 과제보다 어려운 과제를 할 때 자기 스스로에게 더 많은 지시를 내리기 때문에 혼잣말을 더 많이 사용하게 된다. 이러한 아동의 혼잣말은 부모나 교사 · 또래들과의 사회적 접촉과 상호작용 속에서 대화를 통해 내적 언어로 전환되면서 감소한다. 비고츠키는 인간에게는 내적 언어가 있기 때문에 행동의 규제와 계획이 가능하다고 주장하였다(강경미, 2015: 84 재인용).

2) 근접발달영역

비고츠키는 아동의 지적능력을 '근접발달영역(Zone of Proximal Development, ZPD)'의 개념으로 설명하고 있다. 근접발달영역이란, 아이들이 현재보다 더 높은 발달수준으로 올라갈 수 있는 발달단계를 말한다. 비고츠키는 사람을 다른 사람과의 관계를 통한 작용에 영향을 받아 성장하는 사회적 존재로 정의하고, 아동의 인지발달에서 교사와 학생, 학생과 학생 사이에서 이루어지는 사회적 상호작용이 중요하다고 주장하였다. 그는 아동이 인지할 수 있는 현재의 인지수준과 근접하는 바로 위의 발달수준으로 실제적인 발달수준(actual development level)과 잠재적 발달수준(potential development level) 사이의 영역인 근접발달영역을 제안하였다. 아이들은 보다 뛰어난 성숙된 부모, 교사, 동료들과의 상호작용을 통해 더 높은 발달수준으로 도달할 수 있다고 보았다. 즉, 근접발달영역은 아동이 스스로의 힘으로 문제를 해결할 수 있는 수준인 실제적 발달수준과 성인이나 유능한 또래로부터 도움을 받아 문제를 해결할 수 있는 수준인 잠재적 발달수준의 중간 영역을 의미한다. 예를 들어, 산수문제를 혼자 힘으로 풀지 못하는 초등학생에게 교사가 옆에서 조언을 해주거나 힌트를 줌으로써 아동이 문제해결을 좀 더 효율적으로 수행할 수 있게 된다.

비고츠키(Vygotsky, 1962)는 아동이 혼자 힘으로 문제를 해결할 수 있는 수준을 발달의 '열매'로, 그리고 타인의 도움으로 문제를 해결할 수 있는 수준을 발달의 '봉오리' 또는 '꽃'이라고 불렀다. 근접발달영역의 개념은, 비록 두 아동이 도움 없이 혼자 힘으로 문제를 해결할 수 있는 수준이 비슷하다 할지라도, 도움을 받고 문제를 해결할 수 있는 수준은 크게 다를 수 있음을 암시한다. 즉, 도움에 의해 수행능력이 증가하면 할수록 근접발달의 영역은 더 넓어진다는 것이다. 예를 들어, 6세 된 두 아동이 초등학교에 입학할 무렵 수행평가에서 동일한 점수를 얻었다고 가정해보자. 입학 후 첫째 주에 교사가 이 아동들을 따로따로 학습을 시킨 결과, 한 아동은 교사의 도움을 받고 9세 아동이 풀 수 있는 문제를 푸는 반면, 똑같은 도움을 받고서 다른 아동은 7세 수준의 문제해결 능력밖에 보여주지 못했다. 비고츠키에 따르면, 이 두 아동의 학습능력은 크게 다른데, 그 이유는 두 아동의 근접발달영역이 다르기 때문이다. 즉, 첫 번째 아동의 근접발달영역은 3년인 반면, 두 번째 아동의 근접발달영역은 1년이기 때문이다.

비고츠키의 근접발달영역 개념에는 세 가지 중요한 시사점이 있다. 즉, 아동의 능력에 대한 평가, 교수법, 발달과정에 대한 연구이다(Goldhaber, 2000 ; 정옥분, 2015: 133-134 재인용).

첫째, 비고츠키는 아동의 능력을 평가하는 도구에 대해 매우 비판적이다. 왜냐하면 아동의 능력을 평가하는 대부분의 도구가 아동의 잠재력에 대해서는 어떠한 정보도 주지 못하고, 다만 아동의 현재의 발달수준에 대해서만 평가하기 때문이다.

둘째, 교수법이 효율적이기 위해서 교사는 아동의 현재 발달수준을 이해해야 할 뿐만 아니라, 학습과정에서 아동이 자발적으로 참여할 수 있는 방법으로 새로운 교재를 소개해야 한다. 만약 교수법이 아동의 발달수준을 반영하지 못한다면 그것은 아무 소용이 없다. 더욱이, 어떤 교실에서든지 아동들의 발달수준은 다양하기 마련이므로 아동 개개인의 수준에 적합한 교수법을 채택해야 한다.

셋째, 발달과정에 대한 연구는 정적인 상태, 즉 아동이 이미 획득한 기술이 아니라 새로운 형태의 발달이 이루어지는 과정에 초점이 맞추어져야 한다. 고도로 통제된 연구방법에 비해 비고츠키의 접근법은 보다 실제적이고 상황에 따라 수정이 가능하다. 이 접근법에서 종속변수는 사전에 알 수가 없고, 실험조작을 통해 발달과정이 명백해짐에 따라 그것이 드러나게 되어 있다.

3) 비계

근접발달영역과 매우 밀접한 연관이 있는 개념이 비계(飛階, 발판화, scaffolding)이다. 비계는 건축에서 유래된 용어로, 건물을 지을 때 발판을 사용하다가 건물이 완공되면 제거해버리는 장치를 말한다. 마찬가지로 아동이 과제를 수행하는 데 도움을 주다가 일단 아동이 혼자서 문제를 해결할 수 있게 되면 비계는 더 이상 필요 없게 된다. 비계는 아동이 스스로의 힘으로 문제를 해결할 수 있도록 성인이나 유능한 또래가 도움을 제공하는 것을 의미한다. 비고츠키는 아동의 인지발달은 자신이 속한 문화에서 보다 성숙한 구성원과의 상호작용을 통해 이루어진다고 보았다. 이들은 아동의 인지발달을 위해 비계를 설정하여 아동이 성장할 수 있도록 도와준다. 아동을 가르치는 동안 아동의 현재 수준에 알맞도록 가르침의 양을 조절한다. 아동이 학습하는 내용이 새로운 것이라면 직접적인 지시를 하고, 아동이 따라오게 되면 직접적인 지시 대신에 힌트를 주게 된다(정옥분, 2015: 135).

비계는 궁극적으로 스스로의 힘으로 문제를 해결할 수 있도록 하는 견고한 이해를 확립하는 동안 제공되는 성인 또는 더 유능한 또래의 조력을 뜻한다. 즉, 학습자가 자신의 근접발달영역에 따라 향상될 수 있도록 수업에서 교사(성인 또는 또래 학습자)가 도움이나 힌트를 제공해 주는 행위를 의미한다. 비고츠키는 아동의 인지발달은 자기 문화 속에서 보다 성숙한 구성원과 상호작용을 통해 일어난다고 믿었다. 이러한 사람들은 아동의 인지발달을 위한 지원 단서를 제공하고 격려해 주는 비계를 설정하여 주어 아동이 독립적으로 성장 발달하도록 돕는다.

비계는 즉각적인 문제해결뿐만 아니라 장기적인 안목에서 아동이 스스로 문제를 해결하는 데 필요한 기술을 가르치는 데에도 효율적인 것으로 보인다. 즉, 비계는 구체적인 문제해결뿐만 아니라 아동의 전반적인 인지발달에 도움이 된다.

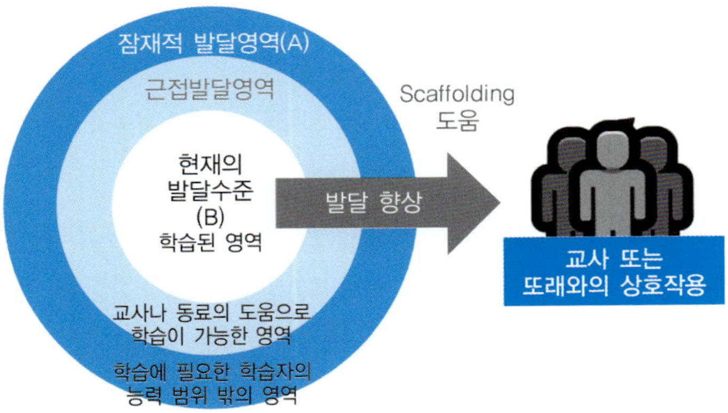

출처: 양철수 외(2017: 135) 재인용.

〈그림 5-1〉 근접발달영역과 비계

4) 교육의 적용

교육에 대한 비고츠키이론의 적용에는 두 가지의 중요한 함의가 있다. 하나는 학생들 간의 협동학습을 설정하는 것이 바람직하다는 것인데, 학생들은 어려운 과제에 대해 상호작용할 수 있으며, 서로의 근접발달영역 내에서 효과적인 문제해결 전략에 노출될 수 있다는 것이다. 두 번째로 수업에 대한 비고츠키학파의 접근은 학생들이 그들 스스로의 학습에 대해 차츰 책임감을 갖도록 하는 비계를 강조하는 것이다.

예를 들어, '상호적 교수(reciprocal teaching)'에서 교사들은 학생들이 읽은 학습자료에 대해 질문을 함으로써 소집단의 학생들을 지도하며, 점차적으로 학생의 토론지도에 대한 책임감을 학생들에게 넘기게 된다. 타아프와 갤리모어(Tharp & Gallimorea, 988)는 '조력에 의한 발견(assisted discovery)'이라는 접근에서 비계를 강조하는데, 이것은 학생들이 문제해결에서 혼자 말을 하는 개인적 언어를 사용하게 하여 교수하는 것이다(김남순, 2003: 57).

5) 사고와 언어의 발달

사고와 언어의 관계에 대해서 비고츠키는 세 가지 가능성을 제기하였다(Thomas, 2011).

첫째, 왓슨(J. B. Watson, 1878-1858)의 행동주의가 "사고는 단지 침묵의 언어일 뿐이라고" 주장하는 것처럼 사고와 언어는 동의어인가?

둘째, 많은 의식심리학(consciousness psychology)자들이 "언어는 단지 타인과의 의사소통의 수단일 뿐이라고" 믿는 것처럼 사고와 언어는 별개의 것인가?

셋째, 사고와 언어는 독립된 기능을 하지만 서로 상호작용을 하는가?

이 문제를 해결하기 위해 비고츠키는 여러 나라의 심리학자와 문화인류학자들의 사고와 언어에 관한 연구를 분석하고, 러시아의 아동과 청소년 그리고 성인들을 대상으로 하여 사고와 언어에 관한 연구를 실시하여 다음과 같은 결론을 내렸다. 일반적으로 아동의 사고와 언어는 초기에는 양자 간에 아무런 관련이 없이 독자적인 기능을 한다. 그들은 마치 서로 접하지 않는 두 개의 원과 같다. 그림에서 보듯이 하나의 원은 비언어적 사고를 나타내고 또 다른 원은 비개념적 언어를 나타낸다. 아동이 성장함에 따라 이 두 개의 원은 서로 만나 중복된다. 두 원의 중복된 부분이 언어적 사고를 나타내는데, 이것은 이제 아동이 호칭을 지닌 개념을 습득하기 시작했다는 것을 의미한다. 여기서 개념이란, 어떤 구체적인 사물을 표현하는 것이 아니라, 여러 가지 다양한 사물이 갖는 보편적인 특성을 나타내는 추상적 개념을 의미한다.

두 개의 원은 결코 완전히 겹쳐지지 않는다. 아동이 발달함에 따라 겹치는 부분이 점점 넓어지지만, 비언어적 사고와 비개념적 언어가 차지하는 부분이 여전히 남아 있다. 성인의 경우 비언어적 사고의 예는 도구를 능숙하게 사용하는 것이고, 비개념적 언어의 예는 애창곡을 부르거나, 좋아하는 시를 암송하거나, 잘 아는 전화번호를 외우는 것이다. 그림은 아동발달에서 사고와 언어의 관계에 대한 비고츠키의 일반적인 견해를 보여주지만, 실제로 이 양자 간의 관계는 이보다 훨씬 더 복잡하다.

비고츠키는 내적 성숙의 결과로 아동이 스스로 개념적 사고능력을 습득할 수 있다는 견해에 동의하지 않는다. 그에 따르면, 아동발달에서 내적 성숙의 중요성을 인정하지만, 언어를 통한 공식적·비공식적 교육이 아동의 개념적 사고수준에 매우 큰 영향을 미친다. 만약 아동의 언어환경이 단순하고 초보적인 수준이라면, 아동은 매우 단순한 사고를 하게 될 것이다. 반면, 아동의 언어환경이 다양하고 복잡한 개념을 포함한다면, 아동의 생물학적 기관(예, 감각기관이나 중추신경계)이 손상되지 않은 경우에 아동은 다양하고 복잡한 방식으로 사고할 것이다.

비고츠키에 따르면, 아동의 사고와 언어가 전개되는 양상이 오랜 세월 동안 인류의 사고와 언어가 진화되어온 모습과 매우 비슷하다. 따라서, 아동의 개체발생적 발달을 연구하는 것은 아동의 사고와 언어를 이해하는 데 도움이 될 뿐만 아니라, 인류의 계통발생적 발달을 이해하는 가장 실질적인 방법이다.

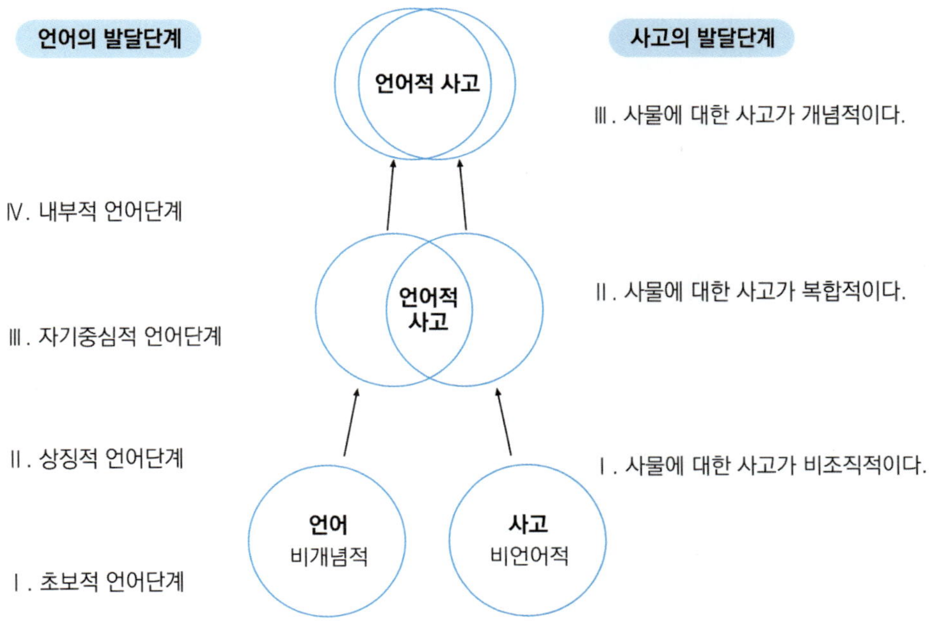

출처: Thomas, R. M.(2011).

〈그림 5-2〉 사고와 언어의 발달

4. 발달이론

비고츠키는 대표적 저서인 『사고와 언어』*(Thought and Language)*에서 언어와 사고의 발달 근원은 서로 다르다고 주장한다. 그에 따르면, 언어발달에는 옹알이나 울음 같은 사고 이전의 언어단계가 있으며, 인지발달에는 언어 이전의 사고가 존재한다. 독립적으로 발달하던 언어와 사고는 특정한 시기가 되면 서로 교차되어 융합되는데, 이 시기가 되면 아동은 생각한 것을 말로 표현할 뿐만 아니라, 논리적인 말도 구사하게 된다. 비로소 언어를 통한 사고가 발달하기 시작하는 것이다.

비고츠키에 따르면, 언어가 사고발달에 공헌하며 사고는 사고의 도구인 언어와 아동의 사회·문화적 경험을 통해 발달된다. 사고의 발달에 중심적 역할을 하는 언어는 외적 언어(outer speech)와 내적 언어(inner speech)로 분류되는데, 외적 언어란 남에게 소리 내어 하는 말이며, 내적 언어란 자기에게 소리 없이 하는 말을 의미한다. 이와 같은 언어는 원시적 언어단계, 순수심리적 언어단계, 자아중심적 언어단계, 내적 성장 언어단계의 4단계 과정을 통해 발달하는데, 비고츠키가 구분한 언어발달의 4단계를 살펴보면 다음과 같다.

1단계 : 원시적 언어단계

출생부터 2세까지의 언어로, 사고 이전의 언어적 특성을 보인다. 만족이나 불만 등의 감정표현이나 부모나 주변사람들에 대한 사회적 반응으로서, 울음이나 옹알이 등 사고와는 관계없는 언어활동이 나타난다(김혜선 · 유안진, 2011: 79).

2단계 : 순수심리적 언어단계

생후 2세 이후의 아동은 단어가 상징적 기능을 할 수 있음을 알게 된다. 사물이나 물건에 대한 질문이 많아지고 주변환경에 대한 호기심이 증가하는 등 적극적인 정보탐색이 나타나며, 어휘수가 급속히 증가한다. 이 시기가 되면 언어와 사고가 교차하면서 언어적 사고가 나타나기 때문에 인지적 활동으로서 언어적 특성을 보인다. 그러나 이 단계의 아동은 언어가 갖는 본질적인 기능을 인식하는 것이 아니기 때문에, 논리적 인과관계를 이해하지 못하면서도 '… 때문에', '어차피 …'라는 언어를 사용한다. 이와 같이 문법적 구조를 깨닫지 못한 상태에서 언어를 사용하기 때문에, 이 시기의 언어사용을 순수심리적 특성을 지닌 언어라고 표현한다.

3단계 : 자아중심적 언어단계

7세 이전까지 언어적 특성으로 아동은 자아중심적 언어를 사용한다. 피아제는 인지발달의 미숙으로 자아중심적 언어가 나타난다고 설명했으나, 비고츠키는 문제의 해결책을 찾고 계획을 세우는 의미 있는 도구로 자아중심적 언어가 사용된다고 해석했다. 자아중심적 언어를 다른 사람과의 의사소통 측면에서 평가하면 비효과적이라 볼 수 있지만, 아동은 혼잣말 등의 자아중심적 언어를 통해 자신의 행동수행과 계획

방법을 조직하며, 문제해결을 위한 자기—지시나 자기—조절을 도모한다.

4단계 : 내적 성장 언어단계

7세 이후 아동의 자아중심적 언어의 양이 줄어든다. 이 시기의 아동은 사고력이 증가되어 직접 말하지 않고도 머릿속으로 말하면서 문제해결을 시작한다. 셈하기를 할 때, 다섯 손가락 대신 머릿속에서 암산이 가능해진다. 즉, 자아중심적 언어와 같이 외적 언어를 통해 문제해결을 도모하는 것이 아니라, 논리적 사고 같은 내적 언어를 통해 문제를 해결할 수 있다. 이 시기부터 아동은 언어적 사고의 도구로 외적 언어와 내적 언어를 모두 사용하게 된다.

이와 같이 아동의 언어는 7, 8세에 이르는 동안 일련의 단계를 거쳐 발달해 간다. 그 과정은 사고 없는 언어로 시작되어, 순수한 언어의 단계를 지나 자아중심적 언어로 발달하고 점차 개념적 사고를 반영하는 내적 언어로 성숙된다고 할 수 있다. 비고츠키에 따르면, 1·2 단계의 언어는 사회적 상호작용의 도구로 사용하기 때문에 사회적 언어라고 할 수 있다. 3단계의 언어는 자신의 생각과 의도를 밖으로 표현하는 데 사용하기 때문에 자아중심적 언어라 할 수 있다. 4단계의 언어는 아동 자신의 행동구조의 근원이 되거나 사고를 지시하는 근원으로 사용되기 때문에 개인적 언어라 할 수 있다. 이와 같이 언어는 발달과정을 거치면서 사회적 도구에서 개인적 도구로 변화되어 사용된다.

비고츠키에 따르면, 언어가 사고와 같은 고등정신의 발달에 매우 중요한 역할을 하지만 언어발달이 곧 사고의 발달이라고는 하지 않았다. 그에 따르면, 언어와 사고는 생후 2세까지 서로 독립적으로 발달하므로, 사고 없이 언어가 가능하며 언어 없이 사고할 수 있다.

5. 평가

비고츠키의 이론은 아동의 발달을 사회문화적 맥락 내에서 살펴보았다는 점에서 높이 평가받는다. 그는 개인을 외부환경과 분리시켜 내적인 발달을 보고자 하는 발달론자들의 기본가정에 이의를 제기하고, 사회문화적 환경 내에서의 아동의 인지발달을 보고자 했다. 이 이론에서 사회문화적 환경은 단지 아동에게 영향을 끼치는 요인이 아니라 아동과 아동의 활동을 규명해 준다. 비고츠키 이론의 또 다른 가치는 이 이론이 인지발달의 중요한 이슈 중의 하나라 할 수 있는 발달과 학습의 관계에 대해 설명했다는 점이다. 그는 아동발달과 학습과의 관계를 설명하고, 학습이 아동발달을 촉구한다고 주장하였다. 그의 이론에 따르면, 학습이 발달을 이끌어 주기 때문에 아동은 학습을 통해 더 높은 수준의 발달을 달성할 수 있다. 근접발달영역에서 적절한 도움을 통해 아동은 좀 더 높은 단계에 도달할 수 있다. 특히, 그는 아동들이 일상생활에서 실제로 어떻게 행동하는가에 관심을 가졌으며, 이 관점을 이용해 아동의 발달과 학습에 대한 실질적 정보를 제공하였다. 예를 들어, 근접발달영역 내에서 교수의 수준과 방식 및 부모, 교사 그리고 또래의 역할 등에 대해 언급한 점 등이다. 대부분의 발달이론가들은 보편적인 아동발달에 초점을 두었으나, 비고츠키는 한 문화권 내에서의 개인 간 차이뿐만 아니라, 각 문화권 간에서의 개인의 차이에도 관심을 가졌었다. 즉, 아동발달의 보편적인 목표라는 것은 없으며, 이상적 사고나 행동은 각 문화권마다 다르다고 보고 문화적 상대성을 인정하였다(정옥분, 2015: 139).

그러나 비고츠키의 이론에 대해서는 몇 가지 한계점이 지적된다.

첫째, 근접발달영역의 개념이 모호하다는 점을 지적할 수 있다. 아동의 근접발달영역의 폭을 안다고 해서 그 아동이 가지고 있는 학습능력이나 학습유형, 발달수준을 알 수 있는 것은 아니다. 또한 이 근접발달영역을 측정할 수 있는 방법도 없으며, 근접발달영역의 일반성이나 안정성에 대해서도 잘 알 수 없다.

둘째, 이 이론에서는 각기 다른 연령 또는 각각의 발달수준에서 아동들이 보이는 발달적 차이점에 대한 기술이 거의 없다는 점이다. 사회적 맥락과 아동의 발달을 설명하고 있지만 아동의 발달적 과정에 대한 설명은 거의 없어 발달적 차이를 볼 수 없다.

CHAPTER 06

[developmental psychology]

인간중심이론

학습목표

1. 로저스의 인간중심상담 연구
2. 성격발달단계 학습
3. 인본주의 사상 연구

학습내용

1. 인간중심이론의 개요
2. 로저스의 생애와 사상
3. 주요 개념 및 특성
4. 성격발달

개요

인간중심상담의 목표는 로저스가 말하는 인간관을 가진 사람이 될 수 있도록 하는 데 있다. 상담자는 상호 신뢰적인 분위기를 조성하여 내담자가 거리낌 없이 자기를 개방하도록 함으로써 내담자 자신의 내면세계(감정, 욕망 및 가치판단 등)를 이해하고 자신의 문제를 파악할 수 있도록 돕는다. 본 장에서는 로저스의 인간중심상담을 학습하고자 한다.

[developmental psychology]

CHAPTER 06 인간중심이론

1. 인간중심이론의 개요

인본주의는 1940년대에 로저스(Carl Rogers)에 의하여 개발되어 발달을 계속하고 있는 인간의 성장과 변화에 대한 접근법이다. 이 이론은 내담자 및 인간의 변화 및 성장을 존중하며, 일치성·공감 및 긍정적 존중의 태도를 존중한다.

인본주의에서는 잠재적으로 능력이 있는 개인 안에 이미 존재하는 능력을 해방시키는 것을 심리치료의 목표로 삼는다. 만일 어떤 특정한 조건이 제시된다면 개인은 점차로 실현의 능력을 가지고 그가 조건부 가치에 의해 내사시켜온 한계들을 극복해 나아갈 수 있을 것이다. 여기에서 특정한 조건이란, 치료적인 관계 내에서 개인이 진솔성이나 일치성, 정확한 공감적 이해 및 무조건적인 긍정적 존중을 지각하는 것이다. 이때 내담자의 성격변화는 그의 존재가 자신의 내적 경험을 좀 더 많이 인식하는 방향으로 자신의 내적 경험이 유동적이고 변화할 수 있도록 허용하는 방향으로 그리고 그의 내적 경험과 일치하게 행동하는 방향으로 일어날 것으로 보고 있다(장수환 외, 2017: 259).

인본주의이론은 정신역동학파에서 말하는 본능적이고 역동적인 개념들을 거부하고, 자기(self)에 관한 것에 초점을 두기 때문에 '현상학적 이론' 또는 '자아실현 이론'이라고 불린다. 현상학적 이론은 개인이나 생활사건에 대한 자기인식은 성격발달을 이해하기 위한 준거틀을 제공한다는 사실을 강조하고 있다. 현상학적 입장에 따르면, 각 개인은 행동의 주체이며, 행동이란 단지 내부세계의 관찰 가능한 표현일 뿐이기 때문에 인간의 경험에 대한 연구를 하는 것이 필요하다. 또한 생활사건에 대한 개인적인 해석에 기반을 두고서 환경에 반응을 나타내는 개인을 이해하는 것이 중요하다는 입장이다(최옥채 외, 2015: 131).

인본주의이론은 무의식적 결정론에 근거한 정신분석이론과 환경결정론에 근거한 행동주의이론의 입장에 반대하는 '제3세력의 심리학'에 속한다. 인본주의이론에서는 사랑, 선택, 창조성, 의미, 가치, 자아실현과 같은 인간의 자아실현경향과 긍정적 측면에 초점을 둔다(Corey, 2000).

인본주의이론의 발달에 기여한 주요 인물들 중에서 로저스는 모든 인간이 긍정적 방향으로 성장하고자 하는 경향과 자기결정 및 자아실현경향을 갖고 있으며, 자신의 운명을 스스로 결정하고 자유롭게 선택하는 존재라는 점을 중시하는 인간중심적 접근방법(personal-centered approach)을 제시하였다. 또한 매슬로우(Abraham Maslow) 역시 인간을 자아실현을 위하여 노력하는 존재로 규정하고 욕구위계이론을 제시하고 있다.

로저스의 인간중심 접근은 상담 및 심리치료의 주요한 추세에 도전하면서 탄생되었다. 즉, 그는 프로이트의 정신분석에서 취하는 치료자중심보다 내담자중심 치료를 강조하였고, 윌리암슨(E. G. Williamson)의 특질요인이론에서 취하는 지시적 접근보다 비지시적 접근이 내담자를 조력하는 데 효과적임을 주장하였다. 로저스는 인간의 기본적 동기로서 실현화 경향성을 가정하였으며, 성격을 변화시키고 향상시킬 능력이 각 개인 내에 있다는 것을 제안하였다. 그는 유기체의 지혜를 강조하였으며, 경험을 통한 인간의 가치화 과정을 필수적인 것으로 생각하였다(노안영·강영신, 2011: 320).

로저스의 성격이론은 개인의 독특한, 주관적인 경험을 강조한다. 그는 삶 속에서 사건들을 보고 해석하는 방식이 행동에 결정적인 영향을 준다고 믿었다. 로저스에 따르면, 각 개인은 주관적 세계에서 생활하며, 이른바 과학자가 말하는 객관적 세계조차도 주관적인 지각, 목적 및 선택 등의 산물이다. 어느 누구도 다른 사람들의 내적 참조틀을 완전히 가정할 수 없기 때문에, 개인 자신이 그의 실체가 무엇인지에 대한 가장 큰 자각의 잠재력을 지닌다. 다시 말해서, 개인은 자신에 대한 세계 최고의 전문가이며 자신에 대한 최상의 정보를 지니고 있다. 로저스에게 있어서 행동은 지각되는 장에서 경험하는 유기체의 욕구를 만족시키려는 유기체의 전형적인 목표지향적인 시도이다(Rogers, 1951).

2. 로저스의 생애와 사상

로저스
(Carl Ransom Rogers, 1902~1987)

로저스는 1902년 일리노이 주 오크마크(Oak Park)에서 태어났다. 그의 부모는 자상한 반면에 철저한 종교적인 입장을 지니고 있었기 때문에, 로저스의 소년 시절은 엄격하고 비타협적인 종교적인 규율의 분위기였다. 가족 이외에는 친구가 없어서 고교시절까지 대부분의 시간을 혼자서 독서와 사색으로 보냈다. 1919년에 위스콘신대학교(University of Wisconsin)에 입학한 후, 대학교 3학년 때에 그의 인생을 변화시킬 만한 일이 생겼다. 그는 중국 북경에서 개최된 세계기독학생연합회에 참가하는 12명의 미국 학생 중 한 사람으로 선발되어 6개월 동안 중국에 머물렀다. 그곳에서 다양한 종교와 문화적인 특성들을 지닌 많은 외국인들과 만나게 되었고, 그러한 경험들은 그로 하여금 자신의 인생관을 보다 자유롭게 다시 결정할 수 있게 하였던 것이다. 로저스는 그때의 경험을 통하여 "나는 나 자신의 사고방식대로 생각할 수 있고, 나 자신의 결론에 도달할 수 있으며, 나 자신이 믿는 바에 따라 행동할 수 있다"는 인식을 갖게 되었다.

그는 위스콘신대학교 사학과를 졸업한 후, 콜럼비아대학교(Columbia University)에서 아동철학으로 전공을 바꾸었고, 듀이(John Dewey, 1859-1952) 철학의 영향으로 어린이들과 함께 실제적인 임상실험을 하여 교육심리학으로 석사(1928)와 박사학위(1931)를 받았다. 그 후 로체스터(Rochester)의 아동학대방지협회에서 연구원으로서 12년 간 비행아동과 불우아동을 위하여 치료활동을 하다가 1940년 오하이오 주립대학교의 심리학 교수로 초빙되었다. 그는 이 대학에서 학생들에게 자신의 경험들을 토대로 하여 당시 임상가들이 활용하고 있던 원리들 가운데서 정수를 뽑아다 분명한 상담의 실제적인 방법으로 도출해낸 아이디어들을 가르쳤다. 그러한 강의과정에서 그는 자신의 아이디어들이 상담 및 심리치료에 있어서 하나의 새로운 접근임을 깨닫게 되었다. 이 아이디어들을 1940년 12월에 미네소타대학교에 한 논문으로 발표하였다. 이것은 로저스가 상담에 대한 자신의 아이디를 처음 발표한 논문이었는데, 이 논문이 놀라운 반응을 일으켰던 것이다. 이를 토대로 하여 1942년에 그는 『상담과 심리치료』*(Counseling and psychotherapy)*를 출판하였다. 그 당시만 해도 미국을 지배하고 있었던 상담 및 심리치료의 세력들은 지시적 접근과 정신분석적 접근이었고, 이들은 모두 상담자의 지식과 기술에 의존하는 것이었으며, 내담자를 진단하고 해석하는 방법들이었다.

그 후 1945년부터 1957년까지 시카고대학(The University of Chicago)의 심리학 교수와 상담소장의 일을 맡았다. 이 기간 동안에 『내담자 중심치료』*(Client-centered therapy)*를 출판하였다. 1957년에는 모교인 위스콘신대학교 교수로서 활동하였으며 1964년에는 캘리포니아의 라호야(La Jolla)에 있는 서부행동과학연구소와 인간연구소로 자리를 옮겼다. 그는 1956년, 1972년에 미국심리학회(American Psychological Association, APA)의 우수과학공로상과 우수공로자상을 각각 수상하였다. 그는 미국응용심리학회・미국심리학회 회장도 지냈다. 그는 인간의 잠재력에 접근하는 심리요법과 상담요법을 고안하여 실행한 성격 연구의 혁신자이며 참만남운동(encounter movement)의 개척자로서 활동하다가 1987년에 사망하였다.

그는 미국 역사상 가장 영향력 있는 심리학자이다. 교육, 상담, 심리치료, 갈등해결 및 평화 분야 모두에 크게 공헌했으며, 인본주의 심리학의 창시자로서 공감적인 삶, 실험적인 연구, 16권의 저서, 200편이 넘는 학술논문을 통해 전 세계에 영향을 미쳤다. 로저스는 미국심리학회(American Psychological Association), 미국심리치료자협회(American Academy of Psychotherapists), 미국응용심리학회(American Association for Applied Psychology) 등의 회장을 역임하였다.

그의 저서로는 『내담자중심의 치료』*(Client-Centered Therapy, 1951)*, 『자아의 발견에 관하여』*(On Becoming a person, 1961)* 등이 있다.

3. 주요 개념 및 특성

1) 인간관

로저스는 오랜 임상경험을 바탕으로 하여 인간은 기본적으로 자유로우며 자신의 행동에 책임을 지고, 유목적적이며, 합리적이고 건설적인 방향으로 지속적으로 성장해 나가는 미래지향적 존재라고 보고 있다. 따라서, 이러한 선천적 잠재력을 발휘할 수 있는 조건들이 적절히 갖추어진다면 인간은 무한한 성장과 발전이 가능하다고 결론지었다(권중돈, 2014: 304).

이러한 로저스의 인간관을 살펴보면, 자유, 합리성 그리고 자아실현경향이 서로 연결되어 있다. 먼저, 로저스는 인간은 선천적으로 타고난 성장 가능성을 실현하는 과정에서 자신의 인생목표와 행동방향을 스스로 결정하고 이러한 결정에 따르는 책임을 수용하는 자유로운 존재로 규정하고 있다. 그리고 일상적으로 나타날 수 있는 살인, 강간, 이상적 충동, 반사회적 행동 등은 진정한 인간의 내적 본성과 화합하지 못한 결과라고 할 정도로 로저스는 인간이 합리적 존재라는 사실을 굳게 믿고 있다. 그리고 로저스(Rogers, 1959)는 모든 인간이 자신의 내부에 자기이해, 자기개념과 기본적 태도의 변화 및 자기지향적 행동을 위한 거대한 자원을 갖고 있다고 하였다. 이러한 선천적 능력의 표현이 바로 자아실현경향이다. 로저스(Rogers, 1961)는 "이러한 자아실현경향을 성취하기 위하여 인간은 항상 노력하고 도전하고 어려움을 극복함으로써 진정한 한 개인이 되어 간다(becoming)"고 주장한다.

프로이트와 마찬가지로 로저스의 인간본질에 대한 사상은 정서적으로 장애가 있는 사람들을 치료한 경험이 밑바탕이 되었다. 그러나 그는 인간을 자기가 통제할 수 없는 어떤 힘에 의해 이끌리는 피조물이라기보다는 미래의 목적과 자기 지시적 목적으로 지향된 에너지를 가진 활동적 존재로 간주했다.

로저스도 때때로 인간이 비정한 살인의 감정, 이상적 충동, 기묘하고도 반사회적 행동을 나타낸다고 동의했으나, 인간이 그들의 진실한 내부의 본성에서 우러나 그렇게 행동하는 것은 아니라고 주장한다. 따라서, 인간이 완전히 제 기능을 발휘할 때, 그리고 자유롭게 자신의 내적 본질을 경험하고 만족할 때, 인간은 다른 사람들과 조화롭게 살아갈 수 있는 긍정적이며 합리적인 피조물이 된다. 로저스는 인간의 본성을 존중하는 사상을 가졌다. 그는 인간 유기체가 분화, 자기 책임감, 협동과 성숙의 방향으로 나아가는 선천적 경향을 가지고 있는 것으로 믿고 있다. 그는 이러한 인간의 기본적 본성의 발현으로 개인과 그 종의 계속성과 향상이 형성된다고 본다(안범희, 2011: 357).

그러므로 로저스는 인간을 통합적 존재로 규정하고 있다. 이러한 로저스의 인간에 대한 전체주의적 관점은 그의 자아개념에 잘 반영되어 있다. 로저스는 유아의 미분화된 현상학적 장에서 출발하여, 자아개념의 발달로 그 장(field)이 자아와 환경으로 분화 되고, 각 개인이 자아일치성(self-consistency)을 계속 추구하는 데서 발달의 최정점에 이를 수 있다고 하였다(Rogers, 1961). 이와 같이 로저스는 인간을 항상 전체성과 통합성을 향하여 발전해 가는 존재로 보고 있다.

2) 인간중심상담

인간중심상담은 1940년대 로저스(C. Rogers)에 의해 창시된 상담이론이다. 이 인간중심상담은 초기 1940년대에는 '비지시적 상담'으로, 1950년대와 1960년대에는 '내담자중심상담'으로, 그리고 1970년대 이후부터 '인간중심상담'으로 불리게 되었다(Groddeck, 1987).

인간은 누구나 인간중심상담(Person-centered Counseling)에서는 내담자를 인간 유기체로서 계속해서 변화하고 성장하려는 동기를 가진 선한 존재로 본다. 모든 내담자는 자신의 환경 속에서 자신을 실현하려는 동기를 가지고 움직이고 있으며 환경이 이를 촉진하기만 하면 스스로 자기실현의 경향성을 실현하는 방향으로 움직여 나가는 긍정적이고 능동적인 존재라는 것이다(김춘경 외, 2016: 231).

인간중심상담에서는 소위 정상이든 비정상이든 모든 인간은 각자의 계속적인 성장에 궁극적 관심을 갖고 있으며, 인간은 누구나 이와 같은 계속적인 성장을 위한 잠재능력을 갖고 있다는 인간관을 가정하고 있다. 따라서, 상담 또는 심리치료란 이처럼 개인 속에 이미 존재하고 있는 잠재능력을 제약되고 왜곡된 상태로부터 해방시킴으로써 충분히 기능을 발휘할 수 있는 인간으로서의 정상을 조력하는 것으로 보고 있다(김헌수 · 김태호, 2006: 165).

인간중심상담에서는 구체적인 상담 방법이나 기법보다 내담자에 대한 상담자의 태도를 더 중요시한다. 그 이유는 이 상담이론이 갖는 인간관과 철학적 배경에 근거한다. 인간중심상담에서는 인간을 정신분석학에서처럼 과거 경험에 의해 성격이 결정되고, 자신도 의식하지 못하는 무의식에 의해 지배받는 그런 존재로 보지 않는다. 또한 행동주의 상담이론에서처럼 인간을 외부자극에 의해 성격이 형성되고 행동이 좌우되는 수동적인 반응체로 보지 않는다. 인간중심상담에서는 인간을 태어나면서부터 자기잠재력을 실현하려는 경향성과 가능성을 가지고 있는 존재로 본다. 따라서, 상담자의 역할은 내담자가 가진 자기실현 경향성을 탐색하고 계발하도록 최적의 분위기나 환경을 제공하는 것이다. 또한 인간중심상담은 현상학과 실존주의의 철학적 배경을 가진다. 인간중심상담에서는 인간을 현상학적 장에서 이해해야 한다. 그리고 인간을 실존적으로 도와야 한다. 즉, 상담자는 내담자가 지각하는 참조체계에 따라 그를 이해해야만 내담자를 이해할 수 있고, 내담자를 돕기 위해서는 그의 입장에서 그와 그의 문제를 보고 또 그가 처해 있는 실존적 상황에서 해결책을 모색해야 한다(양명숙 외, 2013: 201-202).

이러한 인간중심상담은 정신분석 상담과 행동주의 상담과 더불어 대표적인 상담이론으로 자리매김하였다. 그리고 이 이론은 상담분야뿐만 아니라 교육, 가정, 기업체 등 삶의 전 영역에 큰 영향을 미치고 있다. 그 실례로, 아동중심상담, 학습자중심학습, 배우자중심상담, 국민중심 정치, 노동자중심 기업운영, 환자중심 진료 등을 들 수 있다. 즉, 인간중심상담이론은 단지 상담이론으로만 머물지 않고 교육, 정치, 경제 등 모든 분야에 적용되어 하나의 인간중심적 삶의 원리이자 삶의 철학으로까지 발전하고 있다.

인간중심상담이론은 모든 인간이 자기실현 경향성을 타고난다고 본다. 따라서, 상담에서 가장 중요한 목표는 내담자의 자기실현 경향성을 막고 있는 장애물을 제거하여 타고난 실현 경향성을 되찾도록 하는 데 있다. 이를 위해 상담자는 상호 신뢰적인 분위기를 조성하여 내담자가 거리낌 없이 자기를 공개하여 자신의 내면세계를 이해할 수 있도록 돕는다. 또한 상담에서 내담자가 자신의 환경에 대한 왜곡된 지각을 수정하고 현실적 경험과 자기개념 간의 조화를 이루며 유기체적 경험 간의 불일치를 제거하게 된다. 인간중심상담의 목표는 로저스가 말하는 인간관을 가진 사람이 될 수 있도록 하는 데 있다. 이러한 과정을 통해 내담자는 자기에 대한 위협과 방어하려는 방어기제를 해체함으로써 충분히 기능하는 사람이 되어 자신의 능력과 개성을 최대한으로 발휘하는 자기실현을 촉진하게 된다(김계현, 2016: 265).

이런 자아실현을 이룬 사람의 특징은 첫째, 자기방어를 위해 현실을 왜곡하지 않으며, 둘째, 자기 자신에 대한 올바른 이해에 바탕을 둔 신뢰감과 융통성 있는 마음의 자세를 갖고 있고, 셋째, 실존문제에 대한 해답을 자신의 내부에서 찾으려 하며, 인간적인 성숙이 지속적인 과정임을 아는 사람이다(이현림, 2011: 58).

이러한 목표의 기저에는 성장을 촉진하는 적절한 양육환경을 만들어 주기만 하면 스스로 문제를 해결할 수 있는 능력이 발휘된다는 내담자에 대한 신뢰와 믿음이 깔려 있다. 다시 말해서, 내담자들이 자신의 경험을 부정하거나 왜곡하지 않고 있는 그대로 수용할 수 있게 되면 심리적 문제는 저절로 해결될 수 있다. 이를 위해서는 무엇보다 내담자가 사회화 과정을 통해 발달시킨 가면을 벗어 던지도록 도와야 한다. 성장과정에서 가치 조건에 물들여져 위축되고 왜곡된 자기개념을 보다 확장시키고 융통성 있게 변화시켜야 한다는 것이다. 이렇게 될 때, 내담자는 현실의 장에서 하게 되는 모든 경험들을 위협이나 불안감 없이 자신의 것으로 받아들일 수 있다. 바로 '여기와 지금'에서 진행되는 모든 내적인 경험들을 왜곡 없이 수용할 수 있을 때, 비로소 내담자는 이제까지는 보지 못했던 자신의 참 모습을 발견할 수 있게 된다.

외적으로 규정된 채로만 살아가게 된다면 진실한 자기를 발견할 수 없다. 내담자가 자기의 진실한 모습을 발견하고 거기에서 참다운 의미를 발견할 수 있기 위해서는 자신에게 부여된 가치 조건들에서 벗어나야 한다. 그러나 이러한 가치 조건들은 오래전부터 수많은 습관화 과정을 거쳤기 때문에 혼자 힘으로 벗어 던지기에는 힘들 수도 있다. 바로 이 시점에서 상담자의 '촉진'이 필요하다(이장호 외, 2009: 95-96).

그러므로 상담자는 아무런 가치 조건도 부여하지 않고 내담자를 있는 그대로 존중하고 수용함으로써 내담자에게 부여된 가치 조건들을 해제해 나간다. 따라서, 그 어떠한 예외도 없이 상담자가 이러한 태도를 일관되게 유지해 나갈 때, 내담자는 비로소 참다운 자기를 발견하고 거기에 의미를 부여할 수 있다.

3) 현상학

현상학(phenomenology, 인본주의)이란 세계와 자기 자신에 관하여 개인들이 지니고 있는 관점들과 함께 개개인의 주관적인 경험, 감정, 개인적으로 지니고 있는 개념을 탐구하는 학문적 경향이다. 현상학적 입장은 이러한 현상학을 토대로 개인의 현상세계를 연구대상으로 한다.

현상학적 이론은 정신분석학의 무의식 결정론이나 행동주의의 자극에 대한 반응에 대해서도 거부한다. 단지 지금 일어나고 있는 경험에 대한 주관적인 해석에만 초점을 둔다. 현상학적 입장은 이러한 현상학을 토대로 개인의 현상세계(phenomenology)를 연구대상으로 한다. 현상학적 입장은 인본주의 심리학, 또는 '제3세력의 심리학'이라고 불리기도 한다.

현상학적 접근의 특징은 다음과 같다(안범희, 2011: 356).

첫째, 현재 어떤 사람이 갖고 있는 느낌이나 생각을 중시한다. 그것이 어떻게 생겨났느냐에 대해서는 묻지 않는다.

둘째, 외부 상황에 대해 갖는 당사자의 의미를 중요시한다.

셋째, 사람에게 직접 개인의 현상세계를 물어보는 연구방법을 선호한다.

넷째, 과학의 객관적 연구방법의 한계를 지적한다.

다섯째, 인간 일반이 아닌 특정한 개인의 내적 세계의 이해에 관심이 크다.

어떤 사람의 현상세계는 어떤 다른 목적이 아닌 그 자체가 중요한 것이라고 보는 것이다. 현상학적 접근에서는 사람이 자기 운명을 통제할 능력이 있는 것으로 보고, 자아가 모든 것을 알아서 원하는 대로 통제하고 조절한다고 본다.

로저스는 인본주의 심리학자로 유명하다. 인본주의 또는 인간의 가능성 실현운동에 기여하고자 하는 이들이 인간에 대해 기본적으로 가정하고 있는 것은 모든 사람들은 자신의 성장과 발전의 충분한 잠재력을 지니고 있다는 것이다. 본래부터 나쁘고, 무력하고, 가치 없는 사람은 아무도 없다는 것이며, 인본주의 심리학의 목표는 사람들이 그들 자신에 대한 이러한 사실을 깨닫도록 돕는 것이다. 개인이 이러한 사실을 자각하게 되면, 그는 잠재력 개발을 통한 성장의 기회를 갖게 된다는 것이다.

4) **자아**

로저스는 자아(self) 또는 자아개념(self-concept)을 개인의 현상학적 상이 분화된 부분이며, 'I'나 'me'에 대한 의식적 지각과 가치를 포함하는 것으로 보았다(Rogers, 1959). 자아개념은 현재 자신이 어떤 존재인가에 대한 개인의 개념으로, 자기 자신에 대한 자아상(self image)이다. 로저스는 자아개념은 현재 자신의 모습에 대한 인식, 즉 현실자아(real self)와 앞으로 자신이 어떤 존재가 되어야 하며, 어떤 존재가 되기를 원하고 있는지에 대한 인식, 즉 이상적 자아(ideal self)로 구성되어 있다고 본다. 로저스는 자아구조와 주관적 경험이 일치될 경우에는 적응적이고 건강한 성격을 갖게 되는 반면 이들 간에 불일치가 심할 경우에는 부적응적이고 병적인 성격을 갖게 된다고 보았다(권중돈, 2014: 306-307).

개인의 자아가 유동적이고 새로운 경험에 의해 항상 변화한다고 할지라도 그것은 언제나 정형화된 특성을 지닌다. 즉, 시간이 지남에 따라 각 개인이 많이 변화하더라도 그는 자신이 이전과 똑같은 사람이라고 느낄 수 있는 내적 감정을 보유하고 있는 것이다. 그리고 자아는 인간의 행동을 통제하는 것이 아니라, 개인이 경험하는 주관적 세계를 상징화하고 조직화해 나가는 역할을 한다고 본다. 또한 로저스는 자아란

각 개인이 의식할 수 있는 것이며, 무의식적 정신작용까지도 통합하는 기능을 수행하는 것으로 보고 있다(Hjelle & Ziegler, 1992).

결론적으로 로저스는 이러한 자아가 사용하는 기본적 방어기제로서 지각의 왜곡(distortion)과 부정(denial)을 제시하고 있다. 지각의 왜곡은 받아들이기 어려운 경험을 자신의 현재 자아상과 일치하는 형태로 변형하여 받아들이는 것을 의미한다. 또 다른 방어기제인 부정은 위험한 경험이 의식화되는 것을 회피함으로써 자아구조를 유지하는 것을 말한다.

5) 유기체

로저스의 인간 이해를 위한 철학적 입장은 현상학(phenomenology)의 영향을 받아 형성되었다. 철학에서 현상학은 즉각적인 경험에 대한 자료를 기술하는 것을 추구하는 것을 의미하지만, 심리학에서 현상학은 인간의 자각과 지각에 대한 연구를 의미한다. 즉, 현상학자에게 중요한 것은 대상 또는 사건 그 자체가 아니라 개인이 대상 또는 사건을 어떻게 지각하고 이해하는가이다. 현상적 장은 경험의 전체를 의미한다.

유기체(organism)의 긍정적인 방향으로 경험학대, 거부당하는 경험은 선택하지 않는다. 이 과정은 자기실현을 보충하는 것으로서 실현화 과정과 관련되어 있으며, 유기체의 긍정적인 성장방향으로 도움이 된다. 어릴 때의 이 과정은 매우 효율적인데, 그것은 어린이의 가치 관념이 매우 분명하기 때문이다. 그러나 경험이 계속되고 확대되면, 유기체는 자기가 거부당하는 경험은 선택하지 않으려고 한다. 즉, 아기는 배가 고프면 음식에 긍정적인 가치를 부여하는 반면, 배가 부르면 부정적인 가치를 부여하게 되는데, 이는 긍정적인 가치개념이 따뜻함이나 돌봐줌과 관련되어 있기 때문이다(권육상, 2008: 232).

대체로 우리는 좋아하고 싫어하는 것을 구별하면서 살게 된다. 다시 말해서, 우리 인간은 우리에게 좋은 것과 나쁜 것을 구분할 수 있다. 어릴 때에는 가치부여 과정이 계속되며 융통성 있게 작용하고 긍정적이냐 부정적이냐의 기준은 유기체를 유지 또는 확대하느냐 않느냐가 되어, 한 번 발달하게 되면 이것은 자아가 된다. 가치부여과정은 개인 속에서 발생하는데, 그 개인이 바람직하다고 느끼는 경험이나 바람직하지 않다고 느끼는 경험이 함께 연결되어 있는 것이다. 어른이 되면 대부분이 이 유기체적인 가치부여 과정과 고리가 끊어지게 되어, 우리의 가치에 있어서 불분명하고 불안하게 되는 것이다.

6) 자기실현 경향성

자기실현 경향성(self actualization)이란, 인간이 본능적으로 타고나는 자신을 보호하고 고양시키며, 자신의 잠재력을 최대한 실현시켜 개인의 유지나 향상을 위해 노력하는 인간의 본성을 말한다. 인간은 선천적으로 자신을 유지시키거나 향상시키기 위하여 자신의 능력을 개발하는 경향성을 지니고 있다. 이러한 자기실현 경향이 아기로 하여금 경험적 잠재력을 확대하도록 하여 부모와 같은 중요한 타인과의 상호작용이 일어나게 되고, 이러한 상호작용의 결과 아기의 유기체적 경험의 일부가 '자기' 또는 '자기개념'으로 분화된다.

인간행동의 근원을 자기실현의 욕구로 보았는데 이 욕구는 다양성을 가지고 있다. 첫째, 자기유지로 자기의 자아상을 훼손시키지 않고 최소한 현재 상태를 유지하려는 욕구이다. 둘째, 자기향상으로 자기의 자아상을 현재의 것보다 긍정적인 이미지로 변화시키려는 욕구이다. 마지막은 자기실현으로 자기실현의 과정은 자신을 창조하는 과정이고 점진적으로 완성되며 현실적 자아와 미래의 이상적 자아의 차이를 줄여나가는 과정이다(신기원 외, 2016: 208).

로저스는 인간에게는 많은 욕구와 동기가 있지만 그것들은 단지 하나의 기본적 욕구의 일부분에 지나지 않는다고 하였다(Rogers, 1951). 로저스는 모든 인간은 성장과 자기증진을 위하여 끊임없이 노력하며, 그 노력의 와중에서 직면하게 되는 고통이나 성장방해요인에 직면하여 극복할 수 있는 성장지향적 유기체라고 보고 있다. 특히, 이러한 자기실현 동기는 성장과 퇴행 중에 어느 하나를 선택해야 하는 상황에 처하게 되면 더욱 강하게 작용한다. 그러나 현실지각이 왜곡되어 있거나 자아분화의 수준이 낮은 개인의 경우에는 퇴행적 동기가 더 강하게 작용하여 유아적 수준의 행동을 나타내는 경우도 있다. 그러나 로저스는 모든 인간이 퇴행적 동기를 지니고 있긴 하지만 그보다는 성장지향적 동기, 즉 자기실현 욕구가 기본적인 행동동기라고 보았다. 그리고 자기실현의 과정은 자신을 창조하는 과정이기 때문에, 이러한 과정을 통하여 모든 인간은 삶의 의미를 찾고 주관적인 자유를 실천함으로써 점진적으로 완성된다고 보았다.

로저스는 자기실현 경향성이 성장과 퇴행 중 어느 하나를 선택해야 하는 상황에 처하게 될 때, 더욱 두드러지게 나타난다고 보았다. 즉, 그는 모든 인간이 퇴행적 동기도 지니고 있지만 그보다는 성장지향적 동기, 즉 자기실현 욕구가 기본적 행동동기라고 보았다. 그런데 현실지각이 왜곡되어 있을 경우, 퇴행적 동기가 더 우세하게 유아적 수준의 행동을 나타내는 경우도 있다. 그렇지만 자기실현의 과정은 완전한 최종의 상태를 말하는 것이 아니라, 죽을 때까지 보다 유능한 인간으로 되어가는 과정이므로, 이러한 과정을 통하여 모든 인간은 삶의 의미를 찾고 주관적인 자유를 실천해 나감으로써 점진적으로 완성된다는 점을 강조했다(이우언 외, 2017: 255).

7) 일관성과 위협

사람은 현실적 자기와 경험 사이의 일관성을 유지하려고 노력한다. 자기구조와 일관되는 경험들은 지각되어 그 구조의 일부가 된다. 어떤 것들은 자아와 아무런 상관이 없어 보여 그냥 지나쳐 버리게 된다. 자아와 상치하거나 자아에 위배되는 체험들은 개인에게 위협을 준다. 이 위협에 대항하기 위해 사람들은 흔히 이 체험을 거부하거나 그 의미를 왜곡시킨다.

문제가 되는 것은 거부나 왜곡 때문에 문제의 본질을 제대로 파악하지 못할 수 있다는 데 있다. 개인은 자신의 자아를 유지하고, 보호하고, 고양시키려는 강력한 욕구를 지니고 있으므로, 자아에 위배되는 것을 쉽게 걸러내 버리고자 하는 유혹을 받는다. 이는 개인의 자아정체성 확립에 크게 도움이 되는 특성이기도 하지만, 성격이나 행동이 변하기 어려운 측면을 설명해 주는 측면도 갖고 있다. 많은 가치의 조건들도 위축된 자아개념을 형성하게 한다. 그러한 경우 그 사람은 경험에 개방적이지 못하게 되고, 따라서, 자아에 위배되는 많은 체험, 지각, 기억들이 우리의 의식에 포함되지 못하고, 결국 개인의 성장 또한 그렇게 위축될 가능성이 높다(안범희, 2011: 366).

그러므로 로저스의 내담자 중심 치료의 핵심이 되는 것은 바로 이러한 '왜곡된 자아상'의 실체를 본인 스스로가 깨닫게 하는 데 있다.

8) 충분히 기능하는 사람과 조력자의 특성

로저스는 임상경험을 통해 충분히 기능하는 사람(fully functioning person)에 대한 몇 가지 사항을 제시하고, 심리치료에 있어서 조력을 주는 관계에 있는 치료가 지녀야 할 몇 가지 자질을 들고 있다(Rogers, 1961). 그는 최적의 도움을 주는 관계는 심리적으로 원숙한 사람에 의해 창조되는 어떤 생각을 가짐으로써 조력자의 특성은 곧 원숙한 인간의 특성과 일치되는 것임을 시사하고 있다.

로저스가 주장하는 훌륭한 삶(good life)을 살아가는 충분히 기능하는 사람의 특성은 다음과 같다(Schultz, 1977).

(1) 경험에의 개방성(an openness to experience)

가치의 조건에 아무런 제재를 가하지 않는 사람은 모든 감정과 태도를 결정함에 있어서 자유스럽다. 위협받는 것이 없으므로 방어할 것도 없고, 따라서, 개방성은 방어와 반대의 개념이다. 이러한 사람은 자기 본성에 대해 잘 알고 있고, 성격의 어떤 부분도 차단하지 않는다. 성격은 삶이 제공하는 경험을 수용하는 데 있어서뿐만 아니라 지각과 경험의 새로운 길을 열기 위해 활용하는 데도 융통성을 보인다.

이와는 대조적으로, 자기방어적인 사람의 성격은 조건부적인 가치감에 따라 작용하여 정체되어 있고, 역할 뒤로 숨어 어떤 경험을 소화해 내거나 인정조차 하지 못한다.

(2) 실존적인 삶(existential living)

충분히 기능하는 사람은 실존의 어느 순간에 있어서나 완전히 존재한다. 새로이 접하는 각기의 경험은 이전에는 똑같은 방식으로는 존재하지 않았던 것이므로 늘 신선하고 새로운 것으로 지각된다. 그 결과, 모든 경험이 전개될 때마다 신선한 흥분감을 느낀다. 충분히 기능하는 사람은 자아구조가 새로운 경험에 항상 개방되어 있으므로 현실과 실존에 대한 적응력이 강하다.

(3) 자기 자신에 대한 신뢰(a trust in one's own organism)

이는 로저스 자신의 경험을 참고하는 것이 이해를 돕는 방법일 것 같다. 그는 "어떤 활동이 가치 있고 할 만한 일이라고 느껴질 때 그 일은 할 만한 일이다. 다시 말해 상황에 대한 나의 유기체적 감각 전체가 나의 지적 능력보다 믿을 만한 것임을 알았다"고 말한 바 있다.

옳다고 느끼는 대로 행동한다는 것이다. 이는 이성적이거나 지적인 근거에 의해서만 움직이는 사람은 결정에 이르는 과정에 정서적인 요소를 무시하기 때문에 불리한 입장에 처할 수도 있음을 의미한다. 자신에게 충실하라는 뜻으로 해석해도 무방할 것 같다.

(4) 자유감(a sense of freedom)

사람이 심리적으로 건강할수록 선택이나 행동에 자유로움을 경험한다고 로저스는 확신한다. 심리적으로 건강한 사람은 억제나 금지 없이 생각과 행동의 대안 가운데서 자유롭게 선택할 수 있다. 이들은 삶에 대한 개인적인 지배감을 즐기며, 일시적 생각이나 주변환경, 과거의 사건에 의해 미래가 결정되는 것이 아니라, 자기 자신의 의지에 의해 결정됨을 확신한다.

4. 성격발달

로저스에 의하면, 성격발달은 대체로 '자기'를 중심으로 이루어진다. 그는 성격발달 그 자체에 많은 관심을 기울이지 않아서 자기 개념을 획득하는 데 거치게 될 주요 단계의 구체적 시기를 언급하지는 않았으나, 유아기나 아동기 초기에 다른 사람들이 어떻게 평가하느냐에 따라 긍정적 또는 부정적 자아상이 발달한다는 것을 강조하였다. 신생아는 신체적 감각이든 외적 자극이든 모든 경험을 단일하게 지각한다. 즉, 분리된 존재인 'I'로서 자신을 지각하지 못한다.

유아는 성장하면서 신체적 감각을 구분하고, 그 감각을 적절하게 확인하는 것을 배운다. 자기 개념은 개인이 자신의 신체적 자기를 환경으로부터 분리된 존재로 경험할 때부터 생긴다. 장난감을 물거나 자기의 손가락을 물 때 각각의 감각이 다르게 느껴지며, 그러한 경험에 근거하여 손가락은 '나'이고, 장난감은 내가 아니라는 인식이 유아에게 싹트게 된다. 어머니는 아동이 피곤하고, 춥고, 배고픈 것과 같은 신체적 감각과 그 정도를 구분하고 확인하는 것을 돕는 가장 중요한 역할을 한다. 어머니를 포함해 중요한 타인들은 유아가 자신의 신체적 감각들에 주의하고 이를 적절하게 표상하는 것을 도울 수 있다.

자기는 처음 형성될 때 유기체적 평가과정에 의해 지배되는데, 모든 새로운 경험은 그 경험이 인간의 선천적인 유기체적 경향을 촉진하는지 또는 방해하는지에 따라 평가된다. 유기체적 평가과정은 유아의 욕구충족의 적정한 상태를 유지해 주는 일종의 모니터링 시스템이다. 유아는 자신이 그 경험을 좋아하는지 또는 유쾌한지에 따라 경험을 평가하는데, 이 평가는 직접 경험을 한 후 그 경험에 대한 자동적 반응으로 나온다.

한편, 자기의 발달은 환경과의 상호작용을 포함한 여러 요인들에 달려 있는데, 그 중에서 긍정적 관심(positive regard)에 대한 욕구가 결정적 역할을 한다. 자기에 대한 의식이 생기면 다른 사람으로부터 따뜻함, 수용, 존경, 숭배, 사랑을 받고 싶은 욕구가 생긴다. 로저스는 이 욕구를 기본적인 욕구로 간주했다. 이는 사랑받고 보호받고 싶어하는 유아의 욕구에서 처음으로 드러난다. 아동의 자기발달은 어머니에 의해 가장 큰 영향을 받는다. 어머니가 긍정적 관심을 주지 않고 거부하면, 아동은 인정받지 못했던 것을 자기 행동 전체에 확산시켜 지각하기 쉽다. 긍정적 관심에 대한 욕구가 지각에 영향을 미치며, 지각이 자기 개념에 중요한 영향을 미친다. 긍정적 관심을 얻는 길은 다른 사람들로부터 인정을 받는 것이다. 따라서, 긍정적 관심에 대한 욕구는 다른 사람들에 의해 충족될 수밖에 없으므로 자기 개념은 다른 사람들에 의해 점차 달라진다. 아동은 자라면서 점점 더 다른 사람들로부터 긍정적 관심을 받고 싶어 한다. 따라서, 긍정적 관심에 대한 욕구의 충족을 위해서 어떤 희생도 감수한다(Rogers, 1959).

로저스는 실제로 체계적인 성격발달단계에 대한 이론을 갖고 있지 않았으며, 이에 관한 장기간의 연구나 부모—자녀 상호작용 등에 관한 연구를 하지 않았다. 기본적으로 로저스는 성장의 힘은 모든 개인들 안에 존재한다고 믿었다. 자아는 현상학적 장에서 분리된 부분이고, 점차적으로 복잡하게 성장한다. 자아가 출현할 때 개인은 긍정적 존중에 대한 욕구를 발달시킨다. 만약 타인들에 의한 긍정적 존중에 대한 욕구가 자신의 감정에 맞추어지는 것보다 더 중요하게 되면, 개인은 다양한 경험들을 의식 밖으로 내보내게 되고 부조화의 상태에 빠지게 된다.

근본적으로 로저스의 주요 발달적 관심은 아이가 자아실현을 위한 조화의 상태에서 자유스럽게 성장했느냐 아니면 아이가 방어적이 되거나 부조화의 상태에서 기능하느냐이다. 자아의 건강한 발달은 부모들이 아이의 특정 행동을 용납하지 않을 때에도 아이가 충분히 경험하고 그 자체를 수용할 때 이루어진다. 또한 부모도 아이의 특정 행동을 용납하지 않을 뿐이지 아이의 전부를 거부하지 않는 분위기에서 아이는 건강하게 발달한다. 이러한 점은 대부분의 아동정신의학자와 심리학자들에 의해 강조되었다. 이는 아이에게 '나는 네가 하고 있는 행동을 좋아하지 않는다'와 '나는 너를 좋아하지 않는다'라고 말하는 부모의 자녀양육에 대한 차이를 살펴보면 더욱 잘 이해할 수 있다. '나는 너의 행동을 좋아하지 않는다'라고 말하는 부모는 아이의 행동을 용납하지 않는 반면에, 아이 자체는 수용한다는 것을 알 수 있다(Pervin & John, 2001).

비록 성격이론이 로저스의 상담 및 심리치료 경험으로부터 발전했을지라도, 그의 중심내용은 치료적 과정 그 자체에 근거한다. 로저스의 주요 관심은 성격의 변화가 일어나는 방법이다. 초기에 로저스는 치료 시에 감정 반영의 기술을 매우 중요하게 생각하였다. 이러한 비지시적(nondirective) 접근에서는 내담자가 말하는 것에 대해 치료자의 활동과 지도가 최소화된다. 비지시적 상담자가 종종 수동적이고 흥미가 없는 사람처럼 지각되기 때문에 로저스는 자신의 관심을 내담자 중심으로 바꾸었다. 궁극적으로 로저스는 치료에서의 중요한 변인이 치료적 환경이라고 믿었다. 만약 치료자들이 내담자에게 현상학적인 의미 있는 방식으로 내담자와의 관계에서 세 가지 조건을 제공할 수 있다면, 자연스럽게 치료적 변화가 일어날 것이라고 생각했다. 상담자가 내담자를 조력하기 위해 상담자가 갖추어야 할 세 가지 태도 또는 특성은 일치성(congruence or genuineness), 무조건적 긍정적 존중(unconditional positive regard) 그리고 공감적 이해(empathic understanding)이다(노안영 · 강영신, 2011: 333).

1) 일치성

진정한 상담자는 있는 그대로의 자신이 되려고 한다. 상담자는 겉치레를 하지 않고, 개방적이며 진솔하다. 그래서 내담자는 상담자가 진실하다고 느낀다. 일치성이 있는 상담자는 내담자와 인간 대 인간으로 만날 수 있다. 진실한 관계에서 상담자는 내담자와 부정적인 감정조차도 자유롭게 공유한다.

2) 무조건적 긍정적 존중

상담자는 내담자를 한 인간으로 깊고 진실하게 돌봐 준다는 것을 의미한다. 상담자가 내담자에게 무조건적 긍정적 존중 또는 수용을 제공할 때, 내담자가 스스로 자아탐색을 할 수 있게 된다.

3) 공감적 이해

상담자가 마치 내담자라는 가정을 결코 잃지 않으면서 내담자의 내적 참조틀에 의해서 파악한 내담자의 주관적 가치나 감정을 되돌려 주는 것을 의미한다. 공감적 이해의 조건은 경험을 지각하는 상담자의 능력과 그 순간의 내담자의 의미가 된다. 내담자의 경험이나 내담자가 하는 말에 대한 기계적인 반응이 아니라, 내담자 그 자체를 하나의 존재로 보고 내담자와 함께 하는 것이다. 경청은 내담자에 의해 경험된 감정 그리고 개인적인 의미를 이해하는 활동이며, 공감의 필수적인 요소이다.

5. 평가

로저스는 초기에는 정신분석이나 랭크(Otto Rank)의 기능주의 접근법 등 다양한 치료방법들에 관하여 관심을 가졌다. 그러나 당시의 심리치료 분야의 주류였던 정신분석과 지시적인 상담에 회의를 느끼면서 클라이언트를 위한 독특한 관점을 개발시켜야 함을 인식하여 클라이언트 중심의 '비지시적인 치료방법(client-centered nondirective therapy)'을 개발하였다. 로저스 이론은 인간 내면의 주관적 경험을 다룰 수 있는 새로운 과학적 연구모델인 클라이언트 중심의 비지시적·비위협적·비심판적 태도, 공감과 진실성, 무조건적인 긍정과 관심, 문제해결자로서의 클라이언트에게 중요성을 둔 치료방법을 개발하여, 심리치료의 영역에 대한 연구의 새로운 문을 열었을 뿐만 아니라, 일선에서 서비스를 제공하는 사람들의 실천적 자세 측면에서 전환점을 마련하였다. 이로 인해 다양한 문화를 지닌 사람들의 상호 이해를 발전시키는 데 적용됨으로써, 인간관계와 다문화적 치료에 지대한 공헌을 하였다.

이 이론의 한계점은 다음과 같다(지영주 외, 2016: 98).

첫째, 인간본성의 선한 측면을 지나치게 강조하며, 인간의 약한 면이나 부적응적 인간에 대해 설명이 부족하다. 또한 로저스의 개념들 중에서 유기체적 평가과정, 완전한 기능 등은 개념이 모호하고 너무 포괄적이어서 이해하는 데 어려움이 있다.

둘째, 로저스의 이론은 문제해결보다는 문제에 대한 클라이언트의 인식과 이해를 증가시키려는 통찰지향적 접근이므로 해결책을 제시하기가 어렵고 개입의 효과성을 평가하기도 어렵다.

셋째, 치료자는 비지시적인 입장을 취해야 하므로 상담 중 어떤 제안이나 해석을 삼가야 한다. 하지만 치료자는 클라이언트가 제시하는 어떤 주제에는 관심을 보이고 어떤 주제에 대해서는 관심을 덜 나타내는 등 교묘하게 클라이언트를 유도하는 경우가 있다.

넷째, 로저스의 이론은 성격발달에 대한 자료를 제공하지 못한다. 또한 우울증이나 수치심과 같은 정서적 문제, 또는 유뇨증, 지나친 음주, 폭력행동 등과 같은 문제행동이 왜 일어나는지에 대해서도 설명하지 못한다.

CHAPTER

07

[developmental psychology]

욕구위계이론

학습목표

1. 욕구위계 5단계 학습
2. 매슬로우의 이론과 실제 비교 연구
3. 욕구위계이론의 적용 분야 탐색

학습내용

1. 욕구위계이론의 개요
2. 매슬로우의 생애와 사상
3. 주요 개념 및 특성
4. 인간 욕구 5단계

개요

욕구위계이론(hierarchy of needs theory)이란 인간의 욕구는 위계적으로 조직되어 있으며, 하위 단계의 욕구충족이 상위 계층 욕구의 발현을 위한 조건이 된다는 매슬로우의 동기이론을 말한다. 인간의 동기를 설명하는 데 가장 보편적으로 이용되고 있는 욕구위계이론은 매슬로우가 주장한 것으로, 이는 임상 실험에서 관찰된 대다수 사람들에 의해 소유되는 주요한 욕구들을 단계화함으로써 하나의 이론으로 발전시킨 것이다. 본 장에서는 매슬로우 욕구위계이론을 학습하고자 한다.

[developmental psychology]

CHAPTER 07 욕구위계이론

1. 욕구위계이론의 개요

매슬로우(A. H. Maslow)의 관점은 행동주의와 정신분석을 부정하는 입장으로서, 행동주의는 인간을 관찰 가능한 단순한 행동체계로만 취급할 뿐 가치관, 감정, 장래 희망, 행동의 선택, 창조성 등의 인간적 측면을 간과하고 있고, 정신분석은 신경증적 행동을 병리적으로 강조한 결과 건강한 성격의 발달을 다루지 못했다고 보았다(Maslow, 1968, 1970). 행동주의와 정신분석에 대한 반동으로 매슬로우는 탁월한 자기실현자들을 연구한 결과, 내적으로 잠재력을 완전히 실현한, 즉 자유롭고 건강하며 두려움 없는 사람이 사회에서 완전히 기능한다는 것을 발견하였다. 성장, 자기실현, 건강에 대한 열망, 정체감과 자율성의 추구, 향상을 향한 노력이 보편적인 인간의 성향으로 간주되었다(Maslow, 2013). 매슬로우는 유전이 성격발달에 중요한 역할을 수행하고 있으며, 유전구조 속에 잠재적인 재능이나 흥미가 결정 지워져 있다고 인정하였다. 그렇지만 이러한 유전적 토대 위에서 자기실현은 환경에 의해 결정된다는 것이다(이인정 · 최혜경, 2007: 272).

욕구위계이론(hierarchy of needs theory)이란 인간의 욕구는 위계적으로 조직되어 있으며, 하위단계의 욕구충족이 상위계층 욕구의 발현을 위한 조건이 된다는 매슬로우의 동기이론을 말한다. 인간의 동기를 설명하는 데 가장 보편적으로 이용되고 있는 욕구위계이론은 매슬로우가 1943년에 발표한 논문 「인간 동기의 이론」(*A theory of human motivation*)에서 주장한 것으로, 이는 임상 실험에서 관찰된 대다수 사람들에 의해 소유되는 주요한 욕구들을 단계화함으로써 하나의 이론으로 발전시킨 것이다. 인간의 욕구에 위계적, 계층적 질서가 존재한다는 의미를 담아 '욕구위계이론'이라고 하며, 창제자의 이름을 따서 '매슬로우의 욕구이론'이라고 부른다.

매슬로우의 욕구위계이론은 인간의 성장단계를 설명하는 발달심리학의 많은 이론과 맥을 같이한다. 매슬로우는 인간의 동기가 일반적으로 움직이는 양상을 묘사하기 위해 인간에게는 생리적 욕구, 안전의 욕구, 애정과 소속의 욕구, 존중의 욕구, 자아실현의 욕구 등 다섯 가지 욕구가 있다고 주장한다. 이러한 욕구들은 강도와 중요성에 따라 위계적 관계로 배열되어 있는데, 일단 하위욕구가 충족되면 유기체는 상위욕구를 추구하게 된다는 것이다. 예를 들어, 배고픔과 같은 강한 생리적 욕구를 가지고 있는 사람은 다른 어떤 욕구에 의해서도 동기화되지 않는다. 그러나 일단 이 욕구가 충족되면 그는 다음 단계의 욕구인 안전에 대한 욕구를 추구하게 된다. 그리고 안전에 대한 욕구가 충족되면 다시 세 번째 수준의 욕구로 옮겨가게 된다. 네 번째와 다섯 번째 욕구도 마찬가지이다.

매슬로우는 정신적으로 문제가 있거나 신경증적 기질을 가진 사람들보다는 대중에게 본보기가 될 만한 사람들, 이를 테면 아인슈타인(Albert Einstein, 1879~1955), 아담스(Jane Addams, 1860~1935), 루스벨트(Eleanor Roosevelt, 1884~1962)와 같은 모범적인 인물을 탐구함으로써 인간의 동기 양상을 살펴보았다. 구체적으로는 가장 건전하고 건강한 상위 1%의 학생 집단을 대상으로 연구를 수행했다. 매슬로우의 이론은 1954년 출간된 저서 『동기와 성격』(*Motivation and personality*)에서 완성되었다.

2. 매슬로우의 생애와 사상

매슬로우는 1908년 미국 뉴욕 브루클린(Brooklyn) 빈민가에서 출생하였다. 그의 부친은 유대계 러시아인으로 미국으로 이주하여 7형제를 두었다. 매슬로우는 그 중 첫째였다. 부친의 사업 성공으로 매슬로우는 뉴욕시립대학교(City University of New York)에서 법률 공부를 시작하였으나 1928년 위스콘신대학교(University of Wisconsin)로 옮겨 심리학으로 전공을 바꾸었다. 이때 할로우(Harry Frederick Harlow, 1905~1981)와 영장류 연구를 함께 하기도 하였다. 1934년 심리학 박사학위를 취득한 후 콜롬비아대학교에서 심

매슬로우
(Abraham H. Maslow, 1908~1970)

리학자 손다이크(Edward Lee Thorndike, 1874~1949)와 연구활동을 진행하였으며 이후 브루클린대학교에서 14년간 강의하였다.

매슬로우가 등장하기 전 심리학 진영은 과학적 행동주의자들과 정신분석학자들이 심리학을 주도하고 있었으며, 이에 완전히 다른 제3세력의 심리학인 인본주의 심리학이 매슬로우에 의해 주도, 창설되었다. 매슬로우는 기본적인 생리적 욕구에서부터 사랑, 존중 그리고 궁극적으로 자기실현에 이르기까지 충족되어야 할 욕구에 위계가 있다는 '욕구 5단계설'을 주장하였다.

인간의 욕구는 병렬적으로 열거되어 있는 것이 아니라 낮은 단계에서부터 충족도에 따라 높은 단계로 성장해가는 것이며, 낮은 단계의 욕구가 충족되지 않으면 높은 단계의 욕구는 행동으로 연결되지 않고 이미 충족된 욕구도 행동으로 이어지지 않는다고 보았다. 그러나 매슬로우가 주장한 인간의 욕구는 강도나 중요성에 따라 계층적으로 배열한 것이지 결코 행복 그 자체를 계층적으로 배열한 것은 아니다. 매슬로우에 의해서 '자아실현(self-actualization)'의 개념이 널리 알려지기 시작하였고, 자신의 운명이나 사명을 피하려는 인간의 성향을 '요나 콤플렉스(Jonah complex)'의 용어로 설명하고 있다. 1962년에는 캘리포니아 첨단기업 초청 연구원으로 재직 중 자아실현 개념을 기업환경에 적용하는 시도가 있었으며, 1968년 심리학협회 회장직을 맡았다. 1970년 심장마비로 사망하였다.

그의 저서에는 『이상심리학 원리』(*Principles of Abnormal Psychology*, 1941), 『인간의 동기와 성격』(*Motivation and Personality*, 1954), 『존재의 심리학』(*Towards a Psychology of Being*, 1968), 그리고 사후 출간된 『최상의 인간 본성』(*The Farther Reaches of Human Nature*, 1971) 등이 있다.

3. 주요 개념 및 특성

1) 인간관

인간의 행동에 대한 매슬로우의 기본 가정은 대부분의 인간 행동은 자신의 삶을 의미 있고 가치 있는 것으로 만드는 개인적인 목표를 달성하려는 욕구에서 비롯된다는 것이다. 이러한 욕구에 대해 매슬로우는 '자아실현의 욕구'라는 말을 썼는데, 이는 개인의 선천적이고, 긍정적인 가능성을 개발하고 성취시키려는 경향을 뜻한다(Bruno, 1977).

매슬로우는 인간의 가장 보편적인 특성은 창조성으로 보았다. 모든 인간은 태어날 때 창조성을 잠재적으로 가지고 있으나 문명화되면서 창조성을 잃게 되었다고 생각하였다. 그는 인간 행동의 연구에서 건전하고 창조적인 측면을 기초로 하였으며, 인간 행동이 자신의 욕구를 추구하려는 동기에서 나타난다고 보았다. 즉, 인간이 항상 무엇인가 다른 존재가 되려고 하는 과정 중에서 형성되어 가는 과정을 자아실현의 과정으로 보았으며, 인간본성의 고유한 것으로 간주하였다. 자아실현이란, 인간이 자신의 잠재력을 최대한 발휘하여 성격의 성숙을 포함한 자신의 성장과 발전을 기하며 자기가 원하는 사람이 되도록 하는 것이다. 성장, 자아실현, 건강에 대한 열망, 정체감과 자율성의 추구, 향상을 향한 노력이 보편적 인간의 성향으로 간주되었다. 매슬로우는 유전이 성격발달에 중요한 역할을 수행하고 있으며, 유전구조 속에 잠재적 재능이나 흥미가 결정 지어져 있다고 인정하였다. 그러나 자아실현은 유전적 토대 위에서 환경에 의해 결정된다고 하였다.

매슬로우의 인본주의적 성격이론의 기본적 전제는 세 가지로 정리될 수 있다(Maslow, 1943, 2013).

첫째, 각 개인은 통합된 전체로 간주되어야 한다.

둘째, 인간의 본성은 본질적으로 선하며, 인간의 악하고 파괴적인 요소는 나쁜 환경에서 비롯된 것이다(Maslow, 1970).

셋째, 창조성이 인간의 잠재적 본성이다.

2) 욕구

매슬로우는 다른 이론의 욕구 개념과 구별하기 위해 욕구를 두 가지 형태로 구별하고 있다(Maslow, 1968).

제1형태는 기본적 욕구 또는 결핍성의 욕구(deficiency need)를 말한다. 즉, 음식, 물, 쾌적한 온도, 신체의 안전, 애정, 존경 등의 욕구이다. 기본적 욕구 또는 결핍성의 욕구는 다섯 가지 객관적 특징과 두 가지 주관적 특징을 가진다.

① 결핍되면 병이 생긴다.
② 충족되어 있으면 병이 예방된다.
③ 충족시키면 병이 회복된다.
④ 자유롭게 선택할 수 있는 상황이라면 충족이 결핍된 사람은 우선적으로 그것을 충족하려고 한다.
⑤ 건전한 사람에게는 결핍성의 욕구가 기능적으로 존재하지 않는다.
⑥ 의식적 또는 무의식적 바람이다.
⑦ 부족감 또는 결핍감으로 느껴지게 된다.

매슬로우는 신경증이 결핍성 질환이라고 보았다. 즉, 기본적 욕구의 만족이 결핍되는 데서 신경증이 생긴다는 것이다. 대부분의 신경증은 안전, 소속과 동일시, 친밀한 애정관계, 존경과 위신에 대한 욕구가 충족되지 못한 것과 관련이 있다.

제2형태는 성장 욕구(meta need) 또는 자기실현 욕구(self-actualization need)이다. 자기실현 욕구는 잠재능력, 기능, 재능을 발휘하려는 욕구이다. 매슬로우는 결핍성의 욕구를 저변으로 하여 자기실현 욕구를 정점으로 하는 체계를 가정했다. 그는 성장 욕구도 결핍성의 욕구와 같이 선천적인 것이라고 보았다. 심리적 건강을 유지하고 완전한 성장을 이루려면 성장 욕구를 만족시켜야 한다. 그는 성장 욕구에 의해 동기화된 사람들이 진, 선, 미, 법, 질서, 정의, 완전을 추구한다고 보았다(Maslow, 1971).

3) 자아실현

매슬로우는 자기실현을 하는 사람은 평범한 사람들에 비해 그들을 움직이는 어떤 힘이 질적으로나 양적으로 다르다는 사실을 인식하였다. 이에 그는 자기실현에 대해 나름의 정의를 내린 후 그 정의에 맞는 사람들의 공통적 특성을 발견하고자 하였다. 그 결과, 자기실현자는 존재가치에 의해 동기화되는데, 성장동기로서 존재가치가 체험을 확장하고 삶을 풍부하게 하는 것으로 밝혀졌다. 또 하나의 공통적인 특성은 연령인데, 자기실현자는 중년 이상이라고 보았다. 젊은이들은 정체감이나 자율감이 강력하지 못하고, 아직 충분히 지속적인 사랑의 관계를 갖지 못하며, 자신이 헌신하고자 하는 사명을 발견하지 못하고 자기의 가치관이나 인내심, 용기와 지혜를 아직 충분히 발달시키지 못한다고 간주하였다. 즉, 중년기 이전에는 자아실현을 이루기가 어렵다. 성년기에는 에너지가 성욕, 교육, 직업경력, 결혼과 부모역할 등의 여러 방향으로 분산된다. 그리고 경제적 안정을 이루려는 노력은 상당한 양의 정신적 에너지를 소모하게 한다. 그러나 중년기에는 이러한 욕구를 대부분 충족하고, 이제 자아성숙을 향한 노력에 에너지를 할애할 수 있다(정옥분, 2015: 213).

자아실현자의 성격특성을 연구하기 위해 매슬로우는 자신의 재능을 최대한 살리고 자아실현을 이룬 것으로 생각되는 48명을 연구대상으로 삼았다. 그들은 학생, 지인, 유명한 역사적 인물(예, 링컨 대통령, 루스벨트 대통령의 부인, 토머스 제퍼슨 등)들로 생존해 있는 사람들에게는 면접, 자유연상 그리고 투사적 기법을 사용하였고, 이미 세상을 떠난 사람들의 경우는 전기와 자서전을 자료로 이용하였다.

이들에게서 나타난 성격특성은 다음과 같다(Maslow, 1943, 2013).

① 효율적인 현실 지각 : 자아실현자들은 사람과 사물을 객관적으로 지각한다. 즉, 자신의 소망, 감정, 욕망으로 인해 현실을 왜곡하지 않는다. 환경에 대한 분석이 객관적이고 거짓과 부정직을 감지하는 능력이 있다.

② 자신과 타인에 대한 수용 : 자아실현자들은 현실지각에 장애가 되는 죄의식, 수치심, 의심, 불안과 같은 부정적 특성이 없다. 자신을 있는 그대로 받아들이고,

죄책감을 느끼거나 방어적이지 않으면서 자신의 강점과 약점을 인정한다.

③ 자연스러움 : 자아실현자들은 가식 없이 솔직하고, 외현적인 행동뿐만 아니라, 내적 사고나 충동이 비교적 자연스럽다. 사회적 기준을 따르기도 하지만 사회가 기대하는 역할에 무관심하다. 자신의 가치관이 확고하기 때문에, 다른 사람들이 한다고 해서 모든 것을 따라 하지 않는다.

④ 문제중심적 : 자아실현자들은 자기중심적이 아니고 문제중심적이다. 자기중심적인 사람들이 자기평가에 많은 시간을 보내는 것과는 달리, 문제중심적인 사람들은 자신의 에너지를 과제나 문제에 집중하고, 자신의 목표를 매우 중요하게 생각한다.

⑤ 초연함 : 자아실현자들은 혼자 있기를 좋아하고, 홀로인 것에 개의치 않는다. 반면, 일반인들은 다른 사람의 존재를 필요로 하고, 혼자 있게 되면 다른 사람을 찾게 되는데, 이것은 소속의 욕구, 다른 사람으로부터 인정을 받으려는 욕구를 반영한다.

⑥ 자율성 : 자아실현자들은 자신이 속해 있는 사회적 환경으로부터 독립하여 자율성을 갖는다. 자율성은 결핍동기보다는 성장동기에 의해 유발된다.

⑦ 신선함 : 자아실현자들은 사람과 사물에 대한 인식이 구태의연하지 않고 신선하다. 다른 사람들에게는 시시하게 느껴지는 경험일지라도 자아실현자들은 즐거움과 황홀감을 느낀다. 이러한 느낌은 자연으로부터 올 수도 있고, 음악 또는 어린이들에게서도 느낄 수 있다.

⑧ 신비로운 경험 : 자아실현자들은 반드시 종교적인 것이 아니더라도 황홀한 기쁨을 경험한다. 이러한 절정경험을 하는 동안 자아를 초월하게 되고, 심오한 의식을 갖게 된다.

⑨ 인류애 : 자아실현자들은 인류에 대한 연민과 애정을 가지고 있다. 자아실현자들은 모든 인간에 대하여 강하고 열렬한 애정을 갖는다. 그들은 인류의 구성원으로서 인류 모두에게 형제애를 느낀다.

⑩ 깊고 풍부한 대인관계 : 자아실현자들은 대인관계가 피상적이지 않고 깊고 풍부

하다. 열렬히 사랑하고, 깊은 우정을 나누고, 대인관계가 보다 강렬하지만, 가까이 지내는 사람들의 범위는 넓지 않다.

⑪ 민주적인 성격구조 : 자아실현자들은 사회계층, 인종, 교육수준, 종교, 정치적 신념에 상관없이 모든 인간을 존중한다.

⑫ 수단과 목적의 구분 : 자아실현자들은 수단과 목적을 혼동하지 않는다. 많은 사람들이 편의주의에 근거해서 의사결정을 하지만, 자아실현자들은 아무리 좋은 목적이라도 수단이 도덕적으로 옳지 않으면 추구하지 않는다.

⑬ 철학적인 유머감각 : 자아실현자들은 다른 사람에게 상처를 주거나 어떤 특정한 사람을 놀림감으로 삼는 종류의 유머를 좋아하지 않는다. 그들의 유머는 폭소를 자아내기보다는 이해의 미소와 고개를 끄덕이게 하는 철학적인 유머이다.

⑭ 창의성 : 자아실현자들은 지혜롭고 창의적이다. 모차르트나 아인슈타인의 천재성에는 못 미치지만 독창적이며 혁신적이다. 그들의 창의성은 생각, 아이디어, 행동에서 어린아이같이 천진난만하고, 자발적이며, 신선한 것이 특징이다.

⑮ 문화에 대한 저항 : 자아실현자들은 자신의 문화를 대부분 인정하지만 무조건 동조하지는 않는다. 사회변화를 원하지만 청년기와 같은 반항의 의미를 갖는 것은 아니다.

매슬로우의 연구대상 중 대부분은 위에서 언급한 성격적 특성을 많이 소유하고 있었지만, 이들이 완벽하다는 것을 의미하는 것은 아니다. 오히려 매슬로우는 이들에게서 많은 단점을 발견하였다. 지루하고, 따분하고, 고집 세고, 허영심이 강하고, 분별없는 습관이 있는 경우도 있고, 때로는 죄책감과 불안감 및 경쟁심을 느끼기도 하고, 내적 갈등을 경험하는 것을 볼 수도 있었다. 그들은 가끔 놀라울 정도의 무정함도 보였는데, 이것은 친구에게 배신을 당했다고 느끼거나, 어떤 이가 정직하지 못하다고 느낄 때 나타났다. 이런 경우에는 얼음같이 차고 냉정하게 그 관계를 끝내버렸다.

매슬로우가 제시한 자기실현자의 특징을 갖도록 자기실현을 성취하는 사람은 극소수에 불과하다. 욕구 5단계의 피라미드에서 보듯이 자기실현은 피라미드의 꼭대기에 위치한 가장 작은 공간을 점유한다. 이는 자기실현이 인간의 모든 동기 가운데 가장 약한 것이며, 다른 동기나 환경의 지배를 받을 수 있음을 상징한다. 매슬로우는 사회의 표준적·전형적 행동에서 일탈하는 것이 문제가 아니라, 자기의 잠재능력이나 내적 본성으로부터의 일탈이 문제라고 강조한다. 더욱이 자기실현은 자기 자신을 알아야 한다는 조건이 전제된다. 사실 많은 사람들이 자신의 잠재력에 대해 모르므로 개인이 가진 잠재력의 성취는 새로운 착상과 경험에 개방적이어야 한다. 때로는 자신을 안다는 것이 위협적일 수도 있다. 또 시류에 맞서는 것은 큰 용기를 필요로 한다. 따라서, 자기실현은 가능하지만 자기실현자가 되기 위해서는 하위수준의 욕구들이 모두 충족된 사람이라야 가능하고 사회적 환경에 언론의 자유, 행동의 자유, 탐구의 자유, 자신을 방어할 수 있는 자유 등이 이미 부여되어 있어야만 한다(이인정·최해경, 2007: 281).

4. 인간 욕구 5단계

매슬로우는 인간의 욕구는 '우성 계층(hierarchy of prepotency)'의 순으로 배열되어 있다고 보았다. 즉, 어떤 욕구는 다른 욕구보다 우선권을 가진다는 것인데, 이러한 욕구의 위계적 계층은 고정되어 있다기보다는 상대적으로 나타나는 것으로서 하위계층의 욕구가 어느 정도 충족되면 상위계층의 욕구가 나타난다. 욕구 피라미드의 하단에 위치한 4개 층은 가장 근본적이고 핵심적인 욕구로 구체적으로는 생리적 욕구, 안전의 욕구, 애정과 소속의 욕구, 그리고 존중의 욕구이다. 이 네 가지 욕구는 충분히 충족되지 않거나 부족할 경우 문제를 일으킬 수 있기 때문에 매슬로우는 이들을 '결핍욕구(deficiency needs)', 또는 줄여서 'd - 욕구(d-needs)'로 명명했다. 이러한 기본적인 욕구가 충족되고 나서야 사람들은 부차적인 또는 상위단계의 욕구에 대해 강한 열망을 가지게 된다. 이러한 현상을 설명하기 위해 매슬로우는 기본적인 욕구충족을 넘어서 지속적인 성장을 위해 노력하는 사람들의 동기를 '상위 동기(meta motivation, 메타 동기)'라는 용어로 설명했다. 이와 같이 매슬로우는 인간의 동기가 작용하는 양상을 설명하기 위해 동기를 생리적 욕구, 안전 욕구, 애정과 소속의 욕구, 존중 욕구, 그리고 자아실현 욕구의 5단계로 구분했다.

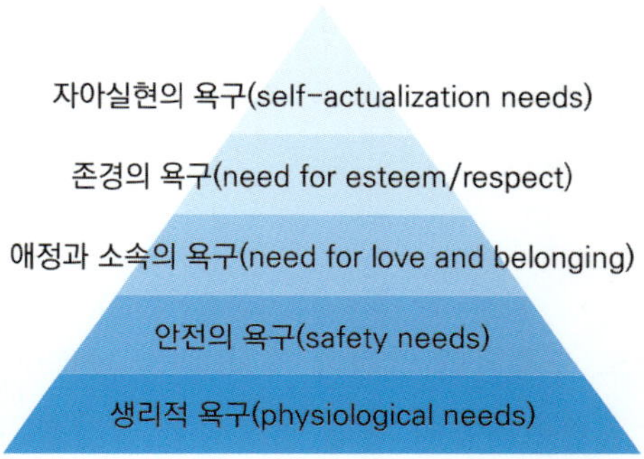

출처: Maslow(1943).

〈그림 7-1〉 매슬로우의 욕구위계

〈표 7-1〉 매슬로우 욕구위계의 특성

단계	욕구위계	특성
1단계	생리적 욕구	• 인간의 생존과 유지에 관련한 가장 강력한 욕구 • 음식, 물, 공기, 수면 등
2단계	안전의 욕구	• 질서 있고 안정적이며 위기, 불안, 공포에 대해 안전, 보호, 자유의 욕구
3단계	애정과 소속의 욕구	• 타인과의 친밀감, 애정에 대한 욕구 • 특별한 집단에 대한 소속 욕구
4단계	존중의 욕구	• 자신으로부터의 존중과 타인으로부터의 존경을 필요로 하는 욕구 • 자아존중의 자신의 힘, 가치, 적절함에 대한 확신
5단계	자아실현의 욕구	• 최상위 욕구로 자신의 모든 잠재력과 능력을 인식하고 충족시키고자 하는 욕구 • 모든 인간이 추구하는 욕구이나 소수의 사람들만 달성

출처: 표갑수 외(2016: 264).

1) 생리적 욕구

생리적 욕구(physiological needs)는 인간에게 나타나는 가장 기본적이면서도 강력한 욕구로 욕구 피라미드의 최하단에 위치한다. 인간 생존을 위해 물리적으로 요구되는 필수요소이기 때문에, 생리적 욕구가 충족되지 않으면 인간의 신체는 제대로 기능하지 못하고, 따라서, 적응적 생존이 불가능하게 된다. 음식, 물, 성, 수면, 항상성, 배설, 호흡 등과 같이 인간의 생존에 필요한 본능적인 신체적 기능에 대한 욕구가 생리적 욕구이다. 가장 기본적이면서 중요한 욕구이므로 다른 어느 욕구보다도 먼저 충족되어야 한다.

2) 안전의 욕구

생리적 욕구가 어느 정도 충족되면 안전의 욕구(safety needs)가 우위를 차지한다. 안전의 욕구는 두려움이나 혼란스러움이 아닌 평상심과 질서를 유지하고자 하는 욕구로, 안전의 위협을 느낀 사람들은 불확실한 것보다는 확실한 것, 낯선 것보다는 익숙한 것, 안정적인 것을 선호하는 경향을 보인다. 전쟁이나 자연재해, 가정폭력, 유아학대와 같이 개인의 물리적 안전이 보장되지 못할 경우 사람들은 '외상 후 스트레스 증후군(post traumatic stress disorder, PTSD)'을 경험할 수 있다. 경제 위기나 실업 등으로 인해 개인의 경제적 안전이 보장되지 못하면 사람들은 고용보장제도에 대한 선호, 고충처리제도(grievance procedure) 등과 같은 방식으로 안전의 욕구를 나타낸다. 현대사회에 서는 보험 가입, 종교 귀의 행위 등에서 안전의 욕구를 실현하는 모습을 볼 수 있다.

안전과 안정의 욕구는 다음과 같은 영역을 포함한다.

- 개인적인 안정
- 재정적인 안정
- 건강과 안녕
- 사고나 병으로부터의 안전망

3) 애정과 소속의 욕구

생리적 욕구와 안전의 욕구가 충족되면 대인관계로부터 오는 애정과 소속의 욕구(need for love and belonging)가 나타난다. 애정과 소속의 욕구는 사회적으로 조직을 이루고 그곳에 소속되어 함께하려는 성향으로 생존을 위해 무리를 지어 다니는 모습은 근본적으로 동물적 수준의 사회적 성향을 반영하는 것으로 볼 수 있다. 다시 말하면 사회적인 상호작용을 통해 전반적으로 원활한 인간관계를 유지하고자 하는 욕구를 말한다.

이 욕구는 특히 다른 발달단계보다도 애착이 중요한 어린아이에게서 강하게 나타나며, 심지어 학대 부모의 자녀에게서는 안전의 욕구보다 더 중요하게 나타나기도 한다. 폭력, 방만, 회피, 외면과 같이 애정과 소속의 욕구를 결핍시키는 요인이 나타나면 교우관계, 가족관계를 포함한 전반적인 사회적 관계를 맺고 유지하는 데 큰 장애를 형성할 수 있다.

매슬로우에 의하면, 인간은 누구나 규모가 크든 작든 사회집단에 소속되어 수용되고자 하는 욕구가 있다. 규모가 큰 사회집단의 예로는, 직장 동료, 종교 단체, 전문적 조직, 스포츠 팀과 같은 것이 있으며, 소규모 사회집단의 예로는 가족구성원, 연인관계, 멘토(mentor), 친구관계 등이 있다. 사람은 사랑하기를 원하고 다른 이에게서 사랑받기를 원한다. 많은 사람들은 사랑과 소속의 욕구가 결핍되었을 때, 외로움이나 사회적 고통을 느끼며, 스트레스나 임상적인 우울증 등에 취약해진다.

4) 존중의 욕구

모든 사람들은 존중받고자 하는 욕구(need for esteem/respect)를 갖고 있다. 존중은 타인으로부터 수용되고자 하고 가치 있는 존재가 되고자 하는 인간의 전형적인 욕구를 나타낸다. 사람들은 종종 어떤 훌륭한 일을 하거나 무엇을 잘함으로써 타인의 인정을 얻고자 한다. 이러한 활동은 사람들에게 자신이 가치 있다고 느끼거나 자신이 무언가에 기여하고 있다는 느낌을 갖게 해 준다.

이러한 존중의 욕구가 충족되지 않거나 욕구에 불균형이 생기면 사람들은 자아존중감(self-esteem)이 낮아지거나 열등감을 갖게 된다. 자아존중감이 낮아지면 사람들은 종종 명예나 영광과 같은 것들을 찾기도 한다. 그러나 명성과 같은 것들은 사람들이 스스로가 누구인지를 충분히 인정하고 내적으로 안정된 자아를 찾기 전까지는 진정한 자아존중감을 쌓는 데 도움이 되지 않는다. 우울증과 같은 심리적 불균형은 높은 수준의 자아존중감이나 자기존중을 형성하는 데 방해요소가 된다.

대부분의 사람들은 안정된 자아존중감을 갖기를 원한다. 매슬로우는 '낮은' 수준과 '높은' 수준이라는 두 종류의 존중감을 이야기한다. '낮은' 수준의 존중감은 타인으로부터 존중받고자 하는 욕구이다. 이는 지위나 인정, 명성, 위신, 주목에의 욕구와 같이 외적으로 형성된 존중감이다. '높은' 수준의 존중감은 자기존중(self-respect)에 대한 욕구이다. 이를 테면, 사람들은 강인함, 경쟁력, 어떤 것의 숙달, 자신감, 독립성, 또는 자유와 같은 가치를 갖고자 한다. 이러한 높은 수준의 존중감은 낮은 수준의 존중감보다 우위에 있는데, 그 이유는 높은 수준의 자기존중은 경험을 통해 형성된 내적인 자기경쟁력을 갖게 해 주기 때문이다.

그러므로 존중 욕구의 두 가지 측면이 결합되어야, 즉 스스로가 자신을 중요하다고 느낄 뿐 아니라, 다른 사람으로부터도 인정을 받아야 비로소 궁극적인 의미에서 존중의 욕구가 충족되었다고 볼 수 있다. 존중에의 욕구가 결여되었을 때 사람들은 열등감, 나약함, 무력감과 같은 심리적 불안정에 시달릴 수 있다.

5) 자아실현의 욕구

욕구 피라미드의 최상부에 위치한 자아실현의 욕구(self-actualization needs)는 각 개인의 타고난 능력 또는 성장 잠재력을 실행하려는 욕구라 할 수 있다. 자아실현 욕구는 자신의 역량이 최고로 발휘되기를 바라며 창조적인 경지까지 자신을 성장시켜 자신을 완성함으로써 잠재력의 전부를 실현하려는 욕구이다.

매슬로우는 앞선 4개의 욕구가 충족되지 않았을 경우에 생긴 긴장을 해소하려는 방향으로 욕구 해소의 동기가 작용하는 반면, 자아실현 욕구는 결핍상태에서 출발하는 것이 아니라 성장을 향한 긍정적 동기의 발현이라는 점에서 바람직하고 성숙한 인간 동기라고 주장한다. 자신이 원하는 바를 이루고자 하는 욕구는 때로 한계에 부딪히지만 이를 극복하면서 더욱 분발하는 것을 뜻하며, 매슬로우는 이러한 자아실현의 욕구를 가장 인간다운 욕구로 중요하게 본다.

자아실현의 욕구는 사람마다 다르게 구현되며 구체적으로 나타난다. 이를 테면, 어떤 사람은 이상적인 부모가 되는 것으로 자아실현을 이룩하고자 하며, 다른 사람은 화가가 되거나 가수가 되는 것이 궁극적으로 자아실현을 이루는 것이라고 생각한다. 중요한 것은 이러한 방향이 자기 내면의 경험을 기반으로 반추하면서 내재적 동기가 중심이 되어 이루어져야 한다는 것이다. 따라서, 자아실현 여부는 목표 달성이라는 측면보다는 자아실현자의 특징을 기준으로 개인이 얼마나 이런 특성을 경험하느냐를 가지고 가늠할 수 있을 것이다.

한편, 매슬로우에 따르면 자아실현의 욕구는 모든 사람들이 경험하는 것이 아니라, 하위단계 욕구가 충족된 다음에 나타난다고 보았다. 매슬로우의 표현에 따르면, 이 단계의 욕구를 이해하기 위해서는 한 사람이 이전 4단계의 욕구가 충족되어야 할 뿐 아니라 욕구에 대한 숙달도 역시 높아야 한다.

5. 평가

매슬로우의 욕구단계는 5단계로 시작하였으나 존중의 욕구와 자아실현의 욕구 사이에 '인지적 욕구(cognitive needs)'와 '심미적 욕구(aesthetic needs)'를 추가하여 7단계로 수정했다. 그리고 말년에 '초월 욕구(transcendence needs)'를 주장하며 이를 자아실현의 욕구 위에 놓음으로써 자기 초월을 가장 높은 단계의 동기 또는 인간 삶의 완성이라고 주장하였다.

1943년에 제시된 매슬로우의 욕구위계이론과 욕구 피라미드는 행동과학에서 인간의 동기를 설명하는 인지적으로 가장 영향력 있는 이론 중 하나였다. 매슬로우가 주장한 욕구위계이론은 인간의 동기를 설명하는 기본적이고 보편적인 모형을 제시했다는 점에서 큰 의의가 있다. 그러나 욕구 피라미드에 포함된 각 욕구를 바라보는 관점에서 학자들의 이견이 제기되면서 매슬로우의 욕구위계이론은 여러 비판에 직면했다.

1) 보완

(1) 앨더퍼의 보완

앨더퍼(Clayton P. Alderfer)의 ERG(existence, relatedness and growth) 이론은 1969년 *psychological review*에 실린 논문 「인간 욕구에 대한 새로운 이론의 실증 분석」(an empirical test of a new theory of human need)의 모델이다. 매슬로우의 욕구계층(hierarchy of needs)에 대하여, 앨더퍼는 인간 욕구를 노동자의 행동에 영향을 미치는 세 가지, 곧 존재, 관계 및 성장이라는 3단계(ERG)로 축소한 것이다.

첫째, 존재욕구(existence needs)는 허기, 갈증, 거처 등과 같은 모든 형태의 생리적·물질적 욕망들이다. 이는 인간의 생존을 위하여 필요로 하는 욕구로서 가장 기본적인 동기라 할 수 있다. 즉, 인간의 생존에 기본적으로 필요한 음식, 안전 등을 나타내는 개념이다. 따라서, 존재욕구는 신체적 안녕, 복지를 유지하기 위해 본질적으로 필요한 생리적 욕구와 안정의 욕구를 포함하는 것이다. 이는 매슬로우 이론의 생리적 욕구와 안전의 욕구에 대응되는 욕구이다.

둘째, 관계욕구(relatedness needs)는 개인이 주변 사람들과 의미 있는 인간관계를 형성하고 싶은 욕구를 말한다. 예를 들어, 가족구성원, 감독자, 공동작업자, 하위종업원, 친구 등과 같은 타인과의 관계와 관련되는 모든 욕구이다. 따라서, 상호가능의 수용과 이해 및 영향 등 관련 과정의 요소가 되고 있으며 동시에 이들 요소들은 할당과정과 상호 간의 감정에 의존하게 된다. 매슬로우의 세 번째 욕구인 '애정과 소속의 욕구'에 대응되는 욕구이다.

셋째, 성장욕구(growth needs)는 개인의 잠재력 개발과 관련되는 욕구, 내부적 평가와 자아실현의 욕구를 말한다. 예를 들어, 창조적·생산적이 되고 있는 욕구, 의미 있는 일을 하고 싶은 욕구이다. 이 욕구는 창조적 성장이나 개인적 성장과 관련된 모든 욕구를 포괄한다. 즉, 한 개인이 자기 능력을 최대한으로 이용할 수 있을 뿐만 아니라, 새로운 능력개발을 필요로 하는 일에 종사함으로써 욕구충족이 가능한 것이다. 매슬로우의 네 번째 욕구인 '존중의 욕구', 다섯 번째 욕구인 '자아실현의 욕구'에 대응되는 욕구이다.

이와 같이 앨더퍼는 인간의 욕구를 단계별로 분류하고 단계에 따라 욕구가 발현한다고 보는 관점에서는 매슬로우와 같은 입장을 취하고 있다. 그러나 ERG이론은 매슬로우의 이론에 대한 비판을 해소하려는 접근이기에 다음과 같은 차이점을 지니고 있다.

첫째로, 매슬로우의 욕구이론은 하위욕구가 만족될수록 더 상위의 욕구로 진행된다는 입장을 취하지만, ERG이론은 이에 덧붙여 고차원의 욕구가 만족되지 않거나 좌절되는 경우에는 저차원의 욕구를 중요시하면서 이를 더욱 만족시키려는 행동을 취한다고 보았다. 즉, 매슬로우의 욕구이론은 욕구단계 간 진행방향을 '만족—진행(satisfaction-progression)' 측면만 제시한 반면, 앨더퍼의 ERG이론은 만족—진행의 방향성과 더불어 '좌절—퇴행(frustration-regression)'의 요소도 포함한 것이다.

둘째로, 매슬로우의 욕구이론이 동시에 발생하는 인간의 욕구에 대한 설명은 생략한 반면, 앨더퍼는 한 가지 이상의 욕구가 동시에 작용할 경우, 이것이 복합적으로 하나의 동기 유발 요소가 될 수 있음을 주장했다는 점에서 좀 더 현실적으로 욕구의 발로를 설명했다.

앨더퍼의 ERG이론은 매슬로우의 이론보다 욕구진행에 있어 유연성을 높였다. 이 이론은 이론의 기반을 조직의 실제를 다른 현장 연구에 두었다는 점에서 중요한 의의가 있다. 앨더퍼는 주로 설문지 기법을 사용하여 직장이나 대학 등의 조직생활에 직결된 욕구체계를 상관연구방법을 사용하여 실증적으로 연구하였다. 앨더퍼의 ERG이론은 욕구위계이론의 설명력과 경험적 타당성을 개선하기 위하여 체계화된 것이라 볼 수 있다.

(2) 현대적 관점의 욕구위계이론

매슬로우는 주요한 다섯 가지 욕구에 관한 인간의 동기를 내재되어 있는 것, 전 세계적으로 보편적으로 주어진 것으로 상정하는 입장을 취했다. 최근의 연구에서는 진화론, 생물학, 인류학, 심리학 등의 다양한 학문을 바탕으로 욕구이론을 설명하려는 새로운 시도가 이루어지고 있다. 욕구 피라미드에 관한 가장 최근의 연구는 켄릭(Kenrick et al., 2010)이 발표한 것으로 매슬로우의 욕구이론을 새로운 시각으로 조명했다. 이들은 매슬로우가 제시한 생리적 욕구, 안전의 욕구, 존중의 욕구 등과 같은 기본적인 욕구들은 그대로 보존하되, 인간의 욕구를 설명하는 데 있어 생물학적·진화론적 시각을 덧붙였으며 욕구 간 관계에 대한 논의를 매슬로우와는 달리했다는 점에서 의의가 있다.

이들이 재구성한 욕구 피라미드는 다음 그림과 같다.

출처: Kenrick et al.(2010).

〈그림 7-2〉 욕구 피라미드220

피라미드의 형태와 모양을 보면 알 수 있듯이 이들은 매슬로우의 욕구이론과 비슷하면서도 근본적으로 다른 입장을 취한다. 먼저 자아실현을 제외한 나머지 모든 욕구는 피라미드의 하단부에 그대로 존재한다. 그러나 켄릭(Kenrick et al., 2010)은 인간의 가장 궁극적인 목표는 자아실현이 아니라 배우자를 만나 자녀를 낳고 양육하는 번식

(reproductive) 측면에 있다고 주장한다. 다시 말해서, 인간 행동의 진화론적인 메커니즘을 강조하는 이들의 시각이 잘 나타난 논의라고 할 수 있다. 또한 각 욕구단계가 단절되고 독립적인 형태를 취하는 매슬로우의 피라미드와 달리 이들의 피라미드는 하위욕구가 상위욕구에서도 중첩되어 나타나며 여전히 영향력을 미치고 있음을 보여 준다.

2) 공헌

인간발달에 대한 매슬로우의 지대한 공헌은, 그가 정상적이고 건강한 사람들을 대상으로 연구하여 인간의 긍정적인 성장능력을 제시했다는 점이다. 매슬로우는 심리학이 인간의 장점보다 약점에 초점을 맞춘 나머지 염세적이고 부정적인 면을 지나치게 부각시켜왔다고 생각하였다. 매슬로우는 심리학에서 고통이나 갈등, 수치심, 적개심보다는 사랑, 행복, 충만, 안녕 등을 강조해야 한다고 주장하였다. 그는 지금까지 심리학이 어둡고 병적인 면에만 치중했다고 비판하면서, 나머지 반쪽, 즉 밝고 희망찬 면을 강조하고 건강한 인간의 모습을 제시하고자 노력하였다.

매슬로우는 미국 심리학계의 인본주의 운동의 중심인물이었는데, 미국 심리학의 제3세력으로 불리는 인본주의 심리학은 제1세력인 행동주의와 제2세력인 정신분석학에 대한 대안을 제시했다는 평가를 받는다. 인본주의 이론은 행동주의가 인간의 삶에 풍요로움과 존엄성을 주는 요소들을 지나치게 간과한다고 하여 반대하며, 정신분석학의 염세적 비관론과 절망에 대해서도 반대해왔다. 인본주의 이론은 인간에 대해 보다 희망적이고 낙관적인 이론이다.

매슬로우는 자신의 잠재력을 충분히 실현시킨 사람들을 대상으로 연구한 결과, 자아실현인의 특성을 기술하였는데, 이들의 특성은 동양심리학에서 말하는 이상적 인간상과 매우 유사한 것이다. 따라서, 매슬로우는 동양심리학과 서양심리학의 접근법의 차이를 상당히 좁혔다는 평가를 받는다.

한편, 인본주의 심리학은 비과학적이라는 지적을 받고 있다(Hall & Lindzey, 1978). 심지어 어떤 비평가들은 인본주의 심리학은 과학적 심리학이라기보다는 오히려 현세적 종교의 성격이 강한 것이라고 주장한다. 또 다른 비평가들은 심리학의 경험적 기초에 대한 인본주의자들의 공헌은 그들의 사색적이고 영감적인 저서와 어울리지 않는다고 믿는다. 어떤 심리학자들은 인본주의자들이 아직 가설적인 것을 기정사실로 받아들이는 것과 이데올로기를 혼동하는 것 그리고 과학적 연구 대신에 수사학(rhetoric)을 대용하는 것 등을 비판한다. 그러나 매슬로우로 대표되는 인본주의 심리학에 대한 이러한 비판에도 불구하고, 그것이 오늘날 인간의 주요 관심사를 다루고 있기 때문에 이 이론에 매력을 느끼는 사람들이 많다.

3) 비판

대표적인 비판은 롤러와 서틀(Lawler & Suttle, 1972)이 제시한 것으로, 욕구수준은 5단계로 세분화되어 나누어지기보다는 낮은 수준의 생물학적 욕구(biological needs)와 높은 수준의 욕구가 포함된 전체적인 수준의 욕구(global needs)로 구분된다는 것이다. 특히, 낮은 수준의 욕구는 만족과 중요도를 측정했을 때 부정적 상관관계가 있는 것으로 나타났다. 즉, 만족이 증가함에 따라 해당 욕구의 중요성이 낮아진다는 것이다. 또 다른 비판은 개인의 욕구가 정적인 맥락(static context)이 아닌 동적인 맥락(dynamic context)에서 설명되어야 한다는 것이다. 개인의 욕구는 욕구가 발현되는 다양한 상황에서 끊임없이 변화하여 나타나고, 때로는 각 욕구가 상호작용하며 나타나기도 하는데, 매슬로우의 욕구위계이론은 각 욕구의 동태적인 모습을 설명하지 못했다는 점에서 한계가 있다. 또한 동시에 발생할 수 있는 욕구에 대한 설명도 부족하다는 점이 비판을 받았다.

매슬로우의 욕구위계이론에 대한 비판은 다음과 같다(이우언 외, 2017: 270).

첫째, 매슬로우의 이론은 연구방법에서 비판을 받고 있다. 자아실현에 관한 정보를 수집하는 방법에서 자료를 이끌어내기 위한 표본이 연구의 결과를 일반화하기에 어려울 정도로 모집단에 비해 너무 적으며, 실험 자료의 해석과 전기적 자료의 분석방법이 불명확하다는 것이다.

둘째, 그는 건전하고 창조적인 인간을 너무 강조하여 인간 행동에서 내면적 측면과 환경과의 상호작용을 간과하고 있다. 또한 인간욕구의 우선순위가 사람에 따라 다양성을 보일 수 있기 때문에 욕구의 단계가 순서적으로 일어난다고 볼 수는 없다.

셋째, 그의 이론에서 사용되고 있는 성장욕구, 절정경험, 자아실현 등과 같은 개념들은 명료성이 부족하고 모호한 점이 많다는 것이다. 또한 자아실현의 욕구가 학습된 것이 아니라 선천적인 것으로 보기에는 어려움이 있다.

CHAPTER

08

[developmental psychology]

성격발달이론

학습목표

1. 융의 사상과 프로이트 이론과의 비교
2. 분석심리학에 대한 학습
3. 성격발달단계 학습

학습내용

1. 분석심리학의 개요
2. 융의 생애와 사상
3. 주요 개념 및 특성
4. 성격발달단계

개요

융의 이론은 무의식에 강조점을 두었다는 점에서 정신분석이론과 유사하지만 인간에 대한 관점은 매우 뚜렷한 차이를 보인다. 융의 이론에서 인간의 행동은 개인적인 것과 종족의 역사(인과론), 목적, 욕망(목적론)에 따라 좌우된다고 보기 때문에 결국 실재했던 과거와 가능성을 지닌 미래가 동시에 인간의 현재 행동을 이끈다는 것이다. 본 장에서는 융의 성격발달이론을 학습하고자 한다.

[developmental psychology]

CHAPTER 08 성격발달이론

1. 분석심리학의 개요

1913년의 어느 강연에서 융(c. Jung)은 자신의 이론을 '분석심리학(Analytical Psychology)'이라고 명명했다. 이는 프로이트의 '정신분석학'이나 블로일러(Eugen Bleuler, 1857-1937)의 '심층심리학(depth psychology)'과 대비되는 개념이었다. 분석심리학은 무의식을 개인무의식과 집단무의식으로 나누고, 집단무의식 속에 고태형을 가정한다. 꿈이나 신화의 분석을 통하여 무의식적인 내용을 의식화하는 과정을 중시하였다. '융 심리학'이라고도 불린다. 프로이트로부터 무의식의 중요성에 대해 영향을 받은 융은 무의식의 개념을 확장하여 체계적 이론을 구축하였다.

분석심리학은 인간 정신의 구조를 의식과 무의식으로 구분하며, 나아가 무의식을 개인무의식과 집단무의식으로 세분화한다. 먼저 의식은 자아(ego)에 의해 지배되는 부분으로, 인간이 자신을 외부에 표현하고 외부 현실을 인식하는 기능을 한다. 개인이 자신의 의식을 능동적으로 외적 세계에 초점을 맞추는 경향을 '외향성'으로 칭하며, 내적 주관적 세계로 향하는 성향을 '내향성'이라고 한다. 융은 우리 모두가 두 가지 상반되는 태도를 가지고 있으며, 하나의 지배적인 경향에 따라 우리의 성격 및 태도가 달라진다고 보았다. 의식이 외부세계를 인식하는 방식은 감각과 직관으로 구성된 비합리적 차원, 그리고 외부세계를 판단하는 방식은 사고와 감정으로 구성된 합리적 차원으로 나뉜다. 융은 심리적 태도와 의식의 기능을 조합하여 여덟 가지 심리적 유형을 정리하였다. 융의 성격유형이론을 근거로 하여 브릭스(Katharine C. Briggs)와 그의 딸 마이어스(Isabel B. Myers)가 고안한 '자기 보고식 성격유형검사(Myers-Briggs Type Indicator, MBTI)'가 있다.

발달 개념은 융 이론의 핵심이었음에도 불구하고, 그는 초기 아동기 발달에는 거의 관심이 없었다. 그 대신 그는 삶을 두 기간으로 나누어 생각했다. 전반부는 세상에서 자신의 자리를 확립하고 직업을 갖고, 배우자를 선택하고, 가치관을 확립하고, 흥밋거리를 발견하는 기간인 반면, 후반부는 주로 죽음에 직면하기 전에 수행해야 할 개성화라는 과제와 관련되어 있다. 개성화란 생애 전체에 걸친 과정으로서, 개인이 심리적으로 분할할 수 없는 개별적인 존재 또는 전체(whole)가 되는 것을 말한다(Jung, 1961). 개성화는 원래의 구조 안에 잠재된 가능성을 의식에서 사용할 수 있게 하고, 긴장 안에 내재된 상반된 요소들을 서로 화해시키거나 조절할 수 있게 하는 과정이다. 이상적일 경우, 개성화는 개인으로 하여금 자기 성격의 전체 잠재력을 실현할 수 있게 하고, 순조롭게 기능하는 원만한 인격의 소유자가 되게 한다. 융에 따르면, 개성화는 보편적인 인간 과정이며, 인류는 상징, 종교 제도와 의례 등을 통해서 이 개성화 과정에서 발생하는 심리적 문제를 다루어 왔다.

프로이트학파의 개념과 융학파의 개념들 중에는 서로 중복되는 것들이 있다. 콤플렉스 개념과 리비도의 방향이 내부로 향하느냐 외부로 향하느냐의 문제인 내향(introversion)과 외향(extroversion) 개념은 융이 정신분석학파에 속해 있는 동안 제안한 것이지만, 나중에 그는 집단무의식의 개념을 확장하면서 이 개념들의 범위를 확장시켰다. 아니마와 아니무스, 페르소나, 원형, 자기, 그림자 등의 개념들은 분석심리학의 주요 개념들이지만, 이것들이 프로이트학파의 개념들과 관계가 있음이 분명하다. 예를 들어, 아니무스와 아니마 개념은 프로이트가 관찰한 보편적 양성 개념을 확장한 것으로 볼 수 있다.

융 심리학의 집단무의식과 원형의 개념은 신화학이나 민속학, 종교학이나 문화인류학의 연구자에게 큰 영향을 주었다. 취리히의 융 연구소가 주최한 에라노스 회의(Eranos Conference)에서 심리학, 종교학, 신화학, 민속학 등의 다양한 연구자가 출석해 발표된 논문은, 학제적인 연구 성과로서 의미를 가졌다. 신화학자 컬 케레니, 종교학자 미르체아 엘리아데 등은 융 심리학에서 대부분을 배웠다. 일찍이 융의 환자인 헤르만 헤세(Hermann Hesse, 1877~1962)도 출석했다고 한다.

2. 융의 생애와 사상

융
(Carl Gustav Jung,
1875~1961)

융은 1875년 스위스 바젤(Basel)에서 출생하였다. 그의 집안은 의사와 종교인이 많았으며, 바젤에서 명망 있는 집안에 속했다. 융의 할아버지는 의사였으며, 바젤대학교 의과대학 학장을 지냈다. 외할아버지는 바젤 지역의 프로테스탄트목사협회 회장을 지냈다. 그의 부친은 스위스 프로테스탄트 교회의 목사였고 경제적으로는 어려운 형편이었다. 어머니는 독실한 기독교 신자로 건강이 좋지 않았다. 어머니가 요양원에 자주 머물면서 융은 어려서부터 혼자서 시간을 보내는 일이 많았다. 1895년 아버지가 사망한 이후 어머니의 병세가 호전되면서 어머니의 관심과 영향 속에서 성장하였다. 하지만 가정형편이 어려워 자신이 돈벌이와 학업을 병행해야만 했다.

청년기에는 바젤 후마니스티셰스 김나지움에서 그리스어와 라틴어를 공부하였다. 이 시기에 아버지가 정신병원 상담 목사로 활동하면서 정신분석에 관심을 가지게 되었다. 1895년 바젤대학교 자연과학부에 입학하여 해부학, 생물학 등 의학공부에 필요한 과정을 배웠으며 정신의학을 전공분야로 선택했다. 융은 그가 정신의학을 선택하는 데 가장 큰 영향을 미쳤던 것은 에빙(Kraft-Ebbing)의 저서들이라고 회고했다. 1900년 12월 졸업한 후 취리히대학(The University of Zurich) 부속 부르크횔츨리 정신병원(Burghölzi Asylum)의 블로일러(Eugen Bleuler, 1857~1939) 교수를 보조하는 보조의사이자 연구원이 되었다. 이 시기에 활발하게 정신의학을 연구하였다. 한편, 1903년 IWC 상속녀인 엠마 라우셴바흐와 결혼하였으며 엠마는 그의 비서이자 연구를 돕는 내조자로 충실하게 역할을 하였다.

1904년경 정신병 환자를 치료하기 위해서 정신분석의 유효성을 인식하고 단어를 통한 연상실험을 창시하였다. 그는 단어연상법으로 프로이트가 『꿈의 해석』을 통해서 제기한 억압된 것, 즉 억압이론을 입증하고, 그것을 '콤플렉스(Complex)'라고 이름

붙였다. 1906년 조현병(정신분열병)의 증상을 이해하는 데에 정신분석이 유효하다는 것을 증명하였다. 1907년 융은 오스트리아 빈에 살고 있는 프로이트를 찾아가 교류하면서 서로의 연구에 공감하며 친분을 나누게 되었고, 자신의 연구업적들에 의해 프로이트의 두터운 신뢰와 인정을 받게 되었다. 이후 콤플렉스라는 개념은 정신분석학과 심리학에서 사용하게 되었고, 융과 부르크횔츨리 정신병원(Burghölzi Asylum)은 세계적인 명성을 얻기 시작했다. 1908년 4월 오스트리아의 잘츠부르크(Salzburg)에서 개최된 최초의 국제정신분석학회 제창자가 되었으며, 이 회의에서 발행하기로 결정한 기관지 『정신분석학 · 정신병리학 연구연보』의 편자로 뽑혔다. 1909년에는 미국 보스턴 클라크대학(Clark University)의 초청을 받아 프로이트와 함께 미국을 여행하였다. 그러나 그 후 그는 '리비도(Libido)', 성본능 · 성충동의 개념을 성적이 아닌 '일반적인 에너지'라고 하였기 때문에, 프로이트와 의견이 대립되어, 1914년에 정신분석학회를 탈퇴하고, 그 이후 자신의 심리학(분석심리학)을 수립하는 데 노력하였다. 그의 심리학은 신비적인 색채를 지니고 있는 데다 난해하였기 때문에, 심리학 일반에 대해서는 영향을 끼치지 못하였으나 인간의 유형을 외향형과 내향형으로 나눈 유형론(Typology)은 그의 큰 공적이다. 융은 1961년 6월 6일 색전증으로 자택에서 사망했다. "부르든 부르지 않든, 신은 존재할 것이다."라고 융의 묘비에 적힌 문구는 언젠가 그가 인터뷰에서 한 말을 상기시킨다. '신을 믿느냐'는 질문을 받자, 융은 이렇게 대답했다. "나는 그분을 믿는 게 아니라, 그분을 압니다."

융은 이미지로서 나타난 집합적 무의식의 내용을 이해하거나 그것에 접근하기 위해 옛날이야기, 신화학, 문화인류학, 종교학 등을 학제적으로 연구하였다. 특히, 연금술은 융이 생각하는 개성화에 있어서 중요한 모델이 되었다. 나중에 융과의 작업이 제시하고 있는 바와 같이 정치도 집합적 무의식의 작용으로서 고찰의 시정에 포함시킨 것이다. 또한 역으로 융 심리학은 신화학이나 종교학 분야의 연구에 큰 영향을 미쳤다.

대표적인 저서에 『변용의 상징』(1914~1952), 『심리유형론』(1920), 『심리학과 연금술』(1944~1951) 등이 있다.

3. 주요 개념 및 특성

융의 이론은 무의식에 강조점을 두었다는 점에서 정신분석이론과 유사하지만 인간에 대한 관점은 매우 뚜렷한 차이를 보인다. 융의 이론에서 인간의 행동은 개인적인 것과 종족의 역사(인과론), 목적, 욕망(목적론)에 따라 좌우된다고 보기 때문에 결국 실재했던 과거와 가능성을 지닌 미래가 동시에 인간의 현재 행동을 이끈다는 것이다.

융의 성격이론의 주요 개념을 살펴보면 다음과 같다(최옥채 외, 2015: 48 재인용).

1) 인간관

분석심리학에서 보는 인간에 대한 이해나 관점은 전인적이며 총체적인 관점이다. 융은 성격발달이 전 생애를 걸쳐 발달하며 타고난 정신적 소인도 후천적으로 변할 수 있다고 본다. 프로이트가 인간을 불변적 존재로 보았다면, 융은 가변적 존재로 삶의 과정을 통하여 변화 가능하다고 본다. 융은 의식을 통해서 다양한 경험과 사고의 확장으로 무의식의 동기나 갈등, 문제들도 해결할 수 있다고 본다. 인격의 발전을 위한 자기인식은 자기인생에 의미를 주며 성격을 형성해 가는 길이며, 세계관을 형성하는 길이다. 감정도 의식화됨으로써 세련된 감정으로 변형될 수 있다. 감정기능이 독립하여 합리적 판단력으로 작용하는데, 감정생활이 통일성이 있고 안정적이며 적절하게 표현되어 타인과의 관계에서 아름다운 감정의 교류가 이루어진다.

프로이트가 인간의 병리문제를 인과관계로 과거에 초점을 두고 풀려고 했다면, 융의 방법은 대상을 종합적으로 다루어 심리적 균형을 세우며 의식과 무의식정신의 양극 사이를 현재의 상황으로 통합하므로 미래를 지향한다. 융은 인간의 갈등은 조화를 이루고 있는 인간의 심리 속에서 혼란이 생겨서 나타나는 결과로, 의식과 무의식의 균형을 이루지 못하거나 전체심리를 구성하는 개인적 요소와 집단적 요소 사이에 혼란이 생길 때 발생한다고 보았다. 따라서, 융은 갈등의 문제를 상황 속에서만 보지 않고 갈등을 전체 속에서 '현재의 의미'로 해석하려고 한다. 동일한 갈등이나 문제라도 개인에 따라서, 의미부여는 다르고 방법도 다르게 접근하는 것이다.

융의 인간관은 다음과 같다(강기정 외, 2015: 59).

① 인간은 미래지향적인 목표와 성장지향주의적 존재이다.

② 인간은 변화 가능하며 창조적이며 긍정적인 측면이 있다.

③ 인간은 생체 - 심리 - 사회적 총체적이며 전인적이며 조화를 이루는 존재다.

2) 성격심리학

성격심리학(personality psychology)이란 성격을 기술·설명하고 성격의 형성과정, 성격의 분류·진단·측정방법 등을 연구하는 심리학의 분야이다.

성격을 영어로 표현하면 캐릭터(character)와 퍼스낼리티(personality)가 된다. 이 두 가지는 어떠한 차이가 있는가? 이들은 같은 의미로 쓰일 때도 있지만 풍기는 의미가 조금은 다르다. character는 원래 그리스어로 '새겨 넣은 것' 또는 '새겨진 것'을 의미하며, 우리말로 '인격' 또 '품성'으로 번역되고 있다. character는 흔히 어떤 생활양식이나 생활태도가 성숙하고 고정된 성인이나 집단에 대해서 쓰이며, 또한 인간의 사고, 감정, 행동의 양식을 결정하는 도덕적인 면이 강조된 개념을 나타내고, personality는 사회적·개인적 관계에서의 행동양식을 결정하는 정적인 면이 강조된 개념이다. personality의 어원은 라틴어 페르소나(*persona*)로 연극에서 사용하는 가면에서 유래되었다. persona는 어떤 사람의 참모습이라기보다는 배우가 가면을 쓰고 무대에서 연극하듯이 사람들이 공적으로 보여주는 외관이다. 개인이 사회생활을 하면서 2차적으로 맺게 되는 인간관계 속에서 나타나는 얼굴이라는 뜻이다. 즉, character가 도덕적·윤리적 면에서 개인의 성질을 강조한다면, personality는 대인관계에 있어서의 행동·사고·감정의 기초가 되는 신체적·정신적·감정적 특징을 나타낼 때 사용하고 있다(김보기 외, 2017: 162).

사람들은 살아가면서 다양한 관계를 맺는데, 그 과정에서 성격이라는 요소가 큰 역할을 한다. 성격은 학문적으로 정의가 확립되지는 않았다. 수많은 학자들이 성격을 측정하기 위해 측정방법을 연구·개발했는데, 성격은 유전과 환경의 영향을 받아 형성된다고 보고 있다. 사람마다 부모에게서 받는 유전자가 다르고 지낸 환경이 다르기 때문에 개개인의 성격은 다 다르다(이주희 외, 2013: 219).

성격(personality)은 심리학 용어일 뿐만 아니라 일상생활에서도 많이 활용되는 단어이다. 일반적으로 성격은 사교적 기술 또는 효율성이라는 의미로 받아들여진다. 우리는 이렇게 정의되지 않은 성격을 좋다느니 나쁘다느니, 강하다느니 약하다느니 하며 표현하곤 한다. 하지만 심리학자들은 성격을 정의하고자 노력했고, 종종 개인 연구의 관점에서 성격을 정의했다. 많은 정의 중 가장 고전적이고 많은 학자들이 보편적으로 인정하는 것은 올포트(Allport, 1961)가 제시한 정의로 다음과 같다.

> 성격은 심리생리적 체계로 이루어진 개인 내에 존재하며 개인의 특징적인 행동과 사고를 결정하는 역동적인 체제이다(Personality is the dynamic organization within the individual of those psychophysical systems that determine his characteristic behavior and thought).

이 정의에서 '역동적인 체제(dynamic organization)'라는 말은 성격이 일정한 구조와 체계를 갖춘 것이기는 하지만, 성격은 계속적으로 발달하고 변화하며 적응해 나가는 과정의 것임을 뜻하고 있다. '심리생리적 체계(psychophysical systems)'라는 말은 성격이 전적으로 심리적인 것이라든가 신경적인 것(neural) 중의 어느 하나라기보다는 심리와 생리의 양자가 함께 작용하는 것을 의미한다. '결정하는(determine)'이라는 말은 성격이 개개인의 행동의 결정 경향성을 지니고 있음을 뜻한다. 올포트(G. W. Allport)는 '개인의 특징적인 행동과 사고(his characteristic behavior and thought)'를 결정하는 것을 성격으로 보았다. 즉, 성격은 나름대로의 적응방식을 결정한다는 의미를 내포하고 있다(안범희, 2011: 19).

그러나 시간이 흐르면서 연구결과와 개념들에 대한 합의가 이루어지고 있으며, 최근 가장 적절하다고 받아들여지는 퍼빈(Pervin, 2005)의 정의는 다음과 같다.

> 성격은 개인의 삶에 방향성과 형태(응집성)를 부여하는 인지, 정서 및 행동의 복잡한 조직체이다. 신체와 마찬가지로 성격은 구조와 과정이 있고 선천성(유전)과 후천성(경험)을 둘 다 반영한다. 그리고 성격에는 현재와 미래의 구성물뿐만 아니라 과거에 대한 기억을 포함하는 과거의 영향도 포함되어 있다(Personality is the complex organization of cognitions, affects, and behaviors that gives direction and pattern(coherence) to the person's life. Like the body, personality consists of both structures and processes and reflects both nature (genes) and nurture (experience). In addition, personality incluces the effects of the past, including memories of the past, as well as consists of both structures and processes and reflects both nature(genes) and nurture(experience). In addition, personality includes the effects of the past, including memories of the past, as well as constructions of the present and future).

이 정의에서 퍼빈은 성격이 개개인의 행동의 방향과 자기 나름대로의 방식(pattern)을 갖고 생활조건에 맞추어 상호작용을 한다는 점, 성격이 구조와 과정을 지닌 역동적 조직이라는 점, 그리고 성격의 형성은 유전과 환경의 영향을 받을 뿐만 아니라 과거의 경험과 미래에 대한 기대가 동시에 영향을 미친다는 점을 지적하고 있다(안범희, 2011: 20).

올포트와 퍼빈의 정의를 살펴보면, 개인차가 이 분야의 핵심적인 부분으로 나타나지만 그것이 전체는 아니다. 사람들이 생각하고 느끼고 행동하는 것에 관해서도 성격을 연구할 수 있으며, 시간이라는 개념과 접목해 연구할 수도 있다.

3) 성격의 구조

(1) 자아

융은 인간의 마음의 구성 요인으로 자아(ego)라는 말을 사용한다. 자아는 내가 의식하는 세계로 지각, 기억, 생각, 감정으로 구성되어 있다. 자아는 의식에 대한 수문장역할로 생각, 감정, 기억, 지각 결과가 자아에 의하여 인정받지 못하면 그것들은 지각될 수 없다. 자아는 많은 정신자료들을 취사선택함으로써 인격의 동일성이나 지속성을 갖게 해준다. 오늘의 자기와 내일의 자기가 동일하다고 느끼는 것은 자아 덕분이다(강기정, 2015: 58).

자아는 지각, 사고, 감정 및 기억과 관련된 정신의 일부분인 의식적인 마음이다. 이것은 우리 자신에 대한 의식뿐만 아니라 외부세계에 대한 우리들의 자각도 포함한다. 자아는 우리 스스로의 지각이며, 의식세계의 정상적인 활동을 이행하는 책임과 관련되어 있다. 자아는 우리에게 노출된 자극의 일부를 의식적인 지각으로 받아들이는 선택적인 방법으로 행동한다. 이것은 우리가 우리 자신의 세계를 지각하는 방법에서의 안정성이라 할 수 있는 연속성, 일관성 및 정체성을 제공한다(Schultz & Schuhz, 1994).

(2) 의식

우리가 직접 알고 있는 정신의 부분이 의식이다. 의식은 자아에 의해 지배된다. 자아는 비록 정신 전체 속에서는 작은 부분을 차지하고 있지만 의식에 이르는 문지기라는 대단히 중요한 역할을 하고 있다. 인간은 자아를 통해 자신을 외부에 표현하고 외부 현실을 인식한다. 의식과 관련하여 중요한 내용인 태도와 기능을 이해하는 것이 필요하다.

첫째, 태도는 의식의 주인인 자아가 갖는 정신적 에너지의 방향이다. 즉, 자아가 외부 대상에 지향하는 방향이 수동적인가 능동적인가에 따라 성격태도가 결정된다. 능동적인 태도를 외향성(extraversion)이라 한다. 외향성은 의식을 외적 세계 및 타인에게 향하게 하는 성격태도이다. 내향성(introversion)은 의식을 자신의 내적 주관적 세계로 향하게 하는 성격태도이다. 융은 우리 모두가 이러한 두 가지 성격태도를 모두 가지고 있으며 둘 중 어느 태도가 지배적이냐에 따라 태도가 결정된다고 보았다.

둘째, 의식의 기능은 주관적 세계와 외부세계를 지각하고 이해하는 서로 다른 방식을 의미한다. 융이 제안한 정신적 기능의 구성요소는 사고, 감정, 감각, 직관이다. 이러한 구성요소는 그가 제안한 정신의 반대의 원리에 따라 합리적 차원(사고 - 감정)과 비합리적 차원(감각 - 직관)으로 구분된다. 이러한 기능 중 어느 것을 우선적으로 사용하는가에 따라 기본적인 성격이 달라진다고 하였다. 융은 심리적 태도와 기능을 조합하여 여덟 가지 심리적 유형, 즉 외향적 사고형, 외향적 감정형, 외향적 감각형, 외향적 직관형, 내향적 사고형, 내향적 감정형, 내향적 감각형, 내향적 직관형이 결정된다고 보았다. 인간의 타고난 성격유형을 검사하는 데 현재 많이 쓰이는 MBTI는 이러한 융의 이론에 기초하고 있다(노안영 · 강영신, 2011: 117).

(3) 개인무의식과 집단무의식

융은 무의식이 두 개의 층으로 이루어져 있다고 하였다. 하나는 개인무의식(personal unconsciousness)으로 여기에는 상실된 기억이나 억압된 불쾌한 여러 표상 등 의식 위에 오르지 않은 내용들이 포함된다. 개인무의식의 자료들은 자아와 지속적으로 상호작용하여 꿈 따위로 지각되는데, 이는 프로이트의 전의식과 유사하다. 개인무의식 속에 하나의 공통된 주제에 관한 감정, 사고, 지각, 기억 등의 조직된 무리를 융은 복합(Complex)이라고 하였다. 예를 들어, 모성복합(mother complex)은 어머니에 관한 생각, 감정, 기억 등이 핵심으로 모여 복합을 형성한 것이다. 부정적인 모성콤플렉스를 가진 남자는 모든 여성을 과도하게 부정적으로 보는 경향을 가지게 된다. 복합은 전적으로 무의식이므로 자아는 복합의 지배를 받는다는 사실을 깨닫지 못한다.

또 다른 층의 무의식이 집단무의식(collective unconsciousness)이다. 이는 모든 인류에게 유전되어 오는 잠재된 기억의 저장소이다. 집단무의식이 존재한다는 증거는 멀리 떨어진 지역에서의 상징 신화들이 서로 비슷하다는 것이다. 집단무의식이 조직적으로 구성되어 있는 형태를 원형(archetypes)이라 하는데, 이는 세계 여러 민족의 신화, 예술, 종교 따위에서 발견되는 공통된 이미지에서 그 존재를 알 수 있다. 예를 들어, 어느 민족이나 태양에 관한 신화가 있고 뱀이나 어둠에 대한 두려움이 있는데, 이는 경험 이전의 것으로 융은 이것을 원시시대로부터 전승된 기억의 산물이라고 하였다. 이처럼 집단무의식에서 나온 심상은 모든 사람들에게 공유되지만 개인적 경험에 따라 그 내용이 변형된다. 따라서, 집단무의식의 심상이 개인에게 나타나는 양상은 다를 수 있다(최옥채 외, 2015: 49).

(4) 페르소나

페르소나(persona)는 극중에서 배우가 썼던 '가면'이라는 의미를 가진 말로 자신의 인격(personality), 인물(person)도 같은 어원에서 유래한 것이다. 페르소나는 개인이 대중에게 보여주는 가면처럼 겉모습으로 잘 보이려고 하는 의도가 포함되어 있으며, 집단이 개인에게 준 역할, 의무, 약속 그 밖의 여러 활동양식을 페르소나라고 한다. 즉, 페르소나란 한 개인이 세상에 적응하기 위해서 사용하는 체계 또는 그가 사용하고 있다고 생각되는 태도를 가리킨다(김성민, 2001: 34 재인용). '얼굴을 들 수 없다'든지 '낯이 뜨겁다'든지 하는 표현들은 어떤 사람이 그에게 기대되는 페르소나와 어울리지 않는 행동을 했을 때 하는 말이다. 이 외에도 학생, 교수, 목사 등 여러 가지 직책에 따라서, 각각의 페르소나가 있으며, 사회생활을 하려면 어느 정도 페르소나를 따라야 한다. 그러나 페르소나는 한 개인의 본성이 따르는 것이 아니라 사회와의 타협이기 때문에 페르소나와의 과도한 동일시는 사람들에게 활력을 저하시키고 형식적인 행동을 하게 하는 폐단이 있다.

많은 사람들은 자신의 사회적 위치에 따라 페르소나의 지배를 또 한편으로는 다른 정신적 욕구들을 충족시키기 위하여 애쓰는 이중생활을 한다. 사회적 역할에 지나치게 사로잡혀 자아가 오직 사회적 역할만 동일시하다 보면 성격의 다른 측면은 발달하지 못하고 오히려 내면의 세계를 왜곡시키거나 억압하게 되는 것이다.

융은 자아가 페르소나와 동일시되는 것을 '팽창'이라고 하였다. 즉, 사회적으로는 성공하였지만 갑자기 자신의 삶이 너무 허무하고 공허하다고 고백하고, 지금까지 자신의 욕구나 감정을 속이고 기만하며 외부에 보인 모습으로만 살았다는 것을 깨닫기 시작한 것이다. 보통 중년기의 위기가 팽창된 페르소나를 경험한다. 페르소나를 수축시켜 자신의 내면의 감정이나 욕구를 적절하게 표현하고 표출할 수 있어야 한다(강기정 외, 2015: 62).

(5) 아니마, 아니무스

페르소나가 자아와 외부세계의 접촉을 중재해주는 요소라면 자아와 내면세계의 접촉을 중재해주는 것은 아니마(*Anima*)와 아니무스(*Animus*)이다.

남성의 무의식 속에 있는 여성적 요소를 '아니마'라고 하는데 아니마는 남성에 있어서 조상 대대로 여성에 관해서 경험한 모든 것의 침전물이다. 즉, 인간 정신 속에 전승된 여성적 요소로 남성에서의 아니마는 기분(mood), 정동(emotion)으로 나타나는데 여러 느낌과 기분, 예견적 육감, 비합리적인 것에 대한 감수성, 개인적 사랑의 능력, 자연에 대한 느낌, 무의식과의 관계 등과 같은, 남성의 마음에 숨은 모든 여성적인 심리적 경향들이 인격화된 것이다. 남성 속의 아니마로 인해 남성은 여성을 볼 때 현실적인 여성을 보는 것이 아니라 자기의 무의식에서 투사된 여신상을 본다고 한다. 아니마는 이념이나 물질에 투사되기도 한다. 아니마의 발전은 4단계이며, 1단계는 이브(eve)상으로 본능적이고 생물학적인 여성상이다. 2단계는 낭만적이고 미적인 수준의 성적인 이미지이다. 3단계는 성모마리아상에서 표현되는 영적 헌신으로 지양된 에로스이다. 4단계는 거룩하고 가장 순수한 지혜, 모나리자상이다.

여성의 무의식 속에 있는 남성적 요소를 '아니무스'라고 하는데 아니무스는 여성에 있어서 조상 대대로 남성에 관해서 경험한 모든 것의 침전물이다. 즉, 인간 정신 속에 전승된 남성적 요소로 여성에서의 아니무스는 생각, 의견(opinion), 판단으로 나타난다. 여성 속의 아니무스로 인해 여성이 남성을 볼 때 남성에게서 신화에 나오는 영웅상, 성자상 같은 것을 본다고 한다. 아니무스는 4단계의 발전단계를 갖는데, 첫 단계는 육체적인 영웅이며, 두 번째는 낭만적인 남성, 행동적인 남성으로 전쟁 영웅의 이미지이다. 세 번째는 교수나 목사의 상으로 '말씀'의 사자이며, 네 번째는 종교적 체험의 중개자이며 영적 진리로 이끌어 가는 지혜로운 안내자의 이미지 단계이다.

이 두 용어는 자신 안에 있는 반대 성적인 요소를 가리키는 분석심리학 용어이다. 아니마와 아니무스는 우리 정신 안에서 자아를 집단적 무의식의 이미지와 연결시켜 자아가 좁은 의식세계에만 몰두하지 않고 정신의 전체적인 통합을 지향해 나아가게 하고 그것을 바탕으로 하여 역동적인 삶을 살게 하는 정신 요소이다(김성민, 2001: 34 재인용).

융은 남자 안에 있는 여성 인물을 아니마(영혼을 나타내는 라틴어에서 유래한)로 불렀고,

여성 안에 있는 남성 인물을 아니무스(마음 또는 지성을 나타내는 라틴어에서 유래한)라고 불렀다. 아니마와 아니무스는 꿈에서 인간의 모습으로 나타나지만, 더 정확하게는 원형적 유형의 표현으로 볼 수 있다. 예를 들어, 아니마는 상상과 공상, 놀이에 비중을 두는 반면, 아니무스는 의식과 권위 그리고 존경에 초점을 둔다. 따라서, 이것은 지각하고 행동하고 평가함에 있어서 서로 반대되는 방식을 나타내는 것으로 볼 수 있다. 지금은 이러한 심리적 특질들을 성(性)과 연관시키는 것은 잘못된 것이라고 간주된다. 하지만 '반대 성적(자신의 성에 반대되는)' 인물들이 꿈에 나타난다는 사실은 중요한 상징적 과정이 존재한다는 사실을 말해주는데, 그것은 꿈 속의 남자 또는 여자는 자신에게 낯선 어떤 요소를 상징적으로 표현한다는 것이다. 아니마와 아니무스는 그 이미지가 갖는 생소함으로 인해 심리적 변화의 선구자 또는 안내자로서의 심리적 가치를 갖는다.

융은 사회적인 성차 때문에 남성에게는 여성적인 측면이, 여성에게는 남성적인 측면이 억압되어 있다고 본다. 사고, 영웅적 생각, 지적, 스포츠맨적인 명성, 자연의 정복은 남성의 원리이며 양육, 감정, 예술 및 자연과의 일치는 여성적 원리로 보았다. 남자가 남성적 특성만 나타내면 그의 여성적 특성은 무의식에만 머물러서 발달하지 못한다. 흔히 겉으로는 남자답게 행동하는 사나이가 내면으로는 연약하고 고분고분한 것은 무의식의 나약함 때문이다. 한 남자가 한 여성에게 낭만적인 매력을 느끼는 경우는 여자에게 그 남자의 아니마, 여성성과 같은 성향이 있기 때문에 가능하다. 그리고 남자가 갈등이나 혐오감을 느끼는 것도 그 남자의 아니마 여성상과 갈등을 유발하는 성향을 갖고 있는 경우이다. 여자가 아니무스를 투사하는 경우도 마찬가지다. 인격이 잘 적응하고 조화롭게 균형을 유지하고 있으면 남성인격의 여성적 측면과 여성인격의 남성적 측면이 의식 및 행동에 표현되는 것이 허용된다(강기정 외, 2015: 62-63).

(6) 그림자

그림자(shadow)의 원형은 성격의 어두운 면을 나타낸다. 사람들은 이 부분을 자신에게서 인식하는 것을 좋아하지 않는다. 인간은 기본적으로 동물적 본성을 가지고 있어서 가장 강력하고 잠재적으로 가장 위험하다. 인간은 사회생활을 무리 없이 하기 위해 그림자에 포함된 동물적 본성을 자제하느라 페르소나를 발달시킨다. 따라서, 인간이 동물적 본성을 억제하면 문명인이 될 수 있지만 자발성, 창조성, 통찰력, 깊은 정서 등 인간성에 필수적인 원동력을 잃어버릴 수 있다. 반면, 자아와 그림자가 조화를 이루면 생기와 활력이 넘친다. 그림자에 대한 통찰은 자기 자각과 성격 통합의 첫걸음이 된다. 그러나 투사 때문에 그림자를 인식하기가 쉽지 않다. 융은 인간관계의 모든 갈등은 그림자 투사에 의해 발생한다고 보았다. 자신의 일부임에도 불구하고 외면했던 그림자가 상대방에게서 발견될 때 질투심이나 적개심을 느끼게 된다는 것이다. 그림자 이미지는 신화에서 악마와 괴물, 악 등으로 등장한다.

(7) 원형

원형(archetype)은 집단무의식을 구성하는 것으로 시간, 공간, 문화나 인종의 차이와 관계없이 모든 인간에게 보편적으로 존재하는 인류의 가장 원초적인 행동유형을 말한다. 즉, 인간이 갖는 보편적, 집단적, 선험적인 이미지들로 사랑과 증오, 탄생과 죽음, 남성과 여성 등에 대해 느끼고, 생각하고, 행동해 온 모든 것들이 침전된 것이 원형이다. 원형은 복잡한 행동을 선험적으로 이해하는 관점이고 본능은 인간의 복잡한 행동을 불러일으키는 충동이지만, 서로 떼어놓고 생각할 수 없는 하나의 생명현상이며, 집단무의식을 형성하는 요소들이다(표갑수 외, 2016: 196).

(8) 콤플렉스

융에 의하면, 콤플렉스(complex)는 특수한 종류의 감정으로 이루어진 무의식 속의 관념 덩어리이다. 콤플렉스의 내용은 완전히 무의식일 수도 있고, 어떤 때는 의식하다가 다시 의식하지 못하게 되는 상대적 무의식일 수도 있다. 콤플렉스의 존재는 언어연상 실험을 통해 발견되었다. 융은 일련의 단어들을 한 번에 하나씩 읽고 피실험자에게 마음에 떠오른 단어를 대답하도록 했을 때, 가끔 피실험자가 반응하는 데 오랜 시간이 걸리는 점을 주목하였다. 반응을 지연시킨 단어들 간에 연관이 있기 때문에 무의식 속에 사고, 감정, 기억의 연합체인 콤플렉스가 있다고 생각한 것이다. 콤플렉스에 관한 융의 연구결과는 콤플렉스가 퍼스낼리티 속의 별개의 작은 퍼스낼리티임을 암시한다. 콤플렉스는 자립적이며 그 자체의 추진력을 갖고 사고와 행동을 강력하게 지배할 수 있다.

4) 심리적 유형

융은 태도와 기능의 결합에 따라 다음과 같이 여덟 가지 심리적 유형을 제시하였다.

〈표 8-1〉 융의 심리적 유형

	외향성	내향성
일반적 경향	• 관심이 밖으로 향하고 객관적이다. • 사교적이고 움츠려서 몸을 지키려고 하지 않는다. • 쉽게 자신의 생각을 표현하고 자신감이 강하다.	• 관심이 안으로 향하고 주관적이다. • 고독하고 외부의 세계로부터 몸을 지킨다. • 자신의 생각을 표현하는 것이 쉽지 않다. • 자신감이 약하다.
사고유형	• 객관적 사고, 감정적 측면, 억압, 인간적 온정이 없고 오만해 보인다. • 독선적이며 고집이 세고 허세가 많다.	• 외향적 사고형과 성격 특성이 비슷하다. • 자기 자신의 존재의 현실 이해 노력이 완고하고 고집이 세다.
감정유형	• 여성이 많다. • 변덕이 심하고, 감정적이며 기분파이다.	• 여성이 많다. • 자신의 감정을 남들에게 숨긴다. • 말수가 적고 접근하기 어렵다.
감각유형	• 남성이 많다. • 관능적 성향으로 여러 종류의 중 독, 도착, 강박에 걸리기 쉽다.	• 외적 대상에 관심이 없고 자신의 정신적 감각에 몰두한다. • 자신의 표현에 곤란을 느낀다.
직관유형	• 여성이 많다. • 경솔함과 불안정이 특징이다. • 싫증을 잘 내며 사고기능의 결함으로 항상 새로운 직관만 쫓는다.	• 예술가형이다. • 외적 현실이나 관습의 접촉을 유지하지 않으므로 고립되어 있다.

출처: 김제한(2001: 125) 재구성.

5) MBTI

성격유형을 측정하는 검사로서 MBTI(Myers-Briggs Type Indicator)가 광범위하게 사용되고 있다. MBTI는 융의 심리유형론을 근거로 하여 보다 쉽고 일상생활에 유용하게 활용할 수 있도록 고안한 자기보고식 성격유형지표이다. 융의 심리유형론은 인간 행동이 그 다양성으로 인해 종잡을 수 없는 것같이 보여도, 사실은 아주 질서정연하고 일관된 경향이 있다는 데서 출발하였다. 그리고 인간 행동의 다양성은 개인이 자각하고 판단하는 특징이 다르기 때문이라고 보았다.

MBTI의 바탕이 되는 융의 심리유형론의 요점은, 각 개인이 외부로부터 정보를 수집하고(인식기능), 자신이 수집한 정보에 근거해서 행동을 위한 결정을 내리는 데(판단기능) 있어서 각 개인이 선호하는 방법이 근본적으로 다르다는 것이다. 융의 심리유형론을 경험적으로 검증하여, 실생활에 적용하기 위해 만들어진 MBTI에서는 인식과정을 감각(sensing)과 직관(intuition)으로 구분하여 사물, 사람, 사건, 생각들을 지각하게 될 때 나타나는 차이점을 이해할 수 있도록 해주며, 판단과정은 사고(thinking)와 감정(feeling)으로 구분하여 우리가 인식한 바에 의거해서 결론을 이끌어 내는 방법들 간의 차이점을 알 수 있도록 해준다. 그리고 이러한 기능을 사용할 때 어떤 태도를 취하는가에 따라 외향성(extroversion)과 내향성(introversion) 및 판단(judging)과 인식(perceiving)으로 구분하여 심리적으로 흐르는 에너지의 방향 및 생활양식들을 이해할 수 있도록 해준다.

MBTI는 융의 이론에 바탕을 둔 성격유형검사로서 네 가지 차원을 조합한 것이다. 이러한 네 가지 차원은 다음과 같다(노안영·강영신, 2011: 128).

첫째, 자아(ego)와 대상(object)과의 관계에서 자아가 주체가 되어 반응하는 외향성과 외부 자극이 왔을 때만 반응을 나타내는 내향성이다(내향성-외향성).

둘째, 자아와 관련된 정신적 기능에서 합리적 차원인 사고—감정이다.

셋째, 자아와 관련된 비합리적 차원의 직관—감각이다.

넷째, 감각과 직관을 통한 인식과 사고와 감정을 통한 판단으로 이루어진 인식—판단 차원이다.

그러므로 MBTI는 대인관계나 부부관계의 갈등에서 서로 다른 성격유형을 서로가 이해하게 되고, 상대방의 독특성을 수용하고 인정함으로써 해결의 실마리를 제공할 수 있게 한다.

4. 성격발달단계

융은 인간의 성격발달에 영향을 주는 요인으로 개인의 기질적인 면에 환경적 요인으로는 모의 역할, 교육의 영향, 개인이 속한 사회의 영향을 지적하며, 그 사회에서 시대적으로 요구하는 성격이나 인간성도 문화에 따라 다르다고 주장한다. 특히, 융은 인생의 단계를 아동기, 청소년기, 중년기, 노년기의 4단계로 구분하였으며, 중년기와 노년기의 발달을 중요하게 다루었다(Feist & Feist, 2006). 유아기는 본능적인 수준에서 아직 무의식적 상태로서 자아가 생성되지 않았으므로 융은 도외시하고 있는 듯하다(김제한, 2001: 126).

1단계 : 아동기(childhood)

이 단계는 출생에서부터 사춘기까지의 시기를 말한다. 출생 후 정신이 본능에 의해 지배되는 몇 해 동안 아동은 전적으로 부모에게 의존하여 부모에 의해 조성된 정신적 분위기에 휩싸여 살아간다. 행동은 규율과 통제가 없고 무질서와 혼란상태에 있다.

본능 덕분에 약간의 질서는 있다. 아직 자아가 형성되지 않았기 때문에 심리적 문제나 의식의 연속성, 자아정체감에 대한 감각이 없다. 아동기 후반에 이르러서야 어느 정도 기억이 지속되고 동일성 감각과 결부된 지각이 쌓여 자아가 형성되기 시작한다. 학교에 들어가면서 부모로부터 심리적 분리가 시작된다.

2단계 : 청년기(youth)

이 단계가 시작되는 것을 보여 주는 것은 사춘기에 일어나는 생리학적 변화다. 융에 따르면, 생리학적 변화는 정신적 혁명을 가져온다. 융은 이 시기를 '정신적 탄생(psychic birth)'이라고 불렀다. 청년기는 본인도 부모도 감당하기 어려운 시기다. 개인의 각오, 자각, 적응이 충분히 발달된다면 큰 어려움 없이 보낼 수 있지만, 아동기의 환상에 매달려 현실을 인식하지 못하면 많은 문제에 부딪히게 된다. 청년기는 활동량이 증가하고, 성적으로 성숙하며, 의식이 증대되고 걱정거리가 없는 아동기는 영원히 돌아오지 않는다는 것을 인정하는 시기라고 융은 지적했다. 인생의 두 번째 단계에서 개인이 직면하는 문제는 외향적인 가치와 관계가 있다. 세상에서 자신의 위치를 구축해야 하는 이들에게는 굳센 의지가 필요하다.

3단계 : 중년기(middle life)

세 번째 단계로 35~40세에 해당된다. 대체로 외적 환경에 적응하고 있고, 안정된 지위와 가정을 배경으로 사회구성원으로서 적극 참여하며 지낼 수 있을 것이라 생각하지만, 새로운 가치체계를 중심으로 하여 생활을 변화시켜 나갈 준비가 아직 되어 있지 않다. 융은 35세가 지나서 인식해야 하는 가치를 '정신적인 가치'라고 보았다.

중년기의 심리를 이해하려는 소수의 심리학자 중 한 사람으로서 그는 중년기의 남성은 여성적 측면을, 여성은 남성적 측면을 나타낸다고 지적하였다. 융은 중년기 이전에는 전형적으로 외적인 사회체계에 적응하는 데 온 힘을 기울이지만, 중년기에 들어서면서 무의식으로부터 오는 내면의 소리, 즉 자신의 다른 측면에 주의를 기울이게 되고 점차 내면세계로 향하게 되면서 중년의 위기를 경험하게 된다고 보았다.

4단계 : 노년기

노년기가 되면 인간은 자신이 살아온 인생을 되돌아보게 된다. 노인은 명상과 반성을 많이 하게 됨에 따라 자연적으로 내적 이미지를 갖게 되며, 자기 자신에 대해 진지하게 생각하게 된다. 노인은 죽음 앞에서 생의 본질을 이해하려고 애쓴다. 노인은 죽음의 불가피성을 받아들여야 하며, 인간적인 온정을 베풀고 보람 있는 삶을 위해 최선을 다하는 자세를 보여야 한다.

융은 내세에 대해 아무런 이미지도 갖고 있지 않은 사람들은 죽음을 건전하게 직면할 수 없다고 믿었으며, 내세에 대한 원형적인 이미지에 대한 어떤 모습을 얻으려고 노력했다. 그는 원형적인 이미지에 대한 이해를 하는 데 있어서 주로 자신의 마지막 꿈과 죽음을 앞둔 사람들의 꿈에 근거를 두고 있다. 그는 죽은 후의 삶도 삶 그 자체의 연속으로 보았으며, 죽은 자도 노인과 마찬가지로 존재에 대한 물음을 계속 갖는다고 하였다.

5. 평가

융의 이론은 현대 심리학의 발전에 크게 영향을 미쳤으며, 정신의학 · 철학 · 종교학 등을 비롯한 다양한 학문 분야의 발전에도 기여했다. 그의 이론 중에서 특히 내적 경험의 중요성, 인간 본성의 양면성, 상징주의, 중년기 발달에 대한 관심 등은 지금까지도 중요하게 다루어지고 있다.

프로이트가 인간 행동의 근원을 리비도(libido)로 보았지만, 융은 이를 더 넓게 파악하여 리비도를 생명의 에너지로 간주하였다. 최근에는 인간의 억압된 욕망을 단순하게 성적인 것으로 보기보다는 사회적 · 환경적인 요인이 크게 작용한다고 하여 리비도의 근원을 사회적 · 환경적인 것으로 보고 있다.

융은 인간의 신체가 수백만 년 동안 진화의 결정체인 것처럼 인간의 마음도 선사시대 이래로 조상들이 가졌던 경험의 집합적 기억이나 집합적 사고형태가 발전된 것이라고 간주하였다. 이러한 사고형태를 원형이라고 불렀다. 원형은 그 자체가 정신적 이미지는 아니지만 어떤 정신적 이미지나 신화적 표상을 낳을 수 있다. 예를 들어, '아버지'의 원형은 한 개인의 아버지 하나님, 전지전능한 힘을 가진 보호적인 존재의 이미지와 연합될 수 있다.

융은 성의 본능에 대해 이성적이고 정신적인 것으로 아동기보다 중년기에 이르러야 충분히 발달한다고 생각하였다. 따라서, 교사는 학생의 성격이 조화로운 전체를 통합하여 자아실현이 이루어지도록 노력을 해야 한다. 이런 점에서 융은 성격에 관한 개념은 미래, 삶의 의미의 중요성 및 자아실현의 성취 등을 강조하여 현대의 성격이론의 발달에 지대한 공헌을 하였다.

성인들은 나이를 먹음에 따라서, 생기는 특수한 문제에 한두 번은 부딪치게 마련이다. 그러므로 전형적으로 발생하는 변화의 종류에 대한 지식을 알아두는 것은 자신의 태도를 확립하는 데 도움을 준다고 보았다. 성인기의 발달에 관한 통찰 외에도 심리학과 정신의학에 관련된 연구도 많았다. 그는 종교적인 문제를 그 나름대로 의미 있고 중요한 것으로 생각하였기 때문에 때때로 정서적으로 방황하는 사람들을 일하는 목사나 신부 등을 융의 종교와 정신의학을 연결하여 주는 가치 있는 교량 역할을 하고 있음을 알 수 있었다(김제한, 2001: 127).

융의 학문적인 공헌에도 불구하고 융의 이론은 몇 가지 측면에서 비판을 받고 있다.

첫째, 융의 이론은 개념이 너무 어려워 이해하기가 쉽지 않다는 것이다. 즉, 이것은 개념의 명료성이 다른 정신역동이론에 비해 부족하며, 이론 간의 관련성이 애매하다는 것이다. 또한 융의 이론은 체계적으로 구성되어 있지 못하며, 신비로움과 초자연적인 것과 깊이 관련되어 있어서 모호한 점이 많다(Schultz & Schultz, 1994).

둘째, 융의 이론은 프로이트와 마찬가지로 환자의 치료과정에서 나타난 경험적 자료를 바탕으로 연구한 것이기 때문에 과학적인 검증이 어렵다. 또한 그의 이론은 문화, 종교, 신화, 상징, 연금술, 신비 등과 관련된 자료를 활용하여 연구한 것이기 때문에 실증적인 검증이나 설명이 어렵다(Engler, 2006).

CHAPTER

09

[developmental psychology]

학습발달이론

학습목표

1. 파블로프, 스키너, 반두라의 이론 비교
2. 고전적·조작적 조건형성에 대한 이해도 증진
3. 발달이론 학습

학습내용

1. 학습의 이해
2. 생애와 사상: 파블로프, 스키너, 반두라
3. 주요 개념 및 특성
4. 발달이론

개요

행동주의 이론은 20세기 초반에 출발해서 성황을 이루었으며, 1960년대 인지학습이론의 등장으로 현재는 두 이론이 모두 강세를 보이고 있다. 하지만 인간의 단순한 행동은 행동주의 이론을 통해서 접근을 하고 복잡한 행동은 인지적 접근을 하고 있는 것으로 보아, 오늘날에는 인지학습이론이 보다 선호되고 있음을 알 수 있다. 본 장에서는 학습발달이론을 학습하고자 한다.

CHAPTER 09 학습발달이론

1. 학습의 이해

인간은 환경 속에서 잘 살아나가기 위해 많은 것을 후천적으로 배운다. 이를 심리학에서는 학습(learning)이라는 용어를 사용해 표현한다. 그리고 일반적으로 심리학자를 비롯한 다양한 연구자들은, 고등동물일수록 유전보다는 환경이 그 유기체의 생활에 더 중요한 역할을 하며, 하등동물일수록 선천적으로 타고난 신체와 기능으로 일생을 보낸다고 생각한다. 때문에 후천적으로 배운 것들 중 상당수는 선천적으로 타고난 기능의 관점에서 보자면 이상하거나 필연적 이유를 찾기 어려운 것들도 있다.

인간을 비롯한 동물들은 환경에 적절하게 적응해야 생존을 유지할 수 있다. 그런데 동물들이 살아가는 주변의 환경조건은 일정한 상태로 머물러 있는 것이 아니라 끊임없이 바뀐다. 계속적으로 변화되는 환경에 적응하는 데에는 두 가지 적응기제가 사용된다. 하나는 조상으로부터 유전적으로 이어받은 행동양식이다. 이것은 오랜 진화과정을 거치면서 형성된 것으로 후천적인 경험을 필요로 하지 않는다. 동물들, 특히 하등동물의 행동에는 유전된 것이 아주 많다. 예를 들어, 새가 둥지를 틀고, 알을 낳고, 먹이를 찾고, 자신의 둥지로 되돌아오는 것과 같은 행동은 대부분 학습을 필요로 하지 않는다. 그러나 인간의 경우에는 이러한 유전된 행동보다 훨씬 다양한 행동을 구사하고 있다. 이는 인간이 적응을 하기 위해 다른 동물보다 학습을 더 많이 한다는 것을 의미한다. 대부분의 심리학자들은 학습이 훈련 또는 경험의 결과로 나타나는 행동상의 비교적 영속적인 변화라고 정의한다. 그러나 학습된 것이 항상 행동으로 수행되는 것은 아니다. 예컨대, 새로운 수학공식을 배워서 습득하고 있어도 그것을 사용할 상황이 아닌 다른 조건에서는 학습된 지식이 수행(performance)으로 드러나지 않을 것이고, 다른 사람들은 그 사람이 그 공식을 습득하고 있다는 것을 알 수 없을 것이다. 그래서 어떤 심리학자들은 학습은 과거에 있었던 경험의 결과로 생긴 행동 또는 정신과정상의 비교적 영속적인 변화라고 정의한다(현성용 외, 2015: 138).

학습이란 말을 아주 빈번하게 사용하면서도 그 정의에 대해 비교적 정확히 알고 있는 경우는 드물다. 국어사전을 보게 되면 학습에 대한 정의를 배워서 익힘, 일정한 지식의 습득, 이해의 발달, 습관의 형성을 위해 노력하는 행동, 곧 기능이나 지식을 의식적으로 습득하는 행동 등으로 설명하고 있다.

1966년 심리학자 힐가드(J. R. Hilgard)는 새로운 행동이 형성되거나 변화되어지는 과정을 학습으로 보았다. 이런 정의에는 유전과 관련되거나 일시적인 변화(예, 약물 반응 등)는 학습에서 제외시키고 있다. 1971년 심리학자 모건(C. D. Morgan)은 "경험이나 연습의 결과로 생기는 비교적 영속적인 변화"를 학습으로 간주했다. 이런 정의들에서 주장되는 공통된 내용들은 학습이란 첫째, 행동상의 변화가 있어야 되고, 둘째, 이런 변화가 경험과 연습을 통해서 일어나야 되며, 셋째, 이렇게 형성된 변화는 시간상으로 볼 때 비교적 영속적으로 이루어져야 한다는 것이다(김보기 외, 2017: 113 재인용).

학습이란, 경험이나 훈련에 의한 비교적 영속적인 태도, 행동, 지식, 능력상의 변화를 말한다. 인간의 행동은 성숙과 학습의 결과로 변하게 된다. 예컨대, 갓 태어난 신생아는 아무리 말을 가르쳐도 말을 할 수가 없다. 태어난 지 1세 전후가 되면 말을 하기 시작한다. 여기에서 말을 하는 것 자체는 '성숙(maturation)'의 현상이다. 그런데 우리나라 아이는 우리말을 배우고 미국 아이는 영어를 배운다. 그렇기 때문에 성숙에 의한 변화와 학습에 의한 변화는 구분할 필요가 있다(이주희 외, 2013: 170).

행동상의 변화는 긍정적 또는 부정적인 방향으로 이루어진다. 따라서, 이 모두를 학습으로 간주할 수 있지만 우리가 원칙적으로 바라는 것은 경험을 통해 생기는 긍정적인 변화이다. 따라서, 학습에 따른 변화도 긍정적인 가치를 갖는 것만을 인정한다. 또한 행동변화는 성숙이나 어떤 신체적 외상에 의해서도 일어나기 때문에 이런 경우는 학습에서 제외시킨다. 이를테면, 신생아는 누워 있다가 기어 다니고 그리고 서기를 반복하다가 걸어 다닐 수 있게 되는데, 이는 어떤 연습의 결과가 아니라 유전상의 프로그램에 의해 결정된 변화이므로 학습으로 볼 수 없다. 학습이 되기 위한 또 하나의 결정적인 조건으로 영속적인 변화를 꼽았는데, 이는 어떤 변화가 아무리 경험이나 연습에 의해서 형성되었다고 해도 시간상으로 지속성이 없는 일이라면 학습으로 간주하지 않음을 의미하는 것이다. 이를테면, 약물이나 운동 경험으로 인해 생기는 일시적 변화 또는 알코올이 만취된 상태에서 보이는 변화들은 학습의 범주에 포함되지 않는다는 것이다(김남일, 2005: 202).

하지만 학습에 대한 정의를 그럴 듯하게 내릴 수는 있어도 "인간은 어떻게 학습하는가"에 대한 답을 찾는 것은 그리 쉬운 일이 아니다. 다른 학문들에 비해 비교적 역사가 길지 않은 심리학의 초창기에는 더더욱 그러했을 것이다. 따라서, 초기의 심리학자들은 분석하기 쉬운 단순 형태의 학습행동부터 연구했으며, 이를 실제 인간의 복잡하고 고차적인 학습 이해를 위한 출발점으로 삼았다. 그리고 단순 형태의 학습에서 진행 양상을 관찰하기 위해서는 인간보다 더 단순하다고 생각되는 동물을 연구대상으로 삼았으며, 이것이 바로 초기의 학습심리학에 동물이 자주 등장하는 이유 중 하나이다. 이들은 인간의 학습을 하나의 '연합(association)'과정으로 보았으며 이는 주위 환경에서 일어나는 사건들 간의 연관성을 배우는 것을 의미한다.

이러한 연합을 통한 학습에는 2가지 종류가 있는데, 먼저 고전적 조건형성(classical conditioning)은 두 자극이나 사건 사이의 관련성을 배우는 것으로서, 예를 들면, 번개를 목격하고는 천둥소리가 들릴 것을 예상하여 귀를 급히 막는 행동의 형성이 여기에 해당한다.

두 번째 연합은 조작적(도구적) 조건형성(instrumental or operant conditioning)으로 반응과 그 결과 사이의 인과관계를 학습하는 것이다. 우리 모두는 성적이 향상되려면 공부를 열심히 해야 한다는 것을 알고 있다. 즉, 공부와 성적 간의 인과관계를 알고 있기 때문이다.

오늘날의 학습이론은 크게 행동주의 학습이론과 인지학습이론 두 가지로 나누어진다. 행동주의 이론은 특정 자극에 의해 나타나는 특정 반응의 관계(S-R이론)만을 통해 인간의 행동을 이해하고자 하는 것이며(인간에게 나타나는 변화를 행동적, 생리적 변화에서

만 이해하고자 함), 인지이론은 자극에 의한 반응의 수준을 떠나서 인간의 정신과정의 변화에 중점을 두고 행동 이해를 하고자 하는 이론이다.

행동주의 학습이론의 대표 이론으로는 파블로프(Pavlov)의 이론, 스키너(Skinner)의 이론, 그리고 좀 더 광범위한 의미에서 접근하는 반두라(Bandura)의 이론들이 있다. 인지학습이론은 베르타이머(Wertheimer)의 형태이론을 시발로 해서 쾰러(Kohler)의 통찰설(insight theory), 레빈(Lewin)의 장이론(field theory), 그리고 오늘날의 정보처리이론(infomation processing theory) 등이 있다. 행동주의 이론은 20세기 초반에 출발해서 성황을 이루었으며, 1960년대 인지학습이론의 등장으로 현재는 두 이론이 모두 강세를 보이고 있다. 하지만 인간의 단순한 행동은 행동주의 이론을 통해서 접근을 하고 복잡한 행동은 인지적 접근을 하고 있는 것으로 보아, 오늘날에는 인지학습이론이 보다 선호되고 있음을 알 수 있다. 여기에서는 행동주의 학습이론에 관하여 논의하고자 한다.

2. 생애와 사상: 파블로프, 스키너, 반두라

1) 파블로프

파블로프
(Ivan Petrovich Pavlov, 1849~1936)

파블로프는 시골 목사의 맏아들로 태어나서 중앙 러시아의 랴잔(Ryazan)에서 어린 시절을 보냈다. 그는 교회학교와 신학교에 입학하여 헌신적으로 지식을 전달하는 신학 선생들에게서 깊은 인상을 받았다. 1870년에는 신학 공부를 포기하고 상트페테르부르크대학교(Saint Petersburg State University)에서 화학과 생리학을 공부했다. 상트페테르부르크의 임피리얼의학아카데미에서 의사자격을 취득(1883)한 후, 1884~1886년에 라이프치히대학교(University of Leipzig)의 심장혈관 생리학자 루트비히(C. Ludwig)와 브레슬라우대학교(Friedrich-Wilhelm University in Breslau)의 심장생리학자 하이덴하인(R. Heidenhain)의 지도 아래 독일에서 연구했다. 파블로프는 루트비히와 공동으로 연구하면서 순환계에 대해 독자적인 연구를 하기 시작했다. 이후 귀국하여 육군군의학교에서 연구하였다. 1890년 군의학교 약리학 교수 및 실험의학 연구소 소장이 되었다.

1890년경부터 위나 침샘의 누공수술을 한 개의 심리적 자극 효과에 주목하여 조건반사학의 새로운 분야를 개척하였다. 만년에는 수면기구, 이종본능 간 경쟁 시에 생기는 반응, 신경증의 원인 등을 연구하였다. 그는 새로 설립된 실험의학연구소에서 외과수술 후 건강을 유지하기 위해 필요한 설비에 큰 관심을 기울이며, 동물을 대상으로 외과적인 실험을 시작했다. 그는 1930년까지 소화기의 분비활성에 대해 외과적인 실험방법으로 정상적인 동물의 위장액 분비를 연구하였다. 1935년에는 그의 이름을 붙인 생리학연구소를 설립하였다.

파블로프는 생리학자이면서 학습심리학 분야에서 유명한 인물 가운데 한 사람이다. 개의 소화계 생리에 관한 연구로 1904년에 노벨 생리학상을 수상하였다. 1907년 과학아카데미 회원이 된다. 금세기 초부터 조건반사의 연구를 계속해서 대뇌 생리학의 진보에 공헌했다.

대표적인 저서로는 『조건반사학 강의』(*Lectures on Conditional Reflexes*, 1927), 『조건반사 연구의 20년』(1932) 등이 있다.

2) 스키너

스키너
(Burrhus Frederic Skinner, 1904~1990)

스키너는 1904년 미국 펜실베이니아 주의 작은 마을 서스퀴해나(Susquenhenna)에서 출생하였다. 부친은 변호사였다.

해밀턴대학교(Hamilton College)에서 영문학을 전공한 후 시와 소설을 습작하였으나 성과 없이 지내다가 파블로프와 왓슨(John B. Watson, 1878~1958)의 글에 매료되면서 하버드대학교(Harvard University)에 재입학, 심리학을 공부하여 석사, 박사 학위를 취득하였다. 1931~1936년 하버드대학교 연구원, 1936~1945년 미네소타대학교(University of Minnesota)에서 전임강사 · 조교수 ·

부교수를 역임하였다. 1945~1948년 인디애나대학교(Indiana University) 교수를 거쳐 1948~1974년 하버드대학교 교수, 1974년부터 명예교수로 있었다. 헐(C. Hull), 톨먼(E. Tolman, 1886~1959) 등과 함께 신행동주의자의 한 사람으로 일컬어진다. '스키너 상자(Skinner box)', '티칭 머신(teaching machine)'의 고안으로 유명하다.

스키너는 또한 인간과 동물을 동일시함으로써 심리학의 역사에서 가장 많은 논란을 일으킨 장본인이기도 하다. 인간을 환경과 상호작용하는 동물로 인식하고 분석해야 한다고 주장함으로써, 인간은 단순한 반사기계가 아닌 행동의 결과로 자신의 행동까지도 바꿀 수 있는 대상으로 보았다. 스키너는 가설의 구성이나 설명보다도 조작주의적 분석에 의해, 선행 조건과 귀결과의 관계만을 기술하는 입장을 주장하여 스키너 학파를 이루었다. 행동은 이 입장에서는 반응적 행동과 조작적 행동으로 나뉘는데, 조작적 행동의 상세한 강화 스케줄에 의한 실험 연구는 일반 심리학뿐만 아니라, 생리심리학·약리심리학·교육심리학·임상심리학에도 이용된다. 1968년 국가과학훈장이 수여되었으며 1990년 백혈병으로 사망하였다.

주요 저서로는 『유기체의 행동』(1938), 『과학과 인간의 행동』(1953), 『언어적 행동』(1957), 『자유와 존엄을 넘어서』(1971), 『행동주의자가 되다』(1979), 『결과의 문제』(1983), 자서전 3부작 『나의 인생사』(1983) 등이 있다.

3) 반두라

반두라는 1925년 12월 4일 캐나다 앨버타(Alberta) 주 북쪽의 조그만 시골 마을인 문데어에서 폴란드인 아버지와 우크라이나인 어머니 사이에서 태어났다. 1949년 브리티시 컬럼비아대학교(The University of British Columbia)를 거쳐 미국 아이오와대학교(The University of Iowa)에서 1951년 심리학 석사, 1952년 심리학 박사학위를 받았다. 이듬해부터 스탠퍼드대학교(Stanford University) 심리학과 교수로 재직하고 있다. 1974년 미국 심리학회 회장을 거쳐, 1980년 미국 서부심리학회 회장으로 선출되었다.

사회학습이론(social learning theory)의 주창자이자, 현대 교육심리학 분야의 석학으로,

반두라
(Albert Bandura, 1925~)

아이오와대학교 시절 학습이론가인 스펜스(Kenneth Spence)의 영향을 받아 행동수정이론 · 관찰학습 · 자기효능 등에 관해 연구하였다. 1959년 아동의 공격성에 관한 내용을 다룬 첫 저서 『청년기의 공격』(*Adolescent Aggression*)을 출간하였다. 미국심리학회 우수과학공헌상(1980) · 손다이크상(1999) · 심리학상(2004) 등을 수상하였다.

주요 저서로는 1963년 월터스(Richard Walters)와 『사회학습과 성격발달』(*Social Learning and Personality Development*)을 출간한 뒤, 1977년 현대 교육심리학 분야의 역저로 꼽히는 『사회학습이론』(*Social Learning Theory*)을 출간하였다. 그 밖의 저서로는 『공격: 사회학습분석』(*Aggression: A Social Learning Analysis*, 1973), 『변화하는 사회 속에서의 자기효능』(*Self-Efficacy in Changing Societies*, 1995), 『자기효능』(*Self-efficacy: the exercise of control*, 1997) 등이 있다.

3. 주요 개념 및 특성

1) 조건반응의 습득

고전적 조건형성에서 '습득(acquisition)'이란, 새로운 조건반응이 형성 또는 확립되었다는 것을 의미한다. 조건형성이 잘 되기 위해서는 일상적인 자극보다는 새롭고, 특이하고, 강렬한 자극이 효과적이다. 왜냐하면 이러한 자극들이 일상적인 자극에 비해서 더 뚜렷하고 분명하기 때문이다(이주희 외, 2013: 173).

파블로프는 조건반응의 습득은 조건자극과 무조건자극을 어느 정도의 시간간격으로 제시하는가 하는 자극의 시간적 접근(temporal contiguity)에 의해 조건반응이 획득된다고 보았다. 특히, 자극을 제시하는 시간간격이 중요하다. 조건자극과 무조건자극의 시간간격에 따른 조건형성의 유형은 다음 그림에 제시되어 있다.

그림에 제시된 네 가지 조건화 가운데 어느 것이 가장 효과적인 짝짓기가 될 것인가? 이를 탐구한 실험결과에 의하면 CS가 UCS보다 약 0.5초 먼저 제시되는 지연조건형성(delayed conditioning)이 가장 효과적이라고 한다(Heth & Rescorla, 1973). 역행조건형성(backward conditioning)의 경우 CS가 UCS를 전혀 예측해 주지 못하므로 가장 비효과적인 짝짓기이다. 동시조건형성(simultaneous conditioning)과 흔적조건형성(trace conditioning)은 역행조건화보다는 지연조건화와 비교할 때 효과적인 짝짓기는 되지 못한다(현성용 외, 2015: 142).

시간적 근접이 가장 짧은 동시조건형성은 조건반응을 일으키는 데 별로 효과적이지 않고, 흔적조건형성도 별 효과가 없다. 역행조건형성은 CS가 UCS를 전혀 예측해 주지 못하므로 가장 비효과적이다. 가장 효과적인 방법은 지연조건형성이고 가장 이상적인 시간간격은 0.5초이다(Heth & Rescorla, 1973).

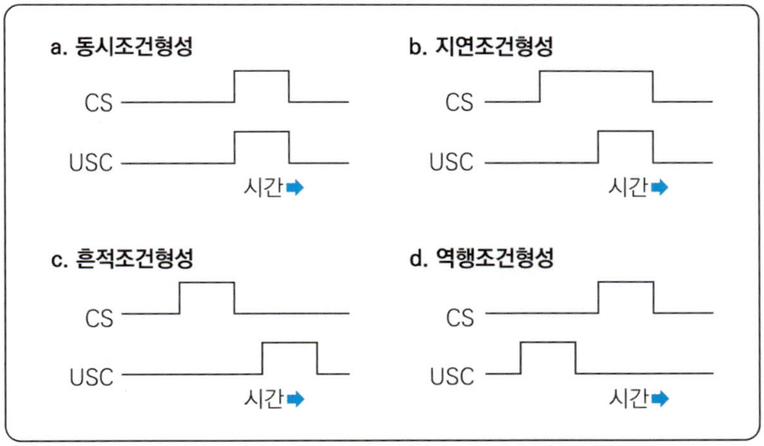

〈그림 9-1〉 고전적 조건형성에서 CS와 UCS 사이의 시간적 관계

2) 강화

(1) 강화와 강화물

스키너의 조작적 조건형성은 반응 - 자극 학습원리, 즉 유기체에 의해 행동이 먼저

발생하고 그 결과로서 자극이 따르게 된다는 원리로 볼 수 있다. 그는 행동주의에 '강화(reinforcement)'라는 개념을 도입하였다. 강화는 반응에 이어서 주어지는 자극을 말하는데 이 자극이 어떠냐에 따라서, 그 반응의 빈도가 증감된다.

강화는 크게 두 가지로 구분할 수 있는데, 하나는 '긍정적 강화(positive reinforcement)'이고, 다른 하나는 '부정적 강화(negative reinforcement)'이다. 긍정적 강화는 유기체가 선호하는 것을 제공함으로써 바람직한 행동의 강도와 빈도를 증가시키는 것을 의미한다. 예컨대, 노트정리를 잘하는 학생에게 칭찬을 해줌으로써 더욱 노트정리를 잘하도록 하거나 미술시간에 그림을 잘 그린 학생의 작품을 교실 게시판에 전시하여 학생이 그림에 더욱 흥미를 갖도록 하는 것 등이다. 반면에, 부정적 강화는 유기체가 바라지 않거나 혐오하는 것을 제거하여 바람직한 행동의 강도와 빈도를 증가시키는 것을 의미한다. 예컨대, 수업시간에 집중을 잘하고 좋은 질문을 하는 학생들에게는 청소당번을 면제해주는 경우가 부정적 강화에 해당된다(이주희 외, 2013: 185).

한편, 강화물은 선천적으로 강화의 기능을 갖고 있는가 아니면 후천적인 학습을 통하여 강화의 기능을 획득했는가에 따라 '일차적 강화물(primary reinforcer)'과 '이차적 강화물(secondary reinforcer)'로 구분할 수 있다. 일차적 강화물이란, 아무런 학습과정을 거치지 않고도 생물학적 욕구를 만족시켜 주기 때문에 그 자체가 강화속성을 지닌 강화물을 말한다. 예컨대, 인간의 경우 음식, 물, 성, 수면, 온도 등은 일차적 강화물의 예이다. 이차적 강화물은 일차적 강화물과 결합되어 강화물의 기능을 하는 강화물을 말한다. 이차적 강화물은 학습과정에 의존하기 때문에 '학습된 강화물(learned reinforcer)'이라고 부르기도 한다. 인간의 경우 칭찬, 인정, 성적, 지위, 자격증 등이 이차적 강화물의 예이다. 이차적 강화물 중 여러 개의 일차적 강화물들과 결합된 강화물들이 있는데, 이를 '일반화된 강화물(generalized reinforcer)'이라고 한다. 인간의 경우 돈, 지위, 권력, 명예 등이 일반화된 강화물이다. 특히, '돈'은 무수히 많은 일차적 강화물과 결합되어 있으므로 가장 대표적인 일반화된 강화물이라고 할 수 있다.

(2) 강화계획

강화계획(reinforcement schedule)이란, 구체적인 강화물을 언제 어떻게 줄 것인가 하는 규칙 또는 방식을 말한다. 유기체에게 새로운 학습을 시키고자 할 때는 원하는 반응을 할 때마다 강화를 하는 것이 가장 효과적이다. 그러나 이러한 계속적 강화(continuous reinforcement)는 학습을 촉진시키지만 강화가 중지되면 학습된 것이 빨리 소거된다. 이에 비해 목표반응 중에서 일부만 강화하는 방식인 부분강화(partial reinforcement) 또는 간헐적 강화(intermittent reinforcement)는 계속적 강화보다 소거에 대한 저항이 강하기 때문에 쉽게 소거가 느리다. 따라서, 새로운 학습을 시키는 초기에는 계속적 강화를 주고 완전히 학습한 뒤에는 부분강화계획으로 바꾼다면 행동이 쉽게 소거되지 않는데, 이러한 현상을 부분강화효과(Partial Reinforcement Effect, PRE)라고 한다. 부분강화계획은 매우 다양하지만 강화를 주는 기준에 따라 크게 일정한 시간간격에 따라 강화물을 제시하는 방식인 간격강화(interval reinforcement)와 사전에 정해진 수만큼의 조작반응이 있어야 강화물을 제공하는 비율강화(ratio reinforcement)로 구분할 수 있다. 그리고 시간 또는 반응횟수를 고정시키느냐 변동시키느냐에 따라 다음과 같이 네 가지의 강화계획이 가능하다.

첫째, 고정간격 강화계획(Fixed Interval schedule, FI)은 일정한 시간이 지난 후에 나타나는 첫 번째 반응에 강화를 주는 강화계획이다.

둘째, 변동간격 강화계획(Variable Interval Schedule, VIS)은 강화를 주는 시간간격을 변화시키는 강화계획이다.

셋째, 고정비율 강화계획(Fixed Ratio Schedule, FRS)은 반응하는 데 걸린 시간에 관계없이 항상 일정한 수만큼의 반응을 할 때마다 강화를 주는 계획이다.

넷째, 변동비율 강화계획(Variable Ratio Schedule, VRS)은 정해진 수의 반응이 있을 때마다 강화하지 않고 평균 몇 번의 반응이 있을 때 강화를 주는 계획이다(윤가현 외, 2016: 124).

(3) 강화지연

조작적 조건형성에서 반응에 수반하여 즉각적인 보상이 주어질 때 학습효과가 높다. 만일 반응과 보상의 시간간격이 지연되면 그 반응은 강화 받지 못할 수도 있다. 따라서, 반응과 강화물 제시 사이의 시간간격이 길어질수록 조건형성의 속도는 느려진다(Church, 1989). 왜냐하면 강화물을 지연해서 제시하면 반응과 결과 간의 수반관계가 모호해지기 때문이다.

동물에게 있어서는 강화가 지연되면 학습이 늦어지며, 30초 이상 지연되면 학습이 이루어지지 않는다. 그러나 인간은 강화가 지연된다고 해서 항상 행동이 감소하지는 않는다. 예컨대, 합격을 위한 수험생들의 공부, 내 집 마련을 위한 장기적인 저축 등과 같은 경우는 즉각적인 만족을 지연함으로써 먼 훗날의 보상을 기대할 수 있기 때문이다. 그러나 인간에게 있어서도 즉각적인 보상은 매력적이다. 예컨대, 체중을 줄이기 위한 다이어트가 어려운 것도 이런 이유 때문이다. 먹는 것에 대한 보상은 즉각적이지만 날씬해진 몸매에 대한 보상은 몇 달 후에나 나타난다(이주희 외, 2013: 189).

(4) 자기효능감

자기효능감(self-efficacy)이란, 특정 상황에서 자신에게 주어진 일을 성공적으로 잘해 낼 수 있다는 자신에 대한 믿음을 의미한다. 외적인 보상이나 벌에 의하여 인간 행동이 학습된다는 급진적 행동주의자들과는 달리 반두라는 인간이란 감정, 사고, 행동을 통제할 수 있는 자기반영적인 능력을 갖고 있기 때문에 개인의 행동은 자기강화와 외적인 영향 요인에 의해서 결정된다고 보았다.

자기효능감이란, 자신이 바라는 목적을 이루기 위해 어떤 특정 행동을 성공적으로 수행할 수 있다는 신념이다. 반두라는 한 개인이 주관적으로 개인적인 효능감에 대하여 어떤 개념을 가지고 있느냐가 중요하다고 보았는데, 이러한 개념을 지각된 자기효능감이라고 하였다. 이는 행동을 결정짓는 데 중요한 요소이다. 특히, 자기에 대하여 확신을 가지느냐 또는 자기불신이 있느냐 하는 것이 중요하다. 자신을 능력 있는 사람으로 판단하는 사람은 자신이 수행할 수 있다고 믿는 과업과 도전을 잘 해내고 자신의 능력을 초과하는 일을 피하는 경향이 있다. 자기효능감이 있는 사람은 역경에 직면했을 때 그 상황에 잘 대처해 나간다. 이러한 개념은 역량강화이론과 관련이 있다. 반두라는 자기효능감이란, 단일한 개념이 아니라 다양한 영역에서 사용된다고 하였다. 예를 들어, 어떤 사람이 운동에 있어서는 고도의 자기효능감이 있어도 사회적 관계에서는 낮은 효능감을 지닐 수가 있다.

한편, 자기효능감은 종종 자기존중감이란 용어와 같은 의미로 쓰이는데, 이 두 가지 용어는 전혀 다르다. 즉, 자기효능감은 개인의 능력에 대한 판단과 관련 있다고 한다면, 자기존중감은 자기가치에 대한 판단과 관련된다. 예를 들어, 노래를 못 부르는 사람은 자신이 잘하지 못하는 일에 대한 자기효능감이 낮을 수 있다. 그러나 노래를 못 부른다고 해서 자신을 가치 없는 사람이라고 보지는 않는다. 따라서, 자기효능감은 특정 영역에 대해 지각하는 개인의 성취능력과 관계되는 것이다.

4. 발달이론

1) 고전적 조건형성 : 파블로프

행동주의적 학습이론(learning theory)은 인간의 모든 행동은 자극과 반응의 연합이며 이는 외적 조건과 경험에 의해서 형성된다고 본다. 즉, 인간은 반응적 존재로서 환경에 의해 만들어지는 존재이기 때문에 환경을 세분화시킬 수 있다면 인간이 어떻게 반응할 것인지를 예측할 수 있다는 것이다. 행동주의적 학습이론에서는 기본적으로 모든 유기체의 행동을 조건형성(conditioning)의 결과라고 보고 있다. 고전적 조건형성이란 일정한 자극에 의해 선천적으로 유발되는 반사를 처음에는 그것과 아무런 관계가 없던 중립자극과 연합시킴으로써 이 중립자극이 선천적인 반사 반응을 유발하게 되는 것을 말한다.

파블로프는 소화에 대해 연구함으로써 노벨상을 수상한 러시아의 생리학자였다. 식사시간에 실험실을 드나들다가 개가 침을 흘리는 것을 보고 자신이 개에게 하나의 신호 또는 예언적 자극대상이라는 것을 발견하고 정식 실험을 하였다. 우연한 발견에 의해 시작된 이 실험은 '고전적 조건형성(classical conditioning)' 또는 '반응적 조건형성(respondent conditioning)'이라고 불리는 심리학의 역사에서 주요 반환점이 된 중요한 실험이 되었다(이주희 외, 2013: 171).

그는 개의 침샘 일부를 외과적으로 적출하여 먹이를 먹을 때마다 분비되는 침의 양을 측정하는 연구를 하고 있었다. 그런데 문득 그 개가 먹이 주는 사람 발소리를 듣거나 빈 밥그릇만 보아도 침을 분비한다는 것을 발견하였다. 그 유명한 파블로프의 고전적 조건형성의 개념이 바로 여기서부터 출발했다. 즉, 그 개는 발소리와 그릇이 먹이와 함께 나타난다는 일종의 '연합'을 학습한 것이고 따라서, 처음에는 침 분비와 아무 상관이 없었을 소리와 그릇이 먹이와 같은 효과를 지니게 된 것이다. 이를 보다 구체적으로 알아보기 위해 파블로프는 먹이를 주기 전 항상 불빛을 보여주며 먹이와 같은 효과를 가질 수 있는가를 알아보았고 그 결과는 적중했다.

고전적 조건형성은 다음과 같은 네 가지의 요소를 가정한다.

- 무조건자극(US: unconditional stimulus) : 자동적/생득적 반응을 유발하는 자극(예: 먹이)
- 무조건반응(UR: unconditional response) : 학습되지 않은 자동적/생득적 반응(예: 먹이에 대한 침분비)
- 조건자극(CS: conditional stimulus) : 무조건자극과 짝지어져 새로운 반응(즉, 무조건반응)을 유발하는 자극(예: 발소리, 빈 밥그릇, 또는 불빛)
- 조건반응(CR: conditional response) : 조건자극에 의해 새로이 형성된 반응(예: 조건자극에 대한 침 분비)

따라서, 불빛이 개로 하여금 침을 분비하게 만드는 과정은 다음과 같이 설명된다. 최초에는 무조건자극(먹이)에 의한 무조건반응(침 분비)만이 존재할 것이다. 그러나 무조건자극과 조건자극(불빛)이 계속적으로 같이 제시됨으로써 조건자극만 제시되어도 무조건반응과 동일한 조건반응을 이끌어내는 것이 가능하다. 이러한 고전적 조건형성은 왜 필요할까? 환경에 적응하기 위해서다. 왜냐하면 사건들(CS와 US) 사이의 관계성을 학습하여 다가올 사건에 대한 준비를 할 필요가 있기 때문이다. 예를 들어, 번개(CS)가 치면 귀를 막아 조금 있으면 경험하게 될 천둥소리(US)에 대비하여 귀의 손상을 막는다. 또한 긴급한 자극에 대비해 생명 유지를 가능하게도 해 준다. 영양은 사자 냄새(CS)가 흘러 들어오면 미리 멀리 달아날 수 있다. 사자(US)를 직접 보는 순간 이미 때는 늦기 때문이다.

하지만 한 번 조건형성된 조건반응도 무조건자극 없이 조건자극만 되풀이되면 점차 사라질 수밖에 없다. 불빛이 계속 먹이 없이 제시되면 결국 그 개가 불빛에 침을 흘리는 일은 없어진다는 것이다. 이를 '소거(extinction)'라고 한다. 하지만 일정한 기간 후 불빛(CS)을 제시하면 소거된 침 분비가 다시 나타나며 이를 '자발적 회복(spontaneous recovery)'이라 한다. 즉, 소거된 반응이 완전히 사라진 것이 아니라 잠시 동안 억압되어 있음을 의미한다는 것이다. 물론 그 회복된 반응은 강도가 약하기는 하지만 말이다. 또한 원래의 조건자극이 아니더라도 그와 유사한 자극은 조건반응 유발이 가능하다. 이는 자극 일반화라고 한다.

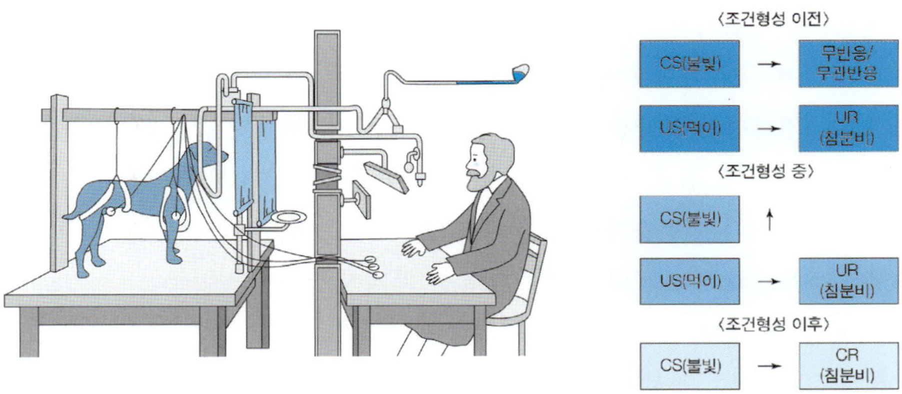

출처: 김보기 외(2017: 117) 재인용.

〈그림 9-2〉 파블로프의 개와 실험장치(좌) 고전적 조건형성 절차(우)

일상생활에서 고전적 조건형성은 주로 정서적 반응의 습득과 관련된다. 인간의 주관적 감정, 정서반응, 생리적 반응은 어떤 특정한 자극에 대한 조건반사 현상의 측면을 가지고 있다. 고전적 조건형성은 공포와 불안과 같은 정서반응을 형성하는 데 중요한 영향을 미친다. 예컨대, 감기가 걸려서 병원에서 주사를 맞아서 아픈 경험을 한 어린이는 주사에 대한 공포를 학습할 것이고, 주사를 놓는 간호사와 연합되어서 흰 가운으로 일반화되는 현상은 고전적 조건형성의 결과라고 할 수 있다. 또 한 가지 예로, 운전 도중 제한속도를 위반하여 교통위반 스티커를 받은 사람들은 다음과 같은 반응을 습득하여 왔다. 즉, 경찰차를 보는 순간 심장은 방망이질 하듯 뛰며 자신이 제한속도로 달리고 있음에도 불구하고 반사적으로 가속기에서 발이 떨어진다. 이와 같이 고전적 조건형성을 통해 형성된 정서반응을 조건화된 정서반응이라고 한다. 쾌락 또는 고통을 유발하는 무조건 자극과 연합되어 있는 조건자극을 경험할 때 나타나는 긍정적 감정이나 부정적 감정을 가리킨다(이주희 외, 2013: 177).

고전적 조건형성의 원리는 상업광고에도 많이 이용되고 있다. 광고들은 대개 정적인 감정을 유발시키는 자극(UCS)과 상품을 짝지어 제시한다. 매력적인 유명 연예인은 사람들에게 정적인 감정을 유발하는 무조건자극(UCS)이다. 이처럼 정적인 자극(UCS)과 상품(CS)을 연합시켜 광고를 하게 되면 그 상품에 대해 정적인 감정을 가지게 될 것이고 따라서, 구매행동도 증가할 것이라고 기대할 수 있다.

고전적 조건형성의 절차를 임상에 적용하여 공포와 불안과 같은 정서반응을 극복할 수 있다. 예컨대, 좁은 장소를 두려워하는 사람에게는 '지하실'이나 '엘리베이터'라는 말만 들어도 두려움을 느끼게 한다. 이를 '폐쇄공포증'이라고 하는데, 이것을 역조건형성(counter-conditioning)의 원리를 이용한 체계적 둔감법(systematic desensitization)을 통해 극복할 수 있다.

고전적 조건형성은 정서반응과 같은 외현적 행동뿐만 아니라 생리적 과정에도 영향을 준다. 예컨대, 감염물질이 몸에 들어오면 신체의 면역체계는 항체를 생산하여 감염균에 대항한다. 신체의 면역체계가 제 역할을 하지 못하면 AIDS라는 치명적 병이 생기는 것만 보아도 면역체계가 얼마나 중요한지 알 수 있다. 최근 연구결과에 의하면 조건형성을 포함한 여러 심리적 요인이 신체의 면역체계에 영향을 준다고 한다.

아더와 코헨(Ader & Cohen, 1984)은 고전적 조건형성이 항체생산을 감소시키는 면역억제(immunosuppression)와 관련이 있다는 사실을 관찰하였다. 피험동물에게 특이한 맛을 내는 음료(CS)와 동시에 면역체계를 억제하는 약물(UCS)을 투여하였다. 며칠 뒤 약물투여로 면역억제효과가 사라진 뒤에 다시 그 음료(CS)를 주었다. 그 결과 피험동물의 면역반응이 감소하였다.

2) 조작적 조건형성 : 스키너

고전적으로 조건화되는 반응은 불수의적인 것이다. 파블로프의 개는 타액 분비를 스스로 조절할 수 없다. 그리고 일반적으로 손바닥에 땀이 나는 것이나 부끄러울 때 얼굴이 붉어지는 것을 마음대로 조절하지 못한다. 그러나 대부분의 인간 행동은 수의적인 것이다. 우리는 좋은 결과를 가져다주는 것을 추구하고, 반대로 나쁜 결과를 가져다주는 것을 피한다. 또한 이러한 행동성향은 그 결과가 변경될 때 그에 따라 적절하게 변화한다. 이와 같이 결과를 바탕으로 행동을 변화시키는 능력은 조작적 조건화 원리로 설명할 수 있다(현성용 외, 2015: 148).

파블로프의 고전적 조건형성은 자극에 의해 통제되는 반사적 반응을 가장 잘 설명한다. 그러나 많은 행동은 고전적 조건형성으로 설명할 수 없는 경우가 많다. 고전적 조건형성은 불수의적 반응(involuntary response)이기 때문이다. 파블로프의 개는 침 분비를 스스로 조절할 수 없다. 그러나 인간 행동은 대부분 수의적인 행동이다. 예컨대, 학생이 열심히 공부를 하거나 회사원이 직장에서 열심히 일하는 행동은 반사적인 반응이 아니라 성적이나 취직 또는 승진이나 보너스 등과 같은 결과의 영향을 받는다. 이와 같이 유기체가 자신의 행동과 그 결과 사이의 관계를 학습하는 것을 '조작적 조건형성(operant conditioning)'이라고 한다(이주희 외, 2013: 179).

스키너는 행동주의의 대표자이며, 현대 심리학자 중 가장 유명하고 가장 영향을 많이 미친 심리학자라 말할 수 있다(한국교육심리학회, 2000: 217).

스키너는 행동을 크게 반응적 행동(respondent behavior)과 조작적 행동(operant behavior)으로 구분하였다. 파블로프의 고전적 조건형성은 어떤 자극에 따라 나타나는 반응적 행동을 학습하는 것이기 때문에 유기체의 의도와 상관없이 이루어지는 학습이다. 반면 조작적 행동은 유기체가 다양한 환경조건에서 능동적으로 적절한 반응을 함으로써 보상을 받거나 유리하게 적응하는 것이다. 즉, 유기체의 자발적 반응에 대하여 강화(보상)를 함으로써 학습을 하는 것이다. 스키너는 이러한 종류의 학습을 '조작적 조건형성(operant conditioning)'이라고 하였다. 여기서 조작적이란, 유기체가 자극에 대해 단순히 반응하는 것이 아니라, 환경을 조작하여 변화시킨다는 의미이다. 즉, 학습은 반응에 수반하는 결과의 영향을 받는다는 것이다. 따라서, 조작적 조건형성은 수의적 반응이 그 결과에 의해 통제된다는 의미를 갖는다. 이러한 조작적 조건형성은 자발적인 인간 행동의 설명에 더 큰 비중을 차지하고 있다(이주희 외, 2013: 181).

스키너는 유기체가 어떠한 반응을 한 후에 보상이 있느냐 없느냐에 따라 조작행동은 강해지거나 또는 약화된다고 보고 자신의 이름을 딴 실험상자인 스키너 상자(Skinner box)를 고안하였다. 실험상자 안의 동물(흰쥐 또는 비둘기)이 지렛대를 누르면 먹이가 나온다. 먹이가 나오게 되면 갈수록 지렛대를 누르는 횟수가 증가하게 되었다. 이 실험은 유기체가 스스로 어떤 반응을 하고 그 반응이 긍정적 보상을 가져다주게 되면, 그 후에도 그와 비슷한 반응을 나타낼 확률이 높아진다는 것을 보여주는 것이다. 이와 같이 보상(reward)을 유기체의 특정 반응 뒤에 얻어지게 함으로써 반응률을 높이는 과정을 스키너는 '강화(reinforcement)'라고 하였다.

강화인(reinforcer)에는 음식이나 물과 같이 특정 반응의 야기율을 높이는 유기체의 선호자극을 높이는 긍정적 강화인(positive reinforcer)과 전기자극이나 처벌과 같이 특정 반응이 일어나지 않는 확률을 높이는 부정적 강화인(negative reinforcer)이 있다. 또한 음식, 물, 전기자극 등과 같이 유기체의 욕구와 직접 관련되는 자극을 일차적 강화(primary reinforcement)라고 하며, 중립자극이 일차적 강화물과 연합되어 강화의 기능을 하는 것을 이차적 강화(secondary reinforcement) 또는 조건강화(conditioned reinforcement)라고 한다. 이와 같이 유기체의 행동은 환경에서 주어지는 강화작용에 의해 좌우되며 강화양상을 달리함으로써 수정될 수 있다.

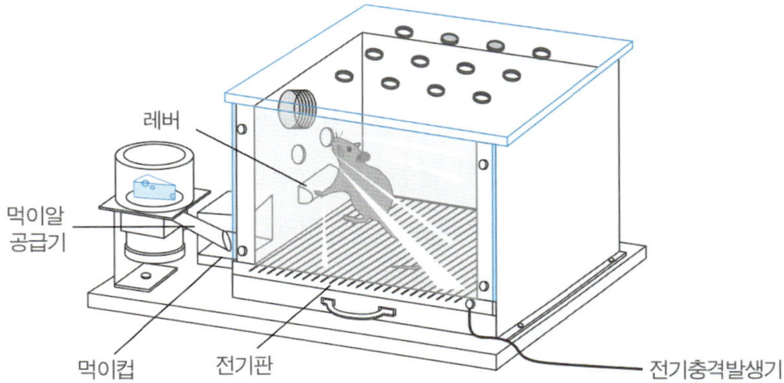

출처: 김보기 외(2016: 126) 재인용.
〈그림 9-3〉 스키너 상자

조작적 조건형성의 원리를 이용하여 스트레스에 대한 신체반응을 제어하도록 학습하고 훈련할 수 있다. 신체 내의 생물학적 상태에 대한 정보를 얻는 방법으로 바이오피드백(biofeedback)이 있다. 바이오피드백은 몸에 감지기를 붙이고 근육 긴장도, 혈압, 심박동수, 뇌파 등에 따라 달라지는 생리신호를 환자가 컴퓨터 화면을 통해 직접 관찰할 수 있도록 만든 것이다. 즉, 바이오피드백은 자발적인 제어가 불가능한 생리활동을 공학적으로 측정하여 지각이 가능한 형태의 정보로 생체에 전달하고, 그것을 바탕으로 학습과 훈련을 되풀이하여 심리적 안정상태를 유도할 수 있도록 해준다.

바람직하지 못한 행동을 변화시키기 위한 방법으로 행동수정(behavior modification)이 있다. 행동수정은 잘못된 행동을 수정하는 데 초점을 두고 고전적 조건형성, 조작적 조건형성, 관찰학습 등의 학습원리에 기초하여 조직적인 프로그램을 통해 행동을 변화시키는 방법이다. 즉, 행동수정에서는 환경적인 변화를 통하여 인간의 행동을 변화시키고자 한다.

행동수정을 위해서 가장 먼저 해야 할 일은, 현재 수준에서 도달할 수 있는 표적행동(target behavior)을 정하는 것이다. 표적행동은 변화시키려고 선택한 행동으로, 표적 행동을 변화시키는 데는 어떤 행동을 증가시키는 것과 제거시키는 두 가지 방법을 사용할 수 있다. 표적행동이 정해지면 행동을 변화시키기 위한 시도를 하기 전에 발생한 행동의 빈도수 등을 그래프로 기록해 준다. 강화를 통하여 수정이 되면 바람직하지 않았던 행동의 빈도수는 줄어들고 반대로 바람직한 행동의 빈도수는 증가된 그래프가 나타나게 되어 행동수정의 효과를 검증할 수 있게 된다. 행동수정의 방법으로는 바람직한 행동을 가르치는 방법인 행동조성(shaping), 행동연쇄(behavior chaining), 용암법(fading), 프리맥의 원리(Premack principle), 토큰경제(token economy) 등의 방법과 바람직하지 않은 행동을 수정하는 방법인 격리(timeout), 포만(satiation), 반응대가(response cost), 과잉교정(overcorrection) 등이 있다.

3) 사회학습이론 : 반두라

사회학습이론(social learning theory)은 반두라에 의해 세워진 이론이다. 반두라는 인간의 내적 과정을 바탕으로 한 연구를 넘어 사회적 상황 속에서의 행동의 학습에 관심을 갖고 인간 행동의 상호결정론과 행동의 습득에서 관찰학습의 중요성을 크게 강조하였다. 인간은 타인의 행동을 관찰함으로써 행동을 학습하며, 여기에는 내적 · 인지적 요소가 포함된다는 것이다. 사회학습이론이란, 인간의 행동이 사회적 상황 속에서 개인의 내적 · 인지적 과정과 환경적 영향력 간의 상호작용으로 결정된다는 성격이론이다.

조건형성 실험에서는 유기체가 대개 학습할 반응을 직접 수행함으로써 배운다. 개가 먹이를 받고 침을 흘리지 않으면 CS에 대해 침 흘리는 반응이 학습될 수 없으며, 비둘기가 원반을 쪼는 반응을 하지 않으면 먹이가 주어지지 않으므로 원반 쪼기가 학습될 수 없다. 그러나 모든 행동을 실제 수행을 통해 학습해야 한다면 큰 문제가 생긴다. 효과의 법칙에 따르면, 예컨대 운전을 배우는 사람은 여러 행동을 시행착오를 하면서 그 중 강화받은 몇 가지 행동을 학습할 것이다. 차를 움직이는 것은 여러 반응을 해 보다가 우연히 가속페달을 밟는 반응을 함으로써 배울 수 있다고 하자. 그러면 차를 정지시키는 것은 어떤가? 브레이크를 밟는 반응을 하기 전에 전조등을 켜거나 기어를 바꾸는 등의 엉뚱한 반응을 하면 그것이 차를 정지시키는 데 아무 효과가 없다는 것을 배우기도 전에 사고가 나게 마련이다.

유기체가 직접 경험을 하는 대신에 다른 개체들의 반응을 보고서 학습을 하는 것을 관찰학습(observational learning) 또는 대리학습(vicarious learning)이라고 한다. 관찰학습의 대표적인 예로서, 반두라(Bandura, 1965)는 아동이 타인의 공격적 행동을 얼마나 잘 모방하는가를 보여주었다(윤가현, 2016: 131).

반두라는 인간의 행동은 자극과 반응에 의해서 학습하는 수동적 형태가 아니라, 유기체의 신념이나 기대와 같은 인지적 역할에 따라 일어난다고 보았다. 인간은 환경에 영향을 미치는 존재이면서 환경에 영향을 받는 존재이다. 행동을 결정짓는 방식에는 기대, 신념, 태도, 지식과 같은 개인 요인, 물리적이거나 사회적인 환경 요인, 행동이나 언어, 선택 등과 같은 행동 요인의 3요인이 있다.

3요인은 상호작용하기 때문에 3요인 상호결정론을 강조하는데 아래와 같다.

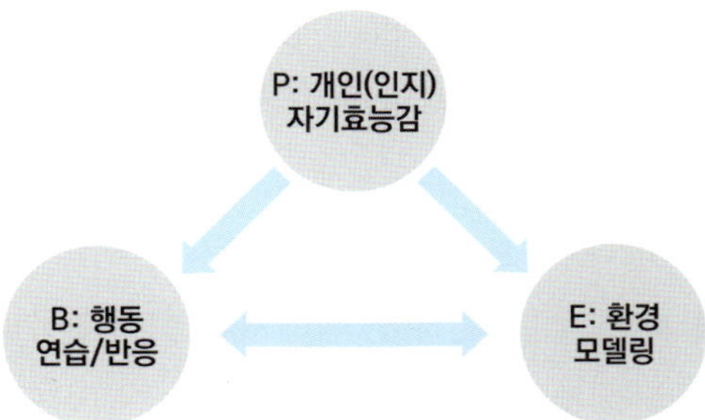

출처: 이억범 외(2014: 62).

〈그림 9-4〉 3요인 상호결정론

반두라는 한 모델이 Bobo 인형에게 폭력을 가하는 영화를 제작하여 세 그룹에 보여주고 공격성 실험을 하였다. 첫째 그룹에게는 폭력적 행동을 한 모델에게 상을 제공하는 영화를 보여주었고, 두 번째 그룹에게는 공격적 행동을 한 모델에게 벌을 주는 영화를 보여주었다. 세 번째 그룹에게는 상도 벌도 받지 않는 영화를 보여주었다. 그 결과, 모델의 공격적 행동을 본 아동들은 그런 행동을 보지 못한 그룹보다 더 공격적이 되었고, 모델의 공격적 행동을 모방하였다. 또한 공격적 행동을 칭찬하는 것을 관찰한 아동은 더 공격적이 되었다. 이처럼 타인의 행동의 결과를 관찰하여 자신의 결과를 학습하는 것을 대리강화(vicarious reinforcement) 또는 대리처벌(vicarious punishment)이라고 한다.

관찰학습은 타인의 행동을 관찰하거나 모방함으로써 학습이 된다고 강조하기에 모델링을 중요하게 생각한다. 반두라(Bandura, 1977)는 모델링의 과정을 4단계로 설명한다.

첫째, 주의집중단계(attention phase)이다. 주의집중은 학습자가 모델의 중요한 행동에 주의나 관심을 기울이는 것에서 시작한다. 모델에 관심을 많고 주의를 기울일수록 모방할 가능성은 커진다.

둘째, 파지단계(retention phase)이다. 파지단계는 주의를 기울였던 모델의 행동을 기억하거나 유지하는 과정이다. 이 과정에서는 시·청각과 같은 감각으로 들어온 정보를 기억으로 전이하는 과정이다. 파지과정은 심상이나 인지적 시연과 같은 내적 시연이 있고, 실제로 행동해 보는 운동 시연과 같은 외적 시연이 있다.

셋째, 재생단계(re-production phase)이다. 재생과정은 모델처럼 잘하기 위해서는 능력과 기술이 있어야 한다. 따라서, 모델 행동을 모방하기 위해 연습을 많이 해야 한다. 또 시행착오를 거쳐 정확한 모방을 하기 위해서는 피드백이나 지도가 필요하다.

넷째, 동기화단계(motivation phase)이다. 아무리 학습이 일어났어도 수행으로 이어지려면 동기화가 되어야 한다. 적절한 동기가 유발되면 학습을 수행으로 이어지고, 이때 강화는 결과기대를 가져오므로 행동을 촉진시킨다. 즉, 관찰학습이나 사회학습은 강화기대나 결과기대가 있을 때 모델행동이 더 잘 일어난다.

사회학습을 유도하는 강화에는 세 가지가 있다.

첫째는 직접강화(direct reinforcement)로 외부에서 오는 강화이다. 부모나 교사로부터 칭찬이 여기에 속한다.

둘째, 대리강화(vicarious reinforcement)이다. 타인이 강화 받는 행동을 관찰하면 자신도 그 행동을 반복할 가능이 높다. 다이어트에 성공한 여학생이 멋진 남학생과 데이트를 하는 것을 보고 자신도 멋진 남학생과 데이트를 하려고 다이어트를 할 가능성이 높다.

셋째, 자기강화(self reinforcement)이다. 외적 보상이 아닌 자기만족이나 성장으로 인해 관찰행동을 지속하는 것이다. 자기효능감이 높은 개인은 목표를 달성하고자 노력을 하고 이 노력은 좋은 결과를 가져온다. 좋은 결과로 인해 교사의 칭찬을 받게 된다. 개인은 자신감을 가지고 더욱 노력을 하여 성취감을 경험하고 더 도전하게 되는 것이다. 처음에 주어지는 교사의 칭찬은 외적 강화이지만 성취감은 자기강화이다.

관찰학습에 영향을 주는 요인은 모델의 특성, 관찰자의 특성, 보상결과가 있다.

첫째, 모델의 특성은 학습자가 관찰대상과 비슷하고 또래일수록, 지위가 있을수록, 유능하다고 지각할수록 관찰학습의 효과는 증가한다. 청소년의 희망직업이 가수나 연예인이 많은 것도 아이돌 스타를 모방하기 때문이다. 연령대가 비슷하고 돈을 많이 벌고 인기가 있다고 지각하기에 연예인이 되고 싶은 것이다.

둘째, 관찰자의 특성이다. 관찰자의 자존감이나 발달단계에 따라 다르다. 자존감이 낮은 아동은 부모의 행동을 모방할 확률이 높다. 폭력가정의 자녀들은 낮은 자존감으로 인해 부모의 폭력을 모방할 확률이 높아 폭력이 대물림되는 것이다.

셋째, 행동과 관련된 보상이다. 모델의 행동이 정적 강화로서의 유인가가 있으면 행동을 모방할 가능성이 높다. 사회학습의 관점에서 보면, 부모나 교사, 그리고 어른들의 행동은 자녀나 학생에게는 중요한 모델링의 대상이 된다(이억범 외, 2014: 65-66).

반두라는 모델링을 통해서 뱀에 대한 공포를 감소시키는 과정을 연구하였다. 관찰자는 뱀과 친하게 지내는 모델을 관찰하고 모방하면서 자신이 뱀에 대한 공포를 줄일 수 있다는 신념을 통해 뱀에 대한 공포를 줄이게 되었다. 이처럼 자신이 과제를 수행할 때 어떤 행동을 할 수 있다는 능력에 대한 믿음을 '자기효능감(self-efficacy)'이라고 한다. 이 자기효능감은 과거의 성공경험, 모델관찰, 언어적 설득 등으로 형성되는데, 관찰학습에서 중요한 개념이다.

높은 자기효능감을 가진 학습자들은 도전적인 과제를 선택하고 과제를 수행할 때 더욱 노력한다. 목표에 도달하지 못했을 때도 포기하지 않는 인내심을 가지고 있다. 자신에 대한 믿음이 확고하여 성공할 것이라고 믿고 불안감을 스스로 통제하거나 조절하는 편이다. 비생산적인 전략을 자주 사용하지 않는다. 특히, 같은 능력에 있어서 자기효능감이 낮은 학생보다 높은 수행을 보이는 특징을 가지고 있다(Eggen & Kauchak, 2004). 모델링을 통해 자기효능감을 높여 자기조절력을 향상하는 것은 바람직한 행동을 증가시키거나 바람직하지 못한 행동을 감소시키는 것이다.

5. 평가

학습이론들은 발달심리학에 중대한 영향을 주고 있다. 조건화의 원리는 공포증, 불안과 같은 부정적 정서행동의 치료와, 바람직하지 못한 행동의 수정과 바람직한 행동의 조형 및 발달장애의 치료까지 광범위하게 적용되고 있다. 반면에, 조건화 이론은 많은 경우 동물과 인간의 차이를 간과하고 있다는 비난을 면치 못한다. 동물실험과는 달리, 인간행동의 경우에는 동일한 자극은 동일한 반응보다는 다양한 반응으로 나타나기 쉽다. 이는 환경의 외부적, 관찰 가능한 자극과 반응만을 대상으로 하는 조건화 이론이 설명하지 못하는 유기체 내부의 조건이라는 것이다. 사회인지학습이론은 같은 행동주의 관점으로 묶여 있지만, 조건화 이론의 몇 가지 기본 가정에는 동의하지 않는다. 사회인지학습이론은 인간발달의 완전한 이해는 외적 자극과 반응의 한계를 넘어서지 않고는 이루어지지 않는다고 주장한다(신명희 외, 2013: 41).

학습이론의 주요 강점은 기본 개념의 의미가 명확할 뿐만 아니라, 가설검증을 비롯한 과학적 연구의 중요성을 강조한 데 있다. 학습이론은 조건형성과 모델링을 통해서, 아동의 바람직한 행동은 격려하는 반면, 바람직하지 못한 행동을 제거하는데 도움이 된다. 특히, 조작적 조건형성원리를 이용한 행동수정 개념은 아동의 문제행동을 바람직한 행동으로 대체하는 데 효과가 있다. 행동수정 전문가들에 의하면, 아동의 정서적 문제 중 대부분은 아동의 바람직하지 못한 행동이 우연히 강화된 데 기인한다. 사회학습이론은 인지발달에서 사회적 · 정서적 · 동기적 측면을 고려함으로써 인지발달에 대한 이해를 넓혔다(Miller, 2016). 또한 관찰학습과 상징적 표상을 통해 인간의 사고가 사회와 어떻게 연관되는가를 구체적으로 보여주었다.

그러나 학습이론의 단점은 다음과 같다(정옥분, 2011: 87-88).

첫째, 환경의 중요성만을 강조하고, 생물학적 영향력을 간과하였다는 점에 있다. 따라서, 인간의 행동발달에 있어서 연령에 따른 자연적인 변화나 개인차, 독창적인 문제해결능력 등을 충분히 설명해 주지 못한다.

둘째, 학습이론은 인간을 포함한 모든 동물의 행동에 동일한 법칙이 적용된다는 가정 아래 인간이 아니라, 개나 쥐, 비둘기와 같은 하등동물을 대상으로 한 연구에서 출발하였다. 따라서, 인간은 동물과 달리 복잡한 인지능력을 가지고 있기 때문에 환경이 발달에 미치는 영향을 제대로 이해하기 위해서는 실험실이 아닌 자연환경에서 연구해야 한다는 비판을 받고 있다.

셋째, 학습이론은 단지 눈에 보이는 행동에만 주의를 집중함으로써 인간행동과 발달을 충분히 이해하는 데 한계가 있다는 점이다.

넷째, 반두라의 사회학습이론은 초기 학습이론에 비한다면 인간의 인지체계를 통해 연결된 환경과 행동을 강조하는 것이기 때문에 보다 완성도가 높다고 할 수 있다. 그러나 이러한 인지체계가 어떻게 발달하고, 이러한 발달이 관찰학습에 어떻게 영향을 미치는가 하는 점은 규명되지 않았다는 지적을 받고 있다.

CHAPTER

10

[developmental psychology]

도덕성 발달이론

학습목표

1. 피아제, 콜버그, 길리건의 이론 비교
2. 콜버그의 생애 조명
3. 도덕성 발달단계 학습

학습내용

1. 도덕성 발달이론의 개요
2. 콜버그의 생애와 사상
3. 주요 개념 및 특성
4. 도덕성 발달단계

개요

콜버그의 도덕교육은 인지발달이론에 기초한다. 그는 '인지'를 도덕성 발달의 핵심으로 본다. 따라서, 인지의 발달을 중심으로 도덕성을 발달시키는 과정을 도덕교육으로 본다. 도덕교육을 이와 같이 생각하는 콜버그는 도덕성을 발달시키는 과정에서 가장 중요하게 작용하는 요소로서, '인지갈등의 조성'과 '역할채택의 자극'을 제시한다. 본 장은 콜버그의 도덕성 발달단계를 학습하고자 한다.

[developmental psychology]

CHAPTER 10 도덕성 발달이론

1. 도덕성 발달이론의 개요

콜버그는 미국의 심리학자로, 피아제(Piaget)의 인지발달이론에서 영향을 받아 6단계의 도덕발달이론을 주장하였다. 피아제학파의 전통을 이은 대표적인 학자 중 하나는 콜버그이다. 콜버그는 도덕성 발달에 초점을 맞추어 피아제의 초기 연구를 월등히 능가하는 도덕적 사고에 관한 단계이론을 제시하였다.

콜버그는 1950년대에 도덕성 발달의 단계에 대한 연구를 시작하였고, 1958년에 박사학위논문으로 그의 이론을 제시했다. 몇 년 후 콜버그(Kohlberg, 1963)의 연구결과가 출간되자, 철학자와 심리학자 그리고 도덕성 발달에 관심을 둔 학자들은 이에 대해 상당한 관심을 보였다. 1970년대에 대두된 비판론, 경험적 자료 그리고 철학적・교육적 반응의 결과로서, 콜버그는 이러한 수많은 학구적인 평가와 개념들을 통합하여 그의 단계이론을 수정하였다. 따라서, 콜버그의 이러한 단계들에 대해서는 각기 다른 개정판과 채점안이 제시되어 왔다(전옥분, 2015: 342).

콜버그의 도덕발달론은 '정의(justice)' 개념을 덕의 근본 원리로 정위하고, 도덕 판단의 발달 정도에 따라서, 세 가지 '수준(levels)'과 여섯 개의 '단계(stages)'로 분류한다. 여기에서 '수준'이란 '관습(conventional)' 수준을 기준으로 하여 '전인습(preconventional)' 수준과 '후인습과 원리적(postconventional and principled)' 수준으로 구분하고 있다 전통적으로 형성된 도덕적 관행은 역사와 문화적 차이에 따라서, 각각 다를 수 있을지 모른다. 그러나 어느 사회에서든지 전통은 존재하고, 그것이 형성되기 이전의 국면과 전통의 문제점을 개선한 국면을 생각할 수 있다. 따라서, 콜버그의 '수준' 분류는 역사적, 문화적 차이에도 불구하고 보편적인 구조를 갖는다. 콜버그가 제시한 '수준 A(전인습 수준)'는 '도덕 이전(premoral)'의 수준이고, '수준 B(인습적 수준)'는 '인습적 역할 동조성의 도덕성(morality of conventional role conformity)' 수준이며, '수준 C(후인습 이후 수준)'는 '자기수용적 도덕원리의 도덕성(morality of self-accepted moral principles)' 수준이다(Kohlberg, 1981). 전인습 수준에서 행위자는 대체로 행위 이후에 따르는 즉각적인 결과로서 상벌과 호의의 교환이 미치는 물리적 힘에 의하여 영향을 받는다. 인습적 수준에서 행위자는 그가 속한 가족, 집단, 국가의 규칙과 기대에 대하여 신의와 충성을 다하는 것을 가치 있는 일로 여긴다. 후관습의 수준에서 행위자는 사회와 국가의 권위보다도 개인의 자율적인 도덕원리를 우선적으로 신뢰한다. 콜버그의 단계론은 세 가지 수준에 이어서 여섯 단계로 분류하였다.

콜버그의 이론은 도덕성 발달에 있어 인지요인을 부각시켰다는 점에서 큰 함의가 있으나, 문화적 편향성 및 성적 편향성의 가능성이 제기되면서 비판을 받았다.

2. 콜버그의 생애와 사상

콜버그
(Lawrence Kohlberg;
1927~1987)

콜버그는 1927년 미국 뉴욕의 브롱스빌(Bronxville)의 부유한 유대계 독일인 사업가 가정에서 태어났다. 어린 시절에는 부모의 별거와 이혼으로 부모 양측에 번갈아 맡겨져 가면서 자라기도 하였으며, 1937년 명문 사립기숙학교 필립스 아카데미(Phillips Academy)에 입학하였다. 그는 고교 졸업 후 대학에 진학하는 대신에 2차 세계대전 중 홀로코스트(Holocaust)에 영향을 받아 유대인 독립국가 조직을 목표로 하는 하가나(Haganah)의 일원으로서 루마니아로부터 영국을 거쳐 팔레스타인 지역으로 들어가는 수송비행기 부조종사가 되어 그들을 돕는 일에 앞장섰다. 영국군에 체포되어 사이프러스(Cyprus)의 포로수용소에 구금된 그는 동료들과 함께 탈주하였고, 이후에도 이스라엘의 건국을 위한 활동에 동참하였다. 그는 2년의 감금생활 동안 자신을 되돌아볼 수 있는 기회를 가질 수 있었다. 그것은 도덕적 행동주의자이었던 콜버그에게 그의 행위가 유대인의 이상주의와 이기주의의 혼합에 의한 것이고, 원리에 입각한 것이었고, 목적들이 수단을 정당화시켰던 것을 깨닫는 시간이 되었다. 이 같은 경험은 이후 사회활동과 정의, 도덕성 발달에 관심을 가지게 되는 중요한 계기가 되었다.

1947년 시카고대학교(University of Chicago)에 좋은 성적으로 입학했기 때문에 2년 만에 학부과정을 마치고, 1958년 동 대학원 심리학과에 입학하여 박사학위를 받았다. 콜버그는 박사과정 중에 피아제의 이론에 영향을 받아 도덕성 발달에 관심을 갖게 되었다. 그는 도덕적 딜레마를 응답자에게 제시하고 그것에 대해 도덕적 추론을 하게 한 뒤, 왜 그렇게 판단하였는가에 대한 이유를 기록하는 방법으로 도덕성을 연구하였다. 그는 자신의 박사학위논문 연구대상자를 20년 동안 추적하여 장기간에 걸친 도덕성 발달의 종단적 연구를 수행하였다. 그는 학부에서 철학과 문학 수업을 통해 도덕 발달에 대해 학습하고, 대학원 과정에서 베텔하임(Bruno Bettelheim), 로저스(Carl Rogers) 등으로부터 지도를 받았다. 이후 예일대학교 조교수(1959~1961), 시카고대학교 교수(1962~1967)를 거쳐 1968년 하버드대학교(Harvard University)의 교수가 되었으며, 하버드대학교 내에 도덕교육연구센터를 설립하여 일생을 마칠 때까지 도덕성 연구에 매진하였다.

콜버그는 허심탄회하고 겸손한 사람이며, 진정한 학자라고 할 수 있다. 그는 심리학과 철학에 있어서의 광범위한 문제들에 대해 오랫동안 깊이 연구하였다. 불행하게도 콜버그는 생애의 마지막 20년 동안 열대병과 도덕적 이상주의와 현실 간의 불일치로 인한 우울증으로 고통을 겪었으며, 59세의 나이에 자살로 삶을 마쳤다(김제한, 2001: 144).

대표적 저서로, 『10~16세까지 사고와 선택유형발달』(1958), 박사학위논문 "정의를 위한 교육: 플라톤 견해에 따른 현대적 진술"(Educating for Justice: A Modern Statement of the Platonic View, 1970), 『인성의 도덕 발달 단계: 도덕 학습의 기초』(*Stages in the Moral Development of the Personality: The Basis of Moral Learning*, 1971), 『도덕 발달의 의미와 측정』(*Meaning and Measurement in Moral Development*, 1979), 『정의 사회를 위한 교육: 최신의 수정된 진술』(*Educating for Just Society: An Updated and Revised Statement,* 1980), 『도덕발달의 철학: 도덕성의 단계와 정의의 이념』(*The Philosophy of Moral Development: Stages of Morality and the Idea of Justice,* 1981) 등이 있다.

3. 주요 개념 및 특성

1) 피아제의 도덕성 발달이론

콜버그의 도덕 판단에 대한 발달이론은 피아제(Piaget)의 인지발달이론과 깊은 관련이 있다. 대부분의 인지발달의 경우와 마찬가지로, 도덕적 인지의 발달에 있어서도 역시 이론의 출발은 피아제에서 찾을 수 있다. 피아제는 아동들의 놀이 행동을 관찰한 결과, 그들이 인지발달단계에 따라 두 가지 도덕적 사고를 보인다고 제안했다(Piaget, 1932).

첫 번째 단계는 흔히 타율적 도덕(heteronomous morality) 단계라고 불리는데, 전조작기, 그러니까 만 7~8세 이전의 어린 아동들에게서 발견된다. 이들은 흔히 사회적 정의와 규칙이 외부의 절대자(성인, 법전, 또는 신 등)에 의해 규정된 것이며 바꿀 수 없다고 생각한다. 이 단계의 아동들은 또한 옳고 그름을 판단할 때 그 규칙을 지켰느냐 그렇지 않느냐의 단순한 논리로 사고한다. 즉, 이들의 선악 판단은 행동의 결과에 국한되며, 그 행동의 기저에 있는 동기나 의도는 고려하지 않는다. 예를 들어 엄마를 도와주려다 접시 열 장을 깬 아이가 엄마 몰래 과자를 훔쳐 먹으려다 접시 한 장을 깬 아이보다 더 나쁜 짓을 했다고 판단한다.

구체적 조작기에 접어드는 약 10세 이후의 아동들은 소위 자율적 도덕(autonomous morality) 단계로 넘어간다. 이제 이 아동들은 규칙이란 것이 사회적 약속으로 만들어진 것이고, 사회구성원의 협의에 의해 바뀔 수 있다는 사실을 인지한다. 또 행동의 의도와 동기를 고려할 필요가 있으며, 형평성이나 평등의 개념을 고려하기 시작한다. 이때부터 이들은 과자를 훔쳐 먹으려다 접시 한 장을 깬 아이의 행동이 엄마를 도우려다 접시 열 장을 깬 아이의 행동보다 더 나쁜 행동이라고 판단한다.

▌〈표 10-1〉 피아제의 타율적 도덕성과 자율적 도덕성의 인지적 측면

인지적 측면	타율적 도덕성	자율적 도덕성
의도성	나쁜 행동의 의도보다 결과를 중시한다.	해치려는 의도가 있는 행동은 나쁘다.
상대성	행동은 전적으로 옳거나 그르다.	옳거나 그른 것은 정도가 있어 상대적이다.
잘못에 대한 기준	처벌받은 행동은 나쁜 행동이다.	다른 사람을 해치거나, 규칙을 어긴 것은 나쁜 행동이다.
상호성	자기중심적 이기적이다.	다른 사람과의 상호작용을 고려한다.
배상과 교정	나쁜 행동은 무조건 처벌받아야 한다.	희생에 대한 배상과 교정 가능성에 초점을 둔 처벌
인과관계	불행을 과거 나쁜 행동에 대한 벌로 본다.	우연한 불행과 벌을 명확히 구별

피아제의 도덕적 인지이론은 다른 피아제의 주제와 마찬가지로 수많은 지지와 반론을 불러일으켰다. 상당수의 연구는 피아제의 도덕 인식에 대한 발달이 다양한 문화권에서 관찰됨을 보여 주고 있다. 또 피아제의 도덕적 사고와 인지발달 수준과는 정적인 상관관계를 보여, 도덕 판단과 피아제의 인지발달 단계가 관련이 있음을 함의하고 있다. 동시에 다른 많은 후속 연구들은 피아제의 이론이 아동의 도덕 판단 발달을 너무 단순화한다고 비판했다.

또 피아제의 다른 주장에 대한 반론과 마찬가지로, 피아제의 연구 절차가 너무 복잡하다는 비판도 제기되었다. 즉, 절차를 단순화한다면 어린 아동도 타인의 행동 기저에 있는 의도를 고려하여 도덕 판단을 한다는 것이다. 이러한 비판 등의 이유로 인해 피아제의 도덕발달이론은 현재는 과거만큼 큰 영향력을 발휘하지 못하고 있다. 그렇지만 그의 이론은 많은 후속 연구를 자극했으며, 특히 여기서 본격적으로 다루고자 하는 콜버그의 이론에 중요한 기초로 작용했다.

2) 사실 · 가치 · 도덕

도덕에 대한 명확한 정의를 내리기 위해서 우선 보다 일반적인 용어로서 도덕의 하위 개념으로 가치라고 하는 용어를 정의하면 다음과 같다.

가치란 무엇에 대한 바람직함과 적절함, 좋음에 대한 의견이다. 그 '무엇'인가라는

것은 인물일 수도 있고, 사물, 장소, 사실, 생각, 또는 행위일 수도 있다. 사실에 대한 진술은 무엇이 존재하는가, 어느 정도의 양인가, 그리고 그것이 다른 사실과 어떻게 관계하고 있는가를 기술하는 것이다. 가치에 대한 진술은 어떤 일이 좋은가, 나쁜가, 훌륭하게 이루어진 것인가, 그렇지 않은가, 적절한가를 기술하는 것이다.

도덕이라고 하는 말은 가치라고 하는 일반 용어의 하위 항목의 하나에 지나지 않는다. 그렇다고 대부분의 가치를 도덕적인 것이라고 한정할 수는 없다. 예를 들어, 심미적 가치라고 하는 것이 있는데, 이는 예술적인 관점으로부터 도출된 의견을 수반하고 있다. 심미적 가치는 꽃이나 시, 회화, 음악회 등에서 눈을 즐겁게 한다든가, 훌륭한 비유라든가, 황홀할 정도로 새로운 것이라는 말로서 표현된다. 기술적 가치가 있다. 이것은 어느 정도 효과적으로 사물이 작동하는가, 어느 정도 각 부분이 잘 연속하여 움직이는가 하는 사실에 초점을 둔다. 타산적 가치라는 하위 영역도 있는데, 이는 개인에게 최대한의 이익을 수반하기 위해 그 사람의 사회적 관계나 시간과 노력의 사용법을 좌우하는 것이다. 어떤 소년은 교사의 냄새가 좋지 않다는 사실을 교사에게 말하지 않는 편이 현명하다고 생각하며, 어떤 소년은 아버지에게 잔디를 깎도록 지시를 받은 후에 야구를 하러 나가는 것은 현명하지 않다고 생각하는 것이다.

콜버그에 따르면, 한 소녀가 그의 친구에게 "오늘의 수학 시험은 커닝하면 안돼요. 어제, 선생님은 철수가 커닝하는 것을 보고 시험지를 찢었어요"라고 말하는 것은 도덕적 판단은 아니다. 이는 타산적 판단에 지나지 않는다. 그 이유는 보편적이 아니고 (모든 시험 장면에 적용되는 것이 아니기 때문), 비개인적이고 이성적인 근거에 따르는 것이 아니기 때문이다. 이와는 대조적으로, 고등학생이 "어떠한 경우에도 다른 사람의 생명을 뺏을 권리는 누구에게도 없는 것이기 때문에, 사형은 폐지되어야 한다"고 말한 경우는 도덕적 판단이다. 이 판단은 보편적으로 어떤 상황에서도 적용되고 이상주의의 신념에 기초하고 있기 때문이다.

콜버그의 도덕성 발달이론은 아동이 참다운 도덕 판단을 만들어 가는 단계를 기술하고 있다. 콜버그에 따르면, 그 단계는 다른 형태의 가치나 판단으로부터 도덕적 가치나 판단이 점진적으로 분리, 분화해 가는 과정인 것이다. 만약, 아동이 도덕 판단의 아주 높은 단계까지 진행하는 데 성공한다면 사춘기에 그는 도덕적 문제의 평가 기준을 정의라고 하는 개념에 둔다. 즉, 콜버그의 생각으로는 그 젊은 사람의 의견은 개인의 권리에 기초하고 있으며, 어떤 행위가 그 권리를 침범한다면 그 행위는 부정이라고 판단될 수 있는 것을 의미하고 있다. 콜버그는 다시 이러한 의미에서의 권리는 평등성과 상호성에 기초하고 있으며, 그로 인해 사람들은 교환(또는 계약)이나 비리에 대한 보답에 있어서는 평등하다고 주장한다. 정의는 법이 개인의 권리에 존속에 있어 공평하고, 모든 사람에게 평등하게 적용되고 있다고 하는 사실을 포함하고 있다.

3) 도덕성 발달을 위한 정의 공동체의 접근

콜버그의 도덕교육은 인지발달이론에 기초한다. 그는 '인지'를 도덕성 발달의 핵심으로 본다. 따라서, 인지의 발달을 중심으로 도덕성을 발달시키는 과정을 도덕교육으로 본다. 도덕교육을 이와 같이 생각하는 콜버그는 도덕성을 발달시키는 과정에서 가장 중요하게 작용하는 요소로서, '인지갈등의 조성'과 '역할채택의 자극'을 제시한다.

한편, 콜버그는 피아제의 인지발달이론에 기초하여 3수준 6단계의 도덕발달 단계를 제시했다. 콜버그에 있어서 도덕교육은 아동·학생들의 도덕발달 단계를 진단하고, 이어서 그들을 현재의 단계보다 한 단계 더 높은 다음 단계의 도덕적 사고방식(구조)에 노출시킴으로써 인지갈등을 일으키게 하고, 그 과정에서 동시에 역할채택을 자극하는 교육을 일정기간 지속함으로써 단계의 상향이동을 꾀하는 것으로 구성된다.

도덕성의 발달을 자극 또는 촉진하는 과정을 도덕교육으로 보는 콜버그는, 교육을 위한 자료로서 '가설적 딜레마(hyhothetical dilema)'를 사용했다. 가설적 딜레마는 실제적 딜레마 또는 문제보다 더 복잡하고 더 도전적인 사고를 이끌 수 있다고 생각되었기 때문이다. 제시된 가설적 딜레마를 중심으로 아동·학생들의 인지갈등과 역할채택이 작용할 수 있도록 이른바 소크라테스적 대화에 의한 수업이 콜버그가 처음에 주로 사용한 도덕교육의 접근법이다. 이 접근법은 도덕교육의 목표를 원리의 수준에 두었다. 그러므로 인습의 도덕을 소홀히 하였다. 인지의 발달에 주로 관심을 가진 이 접근법은 형식, 구조, 사고방식에 비중을 둔 나머지 내용과 이의 전달방법에 소홀하였다. 또한 인지발달에의 관심은 도덕성의 정서·감정적 측면에도 소홀하였다. 이는 동시에 판단과 행동과의 관계를 소홀히 하는 결과를 낳았다.

도덕성 요소로서의 인습, 내용, 정서·감정, 행동 등에 대한 콜버그의 관심의 부족은 많은 비판을 받아왔다. 후기에 이르러 콜버그는 이와 같은 비판을 수용하였다. 도덕교육에의 접근방법에 있어서 그의 잘못(mistake)을 시인했다. 따라서, 가설적 딜레마를 중심으로 한 교실수업 접근법을 수정, 보완하였다. 이 수정, 보완된 접근법이 이른바 '정의 공동체 접근법'이다.

콜버그가 전기의 그의 접근법에 실수를 인정하게 된 주요 이유는, 그가 소위 '심리학자의 오류'를 범했기 때문이라는 것이다. 이 오류란 '발달심리학 연구를 위해 중요한 것은 동시에 교실의 교사들에게도 중요하다고 믿는 것'을 말한다 ; '인간의 가치가 무엇인가에 대한 심리학적 연구로부터 인간의 가치가 무엇이어야 하는가의 대한 결론을 이끄는 것'을 말한다 ; 심리학자가 심리학적 실험·연구에 의해 발견한 이론을 교육현장의 실제에 그대로 적용하는 것을 말한다.

'심리학자의 오류'를 인정하고 새롭게 수정, 보완한 후기의 콜버그의 '정의 공동체' 접근은 더 이상 아동·학생들의 도덕교육의 목표를 원리에 수준에 두지 않았다 ; 초·중등학교 학생들의 도덕성 발달을 원리의 단계에까지 기대할 수는 없기 때문이다. 도덕교육의 목표를 인습수준에 둔 정의 공동체 접근은 인습의 도덕을 위해 '내용'의 도덕교육을 '추론'의 도덕교육과 병행하게 되었다. 인지도덕적 판단과 함께 정서·감정적 행동도 함께 다루게 되었다. 내용을 전달하는 방법으로서 '지지적 접근법'도 제시하였다. 정의 공동체 접근은 이와 같은 내용의 도덕교육을 위해 가설적 딜레마보다는 실제적(현실적) 문제를 다룬다. ① 표면적 교육과정에 의한 접근보다는 잠재적 교육과정에 의존한다 ② 개인적 차원의 도덕성 발달보다는 집단적 차원의 도덕성 발달에 관심 가진다. ③ 따라서, 집단의 사회적·정치적 차원에 관심 가진다. '참여민주주의' 또는 '정의 공동체' 자체를 도덕의 원리로 보고 이의 적용에 의한 공민교육을 도덕교육의 목적으로 한다.

정의 공동체 접근에서 '정의'는 '옳음'에 관심 가지는 콜버그의 전기 도덕교육 이론과 관련된다. 한편, '공동체'는 '선'에 관련되는 것으로 그의 후기의 관심의 반영이다. 그러나 '정의'와 '공동체'가 통합된 '정의 공동체' 이론은 콜버그의 도덕교육론을 대표하는 것으로 보아야 할 것이다. 그럼에도 불구하고 '정의 공동체' 접근은 그의 후기 이론이라는 인상은 배제되기 어려울 것이다.

끝으로, 콜버그의 전기 이론과 후기 이론은 다 함께 도덕발달이론이라는 점에서, 아동・학생들의 도덕성 발달을 촉진하는 것이 도덕교육이라는 점에서, 그리고 토의 또는 논의를 도덕교육의 방법으로 하는 점에서 같다는 사실을 강조하고 싶다. 다만, 그 접근의 과정에서 전・후기에 그가 비중을 둔 측면이 다를 뿐이다.

전기에는 교실에서 가설적 딜레마를 중심으로 아동・학생들의 '도덕적 판단'을 통한 도덕성 발달을 촉진하려 했고, 후기에는 공동체로서의 학교의 분위기 변화에 의해 '도덕적 행동'을 통한 도덕성 발달을 촉진하려 했다. 실제로 공동체 접근을 한 캠브리즈(Cambridge)와 스칼스데일(Scarsdale)의 대안학교를 통해서도 학생들의 도덕성 단계가 매년 평균 4분의 1단계씩 발달했다(남궁달화, 1995: 211-213 재인용).

4) 하인츠의 딜레마

콜버그의 6단계에서는 도덕적 결정은 다른 가치 판단과 혼합되어 다른 사건에 의해서 규칙도 변한다고 하는 저차원의 수준으로부터 도덕적 가치를 다른 것과는 구별하고, 어떠한 상황에서나 어떠한 사람에게 있어서도 알맞은 보편적 원리를 이용하는 고차원의 수준에 대한 발달을 나타내고 있다고 말할 수 있다. 다음은 그가 사용하는 '하인츠의 딜레마(Heinz's dilemma)' 이야기이다.

하인츠의 딜레마(Heinz's dilemma)

남편 하인츠가 아픈 아내를 위해 약을 훔치는 일이 도덕적으로 올바른 일인가에 대한 물음으로, 사람들의 도덕성 발달 수준을 확인하기 위한 문제이다. 연구 끝에 콜버그는 "10세에서 16세까지 사고와 선택 유형 발달"이라는 논문을 완성하게 되는데, 하인츠 딜레마는 그 연구 자료의 일부이다. 추후 콜버그는 아동의 도덕 인지 발달에 대해 집중적인 연구를 진행하여 도덕성 발달 단계를 제시하게 된다. 하인츠는 암에 걸린 아내를 치료하기 위해 약을 구하러 나선다. 어느 약사가 개발한 새로운 약만이 아내를 살릴 수가 있는데, 이 약의 원가는 200달러였다. 그런데 약사는 하인츠에게 2,000달러를 요구했다. 하인츠는 집과 재산을 팔고 주변 사람들에게 돈을 구하기 위해 최선을 다했지만 겨우 1,000달러밖에 마련하지 못했다. 하인츠는 약사에게 애원했으나 약사는 약을 싸게 팔 수도, 외상을 줄 수도 없다며 거부했다. 절망에 빠진 하인츠는 결국 약국의 창고에 몰래 들어가 약을 훔친다. 콜버그는 위와 같은 이야기를 들려주고 다음과 같은 질문을 던졌다. '남편은 약을 훔쳤기 때문에 벌을 받아야 하는가?' '약사는 비싼 약값을 요구할 권리가 있는가?' '약사 때문에 아내가 죽게 되었다고 비난하는 것은 정당한가?' 만약 비난이 정당하다면 그리고 아내가 사회적으로 중요한 인물이었다면 약사를 더 무겁게 처벌해야 할까?(이동귀, 2016 재인용).

콜버그는 위 질문을 듣고 대답한 이유가 연령별로 달라지는 것을 관찰하고, 도덕성 발달을 3수준 6단계로 제시했다.

5) 도덕교육론

콜버그는 학생들이 사소한 행정적 규정에서 벗어나거나 개인적으로 교사를 괴롭히는 행동을 할 때, 교사나 교장에 의해 사려없이 이루어지는 도덕적 훈계에 반대한다. 그는 또한 다수의 사람들이 가지고 있는 가치를 교수하는 의도적인 노력에도 반대한다. 이러한 접근들이 가정하는 이론은 윤리적 상대성에 근거하기 때문이다. 듀이(John Dewey, 1859~1952)와 피아제에 영향 받은 콜버그는 도덕교육의 목적은 아동의 도덕적 판단 및 능력의 '자연적' 발달을 자극하는 것이라고 주장한다. 그가 도덕교육의 목적을 고정된 규칙의 교수가 아닌 발달의 자극으로 정의하는 것은

첫째, 아동에게 외부의 것을 부여하는 것을 도덕교육으로 보지 않고 이미 그가 진행하고 있는 발달의 다음 단계를 받아들이도록 도와주는 것을 도덕교육으로 보는 데 기인한다. 보다 구체적으로 콜버그는, 도덕교육의 목적은 아동·학생들을 원리의 도덕수준으로 이르도록 그들의 도덕발달을 자극하는 것이어야 한다고 주장한다. 그는

원리의 도덕인 제5, 6단계의 도덕판단은 철학적으로 정당화될 수 있는 보편적 도덕적 가치라고 생각한다 ; 보편적 윤리적 원리인 '정의'는 도덕발달을 자극시킬 수 있다고 생각한다.

둘째, 콜버그가 발달적 접근을 도덕교육으로 보는 또 다른 점은, 도덕발달의 자극은 아동의 자율성을 존중하는 교육과정의 특성을 밝혀줄 수 있다는 데 기인한다. 발달적 접근이 아닌 여타의 교육의 과정은 흔히 주입을 반영한다. 아동·학생들이 단계로부터 단계로 자연적으로 이동하는 경험은 주입에 의한 것일 수 없다. 그러한 경험은 특정한 내용의 교수 및 내면화에 의한 것이 아니라 자신의 것보다 더 높은 다른 사람의 사고방식에 노출되어 겪는 도덕적 갈등에 의한 경험이다. 교사가 도덕교육의 방법으로서 이러한 경험을 신중하게 사용하는 한 그는 주입하지 않게 될 것이라고 콜버그는 말한다.

콜버그는 학교 도덕교육에서, 특히 교실 수업과 관련해서, 논의되어야 할 주제가 반드시 즉시적이고 실제적인 생활의 이슈이어야 할 필요는 없다고 말한다. 왜냐하면 그것이 도덕적으로 실재적이고 도전적이기만 하면 실제 생활과 거리가 먼 가설적 이야기도 청소년들의 관심을 불러일으킬 수 있고 심대한 토론의 이슈로 작용할 수 있기 때문이다. 아동·학생들은 제기된 문제사태의 정답이 무엇인가에 대해 참으로 불확실성을 느낄 때 비로소 교사의 말에 귀를 기울이게 된다는 것이다. '덕은 항상 승리한다'는 교과서의 훌륭한 이야기는 도덕발달을 자극하는 것으로는 별로 가치가 없다는 것이다. 비록 해결하기는 어려우나 진정한 도덕적 갈등의 제시만이 도덕발달을 자극하는 효과가 있다는 것이다.

교사가 학생들의 도덕발달을 자극시키기 위해서는 첫째, 그들에게 진정으로 도덕적 갈등을 일으키는 이슈를 다루어야 한다. 둘째, 그들에게 새로운 인지적 요소를 제시해야 한다. 이 같은 과제는 교사와 학생 간의 상호작용, 즉 의사소통에 의해 이루어진다. 효과적인 의사소통은 교사의 발달수준과 학생의 발달수준이 잘 연결되어야 한다. 종래의 도덕교육은 발달수준 사이에 연결, 즉 조화의 문제를 소홀히 했기 때문에 아동의 도덕 판단에 크게 영향을 미치지 못했다고 한다. 콜버그의 도덕교육 방법은 아이들이 실제로 표현한 도덕 판단과 아이디어에 경청하는 것으로부터 시작된다.

블래트와 콜버그(Blatt & Kohlberg, 1971)는 아이들의 도덕성 발달단계의 상향이동을 촉진하기 위한 실험을 하였다. 초등학교 6학년과 중학교 1학년인 11~12세의 아동 열두 명을 대상으로 일주일에 한 차례씩의 도덕적 토의로 구성된 4개월 프로그램의 연구였다. 그들의 발달단계는 평균 3단계 수준에 해당되는 것으로 사전검사에서 진단되었다. 연구가 계속되는 동안 그들은 가설적 도덕적 딜레마를 토의하고 논의했다. 이 과정에서 교사는 학생들의 제2단계적 사고보다는 제3단계적 사고의 수준을 명료화하고 지지했다. 일단 제3단계적 사고와 판단이 학생들에게 충분히 이해되고, 논의 및 토의가 새로운 사태로 계속 이어질 수 있게 되었을 무렵 교사는 지금까지 지지하고 합의했던 제3단계적 사고에 도전하여 제4단계적 사고를 지지하고 명료화하기 시작했다.

이 실험의 결과는 실험집단의 경우 약 50% 정도가 한 단계의 상승을 보였고, 10% 정도는 두 단계의 상승까지도 보였다. 40% 정도는 변화를 보이지 않았다. 한편, 통제집단의 경우 약 10%만이 한 단계의 상승을 보였을 뿐 나머지 90% 정도는 변화가 없었다.

블래트와 콜버그는 이들을 대상으로 1년이 지난 후에 그들의 발달 정도를 다시 조사해 보았다. 그 결과 실험집단과 통제집단 간의 발달의 차이는 1년 전 실험 직후에 보여줬던 비율을 그대로 유지했다고 한다.

그러나 발달의 변화 비율은, 블래트를 비롯한 다른 사람들의 계속된 연구에 의하면, 실험집단의 경우 평균 3분의 1 정도의 상승효과가 일반적이었다고 한다.

4. 도덕성 발달단계

도덕 판단에 대한 발달이론 중 가장 유명한 이론은 콜버그가 제시했다. 그는 피아제의 인지발달이론에 따라 아동이 도덕적 딜레마를 해결하기 위해 어떠한 논리를 사용하는지를 관찰했으며, 이에 근거하여 도덕적 사고의 세 가지 수준을 제시했다.

첫 번째 수준은 전인습적 도덕 사고 수준이라 하며, 이때는 외부적 보상이나 처벌에 근거하여 도덕 판단을 한다. 이 수준은 다시 1단계(타율적 도덕 단계)와 2단계(개인주의 단계)로 나뉜다. 두 번째 수준은 인습적 수준으로, 보통 타인이나 관습 등의 외부 요인에 의해 규정된 도덕관을 내면화한 시기이다. 이 수준 역시 3단계(대인간 기대 단계)와 4단계(사회 시스템 도덕 단계)로 나뉜다. 마지막 수준은 후인습적 수준으로, 도덕적 가치를 완전히 내면화하여 외부 기준이 필요 없는 시기를 말한다. 이 수준은 다시 5단계(개인의 권리 및 사회 계약 단계)와 6단계(보편적 윤리적 원칙 단계)로 나뉜다(Kohlberg, 1981: 409-412 ; 김진, 2016: 321-327).

수준 A. 전인습적 수준(Pre-conventional level)

전인습적 도덕 사고란, 콜버그의 도덕 발달의 가장 낮은 수준을 의미한다. 이 수준에 속한 개인은 도덕 판단에 있어 내면화의 증거를 보이지 않으며, 외부 보상이나 처벌에 근거하여 도덕적 판단을 한다. 이 단계의 사고는 도덕 판단의 가장 낮은 수준이기 때문에 아동에게 특히 많이 관찰되지만, 성인에게서 관찰되기도 한다. 이 시기의 아동은 사회의 규율을 내면화했다기보다는 특정 행동의 외부적 결과에 집중하여 판단하는 경향이 있다. 전인습적 수준은 다음 두 가지 하위 단계로 다시 구분된다.

단계 1. 벌과 북종의 단계(Stage 1. The Stage of Punishment and Obedience)

내용

'올바름'은 규칙과 권위에 문자 그대로 복종하는 것, 벌을 피할 수 있는 것, 신체적 피해를 가하지 않는 것이다.

1. 올바른 것은, 규칙을 깨뜨리지 않는 것, 복종해야 하므로 복종하는 것, 그 사람과 재산에 대한 물리적 타격을 가하지 않는 것이다.
2. 올바른 것을 행하는 이유는, 벌을 피하기 위함과 권위자의 강력한 힘 때문이다.

사회적 조망

이 단계는 자아중심적(egocentric) 관점을 취한다. 이 단계에 있는 사람은 다른 사람의 이해관계에 대해 숙고하지 못하며, 그들이 자신과 다르다는 것을 인식하지 못한다. 그러기에 그는 두 관점을 관련 짓지 못한다. 행위는 물리적 결과에 준하여 판정되고, 다른 이의 심리적 관심과는 별개의 것이다. 권위자의 조망과 그 자신의 조망 간에 혼돈이 있다.

단계 2. 도구적 목적과 교환의 단계

(Stage 2. The Stage of Individual Instrumental Purpose and Exchange)

내용

'올바름'이란 그 자신의 욕구나 다른 사람의 욕구를 충족시키는 것, 그리고 구체적 교환(exchangs)에 준해 공정한 거래를 형성하는 것이다.

1. 올바르다는 것은 규칙을 따르는 것이고, 이때 올바름은 그 사람의 이해관계와 바로 연결되어 있다. 올바르다는 것은 그 사람 자신의 이해관계 및 욕구를 충족시키는 일이며, 다른 사람에게도 그렇게 하도록 내버려두는 일이다. 올바르다는 것은 또한 공정한 것이다. 그것은 동등한 교환, 거래, 협약이다.
2. 올바른 것을 행하는 이유는, 다른 사람도 그 나름의 이해관계를 가지고 있다는 것을 인정해야만 살아갈 수 있는 세상에서, 자신의 욕구와 이해관계에 충실하기 위함이다.

사회적 조망

이 단계는 구체적으로 개인주의적(individualistic) 조망을 취한다. 이 단계에 있는 사람은 자신의 이해관계와 관점을 권위자나 다른 사람의 것으로부터 분리시킨다. 사람들마다 추구할 개인적인 이해관계를 갖는데, 이 이해관계들은 서로 갈등하는 것이므로 올바르다는 것은, 상대적(구체적 개인주의적 의미에서)이라고 여긴다. 용역의 도구적 교환이나 다른 사람과의 친선을 도모하기 위한 도구적 필요 그리고 각 사람에게 똑같은 양을 나누어주는 공정성을 통하여 갈등하는 개인적 이해관계를 비교하고 조정한다.

수준 B. 인습적 수준(Conventional level)

콜버그 이론의 두 번째 수준은 중간 정도의 내면화를 보이는 시기라 할 수 있다. 즉, 이 수준의 개인은 어느 특정 기준을 따라 도덕적 판단을 한다. 하지만 그 기준은 보통 타인이나 사회에 의해 규정된 기준이며, 아직 그 기준을 완전히 내면화하지는 못한 상태이다. 인습적 수준도 역시 두 개의 하위 단계로 구성되어 있다.

단계 3. 개인 간의 상응적 기대, 관계, 동조의 단계

(Stage 3. The Stage of Mutual Interpersonal Expectations, Relationships, and Conformity)

내용

'올바름'이란 훌륭하게(착하게) 행하는 것, 동반자로서의 충성을 지키기 위해 다른 사람들과 그들의 감정을 배려하는 것, 규칙과 기대에 부응하려고 하는 것이다.

1. 올바르다는 것은 자신과 가까이 있는 사람들의 기대에 부응하여 사는 것, 다시 말해 사람들이 일반적으로 생각하는 아들, 누이, 친구로서의 역할에 맞추어 사는 것이다. '훌륭하다(being good)'는 것은 그 말 자체로서 중요한 것이며 다른 사람을 염려하고 있음을 드러내 보이는 것, 요컨대 착한 동기(motive)를 가지고 있다는 것을 뜻한다. 이는 또한 상응적 관계를 유지하는 것, 신뢰, 충성, 존경, 감사를 견지하는 것을 의미한다.
2. 올바른 것을 행하는 이유는, 그 자신이 보아서도 다른 사람이 보아서도 훌륭하게 처신할 필요가 있다는 것, 다른 이들을 배려하고 있다는 것, 만약 누구나 다른 사람의 신발에 자신의 발을 넣어본다면 그 자신도 그렇게 훌륭하게 행동하기를 원하기(황금률) 때문이라는 것이다.

사회적 조망

이 단계는 다른 사람과의 관계를 예상하면서 자신의 조망을 취한다. 이 단계에 있는 사람은 서로 공유하고 있는 감정, 협약, 기대가 개인적 이해관계보다 우위에 있음을 깨닫는다. 그는 다른 사람의 구두 속에 자신의 발을 넣어보는 '구체적 황금률'을 통하여 관점들을 연결 짓는다. 그는 일반화된 '체제' 조망을 숙고하지는 못한다.

단계 4. 사회체제와 양심보존의 단계

(Stage 4. The Stage of Social System and Conscience Maintenance)

내용

'올바름'은 사회에서 자신의 의무를 다하고, 사회질서를 지키며, 사회복지를 유지하는 것이다.

1. 올바르다는 것은 그렇게 하겠다고 동의한 실질적인 의무를 수행하는 것이다. 법은, 다른 고정된 사회적 의무 및 권리와 갈등하는 극단적 경우를 제외하고는 지켜져야 한다. 올바르다는 것은 또한 사회, 집단, 제도에 공헌하는 것이다.
2. 올바른 것을 행하는 이유는 제도 그 자체를 살리기 위해서이며, 자신의 의무를 수행함으로써 자기존경 또는 양심을 보존하기 위해서이고, "모든 이가 다 그렇게 한다면 어떻게 할 것인가?"'와 같은 결과를 숙고하는 것이다.

사회적 조망

이 단계는 개인 상호 간의 협약이나 동기와 구분된 사회적 관점을 갖는다. 이 단계의 사람은 체제의 관점을 취하며 체제의 관점 위에서 역할과 규칙을 규정한다. 그는 체제 내의 위치관계에서 개인적 관계를 숙고한다.

수준 B/C 전환기 수준(Transitioal Level)

이 수준은 '후인습적'이지만, 아직 원리적이지 못하다.

내용

4½단계에서의 선택이란 사적이고 주관적이다. 선택은 감정에 기초하고 있으며, 양심은 '의무'와 '도덕적으로 올바른 것'과 같은 관념이 그런 것처럼 자의적이고 상대적인 것으로 보인다.

사회적 조망

이 단계에서 조망은 자신의 사회에 종속되지 않는 어느 개인의 입장이다. 그는 자신을 일반화된 책무나 계약 없이도 중요한 결정을 내릴 수 있는 사람으로 본다. 그는 특정 사회권에서 규정하고 있는 임무를 뽑아 결행할 수 있지만, 그 선택을 위한 어떤 원리를 가지고 있지는 않다.

수준 C. 후(탈)인습 및 원리적 수준(Postconventional and Principled Level)

콜버그의 도덕 발달 단계의 마지막 수준은 후인습적 도덕 사고 수준으로, 도덕성이 완전히 내면화되어 외부 기준이 필요하지 않은 시기를 말한다. 이 시기의 개인들은 타인이 자신과 다른 도덕적 기준을 가지고 있다는 것을 이해하며, 관점에 따라 그 다른 기준이 모두 맞을 수 있다는 가능성도 인정한다. 도덕적 결정은 공정성과 선의의 관행이 이루어지고 있는 사회에서 살아갈 수 있는 모든 개인이 합의하는(할 수 있는) 권리, 가치, 원리로부터 생성된다. 원칙적으로 이 수준 역시 두 개의 하위 단계로 나뉜다.

단계 5. 권리 우선과 사회계약 내지 유용성의 단계

(Stage 5. The Stage of Prior Riejsits and Social Contract or Utility)

내용

'올바름'은 기본권, 기본 가치, 사회의 합법적 계약을 지지하는 것이다. 이런 것들이 집단의 구체적 규칙 및 법과 갈등할지라도 그렇다.

1. 올바르다는 것은 사람들이 다양한 가치와 의견을 가진다는 엄연한 사실, 즉 대부분의 가치와 규칙은 그것이 속한 집단에 상관되어 있다는 엄연한 사실을 깨닫는 것이다. 이들처럼 '상대성'을 지닌 규칙은 공평성을 구현한다는 이유에서 그리고 그 규칙은 사회계약이기 때문에 지지되어야 한다. 생명과 같은 비상대적 가치 및 권리 그리고 자유는 어느 사회에서도 지지되어야 하고 다수의 의견 같은 것과는 관계없다.
2. 올바른 것을 행하는 이유는, 일반적으로 법에 복종하려는 의무를 일으키는 감정이다. 왜냐하면 누구나 모든 이의 복지를 위해 법을 지키며 그 자신의 권리와 다른 사람의 권리를 보호하기 위해 사회계약을 형성하기 때문이다. 가족, 우정, 신뢰, 직업 업무는 또한 자유롭게 맺는 계약 내지 책무이며, 다른 사람의 권리에 대한 존중을 필수적으로 요구한다. 법과 의무는 전체의 유용성, '최대 다수의 최대 이득'이라는 합리적 계산 위에 근거하고 있음을 누구나 알고 있다.

사회적 조망

이 단계는 사회에 앞서는 조망(prior-to-society) - 사회적 구속과 계약에 선행하는 가치와 권리를 깨닫는 합리적 개인의 조망 - 을 취한다. 이 단계의 사람은 협약, 계약, 공평성, 정당한 과정 등과 같은 형식적 기제에 의하여 모든 조망을 통합한다. 그는 도덕관점과 법률관점을 숙고하며, 그 관점들이 갈등함을 인정하며, 그들을 통합하는 것이 어렵다는 것을 안다. 민주주의 정신, 공리주의가 강조하는 내용이다.

단계 6. 보편 윤리적 원리의 단계(Stage 6. The Stages of Universal Ethical Rinciples)

콜버그의 도덕 발달 단계의 최종 단계는 가장 보편적인 원리를 토대로 도덕 판단을 하는 단계를 말한다. 이 단계에서 도덕 판단의 기준은 법이나 관습이 아니라, 양심을 토대로 모든 인간 및 사회에 적용되는 추상적인 원칙에 근거한다. 현실적으로 이 단계의 도덕적 사고를 표현하는 개인은 어느 연구에서도 10% 이상 나오지 않으며, 전혀 나오지 않는 경우도 많다. 따라서, 콜버그는 이후에 이 단계를 삭제했으며(Kohlberg, 1978), 보통 경험적 연구에서도 이 단계는 고려하지 않는 경우가 많다.

내용

이 단계는 모든 인간성이 따라야 할 보편 윤리적 원리에 의한 안내를 가정한다.

1. 올바른 것이 무엇인가를 고려하는데, 단계 6은 보편 윤리적 원리에 의해 안내를 받는다. 특정 법 또는 사회적 협약은 그러한 원리 위에 의거하기 때문에 타당한 것이다. 법이 이 원리를 어길 때, 그는 원리에 따른다. 원리는 정의의 보편원리, 즉 인간권리의 평등성과 개인으로서의 인간 존엄성 존중이다. 이는 단지 인정되는 가치가 아니라, 결정을 생성하기 위해 사용하는 원리이다.
2. 올바른 것을 행하는 이유는 합리적 인간으로서 원리의 타당성을 알고서 그 원리에 서약하는 것이다.

사회적 조망

이 단계는 사회제도를 도출하는 도덕적 관점 또는 제도의 근거를 이루는 도덕적 관점의 조망을 취한다. 이 조망은 도덕성의 본질을 인정하거나 다른 사람을 수단이 아닌 목적으로서 존경하는 기본 도덕적 전제를 인식하는 합리적 개인의 조망이다.

콜버그는 말년에, 도덕 문제는 도덕이나 삶 자체의 문제가 아니라, 우주적 질서와의 통합이라고 보는 7단계를 추가하기도 했다. 이 단계로 이르는 사람은 극소수이며, 이론의 전반적인 구조는 변하지 않았다.

〈표 10-2〉 콜버그의 도덕성 발달단계

수준	단계	특징	피아제의 인지발달 단계
[1수준] 전인습적 도덕성 도덕적 선악의 개념은 있으나, 준거는 권위자의 힘이나 개인적 욕구에 관련시켜 해석한다.	단계1: 벌과 복종 지향	권위자의 벌을 피하고, 권위에 복종한다.	전조작기
	단계2: 도구적 지향	자신의 욕구충족이 도덕 판단의 기준이며, 욕구 배분의 동기는 있으나 자신의 욕구충족을 우선 생각한다.	
[2수준] 인습적 도덕성 다른 사람의 상호작용을 고려한 사회지향적 가치 기준을 갖는다.	단계3: 조화로운 대인관계 지향	대인관계 및 타인의 승인을 중시한다.	구체적 조작기
	단계4: 법과 질서 지향	법과 질서를 준수하며, 사회 속에서 개인의 의무를 다한다.	
[3수준] 후인습적 도덕성 인간으로서의 기본원리에 따라 행동한다.	단계5: 사회계약정신 지향	사회적 책임으로서의 공리주의, 가치기준의 일반화를 추구한다.	형식적 조작기
	단계6: 보편적 도덕원리 지향	스스로 선택한 도덕원리, 양심의 결단에 따른다.	

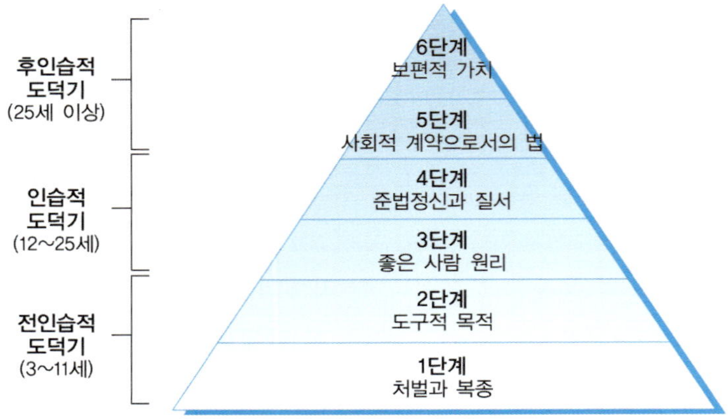

〈그림 10-1〉 콜버그의 도덕성 발달단계

5. 평가

1) 교육적 시사점

도덕성 발달이란, 옳고 그름을 판단하는 원리나 규범에 관한 체계의 발달을 말한다. 비록 옳고 그름을 판단하는 규칙이 종교와 같은 문화체계로부터 오는 경우도 있지만, 도덕성 발달은 아동과 청소년에게 그러한 규범들이 내면화되는 과정과 깊이 관련되어 있다. 뿐만 아니라, 도덕적 행위는 단순하게 개인의 도덕적 신념체계를 넘어서 신념의 실천까지 요구한다.

학교에서 학생들에게 스스로 토의를 통해 일을 해결하도록 하고 나름대로의 규범을 발전시킬 기회를 제공함으로써 자율성과 사회적 기술을 발전시킬 수 있게 된다. 특히, 피아제는 도덕적 발달은 인지 발달과 마찬가지로 단계를 통하여 진행된다고 주장하였다. 그가 말한 타율적 도덕성에서 자율적 도덕성의 단계는 또래집단과의 놀이나 협동적인 일을 함으로써 도덕적 사고와 행위가 발전된다.

콜버그의 이론은 일부 경험적인 검증을 받기도 하였지만, 후인습의 도덕성 발달에 관한 경험적 연구에 대한 지지가 미약하고, 도덕적 행동과 도덕적 판단의 일치성 문제, 그리고 여자와 아동의 도덕성 발달에 대한 명확한 설명이 없어 비판을 받고 있다.

최근 우리나라에서 도덕성 발달 연구는 크게 두 가지 측면에서 이루어지고 있다.

첫째, 과거에 주로 많이 행한 방법은 콜버그의 딜레마 상황과 같은 갈등상황을 제시하고 그 반응을 분석하여 도덕성 발달단계를 설명하였다.

둘째, 주로 학위논문에서 많이 사용되고 있는 방법으로 DIT(Defining Issues Test) 검사를 이용하여 도덕성 발달단계를 파악하는 방법이다.

이러한 연구결과들은 우리나라의 청소년기의 학생들은 대체로 안정된 도덕적 사고와 판단을 하는 것으로 밝혀지고 있다.

2) 비판

콜버그 이론에 대해 이론과 방법론이 근본적으로 결함이 있고 편파적이라고 보는 견해(C. Gilligan 등)와 이론과 패러다임을 공식화하고 이용하기 위해서 몇 가지 수정이 따라야 한다고 보는 견해(C. Levine)가 있다.

콜버그의 도덕성 발달이론은 인지발달이론에 기반한다. 따라서, 그는 도덕사고단계가 인지발달 수준에 따라 순차적으로 등장할 것이라고 예상했다. 많은 경험적 연구들은 이러한 예상을 지지하고 있다. 20년에 걸친 종단 연구 결과 대략 9살 이전에는 대부분의 아동이 도덕적 딜레마를 전인습적 수준에서 접근하며, 초기 청소년기까지 대체로 인습적인 수준을 보이고, 후기 청소년기가 되면 일부 청소년들은 후인습적 도덕 단계를 보인다. 특히, 10세 이전에는 거의 관찰되지 않는 4단계의 사고는 36세 성인의 62%에서 관찰된다(Colby et al., 1980). 이는 콜버그 이론이 나름대로 발달이론으로서 타당성이 있음을 함의한다.

하지만 그의 이론은 다양한 이유에서 비판 받고 있다.

첫째, 콜버그가 설정한 6단계 도덕성은 이론적 개념에 불과하며, 실제로는 거의 존재하지 않는 개념일 수 있다는 주장이 있다. 콜비 등에 의해 이루어진 20년간의 종단 연구에서 6단계의 도덕 추론을 가진 사람이 한 명도 확인이 되지 않음으로써 6단계

도덕성은 특별한 사람의 생애와 저술로 제안한 콜버그의 이론적 개념이라는 결론이 가능한 것이다.

둘째, 콜버그의 이론은 현 단계보다 이전 단계로의 퇴행에 대한 가능성을 보다 개방적으로 받아들일 필요가 있다. '퇴행'이라는 말보다 '후퇴'라는 말을 사용하면서, 이전 단계로의 퇴행을 인정하지 않는다. 먼저의 입장을 고수하기 위해 새로운 이론을 만들어 내기도 했는데, 이것은 과학적 연구 정신에 위배되는 것이기도 하며, 대부분의 발달이론이 퇴행의 여지를 남겨두고 있음을 고려할 필요가 있다.

셋째, 도덕적 사고와 도덕적 행동 간의 관계에 대한 더 많은 연구가 요구되고 있다. 도덕 판단력과 도덕 행위가 항상 일관성 있게 일치하지 못하는 증거가 많이 드러나고 있다. 예를 들어, 도덕적 사고를 할 수 있음에도 불구하고 시험 부정행위를 저지르는 학생이 있다는 것이다.

하지만 여러 가지 한계점에도 불구하고 콜버그의 이론이 도덕발달 분야에서 지대한 영향을 미쳤다는 것은 부정할 수 없는 사실이며, 앞으로도 콜버그의 이론을 통한 도덕교육에서의 활용도는 크다고 볼 수 있다.

CHAPTER

11

[developmental psychology]

애착발달이론

학습목표

1. 애착이론에 대한 비교 연구
2. 애착이론의 현실성 토의
3. 애착의 발달단계 학습

학습내용

1. 애착발달이론
2. 보울비의 생애와 사상
3. 주요 개념 및 특성
3. 애착의 발달단계

개요

애착이란 양육자나 특별한 사회적 대상과 형성하는 친밀한 정서적 관계를 말한다. 발달심리학에서 애착이론은 보울비와 할로우의 선구적 연구를 통해 발전했으며, 아인스워드는 인간 아동이 보이는 애착의 개인차에 대한 대표적인 연구를 수행한 바 있다. 본 장에서는 보울비의 애착발달단계를 학습하고자 한다.

CHAPTER 11 애착발달이론

1. 애착발달이론의 개요

인간의 애착 행동에 대한 연구가 본격적으로 발달심리학의 영역에 편입된 것은, 1950년대 이루어진 두 가지 획기적인 연구에 기인한다. 첫 번째 연구 맥락은 보울비(J. Bowlby; 1907-1990)가 수행한 부적응 아동 연구였으며, 두 번째는 할로우(H. Harlow; 1905~1981)가 연구한 원숭이의 애착 행동에 대한 실험이었다.

보울비는 2차 대전 후 시설이나 병원에 수용된 아동처럼 부모로부터 장기간 분리된 아동들을 면밀히 관찰했다. 그 결과, 그는 영아기 때 부모와 친밀한 관계를 수립하지 못할 경우 이후 심각한 심리적 문제를 야기하게 될 것이라는 결론에 도달했다. 보울비의 이론에 따르면, 애착 행동이란 아동의 생존 가능성을 높이기 위해 진화된 능력이자 행동이다. 인간 영아들은 여러 신호(예, 울음, 웃음)를 통해 부모와의 접근을 추구하고, 이 과정을 통해 그들의 생존 가능성을 높인다는 것이다.

애착이란, 양육자나 특별한 사회적 대상과 형성하는 친밀한 정서적 관계를 말한다. 발달심리학에서 애착이론은 보울비와 할로우의 선구적 연구를 통해 발전했으며, 아인스워드는 인간 아동이 보이는 애착의 개인차에 대한 대표적인 연구를 수행한 바 있다. 생애 초기 부모와의 애착관계는 이후 대인관계의 질을 예측하는 선행 변인으로 수많은 연구에서 밝혀졌으므로, 애착은 발달심리학뿐 아닌 응용심리학의 영역에서도 매우 중요한 개념으로 인정받고 있다. 어린 시절의 애착에는 안정성과 다양성이 있는데, 애착 이론가들은 애착의 본질에 대한 심리적 기제를 밝히는 데 많은 노력을 기울여 왔다(한국심리학회, 2014).

애착은 영아와 주양육자 간의 친밀하고 강한 정서적인 유대관계로서, 영아는 부모와 같은 양육자와의 상호작용을 통해 자신이 돌봄을 받을 존재인지 또는 자신을 돌봐줄 것인지에 대한 기대를 형성하게 된다. 영아는 애착대상이 없을 때는 애착대상을 찾으며 그의 주의를 끌려고 하고, 애착대상과의 분리 시 당황하고 불안해한다. 애착은 생후 6~8개월 정도에 발생하는 것으로 알려져 있다.

영아 애착에 대한 이론은 여러 가지가 있다. 먼저, 정신분석이론에서는 성 에너지가 아동의 발달단계에 따라 신체의 어느 한 부분에 집중되며, 생후 1년 동안 쾌락의 주요한 부분은 입이 되는데, 영아는 음식에 대한 욕구를 갖게 되고, 이러한 욕구를 만족시켜 주는 사람에게 애착을 형성하게 된다. 즉, 이 단계에서 영아는 자신의 배고픔을 만족시켜 주는 물체나 사람에 대해 애착을 형성하게 된다. 이때 어머니는 대부분 영아를 먹여주게 되며, 따라서, 영아가 애착을 형성하는 최초의 사람은 보통 어머니이다. 프로이트에 의하면, 아동은 사회적 환경, 특히 자신을 돌봐주는 사람들과의 조기 상호작용을 통해 이후 인성 및 사회성 발달의 유형이 결정된다. 어머니에 대한 애착은 아동이 훗날의 발달단계들을 통해 나아갈 때 아동의 인성 형성에 중추적 역할을 한다. 따라서, 성인의 경우, 이 시기에 어머니와 가졌던 관계는 모든 애정관계의 원형이 된다(박성연 외, 2017: 121).

보울비(Bowlby, 1989)의 동물행동학 이론에 의하면, 영아와 양육자 간의 애정적 유대는 생물학적 기초를 가지며, 이는 진화론적 맥락에서 이해될 수 있다고 주장하였다. 즉, 약자는 강자 가까이에 머무르고자 하는 경향을 가지고 있는데, 부모로부터 분리된 아동은 그렇지 못한 환경 때문에 불안해하고 심리적으로 위축된다. 그에 따르면, 양육자와 영아 간의 애착은 영아의 생존을 위해 가장 중요하다. 예를 들면, 시설에 보호된 영아들을 관찰한 스피츠(Spitz, 1945)에 의하면, 영아들은 기저귀를 갈아주고 잘 먹여주는 등 신체적으로는 양호한 보살핌을 받았으나, 양육자가 영아들을 먹일 때나 재울 때 애정적인 스킨십을 받지 못하거나, 양육자와 영아 간 애정적인 상호작용이 잘 이루어지지 않았다. 이것은 애착을 형성하는 과정에서 결정적인 결함이 될 수 있다. 이처럼 영아를 안아주거나 만져주지 않는 극단적인 상황에서, 영아는 제대로 발달하지 못하고 병에 걸리거나 심지어 죽음에 이르기도 하였다.

한편, 영아가 애착을 형성하는 근거에 대한 동물행동학적 증거는 매우 흥미롭다. 할로우(Harlow, 1969)가 아기 원숭이들을 대상으로 하여 실시한 실험결과는 프로이트의 정신분석이론과 보울비의 진화론적 설명을 비교해 볼 수 있는 흥미로운 연구이다. 즉, 할로우는 생후 7일 된 아기 원숭이를 어미 원숭이로부터 분리한 후 아기 원숭이들의 행동을 관찰하였다. 실험실 상황으로 두 마리의 어미 원숭이 모형을 만들었는데, 하나는 철사로 만든 어미 원숭이 모형에 우유병을 매달아 놓았고, 다른 하나는 부드러운 천으로 감싼 어미 원숭이 모형이었다. 그 결과, 165일에 걸쳐 아기 원숭이들은 음식을 먹을 때를 제외하고는 천으로 만든 어미 원숭이 곁에 머물렀는데, 이를 통해 천으로 만든 어미 원숭이를 분명히 선호하는 것을 알 수 있었다. 이러한 실험결과는 영아가 주 양육자에 대해 애착을 형성하는 데 신체적 접촉과 즉각적 안락이 중요하다는 것을 입증하는 것이다. 또한 대리모에 대한 애착이 영아의 탐색에 대해 영향을 미치는지를 살펴보고자, 우리 안에서 드럼을 치면서 앞으로 행진하는 곰 인형을 놓아두었다. 이때 놀란 아기 원숭이들은 철사로 만든 어미 원숭이가 아니라 천으로 된 어미 원숭이에게로 달려갔다. 아기 원숭이들은 자신의 몸을 천 어미 원숭이에게 문지름으로써 공포를 극복하게 되면, 호기심을 가지고 곰 인형을 바라보려고 몸을 돌렸고, 어떤 아기 원숭이는 천 어미 원숭이의 보호를 떠나서 곰 인형에게 가까이 가는 행동을 보이기도 하였다. 이러한 행동들은 안정된 애착이 탐색활동과 밀접한 관련이 있음을 시사한다.

2. 보울비의 생애와 사상

보울비
(John M. Bowlby,
1907~1990)

보울비는 1907년에 런던에서 출생했다. 보울비는 외과의사인 아버지의 뜻에 따라 케임브리지대학교(University of Cambridge)에서 의학공부를 시작했다. 그러나 3학년이 되었을 때, 자신의 생애를 투자할 만한 가치가 있는 것은 바로 발달심리학이라 생각하고 의학공부를 포기하게 된다. 하지만 아동의 심리치료를 하기 위해 다시 의학공부를 시작한다.

임상의로서 보울비는 제2차 세계대전 후 고아원에서 성장한 아동들에게는 타인과 친밀하고 지속적인 관계를 형성하지 못하는 등 여러 가지 정서적 문제가 있음을 발견하였다. 보울비는 이 아동들이 생의 초기에 어머니에 대한 확고한 애착을 형성할 기회가 없었기 때문에 친밀한 인간관계를 맺지 못하는 것으로 해석하였다. 또 정상적인 가정에서 성장했지만 어머니와 장기간의 분리를 경험한 아동들도 유사한 징후를 보인다는 것을 알았다. 이러한 아동들은 너무 충격을 받아서 영원히 인간적 유대를 밀접하게 형성할 수 없는 것처럼 보였다. 이러한 관찰 결과, 보울비는 어머니와 유아 간의 관계에 대해 세심한 주의를 기울이지 않고는 아동발달을 이해할 수 없다는 확신을 갖게 되었다. 이 분야에 대한 관심은 결국 그로 하여금 동물행동학적 이론을 인간관계, 특히 유아와 어머니 간의 애착관계에 적용하도록 만들었다.

보울비는 영국의 정신분석가로서, 가까운 인물에게 강한 정서적 경험을 느끼는 애착이론을 주창하였다. 1990년 83세의 나이로 세상을 떠났다. 이후 '후기 보울비학파' 또는 '신보울비학파'로 알려진 메인(Mary Main), 쉐이버(Phil Shaver), 스로우페(Alan Sroufe), 브레더톤(Inge Bretherton) 등이 그 뒤를 잇고 있다.

그의 주요 저서로는 『아동양육과 애정의 성장』(*Child Care and Growth of Love*, 1953), 『애착과 상실: 애착』(*Attachment and Loss: Attachment*, 1969), 『애착과 상실: 분리』(*Attachment and Loss: Separation*, 1973), 『애착과 상실: 상실』(*Attachment and Loss: Loss*, 1980), 『안전기지』(*A Secure Base*, 1988) 등이 있다.

3. 주요 개념 및 특성

1) 애착이론

(1) 정신분석이론

정신분석이론가들은 애착이 영아의 기본적인 욕구를 충족시키는 것으로 태어날 때부터 가지고 있는 생물학적 경향성으로 본다. 프로이트의 성격발달이론에 따르면, 영아는 어떤 대상을 깨물거나 입으로 빠는 행동을 통해 세상을 탐색하고 쾌감을 느낀다고 보고 있으며, 에릭슨(Erikson)은 수유가 애착 형성에 주요한 요인임을 제시하고 있다. 예를 들어, 엄마가 배고픈 유아를 방치하거나 일찍 이유식을 시작할 경우, 유아는 타인에 대한 신뢰감을 형성하기보다 불신감을 형성한다고 보았다. 이 시기에 타인에 대한 불신감을 형성한 유아는 타인에 의존적이며 원만한 대인관계를 형성하지 못한다고 보았다(황희숙 외, 2011: 181).

(2) 학습이론

학습이론은 인간의 모든 행동을 학습의 결과로 본다. 마찬가지로 영아의 애착 또한 인간의 본능이라기보다는 학습된 행동으로 본다. 영아에게 있어 엄마라는 존재는 일차적 욕구, 예를 들어 배고픔이나 갈증 등을 음식물이나 신체적 접촉을 통해 해결해 주는 이차적 강화자의 역할을 한다. 영아는 음식물, 신체적 접촉과 같은 일차적 강화물과 함께 이를 제공하는 이차적 강화자의 중요성을 알게 된다. 이것은 곧 영아가 이차적 강화자인 엄마와 애착관계를 형성하였다고 볼 수 있다. 엄마와 애착관계를 형성한 영아는 엄마의 관심을 끌기 위해 미소나 옹알이, 추종 반응 등을 하게 된다.

정신분석이론가들처럼 학습이론가들도 영아에 대한 수유가 애착 형성에 중요하다고 주장한다. 다시 말해서, 엄마는 영아에게 수유하는 행동을 통해 배고픔이나 갈증의 해소 또는 부드러운 신체적 접촉을 하게 되고, 영아는 엄마의 이러한 행동에 대한 반응으로 옹알이나 미소 등을 보여 주게 된다. 그러나 할로우(Harlow & Harlow, 1969)는 새끼 원숭이 실험을 통해 수유와 접촉위안이 애착 형성에 미치는 영향을 연구하였는데, 이 연구를 통해 영아에 대한 수유가 애착관계 형성에 가장 중요한 요인이 아니라는 것을 밝히고 있다. 더 나아가, 그 이후 연구자들은 시각적·청각적 접촉이 신체적 접촉보다 더 중요한 애착 형성의 조건임을 밝히고 있다(Schaffer & Emerson, 1964). 영아들은 규칙적으로 시각적·청각적 자극을 제공해 주는 성인을 규칙적으로 안아 주고 달래 주는 성인보다 더 좋아하였다.

(3) 인지발달이론

피아제의 인지발달과 애착에 관한 연구에 의하면, 영아의 인지발달은 애착관계 형성에 영향을 준다고 보고 있다. 예를 들어, 애착을 형성하기 전에 영아는 친근한 사람과 낯선 사람을 구별할 수 있어야 하며, 어떤 대상이 보이지 않아도 계속 존재한다는 것을 아는 대상영속성 개념이 발달되어야 한다. 일반적으로 영아의 애착 형성이 시작되는 시기를 7~9개월쯤으로 본다. 이 시기는 피아제의 인지발달 단계에서 대상영속성 개념이 획득되는 시기이기도 하다. 따라서, 대상영속성 개념이 형성되는 이 시기의 영아는 엄마와 분리되는 것에 대해 큰 저항을 보인다는 연구들에 근거해 볼 때, 피아제의 인지발달과 애착은 밀접한 관련이 있다고 볼 수 있다.

(4) 동물행동학적 이론

동물행동학자들은 인간의 애착행동을 진화된 것으로 본다. 이들은 인간을 포함한 모든 동물들이 사회적 행동을 유발하는 종 특유의 신호나 행동을 가지고 태어난다는 것을 가정한다. 이러한 종 특유의 신호나 행동은 종의 생존과 밀접한 관련이 있으며, 진화의 산물이기도 하다. 즉, 조류나 포유류의 어미에 대한 추종반응들은 새끼들의 사회적 행동을 위한 본능으로 볼 수 있다.

유아는 자신을 돌보는 사람과의 지속적인 접촉을 위해 특유한 신호 혹은 행동을 한다(Bowlby, 1983). 예를 들어, 영아들의 미소, 옹알이, 울기, 잡기 등의 행동은 영아들이 자신을 돌보는 사람의 주의를 끌기 위한 행동으로 볼 수 있다. 동시에, 영아를 돌보는 사람들은 영아의 이러한 반응에 적극적으로 반응하는 능력을 선천적으로 가지고 태어난다고 보고 있다. 따라서, 애착은 영아나 어머니 가운데 한 사람의 반응에 의해 형성되는 것이 아니라, 영아가 보내는 신호에 어머니가 적극적으로 반응을 할 때 형성되는 것이다(Ainsworth & Blehar, 2015).

2) 애착 형성의 요인

영아와의 애착 형성에는 육아담당자, 즉 부모의 애정이 주된 요인이 된다. 이때 애정의 양과 질이 동시에 작용하는데, 부모가 영아에게 자극을 주고 또 영아가 울거나 주의나 관심을 요구하는 신호를 보낼 때 신속한 반응을 보임으로써 애착이 형성된다. 반면 부모가 영아에게 자극을 적게 주고, 따뜻하게 대해 주지 못하고, 필요에 신속히 반응하지 못하면, 애착 형성의 기간이 오래 걸리고 애착의 강도도 약해진다(김혜선·유안진, 2011: 250-251). 예를 들어, 생후 첫 3개월간 엄마가 영아를 따뜻이 대해 주고 오랫동안 꼭 껴안아 주면, 영아는 곧 엄마를 아주 좋아하고, 또 안기기를 좋아한다고 한다. 그러나 반대로 갑자기 거칠게 안아 올리거나 오랫동안 안아 주지 않으면, 9~12개월경이 되어서는 육체적 접촉을 싫어하며, 엄마가 안아 주면 떠밀고 빠져 나오는 경우가 있다(Ainsworth & Blehar, 2015).

애착 형성에서 영아와 엄마의 일대일의 관계가 반드시 필요한 것은 아니며, 영아와 함께 있는 시간이 길어야 하는 것도 아니다. 이보다는 영아에게 자극을 주고 반응을 하는 애정의 질과 양에 더 좌우된다.

3) 애착유형

(1) 에인스워드와 블레하의 이론

보울비의 애착이론은 에인스워드와 블레하(Ainsworth & Blehar, 2015)에 의해 검증되었는데, 그들은 생후 1년 말(약 12~18개월)에 애착의 차이를 평가하는 낯선 상황 절차

(strange situation procedure)를 고안하였다. 이 실험 절차는 각 3분으로 구성된 총 8개의 이야기(episode)로 이루어져 있다. 먼저, 낯선 사람이 들어와서 어머니에게 이야기를 하고 아기와 상호작용을 한다. 그 다음 어머니가 방을 떠나는데, 이때 아기들은 대개 울음을 터뜨리게 된다. 8개의 상황은 다음 표에 요약되어 있다.

그들은 낯선 상황 동안 영아가 보이는 행동에 근거해서 애착유형을 네 가지로 구분하였다.

〈표 11-1〉 낯선 상황(episode) 절차

상황	참여자	상황지속시간	내 용
1	주양육자, 영아, 실험자	30초	관찰자가 실험상황을 설명하고 나간다.
2	주양육자, 영아	3분	주 양육자가 있는 상황에서 영아가 낯선 환경을 탐색할 때 관여하지 않는다.
3	낯선 이, 주양육자, 영아	3분	주 양육자가 있는 상황에서 영아의 낯선 이에 대한 반응을 체크한다.
4	낯선 이, 영아	3분 또는 이내	첫 번째 분리상황으로 영아가 낯선 이와 함께 있는 상황에서 낯선 이에 대한 반응을 체크한다.
5	주양육자, 영아	3분 또는 이상	첫 번째 재결합 상황으로 주 양육자와의 재결합에 대한 영아의 반응을 본다.
6	영아	3분 또는 이내	두 번째 분리상황으로 영아가 혼자 남았을 때 분리에 대한 반응을 본다.
7	낯선 이, 영아	3분 또는 이내	두 번째 분리의 연속으로 영아가 낯선 이와 함께 있을 때 낯선 이에 대한 반응을 본다.
8	주양육자, 영아	3분	두 번째 재결합 상황으로 주 양육자와의 두 번째 재결합에 대한 반응을 체크한다.

출처: Ainsworth. & Blehar(2015).

① **안정애착**(B유형)

안정애착 유형의 영아는 주양육자를 탐색활동을 하기 위한 안전기반으로 사용하여, 어머니와 분리되었을 때 울거나 매달리지 않고 재결합 시에 어머니에게 달려가 안기고 쉽게 달래지는 행동특성을 보였다. 연구대상의 약 65%가 안정애착 유형에 해당하였다.

② **회피애착**(A유형)

회피애착 유형의 영아는 주양육자와 함께 있어도 별 반응이 없으며, 어머니가 떠나도 괴로워하지 않고 낯선 이에게도 주양육자에게 하는 행동과 비슷하다. 재결합 시에는 주양육자를 피하거나 마지못해 반기는 행동을 보이고, 안아주면 매달리지 않는 모습을 보였다. 연구대상의 약 20% 정도가 이에 해당하였다.

③ **저항애착**(C유형)

저항애착 유형의 영아는 주양육자와 분리 전에도 주 양육자와 가까이 있으려 하기 때문에 탐색활동을 하지 못하고, 재결합 시 주양육자에게 화를 내고, 저항하거나, 때리거나, 밀쳐내는 행동을 보였다. 안아주어도 계속 울고 쉽게 달래지지 않으며, 낯선 사람을 매우 경계하기도 한다. 연구대상의 약 10% 정도가 이 유형에 해당하였다.

④ **비조직적 애착**(D유형)

비조직적 애착유형의 영아는 가장 불안정한 애착으로 주 양육자와 재결합 시 비조직적이고 모순된 행동을 보인다. 이 유형의 영아는 낯선 상황에서 큰 스트레스를 받아 두려워하는 모습을 보이거나 멍한 모습을 보이는 등 모순된 행동을 보이고, 양육자가 다시 돌아와 안아주어도 무표정한 얼굴로 먼 곳을 본다. 연구대상의 약 5~10% 정도가 이 유형에 해당하였다.

(2) 헤이즌과 쉐이버의 이론

헤이즌과 쉐이버(Hazan & Shaver, 1987)는 애착이론의 틀 안에서 성인들의 낭만적 관계를 이해하고자 안정형, 회피형, 불안/양가형의 세 가지 유형을 제안했다. 이들은 아동기에 부모와 어떤 애착관계를 경험했느냐에 따라 내적 작동 모델이 활성화되어 성인기의 낭만적 사랑이 다르게 경험될 것으로 기대했다. 부모와의 관계에서 안정 애착을 형성한 성인들은 타인에 대해 신뢰를 갖고 타인과 비교적 쉽게 사귈 수 있고, 타인으로부터 버림받거나 타인과 지나치게 가까워지는 것에 대해 불안해하지 않았다. 또한 이들은 사랑을 통해 우정과 신뢰 및 행복을 경험했으며, 파트너가 잘못했을 때에도 변함없이 그들을 수용하고 지지했으며, 다른 유형보다 관계가 오래 지속되는 경향을 보였다.

반면, 회피애착을 형성한 성인들은 친밀감에 두려움을 느껴 타인을 신뢰하지 못하고 그들과 가까워지면 불편해했으며, 관계에서 긍정적 정서를 별로 얻지 못했다. 불안/양가 애착유형의 성인들은 강박적으로 다른 사람과 매우 가까워지기를 원하지만 사랑받지 못할까 봐 불안해했으며, 타인의 사랑과 인정에 지나치게 의존하거나 타인의 사랑을 믿지 못하고 타인의 거부에 지나치게 예민하게 반응하여 지속적인 강박적인 욕망, 극단적인 끌림, 질투, 외로움 등 정서의 급격한 변화를 경험했다(Hazan & Shaver, 1987).

그들이 주장하는 애착유형은 다음과 같다.

① **안정형**(secure)

자신이 사랑받을 만한 가치가 있다고 생각하고 타인은 수용적일 것으로 기대한다. 행복감과 신뢰감을 형성하며 이성관계를 만들어 갈 수 있다.

② **회피형**(avoidant)

타인을 신뢰하지 못하고 타인과 지나치게 가까워지면 불편함을 느낀다. 파트너와 친밀감을 형성하는 데서 두려움을 느끼며 정서적인 동요를 나타낸다.

③ **불안/양가형**(anxious/ambivalent)

타인과 지나치게 많이 가까워지기를 원하나 자신이 원하는 만큼 타인이 자신과 가까워지려 하지 않는 것을 걱정하는 동시에, 타인에게 버림받거나 사랑받지 못할 것을 두려워한다. 파트너에게 강박적으로 몰두하며, 심각한 정서 변화와 질투심을 나타낼 수 있다.

(3) 바솔로뮤와 호로위츠의 이론

바솔로뮤와 호로위츠(Bartholomew & Horowitz, 1991)는 자신과 타인에 대해 개인이 지니고 있는 긍정, 부정의 표상을 구분하여 두 가지 범주에 네 가지 유형으로 개념화했다. 자기 모델은 자신을 사랑받을 만한 가치 있는 존재로 인식하는지와 관련되며, 타인 모델은 타인을 신뢰할 만한 존재로 인식하는지와 관련된다. 대인관계에서 의존 및 회피의 정도에 따라 애착의 질이 결정된다고 보았다.

① 안정형(secure)은 타인으로부터 버림받는 것에 대한 불안을 느끼지 않고 타인을 회피하지 않는 영아나 성인을 나타낸다.

② 몰두형(preoccupied)은 자신에 대한 부적절감이 크기 때문에 타인으로부터 버림받는 것에 대한 두려움이 커서 관계에 집착하지만, 오히려 대인관계에 대해서는 긍정적인 이미지를 가진 유형이다.

③ 거부형(dismissing)은 자신이 버림받는 것에 대해 불안감이 없으면서 타인을 회피한다.

④ 두려움형(fearful)은 부정적인 자기 모델과 타인 모델을 가져 버림받는 것에 대한 애착과 회피행동이 모두 나타나는 성인과 영아가 해당된다.

4) 애착유형에서의 문화적 차이

낯선 상황 실험은 영아의 애착 안정성을 측정하는 가장 널리 알려진 도구로 사용되고 있으나, 낯선 상황에서의 영아의 행동은 문화에 따라 다르게 해석될 수 있음을 유의해야 한다. 즉, 문화권에 따라 양육방법에 차이가 있으므로 미국과 다른 문화권에서 자란 영아가 낯선 상황실험에서 보이는 반응으로, 과연 애착의 안정성이나 애착유형을 측정할 수 있는가에 대한 의문이 제기되었다. 예를 들어, 에인스워드(M. D. Ainsworth) 등이 수행한 미국 중류층 가정의 12개월 된 영아들을 대상으로 한 연구에서 안정 애착아는 66%, 불안정 - 회피아는 12%, 그리고 불안정 - 저항아는 22%로 나타난 반면(Ainsworth & Blehar 2015), 다른 문화권의 연구에서는 그 비율이 미국의 연구결과와 다소 다르게 나타났다. 즉, 독일의 경우 안정애착아는 57% 정도, 회피아는 35% 정도, 저항아는 8%정도이며, 일본의 경우, 안정아는 68%정도, 저항아는 27%정도, 그리고 회피아는 5% 정도였다(Grossman & Grossman, 1990). 그러나 이러한 문화적 다양성에도 불구하고 안정애착은 가장 보편적인 애착유형임을 알 수 있다(박성연 외, 2017: 123-124).

5) 낯가림과 격리불안

애착이 형성되면, 영아는 낯선 이에게 불안을 느끼는 낯가림 행동을 보인다. 생후 5~8개월경이 되면 낯선 이들을 보고 당황하거나 피하는 등 낯가림을 한다.

낯선 이에 대한 불안반응(strange anxiety), 즉 낯가림은 1세경에 절정에 이르렀다가 점차 감소되어 간다. 낯가림은 낯선 사람의 갑작스런 출현이나 큰소리, 또는 함부로 영아를 다루는 태도 등과 결부되어 공포로 나타나지만, 낯선 사람이라도 잘해주면 공포반응은 줄어든다. 따라서, 사회적 접촉이 빈번한 영아는 낯가림도 심하지 않다.

낯선 이를 경계하게 되면서, 영아는 애착을 형성한 사람과의 격리에 불안을 느낀다. 이 격리불안(separation anxiety)은 낯선 이에 대한 불안반응이 사라지기 시작하는 13~18개월경에 나타난다. 이때는 걸을 수 있기 때문에, 엄마에게서 멀어지면 엄마에게 다가가려는 모습을 보인다(김혜선 · 유안진, 2011: 251).

6) 애착 연구의 쟁점들

애착에 대한 경험적 연구의 결과들은 대체로 어린 시절의 애착관계가 이후의 심리적 적응과 관련이 있는 것으로 알려지고 있다. 영유아기 때, 안정애착을 형성한 아동은 이후 또래관계에서도 더욱 유능한 편이었으며(Lucas-Thompson & Clarke- Stewart, 2007), 공격행동은 덜 보이는 편이었다(DeMulder et al., 2000). 청소년기에 이르러서도 영유아기의 안정 애착은, 이성 친구와의 관계의 질을 예측하며(Carlson et al., 2004), 심지어 영유아기의 애착의 질은 초등학생의 학업성적과도 정적인 상관을 보인다(Jacobsen & Hofmann, 1997).

이렇듯 많은 연구에서 초기 애착은 이후 발달에 중요한 역할을 하며, 또 초기 애착의 경우 성인기에 이르러서도 상당 정도의 안정성을 보인다는 연구도 있다(van IJzendoorn, 1995). 하지만 이러한 일관된 연구결과에도 불구하고, 초기 애착의 영향을 설명하는 심리적 메커니즘과 애착의 안정성 및 가변성, 그리고 애착의 개인차에 대한 학계의 논란은 아직도 계속되고 있다.

애착 연구에서 가장 많이 다루어진 주제 중 하나는 어떠한 심리적 요인들이 좋은 애착과 관련이 있는가이다. 전통적으로 안정 애착에서 가장 중요한 요소로 강조된 부분은 부모의 행동, 특히 부모의 민감성(sensitivity)과 관련이 있었다(Ainsworth, Blehar, 2015). 고전적 애착 이론가들에 따르면 아이의 신호에 지속적이고 적절하게, 그리고 민감하게 반응하는 부모일수록 아이의 안정 애착을 발달시킨다고 보았다. 반면 불안정 회피형 아동의 부모들은 종종 아이의 요구에 무관심하거나 거부하며, 불안정 저항형 아동의 부모는 어떤 때는 반응하고 어떤 때는 반응하지 않는 식으로 일관성 없는 반응을 보이는 편이다.

그와 동시에 아동 자신의 특징 역시 부모—자녀 관계에 영향을 줌으로써 궁극적으로 자신의 애착유형에 영향을 미친다. 태어났을 때부터 외부 반응에 덜 민감하거나 과민하게 반응하는 아이들은 부모—자녀 관계를 악화시킴으로써 불안정 애착으로 이어지기도 한다. 예를 들어, '극소 저체중 출생아(very low birth weight, VLBW)'의 경우 정상 체중으로 태어난 아이들보다 외부 자극에 덜 또는 너무 민감하게 반응하는 편인데, 실제 이들은 이후 불안정 애착으로 평정될 가능성이 더 높은 편이다(Mangelsdorf et al., 1996).

또한 기질적으로 까다로운 아이들은 부모의 긍정적인 신호에 적절한 반응을 보이지 못하는 편인데, 이러한 행동이 축적되면 이후 부모는 이들에게 긍정 신호 자체를 적게 표출하며(van den Bloom & Hoeksma, 1994), 궁극적으로 불안정한 애착관계를 형성하게 만들 수 있다.

부모나 아동뿐만 아니라, 애착이 형성되는 맥락 역시 애착 형성에 영향을 미친다. 예를 들어, 어머니가 맞벌이로 일을 하는 경우 아동은 부모가 아닌 제3자의 양육을 받을 수 있는데, 연구에 따라서는 맞벌이 엄마와 아동 사이에 형성된 애착의 질이 떨어진다는 보고도 있다(Belsky & Rovine, 1988).

다만 최근의 광범위한 장기 종단 연구의 결과를 종합하면 어머니가 일을 한다는 자체가 부모와의 애착의 질을 떨어뜨린다는 명백한 증거는 발견되지 않는다(NICHD: Early Child Care Research Network, 2001). 그 밖에도 아동이 어느 문화권에서 자라는지에 따라 특히 안정 애착의 비율의 차이가 많이 발견된다(Van IJzendoorn, 1990). 이는 특정 문화권에서 가치를 부여 받은 양육의 형태가 부모-자녀의 애착관계에도 영향을 미치는 것으로 이해된다.

애착 연구에서 또 다른 쟁점은 애착의 안정성을 어떻게 설명할 수 있느냐이다. 보울비의 관점을 수용한 애착 이론가들의 전통적인 설명은, 초기 애착이 소위 내적 작동 모델(internal working model)로 기능하여 이후 애착의 안정성에 영향을 미친다는 시각이었다. 내적 작동 모델이란, 아동이 자기 자신을 포함한 세상의 본질에 대해 형성하는 표상, 또는 개념을 말하는데, 이는 생애 초기 양육자와의 관계를 통해 발달하는 것으로 보았다. 예를 들어, 양육자로부터 거절당했던 기억은 그 양육자에 대한 부정적인 내적 표상뿐만 아니라, 자기 자신에 대해서도, 그리고 세상에 대해서도 부정적인 개념을 형성하게 만든다. 이러한 경험은 이후 타인과 상호작용할 때 적용되는 행동적 틀로 작동하는데, 어렸을 때 부정적인 모델을 형성한 아동일수록 타인과 세상이 자신에게 적대적일 것이라고 기대하며, 이 기대가 실제로 만족스럽지 못한 인간관계를 형성하도록 만든다는 것이다.

반면, 양육자와 안정적인 애착을 형성한 아동의 경우 세상은 자신에게 지지적이고, 긍정적일 것이라고 기대하며, 또 그러한 행동을 이끌도록 행동함으로써 이후에도 긍정적인 대인관계를 유지할 수 있다는 개념이다. 여기에서 중요한 부분은 이 개념이 애착의 안정성을 설명하는 동시에 가변성을 포함한다는 것이다. 즉, '작동(working)'이라는 말이 함의하는 것처럼 대인관계에 대한 내적 표상은 고정적이지 않고, 개인이 누구와 상호작용하는지에 따라 다양한 형태로 변화된다. 실제 내적 작동 모델 가설은 많은 경험적 연구에서도 지지를 받아왔는데, 예를 들어, 유아기 부모와의 관계는 아동기 또래관계의 질로, 청소년기에는 우정관계로, 20대에는 남녀관계의 질로 맥락에 따라 다른 형태로 구현되는 동시에, 지속적으로 개인의 관계의 질에 일관된 영향을 미치기도 한다(Simpson et al., 2007).

내적 작동 모델은 애착이론이 발달심리학에서 중요한 연구영역이 된 이래 애착의 안정성을 설명하는 가장 유명한 기제로서 현재도 인정받고 있다. 하지만 이 개념은 다분히 가설적으로, 이를 어떻게 측정할 것인지, 또는 이 개념 자체가 심리적 구인으로서 가치가 있는지는 아직도 논란의 여지가 있다. 예를 들어, 램(Michael Lamb)과 같은 학자의 경우, 애착의 안정성은 내적 작동 모델의 작용결과라기보다는 양육의 안정성에 그 원인이 있다고 주장한다(Lamb, Thompson, Gardner, & Charnov, 1985). 즉, 민감하고 일관되고, 긍정적인 양육을 하는 부모들은 아이가 유아기이건 아동기이건 청소년기이건 이러한 양육방식을 유지하는 경향이 있다. 반대로, 부정적인 양육을 하는 부모 역시 자신들의 양육방식을 잘 바꾸지 않는다. 즉, 어렸을 때 안정 애착을 형성한 아동이 이후 대인관계가 좋은 이유는, 바로 이들이 자라는 가족 내의 양육환경이 과거나 지금이나 긍정적이기 때문에 그러하며, 같은 논리에서 초기 불안정 애착의 안정성 역시 설명할 수 있다는 주장이다. 실제로 몇몇 연구에 따르면, 초기에 안정애착을 형성한 아동이라 할지라도 이후의 가족 역동에 중요한 변화가 생긴다면(예, 부모의 이혼), 이후의 애착 간의 상관관계는 높지 않은 양상을 보인다(Lewis, Feiring, & Rosenthal, 2000).

4. 애착의 발달단계

보울비(Bowlby, 1983)는 영아가 어머니와 어떻게 애착을 형성해 나가는가에 대해 영아의 발달단계와 관련해서 애착의 발달단계를 전 애착단계, 애착형성단계, 애착단계, 상호관계의 형성단계 등 4단계로 분류하였다.

1단계: 전 애착단계(Preattachment Phase)

출생 후 6주까지 지속되는 초기 전 애착단계이다. 이 시기의 영아는 자신의 요구를 채워주는 사람이면 누구든지 상관없이 울기, 빨기, 미소 짓기, 움켜잡기 등의 무분별한 반응을 통해 상대방을 곁에 머무르게 하여 가까운 거리를 유지하려는 행동을 보인다. 이는 영아들이 아직 사람을 구별해서 지각하는 능력이 없기 때문에, 상대를 변별하지 않고 애착 전조행동을 보이는 것이다. 그러나 이 단계에서는 아직 애착이 형성되지 않는다. 따라서, 낯선 사람과 혼자 남겨져도 영아는 별로 개의치 않는다.

2단계: 애착형성단계(Attachment in the Making)

6주에서 8개월까지 지속되며 변별된 사회적 반응을 보이는 단계이다. 이 시기의 영아는 자신을 돌봐주는 사람에게 명백한 신호를 보이면서 더욱 적극적으로 접근 추구를 보인다. 주양육자를 다른 사람들과 구별할 수 있게 되지만, 친숙한 몇몇의 성인에게만 애착행동이 제한되며, 단 한 명의 특정한 대상에게 완전한 애착이 형성된 것은 아니다. 또한 아직은 애착대상을 자신과 분리된 존재로 인식하지 못한다. 따라서, 이 시기의 영아는 친숙한 사람과 낯선 사람에게 다르게 반응하기 시작한다. 낯선 얼굴과 친숙한 얼굴은 구별할 수 있음에도 불구하고, 부모가 자기를 혼자 남겨놓고 자리를 떠나도 아직 이 단계에서는 분리불안을 보이지 않는다.

3단계: 애착단계(Clear-cut Attachment)

8개월에서 18개월까지의 시기이다. 영아의 애착행동이 한 사람을 향해 좀 더 능동적으로 이루어지는 단계이다. 이 시기에 비로소 영아와 양육자 간에 애착이 형성되었다고 볼 수 있다. 그래서 영아는 엄마가 떠나려 할 때 능동적으로 접근하고 곤경에 빠졌을 때, 그 누구보다도 엄마를 찾는다. 또 운동력과 이동력이 발달함에 따라 더 적극적으로 접근 추구 행동을 하며, 애착대상을 인지적으로 표상할 뿐만 아니라, 애착대상을 탐색을 위한 안전기지로 사용할 수 있게 된다. 따라서, 영아는 이미 애착이 형성된 사람에게 적극적으로 접근한다. 애착대상이 떠나면 분리불안을 보인다. 즉, 부모와의 분리에서 야기되는 분리 불안(separation anxiety), 또는 낯선 이와의 조우에서 비롯되는 낯선 이 불안(stranger anxiety) 등이 눈에 띄게 관찰된다. 모든 문화권에서 보편적인 현상으로 돌 전후에 나타나기 시작해서 15개월까지 계속 증가한다.

4단계: 상호관계의 형성단계(Formation of Reciprocal Relationships)

18개월에서 3세 말까지로 다양한 주변사람에게 애착을 확장하는 단계이다. 이 단계에서는 자기중심성이 줄어들고, 조망능력 등 인지능력의 발달로 인해 애착대상자의 행동과 바람을 조금씩 예측할 수 있게 된다. 그래서 양육자와의 분리를 허용하며 분리되더라도 잠시 후 다시 돌아온다는 것을 알게 된다. 부모가 독립된 대상이라는 것을 점차 알게 되면서, 애착대상에게 자신의 목표대로 행동하도록 영향을 주거나, 자신을 애착대상에게 맞추기 위해 행동을 계획・수정하는 융통성을 보이기도 한다. 따라서, 영아는 정신적 표상과 언어 발달로 인해 애착을 형성한 사람의 행동을 예측할 수 있다. 즉, 어머니가 언제 다시 돌아올지 예측할 수 있으므로 분리불안이 감소된다. 이 단계에서 영아는 양육자와 협상하고 자신이 원하는 대로 그 사람의 행동을 수정하기도 한다.

보울비는 이상의 4단계를 거쳐 부모・자녀 간에 형성되는 애착관계는 성격발달에 큰 영향을 미친다고 보고 있다. 또한 발달단계에 따라 애착 형성에 초점을 두고 있다.

5. 평가

애착이론은 현대 발달심리학의 핵심 이론 중 하나이다. 특히, 개인의 심리사회적 적응과 깊은 관련이 있다는 의미에서 단순히 발달심리학뿐만 아니라, 상담심리학, 임상심리학 영역에서도 깊은 관심을 보이는 주제이다. 초기 애착이론은 정신분석학이론에서부터 파생되었지만, 동물 행동학 및 인지이론과 접목하면서 보다 현대적인 이론으로 발달했다. 애착의 안정성 및 효과에 대해서는 이미 수많은 연구들이 그 중요성을 강조한 바가 있으나, 앞으로 애착이론이 더 발전하려면 몇 가지 주제들을 더 철저히 다룰 필요가 있다.

첫째, 애착에 대한 고전적 연구는 대부분 특정 시점의 어머니의 심리적 특징과 아동의 애착의 질을 비교하는 연구가 대다수였다. 애착의 안정성을 고찰하기 위해서는 한 개인의 과거 애착과 이후의 애착의 질을 비교하는 종단 연구가 필수적이다. 실제로 최근의 애착 연구들은 주로 종단 연구로 진행되고 있으며, 짧게는 10년, 길게는 40년의 시간을 거쳐 한 개인의 발달 궤적을 추적하는 연구들이 늘어나고 있다.

둘째, 고전적으로 애착 연구의 대상은 주로 어머니와 관련되었다. 아버지에 대한 애착 연구 역시 최근에 급증하고 있으나, 아직 그 수는 많은 편이 아니며, 할머니나 제3자에 의해 양육된 사례는 매우 적은 편이다.

세 번째로, 애착에 미치는 문화적 영향에 대해서는 많은 연구가 보고되었지만, 문화가 어떻게 애착 형성에 영향을 주는지, 이것이 문화만의 영향인지, 다른 생물학적 요소와 상호작용을 한 결과인지, 그리고 이러한 문화적 차이가 어떻게 이후의 발달에 영향을 미치는지에 대한 명백한 이론이 없는 편이다. 앞으로의 애착 연구들은 이러한 주제들을 중심으로 재편될 가능성이 높다.

보울비(1969)의 애착이론에 근거하여, 헤이즌과 쉐이버(Hazan & Shaver, 1987)는 어린 시절 어머니와의 관계에서 형성된 애착관계가 성인이 된 뒤에도 영향을 미친다는 연구결과를 내놓았다. 안정된 애착(stable attachment)을 형성한 아이는 성장해서도 타인에 대해 신뢰를 갖고 타인에게 의존하는 것에도 편안하며 친밀한 인간관계를 형성한다. 이러한 보울비의 주장은 이후 현대적 애착이론의 형성과 연구에서 큰 발전을 이끌어 냈다. 특히, 아인스워드가 제안한 인간 유아의 애착 유형 연구, 그리고 애착의 생물학적 기제 및 장기적 효과에 대한 연구에 중요한 기초를 제공했다.

그러나 불안한 또는 양가적인 애착(anxious or ambivalent attachment)을 형성한 아이는, 성장하여 타인의 사랑과 인정에 지나치게 의존하거나, 타인의 거부에 예민하게 반응하여 이성관계에서 많은 어려움을 겪는다. 회피적 애착(avoidant attachment)을 형성한 아이는 타인을 신뢰하지 못하며, 타인이 가깝게 다가오는 것도 불편하게 느껴서, 이성 관계를 잘 맺지 못하는 경향이 있다. 이와 같이 애착은 어린 시절뿐 아니라, 성인기에 이성과의 관계에도 영향을 미치기 때문에, 이와 관련된 현상을 다각적인 측면에서 살펴볼 필요성이 있다(한국심리학회, 2014).

CHAPTER

12

[developmental psychology]

언어발달이론

학습목표

1. 언어발달이론에 대한 비교 연구
2. 촘스키의 생애 조명
3. 생득적 언어발달단계 학습

학습내용

1. 생득적 언어발달이론
2. 촘스키의 생애와 사상
3. 주요 개념 및 특성
4. 생득적 언어발달단계

개요

촘스키의 언어발달이론은 '생득이론(nativist theory)'이라고 한다. 아동은 성인을 통해 언어를 배우기보다는 아동 스스로 배울 수 있는 가능성을 가지고 태어난다는 이론이기 때문에, 언어습득과정에서 환경적 요인보다 생물학적 요인을 더 강조한다. 본 장에서는 촘스키의 언어발달이론을 학습하고자 한다.

CHAPTER 12 언어발달이론

1. 생득적 언어발달이론의 개요

인간의 언어발달을 설명하는 대표적인 세 가지 이론들로는 첫째, 언어발달을 생득적 기제로 설명하는 입장으로, 촘스키는 인간은 출생 시에 언어획득장치를 가지고 태어난다고 주장했다. 둘째는, 학습과 모방으로 언어발달을 설명하는 스키너(B. F. Skinner)를 비롯한 학습이론가들의 주장으로, 인간은 조작적 조건형성에 의해 언어를 학습한다는 것이며, 세 번째는, 아동의 인지구조와 인지능력의 발달 결과 언어발달이 이루어진다는 발달심리학자들의 이론이다.

촘스키(1957)의 언어발달이론은 '생득이론(nativist theory)'이라고 한다. 아동은 성인을 통해 언어를 배우기보다는 아동 스스로 배울 수 있는 가능성을 가지고 태어난다는 이론이기 때문에, 언어습득과정에서 환경적 요인보다 생물학적 요인을 더 강조한다. 촘스키 이전의 언어학자들은 당시 지배적인 행동주의 심리학의 영향으로, 관찰할 수 있는 것만을 기술하는 데 관심을 기울였다.

스키너는 그의 저서 『언어행동』(*Verbal Behavior*, 2015)에서 언어의 습득과 발달은 다른 모든 행동과 마찬가지로 조작적 조건형성을 통해 학습된다고 주장했다. 그러나 촘스키는 인간의 행동을 조건반사로 전락시키는 것은, 실제 존재하는 인간의식의 복잡성과 인간이 지닌 자유에 반하는 것으로 인식했다. 그는 또한 학습이론가들의 주장처럼 언어는 '학습'되는 것이 아니고, '습득'되는 것이라고 밝혔다.

촘스키에 따르면, 아동은 언어습득장치(Language Acquisition Device, LAD)를 가지고 태어나서, 이를 통해 투입된 언어자료를 처리하고 규칙을 형성하고 문법에 맞는 문장을 이해하고 생성해 낸다. 이 이론은 3~4세경에 유아의 어휘가 급증한다든가, 각 문화권에서 유아 언어에 나타나는 문법적 오류가 유사하고 체계적이라는 점에서 설득력이 있다.

촘스키에 따르면, 인간의 언어능력이 생득적임을 밝히고 있다. 생득적이라는 것은 유아가 이미 완성된 언어능력을 가지고 태어나며, 언어능력이 이미 만반의 준비를 다 갖추고 유아의 두뇌 속에서 쓰임을 기다리고 있다는 성숙결정론적 관점을 의미하는 것이 아니다. 유아는 자신이 준비를 갖추었을 때에 사용할 수 있는 언어사용에 관한 어떤 장치, 즉 기본설계도를 유전적으로 가지고 태어난다.

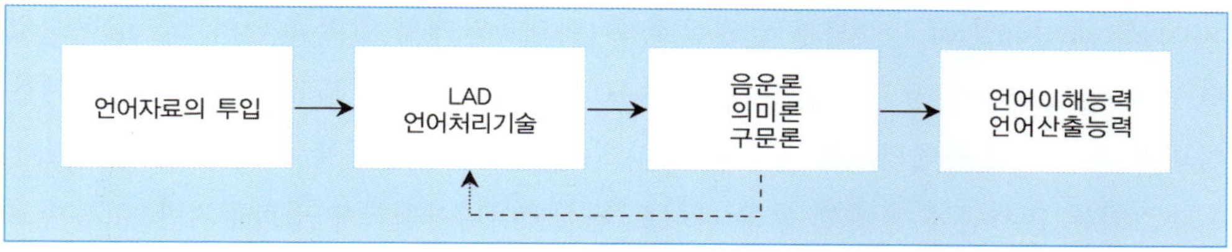

출처: 정옥분(2015: 301).

〈그림 12-1〉 촘스키의 언어습득모형

2. 촘스키의 생애와 사상

촘스키
(Avram Noam Chomsky, 1928~)

촘스키는 1928년 12월 7일 미국의 펜실베이니아(Pennsylvania) 주 필라델피아(Philadelphia) 부근의 이스트 오크 레인에서 유대계 러시아 이민자 가정의 2세로 태어났다. 그는 아버지(William Chomsky)로부터 언어학의 기초를 배웠는데, 그의 아버지는 존경받는 히브리어 학자였다. 어머니 엘지 촘스키는 벨라루스 출신이지만, 통상적인 뉴욕 영어를 하는 사람이었다. 처음 접한 언어는 이디시어(Yiddish language)였지만, 촘스키의 가족들 사이에서는 이디시어가 금기시되었다. 당시 가족들이 살았던 지역은 유대인 집단거주 지역으로 이곳은 이디시측과 히브리쪽으로 나뉘어 있었고,

그들은 히브리 쪽에 있어 히브리어 문화와 문학에 노출되어 길러졌다. 촘스키는 또한 1930년대 개인적으로 경험했던 아일랜드계 카톨릭과 독일계 카톨릭 그리고 반유대주의의 갈등을 설명하기도 하였다.

촘스키는 아버지의 영향을 많이 받았다. 그는 어렸을 때 아버지가 저술한 책들을 즐겨 읽었으며, 이 책들을 통해 유대인으로서의 자각과 함께 시오니즘(Zionism)운동과 민주주의에 일찍 눈을 떴다. 촘스키의 자유와 민주주의에 대한 자각은 어렸을 때부터 나타났다. 그가 10세 때 당시 스페인 내전으로 바르셀로나가 함락당한 사건에 대해 자신의 생각을 학교신문에 발표하기도 하였다. 필라델피아 중앙고등학교(Central High School)를 졸업하였고, 1945년부터 펜실베이니아대학교에서 철학과 언어학을 공부하였다. 1949년에 언어학자인 캐롤 샤츠(Carol Schatz Chomsky)와 결혼했으며, 1950년대에는 아내와 함께 이스라엘의 집단농장인 키부츠(qibbutz)에서 공동체 생활을 하기도 했다.

촘스키는 1945년에 열여섯 살의 나이로 펜실베이니아대학에 입학했지만, 고등학교 시절 그토록 혐오했던 제도교육이 펜실베이니아대학에서도 되풀이되고 있다는 사실에 곧 실망하게 된다. 촘스키는 대학을 중퇴하려다가 언어학자인 해리스(Zellig Harris)를 만나게 되어 학업을 계속했다. 해리스는 촘스키의 삶에 지대한 영향을 미치게 된다. 촘스키는 해리스 연구에 전념하면서 그 자신의 이론을 형성하기 시작하였다. 그는 펜실베이니아대학에서 언어학, 수학, 철학을 공부했으며, 1955년 언어학 박사학위를 받았다. 그는 1956년 매사추세츠공과대학(MIT)의 교수가 되었고, 1966년 석좌교수, 1976년부터는 연구교수가 되었다.

그는 1951년부터 1955년까지 하버드대학교의 특별 연구원으로 선임되었는데, 이 기간에 박사논문 "변형 분석(Transformational Analysis)"을 완성하였다. 그는 이 논문의 내용을 발전시켜 『언어학 이론의 논리적 구조』(*The Logical Structure of Linguistic Theory*)를 집필하였고, 학계의 주목을 받기 시작했다. 그리고 『통사 구조』(*Syntactic Structures*, 1957), 『통사론의 여러 측면』(*Aspects of the Theory of Syntax*, 1965), 『생성문법 이론의 여러 문제』(*Topics in the Theory of Generative Grammar*, 1966), 『영어의 음성양식』(*Sound Pattern of English*, 1968, 공저), 『언어와 정신』(*Language and Mind*, 1968), 『언어지식』(*Knowledge of Language*, 2000), 『최소주의 언어이론』(*The minimalist program,* 2001) 등의 저작으로 변형생성문법 이론을 체계적으로 발전시키며 언어학의 혁명을 주도하였다.

촘스키는 현대 언어학의 발달에 혁명적 변화를 가져온 언어학자이다. 촘스키의 변형생성문법 이론은, 개개의 언어수행(performance)에 앞서 존재하며 그것을 생성시키는 인간의 보편적인 언어능력(competence)과 언어규칙에 대한 탐구로, 언어학의 영역을 확장시켰다. 이는 '촘스키 혁명', '언어학 혁명'이라고 불릴 정도로 현대 언어학에 획기적 전환을 가져온 것으로 평가된다. 그리고 그의 언어 이론은 인지과학, 철학, 심리학 등 다양한 학문들에도 커다란 영향을 미쳤다.

하지만 촘스키는 언어학자로서만이 아니라 현실비판과 사회참여에 앞장서는 실천적인 지식인으로서도 널리 알려져 있다. 그는 1960년대 베트남전쟁 반대 운동을 기점으로 다양한 사회운동에 적극적으로 참여하였는데, 1967년에는 국방성과 국무성 앞에서 시위를 벌이다 투옥되기도 했다. 그는 저작과 강연, 대담, 영상물 등으로 미국의 제국주의적인 대외 정책과 정치·경제·매체를 장악한 권력을 비판해 왔으며, 직접 실천 행동에 참여하였다. 그리고 1990년대 이후에는 신자유주의 세계질서의 야만성에 대한 비판에도 앞장섰다. 이러한 활발한 사회 참여 때문에 그는 '미국의 양심'으로 불리기도 한다. 그의 이러한 활동은 인간이면 누구나 자기가 속한 사회에 대해 올바른 판단을 내리고 그것을 행동에 옮길 수 있어야 하며, 인간사에 중대한 의미를 갖는 문제에 대한 진실을 그 문제에 대해 뭔가를 해낼 수 있는 대중에게 알리려고 노력하는 것이 『지식인의 책무』(*Writers and Intellectual Responsibility*, 1995)라고 주장했다.

한편, 그는 언어학 이외에도 정치학, 철학, 심리학 등의 다양한 주제에 대해 80여 권의 저서와 1천여 편의 논문을 발표하였다. 특히, 강대국의 패권적인 대외 정책과 언론, 지식인의 유착 등을 폭로하고 비판하는 활동에 앞장서, 『숙명의 트라이앵글: 미국, 이스라엘, 팔레스타인』(*Fateful triangle: the United States, Israel and the Palestinians,* 1983), 『여론조작: 매스미디어의 정치경제학』(*Manufacturing Consent: The Political Economy of the Mass Media,* 1988 공저), 『테러리즘의 문화』(*The Culture of Terrorism,* 1988) 『미국이 진정으로 원하는 것』(*What Uncle Sam Really Wants,* 1996), 『그들에게 국민은 없다』(*Profit over people: neoliberalism and global order,* 1999), 『501년,

정복은 계속된다』(*Year 501, The Conquest Continues*, 2000), 『불량 국가』(*Rogue states*, 2001) 등의 저작을 남겼다. 이러한 저작들과 강연, 대담 등을 통해 그는 다국적 기업의 이익만을 중시하는 신자유주의적 세계화의 문제와 강대국의 대외 정책에서 나타난 폭력성, 이에 융합된 사회 내의 권력 등을 폭로하고 비판하는 활동을 펼쳤으며, 그의 글들은 세계 각국에서 번역되어 널리 읽히며 큰 영향을 끼쳤다.

3. 주요 개념 및 특성

1) 언어습득장치

미국의 언어학자이자 비판적·실천적 지식인인 촘스키가 펼친 언어습득이론인 생득주의이론, 즉 언어능력은 선천적으로 타고난다는 것을 주요 내용으로 하는 이론이다. 촘스키는 인간의 뇌 속에 언어습득과정에 중심적 역할을 하는 일종의 특수기관이 있으며, 이 가상의 장치가 언어습득장치(language acquisition device, LAD)라고 주장한다. 일부 언어전문가들은 언어습득장치가 좌뇌의 전두엽에 자리 잡고 있다고 믿는다. 언어습득장치 안에는 모든 언어에 필요한 기본 원칙이 담겨 있기 때문에 인간은 누구나 선천적으로 언어적 본능을 타고나는 것이고, 언어를 사용하는 사회환경에서 태어나 그 언어에 접촉하게 되면 일차언어자료(primary linguistic data)를 기초로 하여 언어를 습득하게 된다고 한다.

언어습득장치는 그가 인간의 선천적인 언어발달 능력의 경이로움을 설명하려고 고안한 언어 습득과 관련된 가상의 장치(device)이다. 촘스키에 따르면, 인간의 뇌에는 태어날 때부터 선천적으로 언어를 습득할 수 있도록 하는 보편적 문법지식이 언어 습득 장치에 미리 프로그램화되어 있어서 아동이 언어입력(language input) 시 별다른 노력을 기울이지 않고도 자동적으로 언어를 습득할 수 있다는 것이다.

촘스키에 따르면, 유아는 부모의 말을 무의식적으로 듣게 되고, 언어습득장치가 그 말을 흡수하여 얼마 지나지 않아 자신도 모르는 사이에 모국어를 인지하게 된다. 아이의 언어습득장치에 언어 특질이 선천적으로 내재되어 있기 때문에 아이는 굳이 배우지 않아도 각기 다른 품사를 구별하고, 자동적으로 단어를 순서대로 배열할 수 있는 언어능력, 즉 언어의 문법 형식을 지정하고, 적절한 문법을 선택하는 방법인 언어이론을 갖추게 되는 것이다. 언어습득장치는 어린 나이에만 작동되며, 사춘기로 접어들면 이 능력은 현저히 저하된다.

① 언어습득장치를 통해 선천적으로 언어가 습득되며,
② 언어습득능력은 0세부터 13세까지 가장 활발하게 진행되며,
③ 언어능력은 일반적인 지적 능력과는 다르며,
④ 인간의 언어습득장치에는 모든 언어의 공통된 보편문법이 선천적으로 갖추어져 있으며,
⑤ 말은 배우는 것(learning)이 아니라 습득하는 것(acquisition)이다.

이러한 주장은 생성문법을 주장하는 학자들에 의해 지지되었으며, 구조문법 학자들의 주장과는 차이가 있다. 구조문법 학자들은 말을 배우기 전의 어린 아동은 어떠한 지식도 가지고 있지 않으며, 하나하나 기억 속에 저장함으로써 말을 배워가는 것으로 보았다. 그러나 언어습득장치를 증명하기는 쉽지 않기 때문에 많은 논쟁을 일으키기도 한다.

4. 생득적 언어발달단계

단어나 문장을 습득하는 시기는 개인차가 있으나, 대부분의 유아는 언어획득 시에 동일한 발달단계를 거친다. 대체로 유아가 알아들을 수 있는 단어를 사용하기 시작하는 것은, 12개월경이라는 사실에 사람들은 거의 동의한다. 그러나 영아는 단어를 표현하기 오래 전부터 울음이나 표정, 몸짓 등 비언어적인 행동으로 의사전달을 시도한다. 영아는 단어 자체가 아닌 말의 리듬, 고저, 강세에 따라 반응하며, 이를 통해 상대방의 말에서 감정적인 단서를 알아차린다.

1) 초기 언어

(1) 울음

언어발달의 첫 단계는 울음인데, 울음은 아기가 자신의 욕구를 표현할 수 있는 유일한 전달수단이다. 초기의 울음은 미분화된 울음이지만, 점차 우는 이유를 알 수 있는 분화된 울음으로 바뀌게 된다.

(2) 옹알이

4~5개월경에 나타나는 옹알이는 최초의 유사언어인 말소리다. 이는 신체적 성숙으로 나타나는 근육활동의 결과이며, 농아도 처음에는 옹알이를 한다. 일반적으로 옹알이는 만족스러운 상태에서 가장 많이 나타나는데, 처음에 하는 옹알이는 그 자체가 영아에게 기쁨을 주는 놀이의 기능을 한다. 그러다가 점차 자신의 옹알이가 환경에 주는 영향 때문에 옹알이를 하게 되며, 자신이 내는 옹알이 소리에 주위의 반응이 없으면 점차 옹알이를 하지 않게 된다. 그러나 어머니나 주변사람들의 반응을 얻으면, 점차 그 소리가 빈번해지고 다양해진다. 옹알이는 이렇게 주변사람들의 강화를 통해 모국어를 습득하는 주요기제가 된다. 또한 이후에 언어로 발달하든 하지 않던 간에, 생후 1년 동안 영아가 내는 옹알이 소리가 전 세계적으로 동일하다는 사실에서 영아가 어떠한 언어든지 습득할 수 있는 잠재력을 가지고 있음을 말해준다.

단어의 강세는 단어식별에서 첫 단서가 된다. 단어의 의미는 모르지만 단어의 강세에 주의함으로써, 일상생활의 계속적인 소리에서 분리된 개별적 단어를 식별해 낼 수 있게 된다. 이런 경로를 통해 영아가 내는 소리는 점차 다양해져, 인간이 내는 소리를 거의 모두 낼 수 있을 정도로 '음소확장(phonetic expansion)현상'이 나타난다. 그러나 영아는 자신이 내는 소리 중에서 모국어의 음소와 유사한 것만 강화를 받게 되어, 외국어에는 관심을 두지 않고 모국어와 유사한 음만 습득하게 되는 '음소축소(phonetic contraction)현상'이 생긴다.

2) 단어와 문장의 발달

유아가 사용하는 단어의 수는 유아기에 급속도로 증가한다. 이처럼 단어 수의 급증은 유아의 인지적 성숙으로 사물을 범주화할 수 있는 능력발달과 관련 있는 것으로 보인다. 문장의 길이도 길어져서 3~4세경에는 3~4개의 단어로 문장을 구사하고, 유아기 말에는 6~7개 단어의 문장을 구사하게 된다.

(1) 단일단어 문장

출생 후 1년쯤 되면 영아는 분명하게 이해할 수 있는 단어를 사용할 수 있고, 그 단어는 자신의 생각을 표현하는 수단이 된다. 자음 하나와 모음 하나가 합쳐진 말의 반복이 대부분이며, 성인의 발음과는 차이가 있다. 동시에 하나의 단어가 전체 문장을 대신하므로, 영아는 부모의 이해를 돕기 위해 얼굴표정이나 몸짓을 함께 사용한다.

(2) 두 단어 문장

24개월쯤 되면 영아는 문장을 만들기 위해 두 개 이상의 단어를 연결시킬 수 있다. 두 단어 문장은 단일단어 문장보다 정교하고 명료하며, 두 단어 중 강세의 위치가 어디에 있는가에 따라 자신이 원하는 바를 강조하게 된다. 두 단어를 결합시키는 것은 보편적으로 50개 정도의 단어를 말할 수 있을 때 가능하다. 초기의 결합형태는 명사와 동사의 결합으로 된 전문식 문장이며 자기중심적 특성이 있다.

유아는 자신들이 듣는 수많은 단어로부터 일정한 규칙을 추론해 낼 수 있다. 일상에서 받아들인 수많은 단어 중 어떤 것은 대상의 지칭에 사용되는 반면, 어떤 것은 동작의 지칭에 사용되는 것인 줄도 알게 된다. 또한 단어의 의미를 알기 전에 문장구성이나 단어배열 같은 문법적 규칙을 추론해 낼 수도 있다.

유아의 언어는 성인처럼 정교하게 세분화되지 않아, 유아가 습득한 단어의 의미가 성인이 알고 있는 의미와 차이 있는 경우도 가끔 볼 수 있다. 예를 들어, 유아가 '멍멍이'라고 할 때, 이는 강아지 외에 다른 네 발과 털 있는 동물을 가리킬 수 있다. 이처럼 유아가 단어의 의미를 원래의 범주보다 확대하여 사용하는 것을 과잉확대(overextension)라고 한다. 그러나 유아는 실제 그 단어의 범주보다 축소해서 사용하기도 하는데, 이를 과잉축소(underextension)라고 한다.

유아의 언어능력의 도약은 두뇌의 발달과 밀접하게 관련 있다. 첫 개월 내에 영아의 신경세포는 출생 시의 20배에 달하는 1만개의 연합이 이루어지며, 8~9개월경이면 두뇌는 거의 제 기능을 다하게 된다. 이는 영아가 단어의 의미에 관심을 갖는 시기와 일치한다. 또한 일련의 단어들을 빠짐없이 알아듣기 위해서는 낱개의 단어들을 재빨리 인식하는 능력이 필요하다. 15개월경의 영아는 아주 친숙한 단어를 인식하는 데에도 1초 이상의 시간이 필요하지만, 24개월경에는 0.6초 내에 인식할 수 있다. 이런 인식속도의 변화는 언어와 관련된 기능을 두뇌의 양반구가 담당하다가 좌반구가 관장하게 되면서 가능해진다고 한다.

우리나라의 영아가 월령별로 가장 많이 사용하는 어휘의 품사는 17~20개월까지는 감탄사였고, 21~24개월에는 명사의 사용이 두드러졌다. 품사의 출현시점은 명사·부사·감탄사의 경우 9~12개월, 수사·대명사·동사는 13~16개월, 형용사는 17~20개월, 조사는 21~24개월 사이에 처음 나타났다.

(3) 문장의 발달

유아의 연령이 높아지면서 언어의 사용이나 이해도 증가된다. 단일단어 문장을 거쳐, 전문식(telegraphic) 형태의 두 단어 문장을 시용하게 된 후, 2~3세경에는 세 단어 이상을 이용하여 문장을 만들 수 있다. 또한 세 단어 문장을 구사하는 시기에 문법적 형태소를 사용하기 시작한다. 유아가 문법적 형태소를 획득함에 따라 전문식 표현이 감소되고 말의 길이가 길어진다. 대체로 만 1세에서 4세 정도까지는 말의 길이가 유아의 구문론적 발달의 정도를 나타낸다.

3) 문법의 발달

유아기에는 문법의 발달 면에서도 문장구조에 대한 뚜렷한 감각이 보인다. 유아기 초기에는 전문식 문장의 형태를 유지하나, 점차 주어·동사·목적어 이외의 문장의 요소들이 첨가되기 시작하며, 복수형이나 어간에 어미를 다르게 활용해 사용하기 시작한다. 3세경에는 부정문이나 복수형에 대한 개념을 갖게 되며, 특히 '싫어', '아니'와 같은 부정적 의미의 문장을 많이 사용한다. 4~5세경에는 부사, 형용사를 사용하거나 어간에 붙이는 어미를 다르게 하여 문장을 변형시킬 수 있고, 5~6세경에는 성인 문법에 접근하여 대부분의 문법에 숙달하게 된다.

(1) 문법적 형태소의 발달

우리말에서 문법적 형태소가 활발하게 나타나는 연령은 약 2~3세경이다. 이 시기는 브라운(R. Brown)이 제시한 'MLU(Mean Length of Utterance, 평균발화길이)'가 2.0에서 2.5 사이의 단계로, 시제형 형태소나 주격조사 '가' 등이 출현하기 시작한다. 위에서 설명한 단일단어 문장이나 두 단어 문장 또는 두 단어 이상의 문장은, 모든 유아가 비슷한 시기에 사용하지만, 격조사나 기타 어미들, 보조어간들과 같은 문법적 형태소의 획득 순서와 시기는 유아에 따라 개인차가 있다.

유아는 능동적으로 문법적 규칙들을 찾아내고 이를 적용하려고 노력한다. 이런 노력은 특정의 문법적 규칙을 적용해서는 안 되는 경우에까지 일괄적으로 적용하는 '과잉 일반화(overregularization)'를 초래하기도 한다. 우리말의 경우, 유아들이 주격조사인 '-가'를 과잉 일반화하는 것을 쉽게 볼 수 있다. 예를 들어, '엄마가', '아빠가'에 사용하는 주격조사 '가'를 지나치게 규칙적으로 적용하여 '삼촌이가', '선생님이가'라는 식으로 말하기도 한다. 이런 과잉 일반화는 유아들이 언어의 세부규칙을 완전히 파악하지 못했기 때문이기도 하지만, 언어규칙을 자발적으로 내면화하고 있다는 증거도 된다.

(2) 복잡한 구문의 발달

유아는 점차 의문문이나 부정문의 형태도 사용할 수 있고, 자신의 생각이나 욕구를 표현하는 데도 융통성을 보인다. 보통 2세경이면 "이게 뭐야?"라는 질문을 끊임없이 하고, "먹어 ?"와 같이 말끝을 올리는 질문을 한다. 부모가 질문을 귀찮아하지 않고 인내심을 가지고 반응하면 자연스럽게 언어적 상호작용이 이루어질 수 있어 유아의 언어능력이나 지적 능력의 발달을 도울 수 있다. 유아는 점차 다양한 의문사를 사용하며, 4세경이면 '뭐, 어디, 누가, 언제, 왜, 어떻게'와 같은 의문사를 모두 사용할 수 있다. 부정문도 2세경부터 나타나는데, 초기에는 '안 -' 형태를 많이 사용하여, '안 먹어', '안 아파', '안 예뻐'라고 한다.

일반적으로 복문에는 대등한 내용을 병행시킨 형식과 주절과 종속절을 병행시킨 형식이 있다. 우리나라 유아에게 이 두 형식의 문장은 거의 비슷한 시기에 보인다. 그러나 시간이 지날수록 주절과 종속절을 병행시킨 형식이 많아진다. 비교적 정교한 형태의 복문은, 대략 브라운이 제시한 MLU가 3.0인 언어발달의 3단계에 나타난다. 이 시기 유아의 연령은 약 30개월 정도로, 영어권 유아들이 접속문을 산출하는 시기인 40개월 정도에 비하면 그 출현시기가 더 빠르다는 것을 알 수 있다.

4) 어휘와 문법의 확장

아동기에는 어휘능력이 급속히 발달하여 초등학교 졸업쯤에는 약 4만 단어 정도를 습득하게 되어, 하루에 평균 20개 정도의 새로운 단어를 습득하는 셈이 된다. 물론 초등학생들이 일상생활에서 이 많은 단어를 모두 사용하는 것은 아니다. 이 시기의 아동들이 획득하게 되는 언어능력 중 하나는 단어의 '형태학적 지식(morphological knowledge)'에 관한 것이다. 즉, 아동들은 단어를 구성하는 형태소의 의미에 대한 지식을 획득, 이용하여 익숙하지 않은 단어의 구조를 분석하고 그 의미를 추론할 수 있게 된다.

어휘력의 증가로 아동기에는 전보다 단어를 더 정확하게 사용하고, 단어에 대해 다른 사고를 갖게 된다. 5~6세 유아에게 단어의 의미를 물으면 그 단어의 기능이나 외양을 언급하며 구체적으로 묘사하지만, 초등학교 고학년 아동들은 그 단어의 동의어나 범주적 관계를 나타내는 설명을 할 수 있다. 아동기에는 각 단어가 가진 여러 의미를 이해할 수 있으며, 단어의 이중적 · 다중적 의미까지 파악하여 은유적 표현이나 유머도 이해하게 된다.

아동기에는 유아기의 문장의 오류를 수정하게 되고, 문법적으로 보다 복잡하고 긴 구문을 사용할 수 있다. 논리적 추론능력과 분석적 기술이 발달하여, 내포문이나 사동사, 피동사 등의 문법적 규칙이나 구조를 이해하고 적절히 사용할 수 있다. 내포문이란 관계절을 포함하는 문장으로, 영어의 경우 관계대명사 또는 관계부사 등을 사용한 문장이 된다.

5) 읽기와 쓰기 능력의 발달

읽기능력의 발달은 5단계로 설명되는데, 보편적인 단계와 시기를 나타낸 것으로 아동마다 발달시기와 능력에 개인차가 있을 수 있다.

준비단계(출생~초등학교 1학년)에서는 읽기에 요구되는 선행조건을 학습해야 한다. 또한 글을 왼쪽에서 오른쪽으로 읽고 쓰며, 어떤 글자가 있는지, 자기 이름은 어떻게 쓰는지를 배우게 된다. 1단계(초등학교 1~2학년)에서는 글 읽는 법을 배우고 단어를 소리로 바꾸는 능력을 획득하게 된다. 2단계(초등학교 2~3학년)에서는 글을 읽는 데에 보다 능숙해진다. 그러나 읽기를 통한 학습은 그리 활발하지 않다. 3단계(초등학교 4학년~중학교 3학년)에서는 글을 통해 정보를 획득하는 능력이 급속히 발달된다. 즉, 읽기를 통한 학습이 이루어진다. 이 시기에 읽기를 배우지 못하면 학업수행에서 심각한 문제가 발생한다. 4단계(고등학교)에서 대부분의 학생들은 읽기능력을 완전히 발달시키며, 여러 관점에서 제시된 정보도 잘 이해할 수 있다. 문학, 역사, 경제학, 정치학 등에 대해 철학적이고 복잡한 논의를 할 수 있게 된다.

쓰기능력은 읽기능력이 어느 정도 발달된 후에 나타난다. 아동들은 처음 글쓰기를 할 때 글씨를 틀리게 쓰는 경우가 많다 그러나 초등학교 시기에 이러한 경향은 사라지고 글씨를 바르게 쓸 수 있게 되며, 자기 생각을 글로 표현하는 능력이 점차 발달된다.

6) 의사소통기술의 발달

유아기에는 단어의 획득이나 문법의 숙달로 영아기보다 의사소통이 효율적으로 이루어진다. 그러나 사고의 자기중심성으로 인해 언어도 의사소통을 위한 사회화된 언어로 발달되지 못하고, 자기중심적인 특성을 보인다. 반복, 독백, 집단적 독백 등은 유아의 자기중심적인 언어표현의 대표적 형태이다. 서로에게 이야기는 하고 있지만, 그 말의 의미는 자신의 사고 속에 국한되어 있다. 그러나 유아기 말쯤에는 자기중심적 언어가 줄어들고 점차 사회화된 언어를 사용하게 된다. 또한 유아는 추상적·언어적 비유나 어휘가 지닌 다양한 의미나 느낌을 제대로 이해하지 못하며, 언어이해를 돕는 얼굴표현이나 몸짓을 필요로 한다. 자신이 한 말을 확인해보려는 의도에서 확인부의 의문문을 상당히 많이 사용한다.

효율적인 의사소통을 위해서 유아는 물리적·사회적 맥락에 적절한 언어를 사용하는 방법을 습득해야 한다. 즉, 단어의 의미나 문법지식뿐만이 아니라, 듣는 이에게 알맞은 주제와 어투로 적시적기에 이야기할 수 있는 능력이 필요하다. 어린 유아조차도 기본적인 대화규칙을 잘 따른다. 이런 화자(speaker)로서의 기술은 유아기에 급속히 발달해 만 2세 정도면 대부분 말을 걸면 대답해야 하는 줄 안다. 만 4세 정도에는 말을 할 때 듣는 사람의 수준에 맞게 화법을 조절해야 한다는 것도 안다. 그러나 유아의 의사소통능력에는 여전히 한계가 있어, 일대일 대화는 어느 정도 잘 이어가지만 여러 사람과의 대화능력은 부족하다. 즉, 두 사람 이상과 대화를 할 때는 자신이 언제 이야기해야 하는지를 판단하는 데 어려움을 느낀다.

의사소통에 요구되는 또 다른 기술은, 다른 사람의 말을 잘 듣고 모호한 부분이 있으면 분명히 알 때까지 물어보는 청자(listener)로서의 능력이다. 어린 유아는 보통 타인이 전달하고자 하는 내용을 이해하지 못했다는 사실을 인식하지 못할 때가 많다.

즉, 3~5세 유아는 자신이 듣는 말에서 모호한 정보를 찾아내고 이를 해결하는 능력이 부족하다. 이 시기의 유아는 자주 자신이 듣는 정보 자체보다 화자가 의미하는 것에 대한 자신의 생각에 초점을 두고 정보를 해석한다.

아동기에는 분명한 언어적 메시지 전달능력인 참조적 '의사소통기술(referential communication skills)'이 발달한다. 3~5세 정도의 아동은 보통 구두 메시지에서 의미가 모호한 부분을 잘 인식하지 못하지만, 학령기 아동은 상대나 자신의 메시지가 분명하지 않을 때 어느 부분이 모호한지를 인식하고, 그 부분을 분명하게 만드는 참조적 의사소통기술을 발달시킨다. 6~10세 아동들은 듣는 사람에게 익숙하지 않은 사물에 대한 말을 전달할 때에는 좀 더 길게 설명했다. 특히 이들 중 9~10세 아동은 익숙하지 않은 사물에 대해 설명할 때 듣는 사람에 따라 다른 정보를 제공했는데, 이는 청자에 맞게 전달하는 내용을 조절할 수 있다는 것을 의미한다.

이렇게 아동기에 참조적 의사소통기술이 빠르게 발달하는 것은, 한편으로는 이 시기의 인지발달로 자기중심성이 완화되고, 역할수용기술을 획득하게 되며, 다른 한편으로는 청자에 맞도록 말을 조절해야 한다는 사회언어학적 이해능력이 발달하기 때문이라고 할 수 있다.

5. 평가

촘스키의 언어발달이론에는 언어학자보다 플라톤이나 데카르트 같은 철학자들의 영향이 큰 것으로 보인다. 그는 대학원 재학시절 데카르트의 철학을 공부하던 중 연역법을 언어학에 도입할 아이디어를 얻었다고 한다. 즉, 언어학계에서 아무도 주목하지 않았던 300년 전 철학자의 방법론을 언어학에 도입한 것이다. 이처럼 기존의 언어학 연구방법을 완전히 바꾼 그의 업적은 언어발달 연구사에서 코페르니쿠스적인 전환으로 평가받고 있다. 이러한 평가에도 불구하고, 촘스키의 생득이론에 대해서는 몇 가지 문제점이 지적된다(김혜선·유안진, 2011: 118).

첫째, 언어 습득기제가 구체적으로 어떤 작용을 하며, 왜 그런 작용을 하는지 설명하지 못한다는 점이다.

둘째, 사춘기 이후에도 여러 형태의 언어발달이 가능하다는 연구결과도 있어 '결정적 시기' 가설도 도전을 받고 있다.

셋째, 촘스키의 이론은 구문론적 구조에만 치중해 설명한 나머지, 언어의 의미론적 발달과 어용론적 발달을 설명하지 못하는 한계가 있다는 점이다.

넷째, 브라운의 연구처럼 실제로 아동을 대상으로 한 언어발달을 연구한 것이 아니라, 논리적인 논쟁을 통해서만 여러 쟁점들을 해결하려고 한 것도 문제점으로 지적받고 있다.

CHAPTER 13

[developmental psychology]

생애주기 발달이론

▌학습목표

1. 생애주기의 단계에 대한 학습
2. 생애주기별 심리학적 연구
3. 생애주기의 연계적 학습

▌학습내용

1. 태내기
2. 영아기
3. 유아기
4. 아동기
5. 청소년기
6. 성인기
7. 중년기
8. 노년기

▌개요

생애주기는 인간의 연속적인 변화과정에서 특정한 발달과업을 성취하기 위해 필요한 기간을 적절한 시기에 따라 여덟 개의 단계로 구분할 수 있다. 국내법을 기준으로 할 때, 생애주기는 태내기(출산 전), 영아기(0~2세), 유아기(3~6세), 아동기(7~12세), 청년기(13~18세), 성인기(19~39세), 중년기(40~64세), 노년기(65세 이상)로 분류한다. 본 장에서는 생애주기 발단이론을 학습을 하고자 한다.

[developmental psychology]

CHAPTER 13 생애주기 발달이론

생애주기는 인간의 연속적인 변화과정에서 특정한 발달과업을 성취하기 위해 필요한 기간을 적절한 시기에 따라 여덟 개의 단계로 구분할 수 있다. 그러나 이것은 인간의 발달이 연속적인 과정이기 때문에 단계들 사이의 구분을 명확하게 하기 어려우며, 단계의 구분은 학자에 따라 다소의 차이가 있을 수 있다. 명칭 또한 달리하는 경우가 많다.

본 서에서는 국내법을 기준으로 하여 생애주기를 태내기(출산 전), 영아기(0~2세), 유아기(3~6세), 아동기(7~12세), 청년기(13~18세), 성인기(19~39세), 중년기(40~64세), 노년기(65세 이상)로 분류하고 있다.

1. 태내기

1) 태내기의 개념

태내기(womb, prenatal period)란 정자와 난자가 결합하여 수정란을 이루면서 태내발달이 시작되고, 태아가 수정 후 약 280일(40주) 기간 동안 모체 내에서 자라는 시기를 태내기라 한다.

인간의 개인적 차이는 환경이나 그 사람이 성장하면서 부딪히는 경험 이상의 것에 기인한다. 이는 개인적인 변이가 유전에 의해서 영향을 받는다는 것을 의미한다. 부모로부터 전달되는 특성이나 기질을 유전인자라고 하며 이것은 염색체 속에 들어 있다. 우리가 인간의 구조나 모습을 갖춘 것은 인간 특유의 염색체를 가지고 있기 때문이지만 염색체와 유전인자의 구성이나 배열은 개인마다 다르다(Newman & Newman, 2011).

태내발달은 우리가 생각하는 이상으로 빠른 속도로 많은 변화를 보여주는 기간이다. 태내발달이 변화가 큰 시기임을 고려하면 태내 환경이 매우 중요하다. 일찍부터 한국을 포함하는 동양 문화권에서는 태내발달을 중요하게 생각하여 '태교'를 매우 중요시하였다. 그 결과 태어나면 바로 한 살의 나이를 갖는 것으로 나이를 셈하였다. 태내발달의 중요성이 부각되면서 최근에는 서양에서도 태교에 많은 관심을 갖게 되었으며 많은 발전을 이루고 있다(이우언 외, 2017: 43).

생물학적 측면의 인간발달은 아기가 수정이 되는 태내기부터 이미 시작된다. 이 시기는 임산부의 연령, 건강, 약물복용 및 정서적 상태까지 태아의 발달에 주요한 영향을 미친다(Zastrow & Kirst-Ashman, 2012). 임신 중 '태아'를 의학적으로 정확히 구분하면, 정자와 난자가 만나서 수정된 후 3~8주간은 태아가 아닌 '배아'라고 부르며 11주 이후부터는 '태아'라 부른다(강세현, 2015: 19).

태내기는 태내발달에서 가장 긴 시기이며, 수정 후 8주경부터 출생하기 전까지를 말한다. 이 시기에는 배아기에 형성된 신체기관이 성장하고 좀 더 정교해진다. 태아는 골격과 근육을 가지고 있어서 발로 차기도 하고, 팔을 구부리고 손을 폈다 접었다 할 수도 있으며, 심지어 손가락을 빠는 행동을 보이기도 한다. 태아의 움직임은 배아기가 끝나는 시점부터 어머니는 성장이 상당히 진행된 후인수정 후 17~20주 사이에 태아의 움직임을 느끼기 시작한다. 20주쯤에는 외음부가 형성되어 태아의 성별을 초음파로 파악하는 것이 가능해진다.

태아는 양막에 둘러싸여 있고, 양막과 태아 사이에는 양수가 들어 있어 태아는 양수 속에 둥둥 떠 있게 된다. 그렇다면 태아는 양수 속에서 어떻게 익사하지 않고 숨을 쉴 수 있을까? 태반과 태아 사이에는 탯줄(umbilical cord)이 모체와 연결된다. 탯줄은 영양분이 포함된 혈액을 태아로 운반하는 정맥 하나와 노폐물을 태아에서 운반하는 동맥 하나로 이루어져 있다. 아직 폐가 미성숙한 태아는 이 탯줄을 통해 전달받는 어머니의 혈액으로부터 산소를 공급받는다.

정상적인 태내발달은 37~40주에 완성되고 대부분의 아기는 이 시기에 출생을 한다. 하지만 가끔씩 37주 이전에 태어나는 아기들이 있는데 이런 아이들은 '조산아'라고 불린다. 조산을 했을 경우에 생존할 수 있는 가장 이른 시기는 22~26주이며, 이보다 전에 태어난 아기들은 폐가 매우 미성숙하고, 뇌가 아직 호흡이나 체온을 조절할 수 있는 기능을 갖추지 못하였기 때문에 생존율이 낮다(윤가현 외, 2016: 207). 이 시기는 정자와 난자가 만나는 순간부터 출생의 시기이며, 어머니의 자궁 내에서 태아의 신체 조직이 발달하고 신체 성장이 가장 큰 폭으로 일어나는 시기이다. 인간의 개인적 차이는 환경뿐 아니라 유전에 의해서 영향을 받는다. 따라서, 태아에게 유전적 요인과 환경적 요인 등이 영향을 미치기 때문에 각별히 조심해야 하는 시기이다.

2) 발달 특성

생명은 '임신'으로 시작된다. 임신이란 성숙된 난자가 성숙된 정자와 결합하여 수정란이 되는 것을 말한다. 남자의 정자와 여자의 난자를 '배우체(gametes)'라고 하는데, 이 두 배우체의 결합을 '수정'이라고 한다.

여성은 출생 시에 이미 난소를 가지고 있는데, 난소에는 약 20만 개의 미성숙된 난자가 들어 있다가, 성숙한 여성이 되면 매달 한 개씩의 성숙된 난자가 난소에서 배출된다. 이것이 곧 여성의 생식세포인데, 난자가 정자에 비해 크다고 하지만, 실제 지름은 0.14mm이다.

남성이 성숙하면 남성의 생식세포인 정자를 배출한다. 정자의 크기는 난자의 약 1/40 정도인데, 이렇게 작지만 별로 움직이지 않는 난자에 비해 아주 활동적이다. 정자는 성교 시에 배출되며, 1회의 배출량은 약 1~5억 마리 정도나 된다. 정자는 긴 꼬리가 달려 있는 올챙이 모양으로서 유전적 정보는 머리 모양의 앞부분에 있다. 이 정자는 자궁을 거쳐 난자가 있는 난관까지 헤엄쳐 갈 만큼 활동적이다.

수많은 정자가 난관을 향해 헤엄쳐 가다가 먼저 난자에 도달하는 정자만이 난막을 뚫고 난자와 결합되며, 결합된 정자의 꼬리는 떨어져 버린다. 이렇게 정자의 핵(nucleus)과 난자의 난핵이 결합하면 단핵의 수정란, 즉 접합체가 되는데, 이것을 수정(fertilization), 즉 임신이라고 한다.

태내발달은 대략 266일 지속되는데, 수정으로 시작되고 출생으로 끝난다. 임신은 3시기로 나눌 수 있는데, 즉 배란기, 배아기, 태아기는 다음과 같다(Santrock, 2015).

① **배란기**(germinal period)

배시기는 임신 후 첫 2주 동안 일어나는 태내발달 시기이다. 이때 수정된 난자(접합체), 세포분열, 자궁벽에 다세포 유기체의 부착이 일어난다.

접합체에 의한 급격한 세포분열은 배시기에 시작한다. 임신 후 1주 내에, 이런 세포들의 분화, 즉 서로 다른 과제에 대한 특수화는 이미 시작된다. 이 단계에서 이제는 포배(blastula)라고 불리는 유기체는 결국 배아가 될 속이 빈 공 모양의 세포들과 나중에 영양을 제공하고 배아를 지지할 세포의 외층인 영양막(trophoblast)으로 구성된다. 포배가 자궁벽 속에 파묻히는 착상은 임신 2주에 일어난다.

② **배아기**(embryonic period)

배아기는 임신 2주에서 8주까지 일어나는 태내발달 시기이다. 배아기 동안, 세포 분열률이 높아지고, 세포의 지원체계가 형성되고, 기관들이 발달한다.

이제 세포들의 덩어리를 배아라고 부르는데, 3개 세포층이 형성된다. 배아의 내배엽은 세포의 안쪽 층이며, 소화계와 호흡계로 발달될 것이다. 외배엽은 가장 바깥층이며, 신경계, 감각기관들(예: 귀, 코, 눈) 그리고 피부 일부들(예: 머리카락과 손톱)로 발달할 것이다. 중배엽은 중간층이며, 순환계, 뼈, 근육, 배설계, 그리고 생식계로 발달할 것이다. 모든 신체 부분들은 결국 이 세 가지 층으로부터 발달한다. 내배엽은 신체 내부를 생성하고, 중배엽은 내부 영역들을 둘러싸고 있는 부분들을 생성하고, 외배엽은 표면을 생성한다. 기관발생(organogenesis)은 태내발달의 처음 2개월 동안 이루어지는 형성과정이다. 형성되고 있는 기관들은 환경적 영향들에 특히 취약하다(Senamth-Yapa & others, 2013 ; Wei & others, 2013).

배아의 3개 층이 형성되면서, 배아를 위한 생명지원 체계가 급격하게 발달한다. 이런 체계들에는 양막, 탯줄(둘 다 어머니의 몸이 아닌, 수정된 난자로부터 발달), 태반이 있다. 양막액은 온도와 습도가 통제될 뿐 아니라, 충격으로부터 보호하는 환경을 제공한다. 전형적으로 2개의 동맥과 1개의 정맥으로 된 탯줄은 아기와 태반을 연결한다. 태반은 원반 모양의 조직 집합체인데 어머니와 아이로부터 나온 작은 혈관들이 서로 얽혀있지만 연결되어 있지 않다.

산소, 물, 염류(salt), 어머니 혈액에서 나온 영양분, 아기의 혈액에서 나온 이산화탄소와 대사 배설물들과 같은 매우 작은 분자들이 어머니와 배아 또는 태아 사이를 왔다 갔다 한다(Woolett, 2011). 큰 분자들은 태반 벽을 통과할 수 없다. 예를 들어, 적혈세포, 대부분의 박테리아, 어머니의 배설물, 호르몬과 같은 유해한 물질들이다(EshkoU & others, 2011). 실제로 임신한 여성이 섭취한 어떤 약물이나 화학물질은 이동하는 동안 대사되거나 변경되거나 또는 너무 크지 않다면, 어느 정도 태반을 통과할 수 있다(Hutson & others, 2013). 최근 연구는 에탄올이 인간 태반을 통과하며 주로 어머니의 알코올 섭취를 반영한다는 것을 확인했다(Matlow & others, 2013). 흡연은 태반이 될 태아의 막들(membranes)을 약화시키고 산화 스트레스를 높인다(Menon & others, 2011). 태반 장벽을 가로지르는 물질의 이동을 관리하는 기제는 복잡하고, 여전히 완전하게 설명되지 않는다(Saunders, Liddelow, & Dziegielewska, 2012).

③ **태아기**(fetal period)

약 7개월 동안 지속되는 태아기는 전형적으로 임신 2개월부터 출생까지 확장된 태내 시기이다. 이 시기 동안 성장과 발달은 극적으로 계속 진행된다(김혜선 · 유안진, 2011: 218-220).

임신 1개월 : 수정된 지 30시간 만에 세포분열을 시작한 배란은 3~4일 후에 자궁에 들어가 자궁벽에 착상한다.

임신 2개월 : 눈, 코, 입, 귀와 팔다리가 생기고, 내장기관과 신경계통이 생긴다.

임신 3개월 : 태아라고 부르며 이가 날 자리가 잡혀지고, 성별이 구별된다. 피부가 투명해져서 태아의 혈관이 보일 정도이며, 자궁에 광선이 들어가면 손으로 눈을 가리는 시늉도 할 수 있다고 한다.

임신 4개월 : 태아는 크기가 현저히 변화하여, 키가 출생 시의 1/2 정도가 되고, 피부 빛이 붉고 얼굴에 솜털이 돋는다.

임신 5개월 : 한선(汗腺)이 발달하여 피부가 어른과 비슷해지고, 전신에 솜털이 돋고 손톱과 발톱, 머리털이 생긴다.

임신 6개월 : 태아의 피부에 태지(胎脂)가 덮여 피부가 보호되고 눈이 완성되며, 혀에 맛 봉오리(taste bud)가 생긴다. 태아는 손가락도 빨고 딸꾹질도 하며, 모체의 심장 고동 소리를 들을 수 있고, 소변도 방출하게 된다. 이때 출산을 하면 태아는 숨도 쉴 수 있고 가느다란 울음소리도 낼 수 있다고 한다.

임신 7개월 : 태아의 근육, 신경, 순환계의 조직이 거의 완성되어 조산을 하더라도 보육기(incubator)에서 양육할 수 있다고 한다. 이 시기의 아기는 이미 쓴맛, 단맛, 짠맛과 신맛을 알며, 냄새와 소리에 조금씩 반응을 보인다고 한다. 온도에 대한 반응은 만삭으로 태어난 아기와 별 차이가 없으며, 통각자극에 대한 반응은 매우 둔하다고 한다. 피부의 주름이 펴지고 살이 찌며, 외부 생활에 대한 준비가 되는 시기이다.

임신 8개월 : 8개월에서 10개월 사이에는 발달상의 변화가 없고, 다만 태아가 성숙해 간다. 8개월에 조산한 아기는 근육에 탄력이 없고 전신의 움직임이 약하며, 불빛이나 소리를 피하려는 경향을 나타낸다. 엎드려 누이면 고개는 들 줄 알지만, 호흡이 약하고 불규칙적이며, 잠자는 것과 깨어나는 것이 분명치 않고 잘 울지도 못한다. 젖을 빨고 삼킬 수는 있으나 계속적으로 하지는 못한다.

임신 9개월 : 9개월에 태어나면 아기의 움직임이 확실하고, 근육에 자극을 주면 반응을 하고, 강한 자극에는 놀란다. 엎드려 누이면 고개를 들어올리고, 엉덩이도 들 수 있고, 손바닥을 자극하면 쥐기반사(grasping reflex)를 보이고, 배고플 때는 울 수 있다.

임신 10개월 : 출생할 준비를 다하여 태어난다. 태어난 아기는 활발히 오래 운동을 할 수 있고, 근육에 탄력이 있으며, 물체를 따라 눈을 움직일 수 있다. 자극에 놀라기도 하고, 엎어 놓으면 고개를 쳐든다. 자고 깨는 시간이 분명하고, 배가 고프거나 불쾌하거나 큰 소리가 들리면 울고, 젖을 물리면 힘차게 빤다. 또 어루만져 주면 좋아하고, 항상 주먹을 꽉 쥐고 있고, 손바닥에 자극을 주면 더욱 세게 쥔다.

2. 영아기

1) 영아기의 개념

태어나면서부터 만 3세까지, 즉 36개월까지를 영아기(infancy)라고 한다. 현행 우리나라의 보육 서비스에서는 영아를 36개월 미만으로 정의하고 있다. 「유아교육법」에서는 "유아란 만 3세부터 초등학교 취학 전까지의 어린이를 말한다"(제2조 1)를 규정하고 있다. 하지만 학문적으로 영아기를 더 세분해서 만 2세까지는 영아기(infancy)로, 만 2~3세까지는 걸음마기(toddler)로 구분하기도 한다. 대부분의 저작에는 만 2세까지를 영아기로 구분한다. 그 중에서도 출생 후 첫 1개월을 신생아기라고 한다.

영아기는 발달의 여러 영역에서 급속한 성장이 이루어지는 시기이다. 신체 및 운동발달 단계에서 '제1성장급등기'라고 불릴 만큼 빠른 발달이 이루어지며 언어발달에 있어서도 다른 사람과의 의사소통이 이루어질 수 있을 정도로 발달한다. 전반적으로 이 시기는 인지발달을 포함한 모든 영역에서 균형적이고 긍정적인 발달을 위해서 새로운 것을 많이 접하고 경험하는 시기이다. 이 시기는 신체적 성장이 매우 급격히 이루어지며, 기본적 운동능력, 언어습득, 개념형성 등의 인지적 발달이 이루어진다. 또한 이후의 사회성 발달에 큰 영향을 미치는 애착관계를 형성하여 다른 사람과 정서적 유대관계를 맺을 수 있게 된다(최덕경 외, 2014: 185).

이 시기에는 무력해 보이던 아기가 하나의 독립된 존재로서 성장해 나간다. 영아는 신체, 감각, 운동 발달을 통해 자신이 느끼고, 경험하는 환경의 범위를 점차 확대해 나간다. 또한 자신이 가진 인지능력으로 세상을 탐색하며, 다양한 정서반응을 통해 의사를 표현하여 점차 타인과의 의사소통을 통해 관계를 맺어 나간다. 다양한 주변 환경 중 영아에게 가장 중요한 역할을 하는 것은 주양육자이며, 양육자에 대한 영아의 애착형성은 발달에 매우 중요한 영향을 미친다.

이 기간의 가장 큰 특징은 성장속도가 매우 빠르다는 것이다. 영아기는 독립적으로 생활할 수 없으므로 신체적, 심리적으로 성인에게 의존하며, 부모나 형제자매 등 돌보는 사람에게 애착행동을 보이게 된다. 영아기의 가장 큰 변화는 일어서서 이동하는 능력을 나타내는 것이다. 또한 감각운동의 시기이며, 한두 단어를 사용할 수 있게 된다. 이 기간 동안 무력한 존재인 영아는 하나의 독립된 개체로서 성장할 준비를 하게 된다. 특히, 신생아기는 태내환경과 너무나 상이한 새로운 환경에 적응해야 하므로 매우 중요한 의미를 갖는다(김보기 외, 2017: 149-150).

생후 2개월 무렵에 불쾌감이 분화되고, 이를 울음 등을 통해 표현하며, 즐거움은 미소를 짓는 방법으로 표현할 수 있게 된다. 생후 3개월이 되면 분노의 감정이 분화되며, 5~6개월이 되면 혐오감과 공포심이 분화되고 분노의 감정도 더욱 증가한다. 생후 12개월 무렵에는 의기양양과 성인에 대한 애정이 더욱 강해지고, 18개월에는 다른 아이에 대한 애정과 질투의 감정이 나타난다. 그리고 생후 19개월 무렵에는 환희의 감정이 나타난다(최덕경 외, 2014: 190). 한편, 이 시기에는 정서를 이해하고 규제하는 능력도 발달하게 되는데, 생후 6개월 무렵의 영아는 행복해서 미소를 짓는 얼굴과 찡그린 얼굴을 구분할 수 있다. 아울러 다른 사람의 정서로부터 영향을 받게 된다. 생후 18개월 무렵이 지나면서 영아는 부정적 정서를 숨길 수 있으며, 3세가 되면 자신의 감정을 더 잘 숨길 수 있게 된다.

다른 사람과의 관계에서 얻은 경험을 통해서 형성되는 영아기의 사회성 발달은, 성인의 성격 특성을 형성하는 기초가 된다. 사회성 발달과정에서 영아는 여러 가지 표현행동과 애착행동을 나타낸다. 여기서 표현행동이란, 외부세계와의 의사전달 수단으로써 영아가 자신의 욕구나 호기심 등을 표시하는 행동을 말한다. 표현행동에는 울음, 응시, 옹알이, 미소, 모방 등이 있으며, 이러한 행동은 자신을 돌보는 사람과의 관계를 통해서 형성되고 애착행동의 기초가 된다. 영아는 생후 4개월 무렵부터 사물보다 사람의 얼굴을 응시하기를 좋아하며, 12개월 무렵부터 다른 사람의 행동을 모방하기 시작한다.

최초 애착대상은 영아의 성격발달에 결정적 영향을 미치며, 영아는 친숙한 사람에게 특별한 애착을 발달시켜 나간다. 이러한 애착행동은 자신에게 적절한 자극을 주고, 반응을 잘 해주는 사람으로부터 형성된다. 영아는 애착관계를 형성한 사람이 눈에 보이지 않거나, 낯선 사람이 나타날 때 불안해한다. 낯선 사람에 대한 불안은 대개 생후 8개월 무렵에 나타나며, 12개월을 전후해 절정에 이르다가 점점 없어진다.

영아기는 인간발달의 여러 영역에서 매우 급속한 성장이 이루어지며, 무력한 존재에서 스스로 뛰어다닐 만큼 빠른 속도로 신체발달이 이어지는 시기이다. 또 다른 사람과 의사소통이 이루어질 만큼 언어능력도 발달한다. 부모와의 애착관계 형성에 따라 사회성 발달에 영향을 미치는 시기이며, 인지발달을 촉진시키기 위해 여러 감각에 대한 자극들이 필요한 시기이다. 따라서, 영아기에 부모와의 정상적인 애착이 형성되도록 무조건적인 사랑으로 돌보아야 하며, 인지발달에 필요한 자극이 주어지도록 환경을 조성해 주어야 한다(이억범 외, 2014: 144).

2) 발달 특성

(1) 신체적 발달

모체로부터 갓 태어난 신생아의 평균 몸무게는 보통 3.5kg이며, 키는 50cm 전후다. 출생 시 체중이 2.5kg 이하인 경우 '저출생체중아'라고 한다. 출생 후 인간의 성장은 수태 이후부터 일반적인 원리에 따라 예측 가능한 방식으로 이루어진다. 성장은 머리에서 시작되어 아래쪽으로 진행되는 두미(cephalocaudal)발달 원리에 따라 다리보다 팔을 먼저 사용할 수 있게 된다. 또한 신체의 중심부에서 바깥으로 이루어지는 원리에 따라 신체 말부보다 중심부가, 그리고 소근육보다 대근육을 더 빨리 통제할 수 있다.

인간의 뇌는 생후 5년 동안 급속하게 성장하는데, 돌 무렵까지 성인 뇌의 절반 정도로 커지고 만 2세에는 성인기 뇌 무게의 75%까지 성장한다. 뇌 무게의 성장은 뇌의 구조적이고 기능적인 발달과 관련이 있다.

두 돌에 이르는 24개월 무렵에는 아기의 키는 거의 두 배에 가깝게, 체중은 세 배 이상 늘어난다. 신체와 체중의 급격한 성장뿐 아니라 골격 및 근육의 발달도 현저하게 나타난다. 신체근육의 움직임을 조절하는 능력에서 변화가 일어나는 것을 운동발달이라고 한다. 운동능력 면에서 거의 무력하던 영아들은 생후 첫 2년 동안 독립적이고 이동적이 되어간다. 첫 발걸음을 떼는 변화는 10~17개월에 이루어지게 된다. 이 시기 동안 영아들은 주변 여러 환경들을 탐색하는 데 도움이 되는 행동을 조절하는 대근육 운동기술과 세분화된 작은 움직임에 관련된 소근육 운동기술을 발달시킨다. 대근육 운동은 기기, 서기, 걷기, 뛰기 등과 같이 팔, 다리, 몸통과 같은 대근육을 사용하는 운동을 말한다. 소근육 운동은 손으로 물건 잡기, 손가락으로 글씨쓰기 등과 같이 몸의 소근육을 이용하는 운동을 의미한다. 치아는 약 6개월을 전후하여 나오기 시작한다. 맨 처음 아래 가운데 앞니가 나기 시작하여 늦어도 34개월까지는 20개의 젖니가 모두 나온다.

(2) 인지적 발달

영아의 감각운동은 지능발달의 기초가 되며, 지능이 유기체와 환경과의 상호작용을 통해서 발달해 간다는 것이다. 영아는 선천적으로 타고난 반사행동으로 환경에 적응하며, 점차 경험에 의해 획득된 적응반응을 반복하게 되고, 그 이후에 반사행동을 통합하여 어느 정도 의도적인 행동을 할 수 있게 된다는 것이다. 영아는 갑자기 나타나는 자극의 방향으로 향하는 행동을 하게 되는 지향반응을 보이며, 이러한 자극이 계속적으로 반복될 때는 지향반응이 사라지고 습관화가 이루어진다. 또한 영아는 두 개 이상의 여러 자극이 있을 때 어느 한 개의 자극에 대하여 선택적으로 집중하는 주의집중을 보이기도 한다. 영아는 조건화를 통하여 많은 것을 학습하기도 하고, 순수하게 감각운동을 통하여 문제를 해결하기도 한다.

이 시기의 영아는 불수의적인 반사행동이 점차 목적지향적인 행동으로 변화하는 시기이다. 24개월까지의 영아에게 가장 중요한 인지적 발달은 대상영속성(object Permanence)을 형성하는 것이다. 대상영속성은 사물이 우리의 바람이나 생각과는 상관없이 독립적으로 존재하고 있음을 이해하는 능력이다. 즉, 사물이 내 눈에 보이지 않아 없는 것 같이 생각되더라도 그것이 여전히 존재하고 있음을 아는 능력이다. 이는 감각적으로 접하고 있지 않더라도, 어떤 대상의 심상을 마음속에 떠올릴 수 있는 능력, 즉 기억력과 관련 있다. 인지발달이론을 연구한 피아제(J. Piaget)에 따르면, 4개월의 아기는 장난감을 담요 속에 감추면 곧 장난감을 잊어버린다. 그러나 대상영속성을 형성한 만 2세의 영아는 담요를 들추어 장난감을 찾을 수 있다. 장난감이 눈에 보이지 않아도 그 심상을 마음속에 간직하여 그것이 존재함을 알 수 있기 때문이다. 탁자 위에 있는 과자가 지금 당장 눈에 보이지 않더라도 탁자 위에 과자가 있음을 기억하고 그것을 얻기 위해 몇 가지 동작을 목적 지향적으로 조합하는 것은 대상영속성이 형성되어야 가능한 행동이다(신기원 외, 2016: 53).

(3) 정서적 발달

정서의 이해와 표현은 일찍부터 발달하기 시작한다. 영아들도 자신의 정서를 표현하고, 주 양육자인 어머니의 정서표현에 적절하게 반응한다. 영아기 정서반응의 일반적인 특성은 정서상태의 지속기간이 비교적 짧고 폭발적인 표현의 빈도가 잦으며, 특히 이 시기의 영아들은 작은 일에 쉽게 좋아하고, 떼쓰기 등의 분노의 표출도 자주 하지만, 곧 풀어지기도 한다.

영아들의 기본적 정서표현 발달의 주요 유형에는 기쁨과 분노 및 불안 그리고 공포 등이 있다 긍정적 정서인 기쁨은 미소 웃음, 목울림 소리로 알 수 있는데, 부드러운 음성이 들리거나 신기한 것이 보이면, 아기는 만족의 표현으로 미소를 짓거나 웃고 목울림 소리를 냄으로써 자신의 감정을 표현한다. 기쁨을 유발하는 자극은 아주 어린 영아에게는 감각적·운동적 그리고 기본 생리적 요인이 대부분이지만, 점차 성장하면서 사회적 관계에서 유발되는 사회적 자극이 첨가된다. 분노는 신생아 때부터 고통스러움에 대한 일반적인 반응으로 나타나는데, 배가 고프다든지, 아프다든지, 춥거나 덥다든지, 또는 주변 자극이 너무 많거나 적다든지 등의 이유로 분노하게 되고 그것을 울음으로 표현한다. 2세경이 되면, 자의식이나 독립의 요구 때문에 어른의 요구에 대해 심한 분노나 저항의 표현으로 발 구르기나 차기, 물건을 던지거나 부수는 행동을 한다. 특히, 화가 나서 바닥에 뒹구는 것과 같은 행동(temper tantrum)이 자주 나타난다. 그러나 점차 언어능력이 발달하면서 분노대상자에게 직접 언어적으로 화를 내게 된다.

(4) 사회적 발달

영아들은 생후 6~8개월이 되면서 주양육자와 애착관계를 형성하는데 대부분 어머니가 그 대상이 된다. 애착의 정도는 12개월 전후에 절정에 달했다가 18개월이 되면서 다른 사람에게 확대되어 간다. 영아가 최초로 애착을 형성하는 상대는 영아에게 필요한 자극을 주고, 영아가 울면서 신호를 보낼 때 신속하게 반응함으로써 길러진다. 이때 주양육자가 부적절하게 자극을 주거나 따뜻하게 대해주지 않으면 애착형성에 장애가 나타난다. 또한 애착이 형성될 무렵에 영아는 낯선 사람이나 장소에 대해 경계심을 나타내어 울거나, 매달리거나, 두려워하는 얼굴표정을 지음으로써, 낯선 사람에 대한 불안이나 공포감 등의 정서를 표현한다. 12개월경에 최고에 달했다가 그 후로 서서히 감소한다. 한편, 영아는 낯선 사람에 대한 불안과 경계심을 지니면서 동시에 애착하는 사람으로부터 격리되는 것에 불안감을 느끼는데, 이것은 생후 8~9개월경 흔히 나타나는 어머니와의 '분리불안(separation anxiety)'이다. 분리불안은 낯선 사람에 대한 불안이 사라지기 시작하는 13개월에서 18개월경에 가장 심하게 나타나지만, 2세경이 되면 점차 사라진다.

3. 유아기

1) 유아기의 개념

유아기(early childhood)는 대개 만 3세부터 6세가량까지의 기간을 말한다. 국내법의 규정을 보면, 「유아교육법」에서는 "유아란 만 3세부터 초등학교 취학 전까지의 어린이를 말한다"(제2조 1)고 규정하고 있다. 「영유아보육법」에서는 "영유아란 6세 미만의 취학 전 아동을 말한다"(제2조 1)고 규정하고 있다. 그러나 학문적으로는 만 2세부터 유아기로 보는 경향이 강하다.

이 시기의 유아는 자기주장과 지배에 대한 욕구가 매우 강하다. 이는 개인으로서의 자신을 의식하기 시작하는 데서 비롯된 것으로 반항과 고집, 자기주장이 나타나기 시작한다. 이 시기의 유아가 경험하는 긴장은 아이의 행동을 제한하고 규제하려는 환경의 요구에서 비롯된다. 따라서, 유아는 자신의 행동에 타인의 요구를 고려해야 한다는 것을 배우게 된다. 이러한 과정을 거쳐 초기에는 타인과의 상호관계를 고려하지 않는 자기중심적 존재로부터 타인과의 상호관계를 고려하는 존재로 성장해 간다. 이 시기에 유아는 자신의 고유성을 인식하기 시작하여 유아기 후반에 가면 '내 마음대로' 하는 것보다는 '내 스스로' 하는 것에 더 관심을 갖게 된다(김이영 외, 2015: 180).

유아기 사회성 발달의 주요 특징은 먼저, 주도성이 강해지면서 점차 독립심과 자신감을 얻게 된다. 6, 7세가 되면 유아는 능력과 기술 등이 향상되면서 부모에게서 독립하여 스스로 결정하고 행동하기 시작한다. 즉, '나'에 대한 의식이 강해지며 자기 능력에 대한 자신감도 커진다. 사회 속에서 나를 의식함으로써 자아개념 확립의 기초가 형성되는 것이다. 또한 관심의 대상이 가족에서 또래로 바뀌면서 경험의 폭이 넓어진다. 이런 또래와의 경험은 유아가 자기중심적 사고에서 벗어날 수 있도록 해주고 자기의 객관적 모습을 보게 해주며 폭넓은 경험을 통해 인지적 성장을 촉진시켜주므로 집단생활의 교육적 의의가 특별히 부각되는 시기이다. 유아기는 영아기에 비해 대인관계의 폭이 넓어지고 다양해지기 때문에, 사람과의 관계에 따른 정서적 긴장이 심하게 나타나며, 언어능력의 발달로 자신의 주장을 관철시키기 위한 언어적 표현도 많이 하게 된다. 특히, 유아는 주로 놀이를 통해 사회적 관계를 형성하고 사회적 기술과 역할을 습득하게 된다(강세현, 2015: 33).

자유로운 독립보행이 가능하게 되는 유아기에는 무한한 지적 호기심을 충족시키기 위해 많은 탐험과 학습을 하게 된다. 유아기의 두드러진 특징은 활동성이다. 이 시기의 유아는 대단히 바쁘다. 끊임없이 이야기하고 움직이며 계획을 세운다. 또한 부모로부터 사회화 교육을 받고, 이를 바탕으로 향후 사회적 행동의 기준이 되는 가치관을 학습하게 된다. 이 단계에서는 주체성이 확립되기 시작한다. 이전의 시기에 시작되었던 대인관계 및 사회적 관계에 대한 믿음과 불신 그리고 가치관의 확립 등은 향후 독립된 인격체로서의 성장과 정신적인 성숙의 밑거름이 된다(정은, 2014: 206).

이 시기에 언어발달은 중요한 부분을 차지하게 되는데, 언어는 여러 현상들을 이해하고 개념화하기 위한 인지적 수단이 되고 자신의 생각을 표현하고, 타인의 생각과 의도를 이해함으로써, 대인관계를 형성하기 위한 기본적 수단이 되기 때문이다. 유아기 언어발달의 개인차에는 가정의 물리적·심리적 환경, 인지발달, 성차, 출생순위나 형제자매 수 등이 영향을 미친다(정미경, 2015: 130).

유아기는 영아기와 같은 급속한 성장은 보이지 않고 비교적 완만한 성장을 보이는 시기에 해당한다. 신체적으로 정신적으로 미숙한 상태에서 급속한 성장을 통해서 스스로 걷고 달리며 언어를 사용하고 사회적으로도 가정 내에서 가족관계로 한정되었던 사회적 관계가 가정을 벗어나 어린이집 그리고 유치원 생활을 하게 되며 가정 밖의 또래들과 어울리면서 사회적 관계의 범위도 상당히 넓어지는 시기이다.

2) 발달 특성

(1) 신체적 발달

이 시기의 신체적 성장은 영아기와 같은 성장 급등은 나타나지 않지만 영아기 다음으로 많은 성장을 보이는 시기이다. 대체적으로 6세경의 유아들은 생후 12개월의 영아와 비교해서 체중은 약 2배 그리고 신장은 약 1.5배 정도 성장한다. 출생 시의 신생아와 비교하면 신장은 약 2배 정도가 된다.

이 시기의 신체적 성장은 영아기에 비해서 느리기는 하지만 일정한 정도를 유지하면서 규칙적인 변화를 보여준다. 신체적 성장에서 두드러진 부분은 팔과 다리가 가장 빠르게 변화하며 머리의 성장은 매우 늦다.

신체적 성장을 통해서 스스로 거의 모든 것을 할 수 있는 시기이며, 호기심이 왕성한 시기에 해당하므로 가장 적극적으로 활동하고 활동에 따른 위험성도 높은 시기에 해당한다. 이러한 신체발달의 특성을 고려할 때 과잉활동에 따른 휴식을 갖도록 하는 것과 적절한 영양섭취를 통해서 신체적 성장을 뒷받침해 주어야 하며, 왕성한 활동에 무리가 없도록 간식도 제공해 주어야 한다. 이러한 이유로 어린이집이나 유치원의 원아들은 오후 취침시간과 간식을 제공하는 프로그램을 필수적으로 운영하고 있다.

적절한 영양섭취를 위해서는 단백질, 탄수화물, 지방, 비타민, 무기질 등으로 구성된 균형 잡힌 식사를 제공해 주어야 한다. 특히, 이 시기의 유아들은 편식하는 경향을 보이는 아동들이 많다. 따라서, 영양 불균형 상태가 될 가능성이 크기 때문에 세심한 주의와 관심이 필요하다.

얼굴과 턱이 자라면서 더 많은 치아가 차지할 공간이 생겨난다. 2세 반경의 아동은 20개의 유치를 모두 가지게 된다. 이 시기 아동은 처음으로 치과를 방문해 치과검진을 받아야 한다. 부모는 치과의사와 함께 지역의 수도공급 상황에 따라 불소치료가 필요한지에 대해 논의해야 한다. 또한 부모들은 아이가 구강위생을 유지하기 위해 스스로 자기 관리하는 법을 배우도록 도와야 한다. 유아는 부모의 감독 아래 하루 최소 2번 양치를 해야 한다. 몇몇 유아들은 영아기 초기 시작했던 엄지손가락 빠는 버릇을 아직까지 지속할 수 있다. 이러한 습관에 대해서는 전문가들의 의견이 각기 다르다. 엄지손가락을 빠는 것은 치아의 부정교합을 유발할 수도 있다. 그러나 이러한 습관을 쉽게 고치는 방법은 없다. 유아기 동안 이 습관이 이어진다면 전문가의 조언을 구하는 것이 좋다(Polan & Taylor, 2015).

출생 시에 약 20~30% 정도의 뇌 발달을 보이던 신생아가 영아기 말에 이르면 성인 뇌의 약 70~75%에 도달한다. 유아기 말, 즉 6세경의 유아들은 뇌의 발달이 성인의 90% 정도에 이른다. 출생해서 성인 뇌의 90%에 도달하는 시기 동안 인간의 뇌는 급속도로 발달한다. 따라서, 이 시기의 영유아들에게 뇌의 발달을 촉진시켜주는 다양한 자극의 제공을 통해서 뇌를 자극하고 발달시키는 것은 매우 중요하다.

아마도 조기교육 열풍도 이러한 뇌의 발달과 무관하지는 않을 것이다. 따라서, 인간의 뇌 발달의 결정적 시기가 영·유아기에 해당한다. 이 시기가 지나면 뇌의 발달은 매우 느리거나 어렵기 때문이다.

(2) 인지적 발달

유아는 감각기관이 발달하고 경험의 범위가 확대됨에 따라 지각능력이 향상된다. 지각이란, 감각기관을 통해서 들어온 자극을 인지하는 정신적인 과정으로 유아기 동안에는 주의집중력 및 지각변별력과 같은 지각능력이 발달한다. 대부분의 유아는 4~5세가 되면 주의집중시간은 짧지만 선택적으로 주의를 집중하며, 6세 이후에는 기억능력도 현저하게 발달된다.

유아는 시간, 공간, 형태 등에 대한 지각이 발달됨에 따라 그에 따른 여러 가지 개념을 발달시켜 나간다. 그러나 유아는 눈으로 보는 지각에 직접 의지하는 경향이 있어서 보존개념(conservation)을 획득하지 못한다. 보존개념이란, 물질의 한 측면(질량 또는 무게)이 차례나 모양이 바뀌어도 그대로 그 특질을 유지한다는 것을 이해하는 능력이다. 예를 들어, 동일한 부피를 가진 두 개의 고무찰흙 덩어리를 한 덩어리는 공처럼 둥글게 뭉쳐 놓고 다른 한 덩어리를 둥글넓적하게 펼쳐 놓았을 때, 5세 유아는 둥글넓적하게 펼쳐 놓은 덩어리가 더 양이 많다고 말한다. 비록 처음에 두 개의 덩어리가 동일한 것임을 눈앞에서 확인했다고 할지라도 유아는 한 측면에만 초점을 맞추기 때문에 둥글넓적한 덩어리가 더 크다고 지적한다. 이처럼 보존개념은 유아기에 획득하기가 어렵지만, 약 7~8세가 되면 두 개의 덩어리는 동일하다고 말한다. 마찬가지로, 유아가 눈으로 투명하게 볼 수 있도록 높이와 넓이가 동일한 A컵과 B컵 두 개에 똑같이 물을 반쯤 붓고 물의 양이 같음을 확인 후, 그 다음에 높이가 길고 좁은 C컵에다가 A컵의 물을 부은 뒤 B컵과 C컵의 물이 같은지를 물어보아도 유아들 대부분은 C컵의 물이 B컵의 물보다 많다고 대답한다. 7세 이후에는 물질이란 형태에 상관없이 여전히 동일한 양의 재료를 갖는다는 사실을 알게 되면서 보존개념을 획득하게 되는 것이다.

유아는 유목(category) 간의 전체와 부분에 대한 이해능력과 분류능력을 발달시키지 못하여 여러 가지 속성을 가진 도형을 형태, 색상, 무늬, 크기 등에 따라 분류하지 못한다. 예를 들어, 3세 된 유아에게 크기와 모양이 같은 빨강, 파랑, 초록 색깔의 자동차 장난감들을 놓고 파랑 자동차만 한곳에 모으라고 하면 실제로 그렇게 못한다. 왜냐하면 유아는 아직 색상에 따라 자동차를 범주화하거나 분류할 수 없기 때문이다. 또한 서로 다른 크기를 가진 자동차 장난감을 주고 차례대로 배열해 보도록 요구해도 3세 유아는 크기의 순서대로 제대로 배열하지 못한다. 이처럼 '분류화(classification)'와

'서열화(seriation)'는 유아기에 획득하기가 어렵지만, 7세가 되었을 때 동일한 과제를 내면 잘 수행할 수 있을 것이다. 서열화는 영역별로 차례대로 배열할 수 있는 능력을 말한다. 이 시기의 아동은 거의 시행착오 없이 상호관계에 따라 막대를 순서대로 배열할 수 있게 되는데, 이러한 서열화의 개념은 수들 간의 관계를 이해하는 데 결정적인 역할을 하므로 산수를 배우는 데 필수적이다.

기억은 인간의 학습에서 매우 중요한 요인으로서 경험한 내용을 머릿속에 저장했다가 필요할 때 꺼내어 사용하는 인지과정이다. 3~4세가 되면 기억능력이 발달하게 되며, 6세 이후가 되어야 효과적인 기억을 할 수 있다.

기억은 외부에서 들어온 정보를 우리의 기억 속에 저장했다가 필요할 때, 회상하여 이용하는 과정으로 부호화, 저장 및 인출의 세 가지 과정을 거친다. 부호화는 환경 속에서의 여러 가지 정보를 감각기관을 통해 부호로 전환하는 과정이다.

저장은 부호화된 정보를 머릿속에 보유하는 과정으로 감각기억→단기기억→장기기억의 순서로 저장된다. 인출은 저장된 정보를 꺼내어 사용하는 과정이며, 이 과정에는 재인(recognition)과 회상(recall)이 있다. 재인은 영아기 초기부터 나타나 유아기 동안 현저히 발달하는 기억능력으로 전에 우연히 마주친 어떤 것을 인지하는 능력이다. 회상은 생후 1년 이내에 출현하여 청년기까지 계속 발달하는 기억능력으로 기억에 관한 지식을 재생하는 능력이다(Papalia, Olds, & Feldman, 2006).

유아의 기억은 연령이 높아지면서 증가하고, 기억의 흔적이 점점 확대되고, 분화하며, 지속시간도 길어진다. 기억은 지속기간에 따라 감각기억, 단기기억 및 장기기억으로 분류할 수 있다. 감각기억은 감각기관을 통하여 외부로부터 들어온 정보를 감각기억 저장장치에 저장했다가 빠르게 잊어버리는 경우를 말한다. 단기기억은 기억의 흔적이 약 15~20초 동안 남는 것으로 몇 개 정도밖에는 저장하지 못한다. 장기기억은 짧은 것은 몇 분밖에 기억하지 못하지만 어떤 정보는 일생 동안 기억할 수도 있는 것을 말한다(Craig & Baucum, 2002).

(3) 정서적 발달

유아기의 정서는 영아기에 비해 더욱 분화·발달되고, 유아의 정신생활의 중심을 이루고 있다. 정서는 조기에 많은 종류로 분화되나 5~6세경에는 성인과 같은 정도로 복잡한 정서로 분화하게 된다. 즉, 좋다, 예쁘다, 재미있다, 고맙다 또는 선악의 정서 등이 그것이다. 허를록(E. B. Hurlock)은 유아기 정서의 특징으로서 ① 일과성, ② 강렬성, ③ 빈발성, ④ 정서표출의 개성화, ⑤ 정서표출 감축의 곤란성 등을 들고 있다. 유아기에 자주 출현하는 정서 유형을 구체적으로 설명하면 다음과 같다.

① 공포

공포는 유아기 정서의 특징으로 4세경에 특정 대상을 두려워하는 공포심을 심하게 표현하게 된다. 5세경에 공포 반응이 약간 감소하다가 6세경에 더욱 심해진다. 그 이유로 유아의 상상력의 발달과 관찰학습으로 설명할 수 있다. 이는 유아의 경험세계가 전보다 확장됨에 따라, 불확실하고 불충분한 지식이 상상력과 결합되어 공포심을 유발하는 것으로 보인다.

유아의 공포심을 유발하는 주요 원인은 어두움과 큰 소리·낯선 사람이나 사물·신체적 충격이나 고통 등이다. 또한 유아기에는 상상력이 발달하여 자신이 직접 경험하지 않은 사건에 대해서도 공포심을 갖게 된다. 이러한 공포는 주위 사람들의 암시에 의해 강화되기도 하고 약화되기도 한다. 유아들은 苦포심을 느끼게 되면 얼굴을 가리거나, 공포를 일으키는 대상으로부터 멀리 도망가는 행동과 함께 울게 된다.

유아들이 공포심에 지나치게 노출되면 성격발달에 부정적인 영향을 미칠 뿐만 아니라, 유아신경증을 초래할 수 있기 때문에 공포대상에 대한 자세한 설명과 함께 올바르게 적응할 수 있도록 자신감을 키워주는 것이 중요하다. 공포심은 위험에서 자기를 보호하기 위해서 필요한 정서이지만, 부당한 공포심이나 병적인 공포심은 유아의 발달에 해가 된다.

② **분노**

분노심은 욕구가 충족되지 못하거나, 자유가 구속되거나 자기 몸에 상처를 스스로 입혔을 때 생기는 정서이다.

분노는 유아가 자기주장을 관철하기 위한 일종의 반응양식으로 출현한다. 유아의 분노를 유발하는 요인은 욕구좌절, 신체활동의 억제, 부모의 무관심이나 편애, 소유물의 상실 등이 있다. 유아들의 분노는 울거나 떼를 쓰고, 때리고, 던지는 등의 공격행동으로 나타나거나 아니면 위축이나 자해행동을 초래한다. 유아의 분노심은 놀잇감 싸움, 배변이나 옷 입히기를 강제로 할 때, 흥미 있는 활동이 방해될 때 생기기 쉽다. 분노심 표출은 울거나 뒹굴거나 하면서 직접적으로 표출된다. 세 살이 지나면서 난폭한 말을 구사하거나 표출하는 경향이 있지만, 유아기에는 일반적으로 분노가 적다. 유아의 분노표출이 자주 발생하면 습관화될 수 있고, 이와 함께 부모나 가족과의 관계가 악화될 수 있다. 따라서, 일상생활에서 유아의 분노를 유발시키는 요인을 소거해야 하며, 또한 분노를 해소할 수 있는 올바른 방법을 지도해야 한다(강경미, 2016: 221).

③ **애정 정서**

애정은 영아기에는 모자관계의 애정이나 장난감에 대한 애정에서 시작하여 유아기에는 널리 사회적인·지적인 대상에까지 발전한다. 즉, 친구에 대한 애정, 친절한 사람에 대한 애정, 아기에 대한 애정, 예쁜 물건이나 새로운 것에 대한 애정 등이다. 유아의 애정은 안거나, 뽀뽀하는 등으로 표출한다. 애정이 감도는 가정에서 자라는 일이 중요하지만 과보호는 독립심이나 자주성이 없는 의지가 약한 아이로 기르기가 쉽다.

유아기 애정표현은 자기 주변의 사람이나 동물·사물에 대한 친밀감·관심·동정 등의 정서로 나타난다. 유아의 애정정서는 감각적 자극으로 인한 즐거움과 가족과의 따뜻한 관계 또는 즐거움과 만족을 주는 사람이나 사물을 통해 형성된다. 유아가 성장하면서 활동 범위가 확대되면 주변의 사람이나 다른 매체를 통해서도 애정정서가 형성될 수 있다.

⑷ 사회적 발달

① 자아개념과 자아존중감의 형성

유아기부터는 점차 '자아개념(self-concept)'을 형성하기 시작한다. 유아는 자신에 대해 유능하고 없어서는 안 될 가치 있는 존재, 즉 긍정적으로 자아개념을 인식하거나 또는 자신은 늘 미움을 받는 존재이며 무엇이든 잘할 수 없다고 부정적으로 자아개념을 형성할 수도 있다. 그렇기 때문에 유아가 긍정적인 자아개념을 발달시킬 수 있도록 칭찬과 격려를 해야 한다. 또한 유아가 자율성을 가진 존재로 성장할 수 있도록 '자아존중감(self-esteem)'을 높여 주는 것이 중요하다.

유아는 성장하면서 자기 스스로 대소변을 보고, 음식을 먹고, 신을 신고, 옷을 입고 벗는 행동을 반복하면서 자신의 행동을 자랑스러워하고 더욱 독립적이고 자주적인 성격으로 성장한다. 유아들은 그들의 자율적인 행동에 대해 부모나 다른 사람으로부터 칭찬이나 격려를 받으면 성취동기와 자아존중감이 높아진다. 반면에, 유아들은 꾸중을 듣거나 비난을 받게 되면 수치심과 의심을 갖게 되어 자율성 발달에 장애를 받게 된다.

유아는 2세 이후부터 자기 몸을 하나의 독립체로 인식할 수 있고 스스로 조절할 수 있다는 사실도 알게 된다. 유아들은 4~5세 정도가 되면 여성과 남성 간의 신체적 차이를 알게 되며, 자신의 성과 자신에게 요구되는 행동과 사회적 관계에 관심을 갖게 된다. 그래서 동성의 친구들과 어울리며 그들이 선호하는 옷차림, 놀이, 직업에 대한 사회적 성역할을 의식하고 이에 따라 행동하고자 한다. 이러한 성역할의 내면화는 일상생활을 하는 문화 속에서 남성과 여성에게 적절하다고 인정되는 행동, 태도, 가치를 획득하는 것을 말한다(최옥채 외, 2015: 277).

② 부모 · 형제자매 · 또래관계의 발달

유아가 최초로 맺게 되는 사회적 관계는 부모와의 관계이며, 부모와의 관계에서 성격과 사회성발달에 중요한 영향을 받게 된다. 대인관계는 부모와 유아와의 애착관계를 통한 상호 접촉으로 형성되기 시작한다. 부모의 양육태도가 수용적이면서도 권위 있는 태도를 가질 경우에는, 유아가 자아존중감을 갖게 되며, 자신의 감정을 보다 자유롭게 표현할 수 있고, 다른 사람과의 관계에서 개방적이다. 또한 유아는 다른 사람을 사랑할 수 있는 능력을 갖게 되고, 사회적으로 책임감이 있고 독립적이며, 성취지향적이고 다른 사람들과 협조적이 된다(최경숙, 2011: 380-382). 일반적으로 애정을 많이 받은 유아는 그렇지 못한 유아보다 정서적 · 신체적 발육이 빠르다.

반면에, 유아기에 어머니와 장기간 분리되었거나 어머니의 애정을 받지 못한 경우에는, 신체적 · 인지적 · 정서적 · 사회적 발달에 지체현상을 갖게 되어 사회생활에서 대인관계를 원활히 맺을 수 없고, 건전한 자아형성이 어렵다고 한다. 프로이트에 따르면, 유아기에 아버지 없이 성장한 남아는 성역할 모델링의 부재로 사회화가 어려울 뿐만 아니라 인지발달에 장애를 갖게 되고, 여아는 의존성이 강해지고 정서적인 문제와 사회부적응의 문제를 갖게 된다(표갑수 외, 2016: 69-70).

유아의 성격과 사회성발달에 영향을 미치는 또 다른 중요한 사회적 관계로는, 형제자매 관계와 또래와의 관계이다. 형제자매 관계는 유아에게 행동, 갈등, 협동, 경쟁 등을 배우게 하는 원천이 되며, 이것은 출생순위, 성별, 연령차에 따라 다르게 나타난다. 또래는 유아에게 인지적 · 정서적 · 사회적 발달에 영향을 미치게 되며, 유아의 사회화 과정에서 강화 제공자, 모델, 표준(criterion) 등의 역할을 수행한다. 유아기는 또래관계에서 보다 우호적 · 협동적인 반응이 많아지게 되며, 집단생활과 놀이에 민감해진다. 또래에 대한 관심은 이미 영아기부터 시작되나 친구와 함께 놀기 시작하는 것은 3세경부터이다. 3~6세 유아는 자기와 비슷한 놀이를 하거나 좋은 경험을 했던 소수의 친구들과 노는 경향이 있다. 그러나 유아의 우정은 지속적인 것이 아니어서 어떤 친구와 재미있던 날은 그 아이가 친구이지만, 갈등이 있던 날은 그 아이가 친구가 아니라고 말하기도 한다(박성연 외, 2017: 153).

③ 놀이

놀이를 통해서 사회적 관계형성이 확대되고 사회적 기술을 습득한다. 즉, 자신의 역할, 타인의 역할 수용 그리고 역할 관계의 상호성 등을 학습한다. 놀이의 형태는 영아기보다 좀 더 구조화되고 현실지향적인 놀이의 형태로 변화한다. 성역할의 발달로 인해 놀이도 남자 아이는 남아들과 그리고 여자 아이는 여아들과 더 많이 어울려 노는 경향을 보인다. 그리고 관습적인 성역할을 따르려고 하며 벗어나면 비난받을 거라 생각한다. 예를 들어, 남자 아이가 인형 놀이를 하면 친구들이 놀리고 자신도 창피하게 생각한다.(이우언 외, 2017: 83).

유아의 사회성은 놀이를 통해서 발달한다고 해도 과언이 아니다. 유아의 놀이에는 여러 가지 목적이 있는데, 유아는 놀이를 하면서 운동기술을 숙달시키고, 무엇인가를 창조적으로 상상하고 생각하면서 자아존중과 성취감을 높인다. 또한 사회적 관계 속에서 친구와 어떻게 사귀는지도 배운다. 놀이는 어떻게 의사소통하고, 어떻게 마무리하고, 어떻게 나누는지에 대한 학습의 틀을 제공하며, 일상생활에서 경험하는 좌절을 해소하기도 한다. 이런 것들은 유아를 사회화하는 중요한 길잡이이다.

유아의 놀이는 그 자체가 실제 상황에서 맞게 되는 다양하고도 새로운 어려움을 극복할 수 있는 연습인 동시에, 곤란을 스스로 극복하는 과정에서 능력과 인내력을 키울 수 있는 기회라고도 볼 수 있다. 유아기에 부모를 비롯한 주위 사람들로부터 칭찬이나 격려를 받는 놀이는 자주 하게 되면서 긍정적으로 강화시키고, 놀이행동을 놀리거나 금지시키는 놀이는 점차 덜 하게 되면서 감소된다. 따라서, 유아의 놀이는 부모의 양육태도와 높은 상관관계를 갖고 있으므로, 위험이 따르지 않는 한도 내에서 유아의 호기심을 자극하고 자율성과 성취감을 느끼도록 하는 것이 중요하다. 학습이론의 측면에서 보면 유아의 놀이는 학습된 행동이라고 볼 수 있다.

유아가 놀이를 하는 방식에는 '사회적 놀이(social play)'와 '환상놀이(fantasy play)'의 두 가지가 있다. 사회적 놀이는 아이들이 놀 때 다른 아이와 상호관계 정도를 말한다. 환상놀이는 놀면서 무슨 게임인가를 생각하고 그 게임을 상상하면서 노는 것을 말한다. 파텐(Paiten)에 따르면, 2~5세의 유아들의 경우 사회적 놀이를 발전시켜 나가는 것을 관찰한 결과, 유아들은 나이를 먹으면서 ① 아무런 행동을 하지 않는 단계, ② 구경꾼 수준의 놀이, ③ 나홀로 놀이, ④ 평행놀이, ⑤ 연합놀이, ⑥ 협동놀이 등 여섯 가지 수준에 따라 놀이를 발전해 간다. 파텐은 놀이의 수준은 연령에 따라 다르다고 말하는데 2세 정도의 유아는 혼자서 노는 경향이 있고, 3세 정도가 되면 평행놀이를 시작하고, 연합놀이는 4세 이후, 5세 정도가 되면 대부분의 유아는 합동놀이를 한다 (표갑수 외, 2016: 71 재인용).

이러한 분류의 타당성 여부는 의문스럽지만, 유아의 놀이는 연령에 따라 다르고 성차가 존재한다는 사실을 인지할 필요가 있다. 유아가 놀이를 할 때, 남아는 여아들보다 공격적으로 행동하는 경향이 있고, 장난감 선호도에도 차이를 보인다. 성별 차이의 이유는 분명하지 않지만, 남아들의 방에는 자동차, 총, 스포츠 용품과 같이 행동지향적인 장난감들이 널려 있는 반면에, 여아들의 방에는 인형이나 소꿉장난으로 가득 차 있다.

특정 장난감을 선호하는 이유에 대해서는 성역할의 사회화에 따라 어른들이 남아들은 공격행동을 장려하는 반면에, 여아들에게는 더욱 상냥하고 예쁜 행동을 요구하는 경향이 있음을 부정할 수 없기 때문이다. 그리고 유아들은 TV를 보고, 부모의 행동을 관찰하면서 서로 다르게 행동한다는 것을 내면화시키는 데, 모든 사회환경 요인이 서로 연관되어 있고 서로를 강화한다.

놀이(play)는 다음과 같은 중요한 세 가지의 기능을 갖고 있다(조복희 외, 2016: 224 재인용).

〈그림 13-1〉 유아기 놀이 모습

첫째, 놀이를 통해서 새로운 기술을 연습할 수 있다. 예를 들어, 소꿉장난을 통해 손 놀리는 동작을 배우고, 세발자전거를 타면서 손, 다리, 팔 등의 신체동작을 배우게 된다.

둘째, 놀이에는 주변 환경, 사물, 사람에 대한 정보를 얻는 탐구의 기능이 있다. 제한된 경험으로 한정된 지식만을 가지고 있는 아동이 놀이를 통해 새로운 상황에 부딪치며 문제해결을 하면서 주변세계에 대해 하나하나씩 알아 나갈 수 있다.

셋째, 인간관계를 이해하고 성인생활을 위한

역할의 연습이 된다. 아동은 사회가 요구하는 남성적인 역할, 여성적인 역할을 놀이를 통해 실험함으로써 인간관계의 기본을 이해하고 성인세계로 진입할 수 있는 준비를 할 수 있는 것이다.

4. 아동기

1) 아동기의 개념

아동기(childhood)는 초등학교 입학에서 졸업까지의 시기로서 7～12세까지를 말하는데, 학령기라고도 한다. 한다. 이러한 근거는 앞서 유아기 기준에서 6세 미만으로 규정한 데 다른 반사적 적용이라고 볼 수 있다. 또한 국내법으로 초등학교 입학기준을 만 6세 이상으로 한정한 데 따른 연령 기준이라고 볼 수 있다. 아동기를 학령기라 부르기도 하는 데, 학령기란 초등학교 재학기간을 나타내며, 청소년기가 13세부터 시작됨을 감안한 기준이라고 볼 수 있다. 하지만 많은 학자들은 7~12세를 아동기로 본다.

아동기는 대략 아동이 일반적으로 유치원에 들어가는 연령인 6세부터 초등학교를 졸업하는 12세 정도까지의 시기이므로 실제로 유치원과 초등학교의 경험은 매우 다르다. 유치원은 사실상 학교교육을 받는 시기라고 보기 어려우나 가족 이외의 사회적 영향력이 새롭게 등장한다는 점에서 이전의 시기와 구별된다. 그러므로 아동기를 유치원 시기에 해당하는 아동기 전기(학령전기)와 초등학교 시기에 해당하는 아동기 후기(학령후기)로 구분하기도 한다(김이영 외, 2015: 181).

유치원을 막 졸업한 유아를 초등학교 1학년에 갓 입학한 아동과 구분하는 것은 어려운 일이다. 또한 초등학교를 막 졸업한 아동과 중학교를 갓 입학한 학생을 구별하는 것도 그리 쉽지 않다. 하지만 초등학교를 입학한 아동과 중학교를 입학한 학생을 구별하는 것은 쉬운 일이다. 따라서, 유치원생과 거의 같은 수준으로 시작하여 중학교 1학년 학생과 거의 비슷한 수준으로 끝나는 시기, 그와 같은 변화를 겪는 시기가 아동기라고 활 수 있다(신명희 외, 2013: 234).

아동기(middle & late childhood)는 신체적 성장이 급속히 일어나지 않고 꾸준한 성장을 보인다. 살이 빠지고 팔, 다리가 성장하면서 머리와 신체의 비율이 성인과 유사하게 되어 간다. 초기 아동기에는 인지능력과 언어가 놀라운 속도로 발달하기 시작하며, 도덕성이 발달하고 또래관계를 형성하기 시작한다. 후기 아동기는 논리적 사고, 읽기 능력, 자아, 도덕성, 또래와의 우정 등이 증진되는 시기다(윤가현 외, 2016: 208).

아동기에는 학교 경험이 시작됨으로써 유아기보다 복잡한 사회적 영향을 받게 된다. 아동기 이전의 시기인 유아기까지 아동은 거의 전적으로 가족의 영향 아래 놓여 있다. 학교는 아동에게 가족 이외의 외부로부터의 평가, 성공과 실패의 기회, 또래집단과의 경험 등을 제공하는 중요한 영향력의 원천이 된다(김이영 외, 2015: 181).

이 시기는 지속적 성장기로서 발육이 왕성하고 운동이 활발하므로, 영양공급이 매우 중요하며 충분한 수면이 필요하다. 아직 신체의 소화·흡수 능력이 미숙하며, 식사 행동도 자립하려는 단계이다. 유아기의 식습관은 성인 건강의 밑거름이 되므로, 이 시기는 중요한 식습관의 확립기라 할 수 있다. 유아의 풍부한 식생활은 신체적 성장과 발달뿐만 아니라 정서적·지적 발달을 촉진한다(김보기 외, 2017: 151).

이 시기의 식품 선택과 섭취량은 음식의 종류와 양뿐만 아니라, 식사분위기, 형제, 자매, 친구, 부모, 그리고 아이의 생활에 영향을 줄 수 있는 다른 어른의 태도에 따라 결정된다. 이 시기에는 아이에게 식사준비를 할 때 돕도록 함으로써, 식사에 대한 올바른 태도를 형성하게 하고 영양인식을 높이는 것도 좋은 방법이다. 신체성장이 꾸준히 계속되고 도덕관념이 발달하며, 모방과 성역할을 구분하고 활동이 증가되는 시기이다. 이 시기에 식사시간은 사회적 관점에서 중요한데, 사회화와 성역할 구분의 중요한 시간이 된다(이억범 외, 2014: 145).

아동의 신체성장 곡선은 영·유아기나 사춘기와 비교해 볼 때 비교적 완만한 형태를 보인다. 비록 성장 속도는 둔화하지만 이 시기에도 신체성장은 꾸준히 지속된다. 학교생활을 시작하면서 아동의 인지능력은 급격한 변화를 겪는다. 비뚤비뚤한 글씨체로 단순한 생활 일기를 썼던 아동은 아동기 후반에 이르러 자신의 느낌을 진솔하게 담은 아름다운 시를 쓰는 시인이 된다. 또한 담임선생님과 또래집단을 만나면서 새로운 인간관계를 만들어 나가고 그만큼 심리사회적 발달도 경험한다(신명희 외, 2013: 234).

2) 발달 특성

(1) 신체적 발달

유아기나 청소년기와 비교할 때 아동기의 신체발달은 규칙적인 변화를 나타내지만 대체로 느리게 성장한다. 키는 커지고 몸무게는 더 무거워지며 신체기관의 성숙과 안정을 이루게 된다.

아동기의 신체발달은 초등학교 입학 시점에는 여아의 신체적 성숙이 남아보다 늦지만 11~12세경에 이르면 여아의 신체적 성숙이 남아보다 더 빠르게 진행된다. 이에 신체적 급성장이 이루어지는 사춘기에 남아보다 여아가 약 2년 정도 빠른 성장을 하게 된다. 아동기 말에는 신장과 체중이 매우 급격히 증가하여 성장의 급등현상이 나타나는 청소년기에 이르게 된다(유수현 외, 2015: 188).

아동의 신체구조는 머리가 체격에서 차지하는 비율이 높지만 얼굴의 면적이 전체 면적의 10% 정도로 줄어든다. 유치가 영구치로 바뀌고, 외모에 별다른 관심이 없고, 청결에 대한 요구에도 반항적 태도를 보이는 경우가 많다. 특히, 남아의 경우가 이러한 경향이 더 강하기 때문에, 미운 7살이란 말이 있듯이 개구쟁이의 모습을 지니게 된다. 12세경이 되면 뇌 중량이 성인의 95% 정도에 이르러 아동의 지적 발달을 뒷받침해 준다. 임파선(림프절, lymph node)의 발달이 급격하게 일어나 편도선이 최대 크기에 이르게 되며, 성적 기관의 발달은 별로 이루어지지 않는 관계로 성적 중성기라고 한다. 심장은 12세경이 되면 출생 시의 7배 정도에 이르고 폐는 10세까지 비교적 완만하게 진행되지만 이후부터는 급격히 발달하여 운동 기능의 왕성한 발달을 뒷받침할 수 있게 된다. 미각이 발달하고 운동량이 증가함에 따라 식사량이 늘어나면서 위의 용적도 성인의 2/3 정도에 이르게 된다(이희세 · 임은희, 2015: 195-196).

(2) 인지적 발달

구체적 조작기에 해당하는 아동의 사고의 특징을 살펴보면, 아동은 자아중심성에서 탈피하게 되면서 다른 사람의 시각에서 사물을 보는 능력이 발달하게 된다. 그 결과로 다른 사람을 이해하고 공감하는 능력이 향상된다. 그러나 지나치게 객관화된 사고를 중요시하다보면 규칙과 규정에 얽매이는 강박적인 행동 양상을 보일 수도 있다. 예를 들어, 엄마가 외출을 하면서 약속한 시간에 오지 않으면 어머니의 행동이 잘못되었다고 비난하는 행동을 하기도 한다. 물론 약속을 지키는 것이 중요하지만 지나치게 규칙에 매이는 것도 문제가 있기 때문에, 아동들이 때로는 규칙을 지키지 못할 수도 있다는 것도 가르치고 이해하도록 하는 것도 중요하다.

또 다른 사고의 특징은 자기 자신의 객관화된 인식이 가능해진다. 자신을 외부세계의 한 부분으로 존재한다는 사실을 인식할 수 있게 된다. 따라서, 주체와 객체의 분화를 통한 자신의 인식이 가능해진다. 그리고 복잡한 사고도 가능해진다. 즉, 다양한 변수를 고려하여 상황과 사건들을 파악하거나 조사하는 것도 가능해진다. 따라서, 이 시기에 아동들이 체험학습이나 수행과제를 통해서 상황이나 사건을 조사하고 관계성 등을 찾아내는 활동들이 가능하며 이러한 활동은 집중력 향상과 같은 아동의 사고능력 향상에 도움이 된다.

구체적 사실에 근거해서 객관적이고 논리적인 사고가 가능하지만 추상적 사실이나 개념에 대해서는 사고하는 것이 아직은 부족하다. 따라서, 아동들이 정치적 이념, 종교적 신념, 철학적 가치 등으로 고민하거나 문제를 제기하는 것과 같은 행동은 보이지 않는다(이우언 외, 2017: 89-90).

(3) 정서적 발달

아동기에는 기본적 정서가 거의 발달하게 되며, 개개인의 기초적 인격이 형성된다. 영유아기와 비교할 때 정서가 안정적으로 발달하며, 지속적이면서 정적으로 된다. 이 시기에는 경험과 학습이 폭넓게 이루어지면서 정서를 일으키는 자극도 다양해진다. 또한 직접적이었던 정서가 간접적으로 나타난다. 이 시기에 나타나는 정서로는 분노,

공포, 불안, 질투, 애정 등이 있다. 분노는 아동이 자신의 행동에 방해를 받거나, 계속 야단을 맞거나, 나이 많은 아동과 불리한 비교를 당하거나, 하지 않은 일로 벌을 받거나, 다른 사람이 부당한 일을 하는 것을 볼 때 느끼게 된다. 분노를 느낀 아동은 떼를 쓰는 대선 표현하는 방법을 변화시켜 표정이나 언어를 통해 표출하게 된다.

유아기에 이미 성인이 느끼는 대부분의 정서가 나타나지만, 아동기에 들어서 이러한 감정들이 계속적으로 발달하면서 좀 더 분화되고 섬세한 표현을 할 수 있다. 예를 들어, 이전 단계에서는 아동이 화가 나면 소리를 지르고 울고 물건을 던지는 따위의 직접적인 정서 표현을 많이 했지만, 아동기가 되면 이러한 방법이 효과적이지 않다는 것을 이해할 뿐 아니라 자신의 감정을 억제하거나 간접적인 방법으로 표현하는 방식을 터득한다. 또한 유아기에 정서를 불러일으키는 자극은 주로 시각이나 청각과 같은 외적인 것인 데 비해, 동기에는 상상력이 풍부해지면서 존재하지 않는 대상에 대한 두려움을 포함하여 친구들의 놀림이나 따돌림, 교우관계나 교사와의 관계에서 발생하는 갈등, 학업성취의 실패, 부모로부터의 꾸중, 나쁜 행위에 대한 후회 따위와 같은 일상생활이나 과업수행과 관련된 문제들로 인해 다양한 정서를 경험한다(최옥채 외, 2015: 286).

공포는 일상생활에서 자신의 안정을 위협한다고 생각하는 대상으로부터 개체의 안정성을 유지하려고 할 때 일어난다. 이 시기에는 그 이전에 무서워했던 사물, 상황, 동물, 사람 등을 덜 무서워하고 조용하게 받아들인다. 이 시기에는 시각적·청각적 대상이나 구체적이고 직접적 자극보다는, 상상적·가상적이거나 비현실적이고 초자연적인 것에 대한 공포가 많아진다.

불안은 공포보다 강렬하지 않은 지속적 기분이나 감정으로, 아동의 상상력 발달과 생활권의 확대에 따라 여러 가지 문제에 대한 불안이 나타난다. 즉, 학교생활에서의 성적, 친구관계, 교사와의 관계 등에서 불안이 나타나며, 상상적·추상적인 것에 대해서 불안이 생긴다. 이 시기의 불안은 학업성적을 떨어뜨리는 부정적 면이 있다. 하지만 긍정적 면은 사회통제의 구실을 하거나 양심을 형성하는 데 도움을 준다.

질투는 집이 아닌 곳에서도 나타나고 집에서도 나타난다. 집에서 나타나지 않을 때에는 학급의 다른 아동에게 옮겨간다. 특히, 인기, 운동, 공부 등에서 다른 아동보다 뛰어난 아동에 옮겨간다. 아동은 싸움을 걸거나, 조롱하고 놀리거나, 헐뜯는 말 등으로 질투를 표현한다. 이처럼 아동기에는 강한 경쟁심 때문에 질투가 일어나기 쉽다. 따라서, 질투의 원인을 규명해 부당한 질투가 일어나지 않도록 지도할 필요가 있다.

애정은 대단히 약하게 표현된다. 아동은 자신이 좋아하는 사람과 계속 함께 있고자 하는 욕구가 있다. 따라서, 그를 도와주거나 보조하는 것 등을 통해서 나타난다. 아동이 친구와 떨어져 있을 때에는 그들과 가까이 있고 싶어서 전화나 편지로 교제를 나누기도 한다. 한편, 이동이 다른 사람으로부터 애정을 받는 것은 이동기의 애정 발달에 큰 영향을 미친다(최덕경 외, 2014: 204-205).

(4) 심리적 발달

아동기의 시작은 7세부터이고, 이때부터 국가가 제공하는 의무교육을 받게 된다. 이 시기에 공교육을 시작하는 것은 사고발달과 매우 밀접한 관련이 있다. 이 시기의 아동들은 글을 읽는 것에 관심을 갖게 되며, 글을 이해하는 능력이 발달한다. 그리고 사고발달은 피아제의 인지발달단계 중 세 번째 단계에 해당하는 '구체적 조작기'에 해당한다. 유아기의 전조작단계의 사고 특징이 '자아중심성'이며, 이런 사고로 인해서 동기가 되면 구체적 조작단계에 이르러서 타인의 입장을 고려하는 객관적 사고, 즉 논리적 사고가 가능해진다. 이러한 사고의 특징을 갖는 시기를 피아제의 인지발달 이론에서는 "구체적 조작기"라고 한다. 아동들은 객관적 판단과 논리적 사고가 가능하지만 어디까지나 이는 구체적 사실을 중심으로 가능하다. 다시 말해서, 추상적인 개념에 객관적이고 논리적인 사고는 아직 하지 못하는 단계에 해당한다(이우언 외, 2017: 88).

(5) 사회적 발달

초기에는 자기중심성이 잔여적으로 남아 있어 사회생활을 하는 데 개인주의 성향을 보인다. 개인적 놀이나 2~3명 정도의 작은 집단을 형성하여 놀이를 하지만, 8~9세경이 지나면 본격적 사회생활이 시작된다. 이 무렵부터 12~13세경까지 갱에이지

(gang age)로, 대개의 경우 8~9명 정도의 벗을 만들어 그들과 소중한 우정의 관계를 형성하고, 서로를 감싸고, 때로는 공동재산이나 집합장소를 비밀리에 조성하기도 하며 은어를 사용하기도 한다. 이성친구보다는 동성친구에 대한 애정이 더욱 강하다.

아동기는 사회성 발달에 매우 중요한 시기이다. 가정 또는 이웃과의 관계 그리고 좀 더 범위를 넓히면 어린이집과 유치원에서 가까이 지내던 소수의 친구들과의 관계에서 초등학교에 입학을 하면서 대부분의 사회적 관계가 학교를 중심으로 형성된다. 학교에서도 대부분의 관계가 학급 내 사회적 관계로 형성된다. 이러한 관계의 변화를 통해서 기본적인 사회적 기술과 태도 등을 학습하게 되는 중요한 시기이다. 학교생활을 통해서 형성되는 주요한 사회적 관계의 대상은 교사와 또래 친구들이며, 이 시기에 교사의 역할 또한 매우 중요하다(이우언 외, 2017: 91).

에릭슨에 의하면, 이 시기의 아동은 물질적·사회적 세계에 대한 지식과 이해를 대하기 시작하며 집 밖에서 새로운 영향력을 받게 된다. 집이나 학교에서 활동하면서 근면성을 학습하기 시작하는데 이것은 주로 타인으로부터 인정을 받고 과제완수에서 오는 즐거움을 얻기 위한 수단으로 작용한다. 이러한 새로운 기능들은 주로 부모나 교사의 태도에 의해 결정되는데, 건설적이고 교훈적인 칭찬이나 강화는 근면성을 길러 주지만, 조롱하고 거부적인 태도를 보이면 부적합성이나 열등의식을 발달시킨다(김귀환 외, 2015: 205 재인용).

5. 청소년기

1) 청소년기의 개념

청소년기(adolescence)는 아동에서 성인기로 전환하는 시기이다. 연령적으로 대략 만 13~18세를 말한다. 청소년 전기에는 급속한 신체적 변화와 인지적 발달을 경험하며, 청소년 후기는 자아정체감 확립과 더불어 성인생활을 준비하기 위한 여러 가지 과제에 집중한다. 또한 청소년기에는 급격한 신체발달과 더불어 운동능력의 발달도 현저하다. 이것은 개인의 만족과 자신감을 키워주는 역할을 한다(정미경 외, 2015: 132).

특히, 청소년기는 사춘기라고 이르는데, 이는 이 시기에 일어나는 다른 신체 변화뿐만 아니라 개인의 성적인 면까지 포함하는 생리적 변화를 의미하는 개념이다. 이에 대해 청소년기는 인간발달을 뜻하는 일반적인 용어로서 문화적 개념이다. 즉, 행동적 그리고 문화적인 측면에서 성숙하는 시기이다. 따라서, '청소년'이라는 용어는 사춘기의 신체적 성숙뿐만 아니라 심리적 · 사회적으로 의존에서 벗어나 독립과 책임을 수용하는 것까지 포함된다. 대부분의 청소년기는 중 · 고등학생 시기로 주로 신체적 성숙과 인지적 발달을 경험하게 된다. 사춘기(puberty)로 시작되는 청소년기는 신체적 변화가 일어나는 생물학적 변화로 인해 그 시작이 분명한 반면, 끝나는 시점은 행동적 · 문화적 · 심리적 성숙의 개인차로 인하여 사람마다 다양하다. 따라서, 청소년기는 사춘기의 여러 가지 육체적, 심리적 변화로 부모—자녀 관계도 가장 힘들고 청소년 자신도 동요하는 시기이다. 이 시기를 '질풍노도의 시기(time of storm and stress)'라고도 한다(신명희 외, 2013: 292).

역사적으로 청소년이란 용어가 등장하기 시작한 것은 얼마 전의 일이다. 이 용어는 산업혁명과 더불어 의무교육이 실시됨으로 인간의 발달단계에서 청소년기를 고유한 발달시기로 인식하게 하는 데 결정적인 영향을 미쳤다고 볼 수 있다. 즉, 산업화는 기본적으로 교육받은 노동력이 요구되었으며, 학교교육의 의무화는 청소년들이 노동시장에 유입되지 않고 경제활동에서 제외되는 특권을 주었는데, 이러한 요인들이 본격적으로 청소년기를 인식하게 되는 계기가 되었다(홍봉선 · 남미애, 2013: 20).

청소년기는 신체적 · 지적 · 심리적 변화가 격동적으로 일어나면서 아동이 성인으로 발달해 가는 전환기다. 체내 성호르몬의 분비가 증가함으로써 1, 2차 성장이 뚜렷해지고 임신과 출산이 가능해지는 등 신체적 변화가 급격하게 일어나는 '제2의 신체발육 급증기'이며, 이로 인해서 심리적 갈등과 혼란이 크게 일어나기 시작하는 시기다. 자아정체성을 형성하고, 성인기의 독립적인 삶에 필요한 지식과 능력을 쌓아 가는 시기지만, 아직은 성인의 역할과 책임에서 벗어나 있는 심리사회적 유예기간이기도 하다(Zastrow & Kirst-Ashman, 2012).

청소년기의 가장 중요한 과업은 자아정체감을 형성하는 것이다. 자아정체감이란, 자신의 독특성에 대한 비교적 안정된 느낌을 말한다. 자아정체감은 개별성, 통합성, 연속성(또는 계속성)의 차원을 갖는다. 개별성이란, 나는 다른 사람과 구별되는 고유한 존재라는 인식을 말한다. 통합성이란, 자신의 행동이나 태도 등이 전체적으로 일관성이 있으며 통합되어 있다는 인식을 말한다. 연속성이란, 시간의 경과에도 불구하고 나는 동일한 사람이라는 인식을 말한다. 자아정체감 형성은 아동기 때부터 시작되는 것으로 볼 수 있으나 청소년 후기에 가장 중요한 인생과업으로 등장한다. 자아정체감 형성을 위해서는 자신의 신념, 가치관 등에 대한 고통스러운 의문 제시가 선행되어야 하며, 일종의 위기를 경험하게 된다. 자신이 경험한 많은 요소들을 모아 통합된 명확한 자기정의를 내리는 것은 어려운 일이므로 자아정체감을 형성하는 과정에서 누구나 혼란과 우울증을 경험할 수 있다(김이영 외, 2015: 181).

대부분의 동양권 국가에서는 '소년', '소녀', '미성년', '중·고생', '10대', '1318' 등 다양한 용어를 각각의 환경에 따라 사용하고 있다. 이는 어원적인 의미보다는 발달적·제도적 성격이 복합적으로 작용하여 사회통념상의 용어로 관행화된 성격이 짙다. 최근에는 이러한 동향도 수정되어 매우 구체적으로 접근하고 있는 데, 그 대표적인 예가 이른바 말하는 '1318'이다. 즉, 중학생이 되는 시작연령과 고등학생이 끝나는 연령을 연결시키는 '1318'로 범주화하고 있다. 문제는 이렇게 중·고등학생, 청소년, 1318이 동일하다는 등식으로 명확하지만, 좁게 사용할 경우, 법적 정의와 충돌하여 청소년 지도와 보호에서 여러 가지 문제가 발생하기 쉽다는 것이다. 또한 학계에서도 사회통념적 정의를 일부 수용하고 있는데, 대표적으로 아동의 권리에 관한 국제협약을 청소년의 권리에 대한 준거로 채택하고 있다는 점이다. 마찬가지로 이러한 학계의 관점을 제도권에서도 수용하여 청소년복지정책에 반영하고 있다(이소희, 2005: 18-19).

청소년 관련법에서 나타나듯이 청소년의 정의와 호칭과 연령 등을 정비할 필요가 있다. 청소년기본법, 청소년 관련법에서 청소년에 대한 연령을 다양하게 규정함으로써 발생되는 문제를 최소화해야 한다. 그러나 현 시점에서 민법에 준하는 것이 타당하다고 보아 청소년기는 13~18세까지로 한다. 즉, 중·고등학교에 해당하는 연령이다.

2) 발달 특성

(1) 신체적 발달

청소년기의 신체적 발달은 키와 몸무게 등 급속한 외적 성장과 아울러 성호르몬의 분비가 증가하면서 생식능력이 갖추어지는 성적 발달에 주요 특성이 있으며, 청소년 후기가 되면 성인과 거의 같은 수준의 신체적인 성숙이 이루어진다. 이 시기는 신체적 건강과 힘이 최고 수준에 있으므로 활기차고 민첩하며 넘치는 에너지를 운동이나 다양한 외부 활동에 사용할 수 있게 된다. 질병 이환율이 가장 낮으며 생식기관, 근육 및 내부기관의 기능이 최고조에 달하게 된다(오창순 외, 2015: 284-285).

청소년기에 신장과 체중의 변화는 급격하게 이루어진다. 개인차가 있으나 사춘기가 시작되는 청소년 전기가 되면 성인의 98%까지 신장과 체중이 증가한다. 신장의 경우에는 여자는 10~11세경에, 남자는 12~13세경에 시작하여 성장판(physeal plate)이 닫힐 때까지 평균 5~13cm 정도씩 자란다. 여자의 경우에는 성숙한 골격구조와 신경구조를 가지고 태어나기 때문에 아동기를 거쳐 청소년 전기에 남자보다 빠르게 성장하지만, 남자의 신체적 발달이 우세해지는 13~14세의 무렵에 남자의 성장속도가 여자를 추월하며 남자의 경우 21세까지 성장하기도 한다(유수현 외, 2015: 206).

청소년기의 가장 특징적인 발달 중의 하나는 성적 성숙이다. 청소년기를 간혹 '사춘기(puberty)'라고 부르는 것도 바로 이러한 성적 성숙 때문이다. 그러나 사춘기는 단순히 생식기관의 발달로 인한 생식능력의 발달에 초점을 둘 때 사용하는 용어이며, '성적 성숙(sexual maturation)'이라고 하며, 생식기관의 발달과 관련되어 일어나는 사회적 · 심리적 적응과정 모두를 의미하는 것이다(권중돈, 2014: 149).

청소년기는 급격한 신체의 발달과 제2차 성장이 강하게 나타나는 시기이다. 즉, 신체적으로는 거의 성인과 같은 체격을 갖추고, 생리적으로는 호르몬의 방출이 가능한 시기이며, 여자의 경우에는 초경을 하는 등 남녀 모두 성과 관련하여 성인의 역할이 가능하게 된다.

청소년기의 신체적 특성은 다음과 같다.

첫째, 청소년기의 신체발달은 사춘기의 발달현상으로 설명된다. 그 이유는 사춘기가 호르몬의 변화로 급격한 신체적, 성적 성숙이 이루어지는 시기이기 때문이다. 청소년은 신체의 각 부분이 같은 비율로 골고루 성장하지 않는 관계와 자아정체감의 형성으로 외모에 관심이 많다(최선화 외, 2015: 300). 청소년기는 자신의 신체와 용모에 대해 관심을 가지고 급격히 변화하는 신체적 특징에 대해 민감하게 반응한다. 그들은 자신의 신체에 대해 자신이 얼마나 만족하는가 하는 느낌뿐만 아니라, 다른 사람의 반응에 의해서도 크게 좌우된다. 그러나 청소년의 신체에 대한 지나친 관심은 자신의 신체에 대해 왜곡하게 만든다. 또한 청소년의 외모에 대한 불만족은 인종과 민족과 국가에 따라 다양하게 표출된다. 따라서, 외모를 아름답게 가꾸기 위한 부작용으로 거식증과 폭식증을 일으켜 섭식장애를 가져오기도 한다(신명희 외, 2013: 307-308).

둘째, 성적 성숙으로 인하여 성에 대한 호기심과 욕구가 많아진다. 이것은 기성세대의 보수성의 영향인 사회적 압력으로 인하여 부자연스럽게 그리고 음성적으로 이루어지는 경우가 많으며 왜곡된 성 정보의 수집으로 성에 대한 호기심과 욕구가 잘못 처리되는 경우가 많다. 즉, 청소년들은 갑작스럽게 나타나는 생리적 변화로 놀라움・당황스러움・수치감・불안함 등을 느끼지만, 동시에 정상적 성적 발달이 이루어지고 있다는 것에 안도감을 느끼며, 한편으로는 자신의 성적 기능에 기대감을 가지기도 한다. 그래서 청소년들은 그들의 성 발달과 관련하여 매우 복잡한 반응을 보이고 행동하는 것이다(이소희 외, 2005: 37). 성적 욕구, 즉 성 충동, 자위행위 등에 대한 어려움을 느끼고 있다. 대부분의 청소년들은 자위행위를 한다. 그들은 성적 충동을 충족시킬 수도 없을뿐더러 강한 성적 에너지의 욕구를 완전히 물리칠 수도 없다. 일반적으로 소년은 소녀보다 사춘기 이후에 성과 관련된 절박한 경험을 하게 되며, 자위행위는 청소년에게 죄의식과 불안을 일으키게 한다. 자위행위에 대한 통제의 필요성을 인식하면서도 이에 대한 충동조절에 실패한 청소년은 자기 자신의 무의지력을 자책하는 자기비하 등으로 자기존중감을 잃게 되고 이것은 청소년의 성격형성과 인격발달에도 영향을 미친다.

(2) 인지적 발달

청소년기의 인지발달은 아동기의 적극적 발달에 이어 본격적으로 발달된다. 청소년기 초에는 과도기적 현상으로 아동기적 행동이 많이 나타나지만, 청소년기 중반부터는 인지적 기능이 논리적 사고, 추상적 사고, 이상, 형식적 추리, 문제해결적 사고, 비판적 사고 등의 발달로 나타나게 되며, 이 시기의 사고발달 과정을 통해서 성인과 유사한 사고양식을 가지게 된다.

청소년기는 피아제가 말한 형식적 또는 추상적 조작기에 해당하는 사고가 이루어지기 시작하는 시기로, 새로운 지식을 습득할 뿐만 아니라 지식을 이해하고 이용하는 방법이 달라진다. 추상적이고 가설적인 가능성에 대해 논리적으로 사고하고 추리를 하는 능력과 연역귀납적인 문제해결능력이 발달한다. 모든 가능성을 체계적으로 검증할 수 있는 종합적 분석이 가능해지며, 확률에 대한 이해를 한다. 즉, 복잡성이 증가하고 가능성에 대해 생각하게 되며 정보처리의 속도와 효율성이 증가한다는 것이다.

이러한 인지발달적 변화를 통하여 청소년들은 이전과는 다른 청소년기 특유의 독특한 사고와 행동특성을 보인다. 두 범주 이상의 변수를 실제로 조작하지 않은 채 정신적으로 다룰 수 있다. 또한 사건이나 관계가 미래에 변화한다는 것을 사고에 고려해 넣을 수 있다는 것과, 일어날 수 있는 사건들의 연속에 관해 가설을 세울 수 있다. 그리고 자신의 행동결과를 예측할 수 있다. 일련의 진술이나 문장에서 논리적 일관성의 유무를 구분한다. 자신과 자신이 속한 세계에 대해서 상대론적 입장에서 생각할 수 있게 된다. 즉, 자신의 가치관이나 행동양식은 자기가 속한 사회와 규범 때문이라는 것을 이해함으로써 다른 사회에 속한 사람은 그 사회의 규범에 따라 자신과 다른 방식으로 행동할 수 있다고 기대한다. 따라서, 다른 사람에 대한 이해와 포용력이 증가한다(구혜영, 2015: 343-344).

사회적 인지와 도덕성 발달과 연관을 보이는데, 사회적 관점에서의 조망이 가능해지고 동시에 자기중심성이 줄어들게 된다. 도덕적 추론의 발달은 대인관계에서의 판단, 사회체계의 유지, 사회적 계약과 일반적인 권리, 보편적인 윤리적 원칙을 이해할 수 있게 된다. 이러한 인지의 발달은 자신의 사고를 비판적으로 검토할 수 있고, 자신과 세계에 대해 상대론적 관점에서 이해하도록 하지만, 미래에 일어나게 될 일에 대한 지나친 염려로 과도한 불안감을 경험하기도 한다.

또한 청소년기에는 시간에 대해 좀더 성숙한 이해를 하게 되고 죽음의 불가역성에 대해 좀 더 명확히 깨닫게 되며, 도덕적 판단의 다양성 및 상대성에 대해 인식하게 된다.

이러한 인식의 확대는 철학, 정치, 종교에 대한 관심으로 확대되기도 하며 이러한 것은 청소년의 사고를 깊게 해주기도 하지만, 지나치게 자신만의 생각에 빠져들게 하기도 한다. 이를 위하여 청소년기에는 이질적 성원으로 구성된 동년배집단에 참여하여 다양한 경험을 하는 것이 필요하며, 학교수업을 통해 논리적 사고능력을 키워나가야 한다.

(3) 정서적 발달

급격한 신체의 발달과 성적 성숙을 경험하는 청소년들은 달라지는 신체를 통해 자신의 이미지를 형성해 나가고, 동시에 성숙에 따른 심리적응 문제를 경험하게 된다. 인지적 기능도 발달해짐에 따라 추상적이고 논리적인 사고가 가능해지고 사춘기를 경험하면서 다양한 감정이 표출되고 감정에 따른 사회적 행동이 나타나기도 한다. 이러한 과정을 통해 자아정체성을 구축하게 된다.

청소년기는 대체적으로 감정의 기복이 심하며 긍정적이거나 부정적인 감정의 교차와 자부심과 수치심의 교차가 빈번하게 일어난다. 청소년기의 정서는 일관적이기보다 불안정하고, 긍정적인 감정보다는 부정적인 감정표출이 높아질 수 있다. 불안, 우울, 고독, 열등감, 죄의식, 분노 등 강하고 변화가 심한 감정으로 인해 가족관계와 또래관계에 영향을 주고받는다. 또한 성적 성숙이 일어나면서 성적 충동으로 인한 성적 호기심이 생겨나고 성의식이 높아지면서 변화되는 신체적 변화와 성장과 관련하여 성적 수치심이 강해질 수 있다(유수현 외, 2015: 211).

청소년기에는 2차적 성적 특징의 발달과 그로 인한 성적 충동으로 인해 성적 색채가 강한 정서를 보이며, 극단적 정서경험과 변화를 수반한다. 여러 측면에서 급격히 일어나는 변화와 발달에 대처할 수 있는 충분한 지식이나 기술을 아직 갖추고 있지 못하기 때문에 항상 불안과 혼란 속에서 끊임없이 긴장하고 갈등한다. 자신의 능력에 대한 확신 부족, 신체 이미지에 대한 자신 부족, 장래에 대한 확신 부족으로 정서적인 불안정을 경험하게 되고 이상과 현실 사이의 괴리를 목격하고 실존적 공허감에 빠지기도 한다. 정서의 특징은 이상주의와 낭만주의, 감상주의적 경향이 짙으며, 청소년기 후기에 이르면 이성을 통해 정화된 조용하고 고상한 정서가 표현되어 나타난다. 청소년들은 감수성이 대단히 예민하여 쉽게 흥분하고 동요되며 다른 사람의 비판이나 훈계, 간섭 등에 지나치게 민감하다. 또한 지나치게 남을 의식하고 남들 앞에서 부끄러움을 많이 느끼며 자신을 남과 비교하여 평가하기도 한다. 청소년의 정서적 불안상태는 감정의 양면성에서 가장 잘 나타난다(구혜영, 2015: 346).

극과 극을 달리는 자기 갈등적이고 모순된 감정을 보임으로써 혼란과 갈등에 휩싸여 있다. 의존과 독립, 무관심과 열성, 순종과 반항, 환희와 우울, 기대와 실망, 우월감과 열등감, 희망과 절망, 자기애와 자기혐오, 이기주의와 이타주의 등의 양극의 감정이 동시에 나타나거나 단시간 내에 격렬한 변화를 자아낸다. 이러한 감정의 양면성은 심신의 불균형을 조장하기 때문에 모든 행동에 있어서 일관성이 없고 다소 무책임하게 보이기도 한다.

그 결과, 친구의 희로애락에는 온갖 관심을 쏟으면 부모의 노고는 무시하거나 부모나 기성세대의 몰지각한 행동을 신랄하게 비판하면서 부모나 어른에게 인사를 하지 않고 자신의 일을 다른 사람에게 미루는 등 생각과 의지, 행동 간에 일관성이 결여되어 있다. 이러한 정서적 부적응은 우울증, 정서장애, 정체성장애, 약물남용, 자살, 가출, 도벽, 폭력 등과 같은 다양한 정신장애와 비행 그리고 범죄행위로까지 발전되어 개인뿐만 아니라 사회에 바람직하지 못한 결과를 초래하기도 한다.

(4) 심리사회적 발달

① 사춘기

사춘기(puberty) 동안에는 여러 일반적인 행동특성이 흔히 나타난다. 이 시기의 개인은 행복한 듯하다가 점차적으로 자신의 태도나 상호작용에서 부정적인 모습을 보이게 된다. 이러한 부정적인 모습은 자의식이 자라면서 나타난다. 자기회의와 걱정은 이들의 변화하는 신체와 관련이 있다. 대부분의 행동은 전체적으로 부정적인 외모의 영향을 받는다. 이 연령대의 아이들은 이전보다 자신의 방에서, 또는 혼자 지내는 시간이 많아진다. 많은 아이들이 이전의 친구관계에서 멀어지고 새로운 집단환경에서 자신의 자리를 찾는다. 자기 자리를 찾을 때까지 이들은 고립되고 혼자일 수도 있다.

사회적 적대감은 이들이 가족, 친구, 사회와 상호작용할 때 흔히 보일 수 있다. 가족환경에서 청소년기 이전 아이들은 부모에게 따지기 좋아하고 형제자매를 질투한다. 독립에 대한 이들의 갈망은 권위를 가진 사람 사이에서 갈등의 근원이 된다. 이들은 감시와 지시에 분개하며 나약함과 무력함의 징후를 모두 보이기도 한다. 이러한 적대감은 동성 간의 관계로 확장될 수도 있다. 가족관계는 이 시기에 극적으로 바뀐다. 이러한 변화가 혼란과 갈등을 유발한다. 독립을 위한 갈등 속에서 아이들은 제한과 부모의 통제로부터 벗어나고 싶어 한다. 집안일, 통행금지, 데이트, 전화사용, 돈, 운전, 과제, 우정 등의 문제가 부모와 아이 사이의 의견충돌을 야기할 수 있다. 부모는 청소년이 말을 듣고 규정을 따르기를 원한다. 청소년들은 자신이 신뢰받고 있지 못하다고 불만을 토로한다. 흔히 이들은 “난 왜 다른 사람들처럼 할 수 없어요?”라고 소리친다. 이들은 흔히 따지기 좋아하고 부모의 방법에 대해 비판적이다. 일부 청소년들은 부모로부터 멀어지거나 털어놓고 얘기하는 일이 줄어들면서 부모에게 자신이 떨어져 나왔거나 제거되었다고 느끼게 만들기도 한다. 청소년들은 종종 마치 부모와 함께 있는 것이 어색한 것처럼 행동하기도 한다.

② 가족관계

청소년기의 특징적인 사회적 발달 중의 하나는 부모나 가족으로부터 분리되어 친구나 자기 자신에게 의존하려는 경향이 높아진다는 점이다. 청소년기에는 신체적 성숙이 이루어짐에 따라 부모의 통제를 받지 않으려 하며, 부모의 지시를 논리적으로 비판하거나 반항하며, 친구관계에서 배운 가치관을 가족관계에 적용하려고 한다. 이러한 청소년의 특성 때문에 부모는 청소년이 성장한 데 대하여 보람도 느끼지만, 거부당하는 데 대한 상실감도 동시에 경험한다. 하지만 부모의 애정과 지원에 깊이 뿌리내리지 못한 상태에서 독립을 위한 날갯짓을 하게 되면 실패할 가능성이 높다. 지금까지 청소년기의 발달에 관한 연구에서는 청소년의 독립과 자율성만을 강조해 왔으나, 최근 들어서는 청소년의 건강한 발달에 부모와의 안정적인 애착관계와 부모로부터의 지원이 필수적이라는 점을 강조하기 시작하였다.

청소년들이 부모의 보호로부터 벗어나서 자기의 판단에 의해 독립적으로 행동하려는 성향을 '심리적 이유'라고 부른다. 대부분의 청소년기 가족에서는 부모들이 이러한 청소년들의 심리적 이유를 지지하고 격려해 줌으로써 커다란 갈등 없이 청소년기를 보낼 수 있게 된다. 하지만 청소년들은 부모에게 의존함과 동시에 부모로부터 독립해야 하는 상황에서 끊임없이 갈등을 하게 되며, 부모 역시 자녀의 독립을 원하지만 동시에 계속해서 의존해 주기를 희망한다. 이러한 이중적 상황과 청소년 자녀와 중년기 부모의 급격한 발달상의 변화로 인하여 부모와 십대 자녀 간에 갈등관계를 형성하게 되는 경우가 많아진다. 특히, 어떤 부모들은 청소년기 자녀를 이해하기보다는 동기와 마찬가지로 지나치게 보호하고 간섭하려 하기도 한다. 청소년 자녀들은 이러한 부모의 태도에 불만을 품고 비판 또는 반항하거나 도피행위를 함으로써 부모와 청소년 자녀 사이에 극도의 긴장관계가 형성되기도 한다. 이와 같이 청소년이 심리적 이유를 추구하는 과정에서 부모에게 반항하는 행동적 특성 때문에 청소년기를 '제2의 반항기'라고도 부른다.

③ 교우관계

청소년기에는 우정이 가족 간의 애정보다 더 중요한 시기가 되므로, 청소년들은 가족과의 대화보다는 친구를 만나거나 전화나 인터넷을 통해 친구와 연락하는 데 더 많은 시간을 보내게 된다. 따라서, 청소년들은 동년배집단과 강한 유대관계를 형성하고 자신의 집단 내 지위와 역할을 예측하고 평가하며, 필요한 사회적 기술을 학습하게 되고, 청소년기의 원만한 친구관계는 사회적 적응과 정신건강에도 많은 영향을 미친다. 그러나 청소년기의 친구관계는 긍정적 측면뿐만 아니라, 부정적 측면도 동시에 지니고 있다. 즉, 청소년들은 친구관계를 통하여 술, 약물, 문제행동을 배우거나 직접 행동에 옮기기도 하며, 친구들로부터 거부되고 무시당함으로써 극도의 스트레스와 좌절감을 경험하여 정신건강이나 부적응적인 행동문제를 일으키기도 한다.

청소년기 동안에 우정의 의미와 질은 끊임없이 변화한다. 청소년기 초기의 우정은 개인적인 특성보다는 태도나 행동, 관심분야의 유사성에 기반을 두며, 비교적 피상적이고 활동중심으로 동성의 친구가 대부분이다. 청소년기의 우정은 정서적으로 강렬한 관계중심적 유형을 띠며, 신뢰할 수 있고 비밀을 터놓을 수 있는 친구를 찾게 되는데, 이렇기 때문에 우정에 금이 가게 되었을 때에는 정서적으로 매우 큰 상처를 입게 된다. 이 시기는 동성 친구가 이성 친구보다 더욱 중요성을 지닌다.

청소년기에 이성 친구에 대한 관심이 높아지지만, 실제로는 동성의 친구들을 더 많이 사귀며 가장 친한 친구 역시 동성의 친구인 경우가 많다 자신이 직면한 심각한 문제에 대해 의논하는 상대도 동성의 친구인 경우가 많다. 청소년기의 이성교제는 대체로 또래집단과의 활동이나 단체활동을 통해 이루어지는 경우가 많은데 이성교제를 하는 단계를 살펴보면, 처음에는 동성친구관계의 연장된 형태로 동성과 이성의 친구가 집단으로 접촉을 하다가 점차 개인적인 데이트를 하고 사랑에 빠져드는 단계로 옮아간다(Dunphy, 1963). 이러한 이성교제의 과정에서 청소년들이 이성을 대하는 태도는 매우 소극적이다. 즉, 청소년기에는 이성의 관심을 끌기 위하여 많은 노력을 하지만, 막상 이성을 만나면 자신의 감정을 솔직하게 표현하지 못하는 것이 일반적이다. 그러나 시기에 따라 이성교제의 패턴이 달라진다. 청소년기 초기에는 자기중심성이 강하여 이성의 근사한 용모나 또래 간의 인기를 통해 자기를 과시하려는 목적으로 상대를 선택하며 이성교제의 목적이 주로 오락적 기능이다.

청소년기가 되면서 부모와 성인보다는 또래들의 지지와 이해가 더 필요하며, 이런 또래로부터의 지지와 이해를 통하여 사회성이 발달한다. 또래집단은 청소년에게 소속감과 연대감, 지지와 수용 등의 긍정적 요인이 되고, 규범과 행동기준을 제공하며,

또한 이를 준수했을 때 청소년들은 집단으로부터 인정과 지지를 받는다. 청소년들은 이 시기의 우정을 통하여 타인을 이해하고 배려하는 사회적 기술을 획득하게 된다(장수환 외, 2017: 85).

6. 성인기

1) 성인기의 개념

성인기(adulthood)는 청년기 또는 성인 초기 등으로 불리며, 20세에서 40세에 이르는 시기로서 신체적·지적인 면에서 인생의 가장 정점에 해당하며, 성인기 이전의 시기를 준비기라고 한다면 성인기 이후는 이제까지 준비해 온 것을 실현하고 구체화하고 통합화하여 다음의 인생을 대비하는 중요한 의미를 갖는 시기라고 할 수 있다. 심리사회적 측면에서는 다른 사람을 보살피는 능력이 심화된 사람은 타인과의 상호관계에 집중할 수 있다. 부모로부터의 심리적·경제적 독립을 시작하며, 직업과 결혼, 군대 등의 환경변화에 따라 다양한 역할 탐색과 선택을 하는 시기이다. 특히, 우리나라의 경우 고등학교 교육이 대학 진학을 위한 준비 차원에서 이루어지고 있으므로, 대학생 시기에 이르러서야 학생들은 비로소 자기 자신에 대해서 새롭게 탐색하며 인간관계 및 사회적응 기능의 습득을 위한 시간적·심리적 여유를 누리게 된다.

성인기의 기준은 아동기나 청소년기처럼 새로운 신체적 기능이나 인지적 능력의 획득에 의한 것이 아니라 사회적·문화적 요소를 적용하게 된다. 즉, 연령·신체적·생리적·심리적·사회적 성숙도 등의 기준을 들 수 있다 성숙도는 안정된 직업이나 결혼에 대한 준비 태도, 자아정체감의 정착 정도 등이 포함된다(구혜영, 2015: 358).

성인기로 들어가는 것은 생에 있어 주요한 전환이다. 성인기 전의 모든 시기는 준비하는 시기라고 볼 수 있으며, 성인기 이후는 이제까지 준비해 온 것을 실현하고 구체화하는 시기이다. 하지만 성인기에는 아직도 이상을 추구하고 현실 사회나 어떠한 주의에 대해 정서적으로 반항하며 사회적 책임의 수행을 혁신에 의해서 이루려고 하는 미숙한 젊음을 지니고 있기 때문에 완벽함을 갖고 있지는 못하다.

성인기는 신체적·지적 측면에서 가장 정점에 있는 시기라고 할 수 있다. 심리사회적 측면에서는 다른 사람을 사랑하고 보살피는 능력이 심화되는 시기이다. 즉, 이전 단계에서 자아정체감을 형성한 사람은 이제 타인과의 상호관계에 집중할 수 있다. 이러한 맥락에서 성인기에 경험하는 가장 큰 변화는 직업을 갖고 결혼을 하는 것이다. 발달에 대한 잠재력은 전 생애에 걸쳐 존재하지만 성인기 이후의 발달은 아동기나 청소년기와는 그 성격이 다르다. 다시 말해서 성인기 이후의 발달은 새로운 신체적 기능이나 인지적 능력의 획득에 의해 일어나기보다는 주로 사회적·문화적 요소에 의해 주도된다(Specht & Craig, 1987).

성인기는 대부분의 청소년들이 예측하고 얻기 위해 노력해온 시기이다. 이 시기로 들어가는 것은 보통 긍정적인 느낌, 꿈, 포부 등을 동반한다. 이 시기의 목표는 직업을 선택하고 취득하는 것, 성적 욕구를 만족시키는 것, 가정 및 가족을 만드는 것, 사교관계 확장시키기, 성숙함의 발달 등이다. 이 시기를 완수하기 위해 성인들은 자신의 이전의 꿈과 업적을 비교하기 시작한다. 이러한 일들이 발생하면서 성인들은 차이를 조정하고 현실을 받아들이거나 변화를 만들어가야 한다(Polan and Taylor, 2015).

2) 발달 특성

(1) 신체적 발달

성인기는 신체적 건강이 정점에 있는 시기라고 할 수 있다. 성인기는 아동기보다 더 건강하고 질병률도 낮으며 이러한 최적의 건강상태는 중년기에 건강이 쇠퇴하기 시작할 때까지 지속된다. 신장 확대와 근육 발달의 시간적 차이로 인한 청소년기의 어색한 모습은 사라지고 성인기에는 균형 잡힌 모습을 갖추게 된다. 육체적인 힘은 25세에서 30세 사이에 최고조에 이르며 그 후에는 점진적으로 쇠퇴한다(Specht & Craig, 1987). 성인기에는 신체적 성장이 완료된다. 남성은 30세까지 느리게 척추가 성장한다. 이러한 성장으로 인해 신장이 3~5cm 정도 더 자랄 수 있다. 여성은 보통 20세 이전에 키가 모두 자란다. 인간의 신체는 25~30세 때 가장 강건하며, 30세가 지나면 신체적 기능이 감퇴하기 시작하여 손이나 손가락의 동작도 점차 둔감해진다. 시각, 촉각, 후각, 미각 등은 20세경에 최고에 달했다가 40세 정도부터 점점 나빠지기 시작한다. 육체적인 힘은 25~30세 때 최고조에 이르고, 이후 점진적으로 쇠퇴하나 대부분의 신체적 능력과 기술은 규칙적으로 사용하기만 하면 그 기능이 청소년기 이후에도 지속된다. '건강은 건강할 때 지켜야 한다'는 말이 있듯이, 성인 초기에 이러한 신체적 건강 상태를 유지하기 위해서는 규칙적인 운동과 적절한 영양 공급이 필요하다. 규칙적인 운동을 하고 적절한 영양이 공급되었을 경우에는 신체적 기능과 건강을 유지할 수 있지만, 그렇지 않을 경우에는 건강이 점점 쇠퇴하게 된다. 특히, 과도한 스트레스, 흡연과 음주 등은 성인 초기의 건강 유지에 매우 해롭다(정은, 2014: 258). 그러나 대부분의 신체적 능력과 기술은 규칙적으로 사용하기만 하면 그 기능이 성인기 이후에도 지속된다.

감각들은 대체로 성인 초기에 가장 예민한 상태이며, 성인전기 동안 거의 변화가 없다(지영주 외, 2016: 291). 이 시기에는 모든 장기와 신체체계가 완전히 발달하고 성숙해진다. 최대 심박출량에 도달하는 시기는 20~30세 사이이다. 이 이후에는 심박출량이 점차 감소하기 시작한다. 성인기 동안 심근이 두꺼워지고 혈관 내에 지방 침전물이 쌓이면서 혈류를 감소시키게 된다. 알코올 섭취나 흡연, 고콜레스테롤 식이 등은 개인의 심혈관계 질환 발생 위험을 증가시킨다. 심장과 혈관은 나이가 들수록 점점 탄력이 줄어든다. 이러한 변화가 후기 성인기에 심박출량을 감소시키고 혈압을 증가시키는 원인이 된다.

공기를 들여보내고 내보내는 폐의 능력을 폐활량이라고 한다. 폐활량은 20~40세 사이에 감소하게 된다. 최대 호흡기능은 남성에서 25세, 여성에서 20세경에 나타난다. 이러한 기능은 폐의 탄력이 감소하면서 점차적으로 떨어지게 된다. 흡연을 하는 성인은 이러한 탄력을 잃는 속도가 비흡연자에 비해 빠른 경향을 보인다. 이렇게 탄력을 상실하면서 개인은 호흡기계 감염에 노출될 위험이 더 높아진다. 운동을 통해 폐활량을 유지하고 최대화시킬 수 있을 것이다.

식욕은 변함없이 유지된다. 30세가 넘어가면 위 분비 및 소화액의 분비가 매우 감소한다. 부적절한 식이습관이 흔히 위의 불편감이나 소화불량으로 이어질 수 있다. 개인이 쉴 때 사용하는 에너지량인 기초대사량(basal metabolism) 또한 나이가 들면서 감소한다. 이러한 변화로 인해 식이습관이 변함없이 유지된다고 해도 체중이 증가할 수 있다. 성인은 적당히 섬유소가 든 음식과 수분섭취를 통해 장운동을 정상적으로 유지시켜야 한다. 식이와 운동의 균형을 맞추고 규칙적인 배설양상을 유지하는 것이 정상적인 장 기능을 증진시켜 준다. 정상적 배설양상에 어떤 문제가 생기든 의사와 상의하고 필요 시 적절한 의학적 중재 및 치료를 받는 것도 필요하다.

피부세포는 태양과 환경의 오염물질들에 노출되면서 일련의 변화를 경험한다. 자외선에 대한 과도한 노출은 특히 밝은 피부색을 가진 사람들에게서 피부암을 유발할 수 있다. 청소년기에 나타났던 여드름은 성인이 되면 보통 깨끗해진다. 그렇지 않은 일부 경우 여러 종류의 치료방법이 제공될 수 있다.

신경계 세포의 수 및 뇌의 크기 또한 사춘기가 지나면서 줄어들기 시작한다. 감각과 지각의 변화가 이 시기 동안 인지될 수 있다. 그러나 지각의 속도나 정확도는 아직 영향을 받지 않는다. 반응시간, 즉 사람이 자극에 반응하는 속도는 20~30세 사이에 눈에 띄게 향상된다. 시력은 25세를 지나면서 탄력성의 감소 및 수정체의 혼탁도 증가로 인해 나빠지기 시작한다. 40세가 되면 멀리 있는 물체를 보는 능력이 흔히 나빠지게 된다. 이러한 상황을 노안이라고 하며 나이가 들면서 발생한다. 적절한 렌즈를 사용해 이러한 상황을 겪는 경우 교정된 시력을 제공할 수 있다. 청력은 20세에 가장 좋고 그 후 점차적으로 감퇴된다. 특히, 고주파음을 듣는 능력이 영향을 받는다. 이 시기에 나타나는 청력감퇴는 개인의 일상활동에 거의 영향을 주지 않는다. 음악을 듣거나 작업 중 큰소리에 과도하게 노출되는 것이 청력손실을 가속화시킬 수 있다. 대부분의 성인들은 경미한 손실에 대해 보상하는 방법을 배운다.

최고의 능력으로 기능하는 신체의 체계는 실질적으로 생식과 관련된 것들이다. 여성의 경우 월경주기가 잘 나타나게 된다. 월경주기가 불규칙하거나 심각한 불편감이 나타나는 여성들은 의사의 도움을 받아야 한다. 일반적으로 남성들은 이 시기에 생식기 문제로부터 자유롭다. 부부의 성생활 및 정서적 안녕을 위협하는 한 가지 문제는 불임이다. 약 14% 정도의 부부가 불임을 경험한다. 불임으로 인해 어려움을 겪는 부부는 의학적인 방법 및 상담을 필요로 한다. 이들은 보통 매우 큰 스트레스와 불안을 경험하며 스스로 또는 각자 서로를 탓하기도 한다. 불임검사와 평가를 받기로 결심한 사람들은 빈번히 높은 병원비와 마주하기도 한다. 일부에서는 불임치료가 성공적이지 않을 수도 있다. 이러한 부부에게는 지지와 함께 다른 선택을 고려할 시간이 필요하다(Polan and Taylor, 2015).

(2) 인지적 발달

인간의 지적 능력은 연령이 증가함에 따라 어떤 변화가 일어나는가? 성인기에 지적 능력은 증가하는가 또는 감소하는가? 이러한 질문에 대해 어떤 학자들은 성인기에 지적 기능이 감소한다고 주장하는 반면, 어떤 학자들은 나이가 들어도 지적 기능은 성인기 동안 안정적이라고 주장한다. 또 다른 학자들은 반응속도와 관련된 측면에서는 감소하지만, 실생활과 관련된 지식이나 지혜와 같은 측면은 증가한다고 주장한다(박성연, 2017: 252).

인간의 인지발달은 대략 25세경부터 하강 곡선을 그리는 것으로 알려져 있다. 인간은 나이가 들어감에 따라 기억력, 추리력, 문제해결력 등이 저하되는데, 이러한 능력 저하의 원인은 정보처리 속도의 저하, 복잡한 정신적 자극에 대한 조작능력의 저하 등에 따른 것으로 설명되고 있다. 그러나 연령이 증가함에 따라 인지기능의 쇠퇴가 거의 없거나 매우 적으며, 인지기능의 쇠퇴가 있다고 하더라도 각 기능에 따라 변화 정도가 다르다는 주장도 있다(정은, 2014: 259).

연령의 증가와 함께 시각—운동적 협응 능력과 같이 쇠퇴하는 인지기능이 있는가 하면, 결정지능과 시각화 능력과 같이 안정성을 얻거나 성장하는 영역도 있다. 이와 같이 지적 발달의 이중적 현상은 이중적 지능 개념의 변용을 통해 보다 쉽게 설명될 수 있다. 지능의 이중적 구조 개념을 인지적 발달심리학적 개념과 혼합하여 '인지적 기제(cognitive mechanics)'와 '인지적 활용(cognitive Paradigmatics)'으로 구분했을 때, 인지적 기제는 뇌의 중추신경의 신경생리학적 기능을 반영하는 것이고, 인지적 활용은 개인의 사회적·문화적 환경 속에서 획득한 지식을 의미하는 것으로 이해된다. 카텔(Cattell, 1971)의 지능이론에 의하면, 유동지능은 인지적 기제의 측면 또는 기본적 정보처리 과정으로서의 지능이라고 할 수 있는데, 이 유동지능은 전 생애적 발달과정에서 25세까지 급격한 상향 곡선을 그리다가 25~30세를 전후하여 완만한 하향 곡선을 그리게 된다고 한다. 웩슬러 성인지능검사(Wechsler Adult Intelligence Scale)를 사용하여 조사한 결과, 언어적 검사 점수는 청년기에 상승하는 데 반하여 동작성 검사 점수는 26세를 정점으로 하강하는 것으로 보고하였다(Turner & Helms, 1983).

한편, 결정지능은 인지적 활용의 측면 또는 문화적 지식으로서의 지능이라고 할 수 있는데, 이 결정지능은 25세까지 유동지능과 같은 상향 곡선을 그리다가 25~30세를 전후하여 상승세가 거의 멈추고, 그 이후는 현상을 유지하거나 지극히 미세한 상승세를 보인다고 한다. 지식에 기초하는 결정지능은 적어도 60대가 될 때까지는 유의미한 하향적 추세를 보이지 않는다. 따라서, 고도로 숙련된 전문가들의 경우, 지능의 활용영역에서는 연령의 증가에도 불구하고 지능이 발달할 수 있다.

(3) 심리적 발달

① 친밀감의 발달

성인기의 중요한 발달 과업 중의 하나는 가족 이외의 다른 사람들과 친밀한 관계를 형성하는 것이다. 친밀감의 형성은 능동적인 과정으로서 자신의 정체감을 잃을지도 모른다는 두려움 없이 타인과 개방적이고 지지적이며 조화로운 관계를 형성하는 능력이다. 타인과 친밀한 관계를 형성한 사람은 자신의 견해나 계획을 다른 사람들과 의논할 수 있으며, 감정이입능력, 욕구조절능력, 자기통제능력 등을 갖추고 있다. 친밀감의 형성은 자아정체감을 확립한 후에 이루어지는 것으로 자신을 가치 있고 유능하며 신뢰할 수 있는 사람으로 지각할 수 있을 때 가능하다(이근홍, 2015: 114).

성인기의 친밀감은 혼인상대와 애정을 나눌 수 있으며, 사회생활에서 우정을 나눌 수 있는 관계를 포함한다. 친밀감은 대개 혼인관계에서 형성되지만, 결혼이 바로 친밀감으로 이어지는 것은 아니다(권중돈, 2014: 177). 즉, 혼인 초기의 상호적응, 첫 자녀의 출산, 부모와 친척의 기대 등이 부부의 친밀감 형성을 방해할 수 있다. 그러나 혼인생활을 통하여 서로의 욕구를 만족시키고 약점을 수용하면서 친밀감을 형성해 가며, 친밀감이 형성되면서 인간관계가 점차 성숙해진다.

성인기 친밀감의 형성에는 성별로 차이가 존재한다. 성인기의 남성은 친밀하고 상호의존적인 관계형성에 저항하는 경향이 있기 때문에 친밀감의 형성에 어려움이 존재한다. 그러나 여성은 친밀감 형성의 요구를 충족시킬 준비가 되어 있으며, 자신의 문제에 관심을 가지고 지지해 주는 사람들과 친밀한 관계를 형성할 수 있다. 성인기에 친밀감을 획득하지 못한 사람은 지나치게 자기 의식적이고 자신의 사회적 행동과 적응에 대해 걱정하고 불안해하기 때문에 원만한 사회적 상호작용을 하지 못하여 고립감에 빠져들게 된다. 그들은 친근감의 형성이 자신의 정체감 확립을 손상시킨다고 생각하여 자신과 타인과의 관계형성을 제한한다. 그러나 여성은 사회화과정에서 표현적, 양육적 역할을 여성적인 역할로 수용함으로써 초기 성인기의 친밀감 형성에 보다 유리한 입장에 있을 수 있다(장수한 외, 2017: 98).

② 성격의 성숙

성인기는 개인적인 성격이 성숙해지는 것은 물론 사회적으로도 성숙해지는 시기이다. 성인기에는 타인과 친밀한 관계를 형성하면서 자신과 타인을 인정하고 수용하며, 정서적으로 안정되고, 독립성과 목표의식을 갖는 등 성격이 성숙해진다. 또한 성인기는 사회생활에서 자신의 책임과 의무를 다하며, 사회와 국가의 발전에도 기여하는 시기이다.

성숙한 성격을 지닌 사람의 특성을 살펴보면, 그들은 현실을 객관적으로 지각하며, 생활의 전 영역에서 일시적인 감정, 선입관, 편견 등을 배제시킨다. 그들은 배우자, 부모, 형제, 친구, 동료 등 주위의 많은 사람들과 친근감을 표현할 수 있으며, 타인을 수용하며 신뢰한다. 그들은 정서적으로 안정되어 있어서 불안, 스트레스, 좌절 등을 효율적으로 해결할 수 있으며, 자신의 과업에 적합한 기술을 발휘할 수 있고, 책임감과 삶에 대한 긍정적 시각을 지니고 있다(Schultz, 1977).

성숙한 성격을 지닌 사람은 또한 자신에 대한 정확한 지식을 소유하고 있으며, 타인의 의견에 개방적인 태도를 지니고 있다. 그들은 삶의 목표가 뚜렷하고, 자발적이고 독립적이며, 인간미가 풍부하다. 그들은 독창성이 풍부하여 창의적이고 혁신적이며, 다양한 상상력과 사고능력을 소유하고 새로운 무엇인가를 추구하기 위해서 노력한다(이근홍, 2015: 116).

성인기는 개인적인 성격의 성숙과 더불어 그가 속해 있는 직장, 지역사회, 국가, 문화 등을 이해하고 받아들여 사회적으로 성숙해지는 시기이다. 이 시기에는 자신의 권리와 의무를 동시에 수행하는 사회적 역할을 다해야 하며, 자신의 이익과 사회의 이익을 조화시키고 건전한 사회변화와 발전을 주도하고 협력해야 한다.

⑷ 사회적 발달

성인기의 사회적 관계의 특징은 청소년기의 친밀한 관계에 비해 보다 공식적이고 상호호혜적인 관계로 발전해 나가며, 가족관계의 의존성에서 탈피하고 독립적인 홀로서기의 능력을 키워나가야 할 때이다. 그리고 이성과의 교제를 통해서 친밀감을 형성하고 나아가 배우자를 선택하고 결혼을 준비하는 인간관계의 특성을 지닌다. 주요한 사회적 관계의 특성들을 살펴보기로 한다(이우언 외, 2017: 114-115).

① 가족관계(부모)

성인은 신체적·정신적·정서적 모든 면에서 독자적인 생존이 가능한 성장을 이루었다. 그리고 미래를 대비하는 능력과 문제해결능력과 같은 인지능력도 거의 완성이 되었고, 개인적 가치관의 내면화와 동료집단에의 참여 등을 통한 사회적 발달도 자주성을 갖는 정도의 성숙을 이루었다. 따라서, 이제는 부모에 대한 의존을 매듭지어야 할 시기가 왔다고 할 수 있다.

부모에 대한 의존관계를 매듭짓고 혼자서 독립적으로 살아갈 수 있는 준비가 필요하다. 단지 부모와 정서적 의존관계 나아가 금전적 의존관계를 벗어나는 것이며 부모에 대한 거부나 소외, 또는 부모로부터의 분리와는 다른 독립의 의미이다. 즉, 부모와 자녀가 서로 상대방의 고유성을 받아들이는 자주적인 심리상태이다 성인기에 이르기까지 부모와 자녀 간의 친근하고 지지적인 관계는 지속되어야 한다. 동시에 청년의 자율성을 발달시키는 것이 무엇보다 중요한 시기이다.

② **친구**(동성)

이 시기에 성인들은 자신들의 인생문제나 고민을 함께 나눌 수 있는 친한 친구를 원하고 필요로 한다. 성인기의 우정 변화는 나이가 들어가면서 같은 친구를 계속해서 사귀는 경향이 있으며, 여자들의 우정이 남자들의 우정보다 더 오래 지속된다. 그 이유는 남자들의 우정은 개방적인 반면에, 여자들의 우정은 오직 한 사람의 단짝 친구를 사귀는 경향이 많기 때문이다.

③ **이성 친구**

성인기의 가장 중요한 사회적 관계는 '이성관계'이다. 물론 최근 발달의 가속화와 성에 대한 개방적 문화의 영향으로 중학교 정도의 시기에 많은 학생들이 연애를 시작하고 성 관계 경험도 많아지고 있지만 기성세대로부터 '자연스러운' 행동으로 인정을 받고 성숙한 사랑을 나눌 수 있는 시기가 성인기일 것이다.

이성과 사귀게 되면 당사자 두 사람은 서로 만나 대화하고, 데이트하고, 때로는 여행도 같이 하면서 한 대상에게만 열중하게 된다. 그리고 감정적 유대가 깊어지면 결혼도 가능하다.

7. 중년기

1) 중년기의 개념

중년기(middle adulthood)는 성인 후기, 장년기 또는 베이붐 세대 등으로 불리어지는 데, 연령으로 볼 때, 40~45세 이후부터 65세 이전까지 약 20~25년의 기간을 말한다. 이는 국내법상 노인을 65세로 규정하고 있기 때문이다. 학문적으로는 40~60세를 일컫는 경우도 많다.

중년기는 인생의 목표를 성취해 나가는 시기로 심리적·직업적·가정적으로 안정되어 있으며, 사회에 공헌할 수 있는 능력과 태도를 갖추게 된다. 특히, 중년기의 자녀 성장이나 직업적 성취, 후배 배출 등의 생산성은 중년기 발달에 원동력으로 작용한다. 중년기 발달에서 가장 현저하게 진행되는 변화는 노화로 신체적·성적 변화가 우선하며, 이와 함께 나타나는 심리적 변화로 성격과 정서의 변화가 있다. 사회적으로는 가정과 사회에서 윗사람으로서의 역할 변화가 있다(강경미, 2016: 362).

이 시기에는 경제적·직업적으로 비교적 안정되는 기간이기도 하지만 새로운 위기가 시작되는 기간이기도 하다. 중년기에 들어서면서 지혜를 통하여 문제를 해결하려고 시도하고, 대인관계를 이성보다는 사회적인 관계를 받아들이며, 감정의 대상을 다양화하고, 새로운 사고에 대하여 수용적이어야 건강하다고 할 수 있다. 이 시기는 사회적 관점에서 '빈둥지(empty nest)'시기라고도 하는데, 이는 자녀가 성장함에 따라 집을 떠나게 되어 부부만 남게 되는 것을 말한다. 각 가정의 부부의 결혼 연령, 자녀의 수, 자녀들의 교육기간, 자녀의 결혼 유무, 결혼 시기 등과 같은 여러 요인에 따라 그 기간이 결정된다. 다시 말해서, 이 시기는 남성보다는 여성, 특히 어머니의 역할에 집중을 하고 살아온 전업주부는 심리적으로 공허감이나 우울감을 느끼게 되어 부적응적 양상이 나타날 수 있으며, 이를 '빈둥지증후군(empty nest syndrome)'이라고 한다. 이러한 현상에 잘 대처하기 위해서는 원만한 부부관계를 유지하기 위한 노력이 필요하며, 다양한 사회적 활동에 참여하는 것이 도움이 된다.

이 시기는 인생의 목표를 성취해 가는 인생의 절정기이다. 이 시기에는 노화가 시작되는 자신의 신체적·생리적 변화를 인정하고 적응하며, 사회에 공헌하고 생산성을 획득해 나가면서 중년의 위기에 대처한다. 성숙한 부모의 태도를 소유하고 자녀를 지도하며, 부부간의 동반자 의식을 신장시키고, 노부모를 부양한다. 또한 직업안정을 통하여 경제적 안정을 누리고, 여가를 활용하며, 은퇴에 대비해 나간다(이근홍, 2015: 125).

2) 발달 특성

(1) 신체적 발달

중년기가 되면 성년기 후반부터 시작되던 신체적 노화가 본격적으로 진행되면서 신체활력이 저하되고 신체기능이 점차적으로 쇠퇴한다(강경미, 2016: 362).

나이가 들어가면서 사람들은 키가 1~4인치 정도 점차적으로 줄어든다. 몸통 부분에 지방이 쌓이면서 신체의 윤곽은 변화한다. 중년의 성인들은 신체의 체중이 재분배되면서 체중이 늘지 않은 경우라고 해도 큰 사이즈의 옷이 필요하게 된다. 적절한 운동과 식이를 통해 노화가 신체에 미치는 영향을 늦출 수 있다.

이 시기 대부분의 생리적 변화는 점차적으로 일어나며 사람에 따라 시기에 따라 다르게 나타난다. 이 시기의 눈에 띄는 변화는 근육의 강도 및 접합조직의 탄력성 감소와 관련이 있다. 관절이 닳고 손상되면서 퇴행성 관절염에 걸릴 위험이 높아진다. 운동, 체중조절 및 식이를 통해 정상적인 관절 기능을 유지할 수 있다. 얼굴, 복부 및 엉덩이의 피부가 늘어지고 이전보다 덜 탄탄해지기도 한다. 근육의 강도가 감소하면서 근육의 힘 또한 점차적으로 떨어진다.

골질량은 35세에 최고점에 다다른 후 천천히 떨어지다가 폐경 이후 가속화되어 감소한다. 골질량의 손실은 탈무기질화에 의해 발생한다. 이 결과, 뼈는 구멍이 더 생기고 잘 부서지며 골다공증으로 이어질 수 있다. 골다공증은 남성보다는 여성에게서 더 많이 발생한다. 유전 요인, 흡연, 알코올과 카페인 섭취, 정적인 생활양식이나 부적절한 영양 등이 골다공증에 기여하는 주된 요인들로 알려져 있다. 골다공증은 백인과 아시아계에서 더 잘 나타난다. 운동, 식이, 태양광선에의 노출, 호르몬 대체 및 적절한 칼슘섭취 등이 예방을 위해 조절할 수 있는 요인들이다.

일부 성인들은 치아가 모두 나는 반면, 일부는 사랑니가 완전히 다 나올만한 충분한 공간이 없을 수 있다. 만일 이런 사랑니가 통증이나 문제를 유발한다면 외과적 시술이 필요할 수도 있다. 치주질환은 적절히 구강관리를 하고 유지함으로써 예방할 수 있다. 정기적으로 치과를 방문하고 적절한 양치질 및 치실 사용을 하는 것이 건강한 치아와 잇몸을 유지할 수 있는 방법이다.

심장 및 폐의 근육이 탄력성을 상실하면서 최대 효율이 약간 감소하게 된다. 그 결과 혈압이 약간 상승하며 공기교환의 효율성은 어느 정도 떨어진다. 일반적으로 모든 근육이 작업할 수 있는 역량이 조금 떨어지고 회복하는 데에는 더 많은 시간이 필요해진다.

가장 눈에 띄게 변화가 나타나는 곳은 피부이다. 피부(내층)가 탄력성이 떨어지면서 주름과 축 처진 피부가 나타난다. 얼굴에서 가장 명백한 변화가 나타나는 곳은 웃을 때 생기는 입 주변의 팔자주름, 눈 주위, 뺨의 늘어지는 피부 등이다. 체중이 많이 감소하면 이러한 변화가 더 악화되기도 한다. 일부에서는 머리카락이 회색으로 변하거나 가늘어지거나 성장이 늦어지는 등 변화가 확실히 보이기도 한다. 인종, 유전자, 성별 등 모든 것들이 머리카락의 성장패턴에 영향을 미친다(Polan and Taylor, 2015).

중년기에 가장 뚜렷하게 감퇴가 느껴지는 두 가지 기능이 시각과 청각이다. 시각의 감퇴는 대체로 40~49세 사이에 나타나며, 노안이 대표적 징후이다. 실제로 성인중기 동안에는 가까운 것을 보는 데에도 어려움이 생긴다. 눈으로 가는 혈액공급이 감소되어 시각의 범위는 좁아지는 반면에, 사각범위(blind spot)는 커진다(송명자, 2017: 373). 즉, 수정체가 두꺼워지고 혼탁해지면서 주변시야가 감소하게 된다. 눈은 가까운 물체에 초점을 맞추는 능력이 떨어지고 어두운 곳에서 밝은 곳으로 왔을 때 적응하는 능력이 감소한다. 대부분의 시력변화는 교정렌즈를 통해 성공적으로 관리할 수 있다. 새로운 레이저 수술 또한 이러한 문제를 교정할 수 있으며 회복도 빠르게 이루어진다. 많은 사람들이 노인성 난청 또는 청력의 저하를 경험한다. 이는 귀의 모세혈관벽이 두꺼워지면서 발생한다. 부적절한 관리 및 큰 소리에의 과도한 노출이 이러한 상실을 악화시킨다.

중년기 동안 맛을 구별하는 능력은 점차적으로 감소하기 시작한다. 이런 변화는 매우 경미하기 때문에 식욕이나 음식의 선택에 크게 영향을 주지는 않는다. 구강과 치아의 전반적인 상태가 오히려 식이에 더 큰 영향을 미친다.

(2) 인지적 발달

일반적으로 중년기의 인지적 반응속도가 늦어진다는 점에 대해서는 동의하고 있다. 인간의 지적인 능력은 18세에서 25세 사이에 최고조에 달하며, 이후에 나이가 들어감에 따라서, 지적 기능이 변화한다. 중년기에는 행동이 전반적으로 완만해지는데, 이러한 느림은 감각의 예민함이나 말초신경 작용의 속도, 반응 동작의 속도 등과 같은 말초신경 요소들의 기능에서 먼저 일어난다기보다는 중추신경체계가 정보를 전달하는 과정에서 기본적인 변화가 일어난다. 인지적 능력의 변화는 지적 능력의 유형에 따라서, 다른 양상을 보여준다. 즉, 유동성 지능(단순 기억력, 기본적인 학습능력 등)과 비언어적 능력(동작을 포함하는 반응의 기민성 등과 같은)은 나이가 들수록 감소하게 된다(이우언 외, 2017: 124). 비록 새로운 학습능력은 저하된다 하더라도 오랜 경험을 통해 획득한 지혜가 있기 때문에 문제해결능력은 높아진다. 청각적 기억은 40세 이후부터 일정하게 유지되고, 시각적 기억 역시 60세까지는 감퇴 없이 유지된다. 기억능력도 감퇴하는 것처럼 보이는 이유는 정보처리시간이 길어지기 때문이다(구혜영, 2015: 377).

그러나 정신적 기능은 중년기에 최고조에 달한다. 중년기에도 새로운 기술을 지속적으로 학습할 수가 있고, 이미 알고 있는 것을 기억할 수 있다. 또한 언어능력에 있어서도 어휘력을 발전시킬 수 있다. 그러나 대부분의 중년기 사람들은 자신의 지적인 능력을 충분히 활용하지 않고 과거의 다양한 경험으로부터 얻은 지혜를 가지고 대처하고 보상하려는 경향이 있다. 그리고 기억능력의 감퇴가 이루어지는 것처럼 보이는데 실제로는 단기기억능력은 약화되지만 장기기억능력은 큰 변화가 없다. 즉, 중년기에는 새로 학습하는 능력은 저하되지만 오랜 경험을 통해 획득된 지혜가 있기 때문에 문제해결능력은 오히려 높아진다.

중년기의 인지 변화에 대해서는 상반된 주장들이 있다. 신체적 능력의 감소에 따라 인지적 능력이 하강한다는 견해와 함께 인지적 능력이 감소하지 않으며, 이 시기 특정 측면의 인지능력은 상승한다는 견해가 대립하고 있다.

대체로 중년기의 성인들은 단기적 기억력이 약화되어 새로운 것을 배우거나 빠른 속도를 요구하는 과제에 대한 해결 속도가 느리지만, 가설을 세우고 추론하는 통합된 사고능력과 문제해결 능력이 탁월하다. 중요한 점은 중년기 성인이 정신기능의 잠재력은 거의 변함이 없지만, 스스로 부정적인 인지변화를 자각하여 잠재력에 비해 정신적 · 신체적으로 위축되거나 소극적 태도로 인해 일에 대한 수행능력이 떨어지는 결과를 낳을 수 있다. 중년기의 인지적 발달의 강점을 중심으로 창조적 생산성을 발휘할 수 있는 지원이 필요하다. 이를 통해 중년기에 인생의 결월을 맺을 수 있으며 인생의 경험과 연륜을 통합한 리더십을 발휘할 수 있다(강기정 외, 2015: 259).

중년기 지능에 관한 연구를 횡단적 연구결과에 근거하여 살펴보면, 가장 높은 점수를 얻은 사람은 청소년 또는 젊은 성인들이며, 더 나이 많은 연령 집단은 더 낮은 점수를 얻었다. 지금까지 연구된 지능에 관한 횡단적 연구결과들은 일관성 있게 20대 후반이나 30대 초반에서부터 지능점수의 감퇴가 시작된다고 보고한다. 그러나 이러한 연구결과들은 횡단적 연구방법의 한계로, 같은 시대에 태어나 같은 역사적 환경에서 성장함으로써 나타나는 '출생동시집단효과(cohort effects)'를 고려하지 못한다는 비판을 받고 있다. 즉, 지적 과업 수행에는 교육수준이 매우 중요한 영향을 미치는데, 세대 간의 상이한 교육수준의 차이가 이러한 결과를 초래하였음을 의미한다는 반론이다.

이에 반해, 종단적 연구결과에 의하면, 연령 증가에 따른 감퇴현상이 나타나지 않았다. 대부분의 지적 능력이 60세 이전까지는 감퇴의 증후를 나타내지 않으며 연령보다는 출생동시집단효과가 지적기능의 감퇴에 더 큰 영향을 준다(박성연 외, 2017: 276).

중년기 지능 발달의 특징은 다음과 같다(지영주 외, 2016: 309).

첫째, 중년기 지능의 일률적인 감퇴는 일어나지 않으며 지능의 감퇴 여부는 교육경험, 사회문화적 배경에 따라 개인차가 크고 과제에 따라 차이가 다르게 나타난다.

둘째, 중년기 유동성 지능은 감퇴한다. 따라서, 정보처리속도를 둔화시켜 반응시간이 증가하게 된다. 이러한 감퇴는 신경원의 정보 전달 기제의 쇠퇴에 기인한다.

셋째, 중년기 결정성 지능의 감퇴 여부는 직업, 교육수준, 문화적 배경 등에 따라 차이가 있다. 중년기의 많은 사람들이 기억 감퇴를 호소하지만 실제로 기억 감퇴가 일어나는 영역은 거의 없다. 하지만 기억 과제 연습량의 감소로 인해 기억 감퇴가 일어나기도 하므로 연령과는 관계가 없다.

(3) 정서적 발달

안정성 있고 심리적으로 잘 성숙된 인격의 소유자도 나이를 먹어감에 따라서, 언젠가는 차차 여러 가지 변화를 나타내게 마련이다. 그런 것이 때로는 다소 신체적인 변화와 관련이 있을 수도 있지만 실제로 대개는 심리적인 변화이다. 중년기에 이르러서는 차차 자기가 늙어 가고 있음을 자각하게 된다. 점점 나이를 먹어 갈수록 자기 모습도 달라져 가고 머리도 희어지며 체력이 감퇴되었음을 완연히 느낀다. 동시에 지적 활동도 저하되어 가고 있음을 우연한 기회에 느끼기 시작하게 되고, 젊었을 때가 즐겁게 회상되고 늙어 가고 있는데 대해 그저 초조하고 불안한 생각이 든다.

성격적으로는 남성은 여성성이 증가되고, 여성의 경우에는 남성성이 증가하는 경향이 있다. 중년기는 남성성, 여성성이 통합되어 성역할이 보다 융통성 있게 변화하는 시기이며, 남녀가 양성성(androgyny)의 성향을 보일수록 중년기 적응력이 높다(강기정 외, 2015: 260).

기억력의 감퇴도 현저하게 느끼기 시작하는 변화 중의 하나이다. 대개 오래된 옛날 일에 관해서는 잘 기억이 나지만 최근 일에 관해서는 잘 잊어버리고 기억이 안 나는 것이 많아진다. 같은 이야기를 몇 번씩 되풀이하기를 잘하고 옛적 이야기를 많이 한다든지 물건을 잃어버리기를 잘하는 것 등도 기억장애와 관계있을 때가 많다.

새로운 것을 배우는 학습능력도 점점 감소되고 융통성이 없어져 감으로써 완고하게 되고 새로운 것을 받아들이기가 힘들며 옛날에 얽매여 변화에 저항하는 경향이 생긴다. 그리고 대체로 지나치게 보수적이며 내향성이 증가하고 고집이 세어져 독단적으로 되기가 쉽다. 흥미권도 좁아질 뿐 아니라, 모든 일에 의욕과 열성이 줄게 되고 주변의 모든 일들에 불평과 불만이 많아져 비관적이고 체념적인 생각을 많이 하게 된다. 이럴 때 본래 인격상에 신경증적인 문제가 있었던 사람들은 그러한 성격특성이 더욱 확대되어 심하게 나타나는 수도 있다. 반면에, 전부터 적응이 잘 되어 있던 사람은 감퇴된 능률을 잘 보상하여 침착성, 지혜, 판단 등의 좋은 점을 돋보이게 나타낼 수도 있다(강봉규, 2000: 245).

늙어갈수록 고독감을 쉽게 느끼게 되어 있다. 근래와 같이 전통적인 가족제도가 붕

괴되어 가고 핵가족화되어 가고 있는 상태하에서는 성장한 자녀들은 모두 독립해 나가고 더구나 도시생활과 같은 서로의 유대가 없어지고 서로가 의지하고 마음의 유대를 가지고 살아갈 수 있는 여건이 안 되어 있는 환경에서는 항상 고독하고 쓸쓸한 감을 면하기가 힘들다고 할 수 있다. 거기에다 의존심의 대상이었던 배우자나 집안사람들, 또 사회적 유대를 맺어 주던 벗과 주위의 친지들의 죽음은 고독감과 쓸쓸함을 한층 더 심하게 할 것이며 자연히 자기 자신의 죽음에 대한 불안감을 증대시킨다.

배우자와의 사별 이후 노인의 정신장애가 급격히 악화한다는 연구들이 많이 있다. 우리 사회에서는 특히, 남자의 경우 직업 여부가 사회적・경제적・심리적 관련성이 깊다. 직장에서의 은퇴와 이에 따르는 사회적 지위와 위신의 하락 그리고 권력의 감퇴와 그에 수반되는 경제적 타격 등은 노인들에게 사회적 소외감과 고독감을 더욱 강하게 느끼게 할 것이고 거기에 수반되는 죽음의 임박에 대한 불안과 공포를 가져오게 된다.

스트레스를 주는 여러 가지 일들은 적절히 대처하면 노인들에게서도 무사히 넘어갈 수 있다. 그러나 우울을 초래할 때도 있고, 때로는 흥분・착란・정신병적 사고를 부를 때도 있다. 무력감・실패감, 자존심과 자신감의 손상 등은 화・분노 등을 일으키고 적대적인 감을 주는 주위에 대한 불만과 더불어 우울은 더욱 심해진다.

일시적으로나마 분노를 터뜨리고 나면 결과적으로 죄의식을 느끼고 보복에 대한 현실적인 공포감 또 자기 자신은 더욱 쓸모가 없어진 것 같은 감을 느낌으로써 우울은 더욱 심해질 수 있다. 노년에 있어서의 우울은 흔히 있는 것이나 절대로 등한시하고 가볍게 생각해서는 안 된다.

(4) 사회적 발달

전 생애의 전망으로 보면 중년기는 변화(change)와 계속성(continuity)의 두 가지 측면을 모두 가지고 있다. 나이가 들면서 젊을 때와는 달리 신체적 특성이나 성격이 변하기도 하지만, 자신의 특성을 그대로 유지하기도 한다. 중년이 되면 수명의 유한성에 대한 자각이 증가하고 인생의 다양한 경험을 가지며 생성적 관심들이 증가한다. 인생 초기의 경험이 후반기의 삶에 결정적인 영향을 주는 것은 아니며 중년 초기와 후기의 삶이 같을 수도 있지만 다를 수도 있다. 사회적 변화로 사람들의 삶이 다양해지면서 40대와 60대에 어떤 삶을 사는 것이 전형적인 삶이라고 말하기 어려워졌다. 어떤 사람은 40대에 첫 아이를 낳는가 하면 어떤 사람은 그때 이미 조부모가 되기도 한다. 어떤 사람은 중년기에 제2의 인생을 시작하는가 하면 조기은퇴로 직업활동을 정리하기도 한다. 이처럼 중년기는 개인차가 큰 시기다(신명희 외, 437).

중년기가 되면 외적으로 팽창을 추구하고 사회적 성공과 명성을 위해서 에너지를 가정 밖 사회를 위해서 집중해 오다가, 40세 이후 중년의 나이가 되면 외부세계를 향하던 에너지가 자기 자신의 내면을 향하게 된다. 그리하여 갑자기 지금까지 헌신해 오던 일을 그만두고 새로운 도전을 시도하려고 하기도 하고 남과 여는 각기 반대의 성적 측면을 보이게 된다. 즉, 남성은 여성적으로, 여성은 남성적으로 변화하여 남성은 일찍 귀가하여 드라마를 보려고 하고 여성은 가정 밖으로 나아가 사회적 활동에 집중하려는 변화를 보이게 된다. 이런 반대적인 현상으로 인해 부부간의 역할 재조정과 상호이해가 필요하다. 이런 이해와 역할 조정이 잘 이루어지지 못하는 경우에 갈등이 야기되고 이혼을 하게 되기도 한다. 최근 우리나라도 결혼 초기의 이혼율은 낮아지고 소위 '황혼이혼율'이 높아지는 것도 남녀 간의 이런 변화가 원인이 되기도 한다(이우언 외, 2017: 125).

중년기는 사회체계(기족, 조직 등)의 과업수행 및 대인관계에도 영향을 미쳐 위기를 가져온다. 예를 들어, 중년기 성인은 부부 간의 갈등과 이혼, 자녀와의 갈등, 노부모 부양 부담으로 인한 갈등, 비자발적 실직 등의 문제를 갖는다. 특히, 가족관계에서의 중년기 부부의 역할 재조정과 역할 정립이 요구되는 시기로 슬기롭게 극복해야 한다. 건강가정의 요소에는 열린 대화, 자녀양육과 성장지원, 가정문화 창조 및 유지, 민주적 평등가족, 가족역할 공유, 일과 가정의 조화, 합리적 자원관리, 경제적 안정, 안정적인 의식주 생활, 건강한 시민의식 등이 포함된다. 이외에도 중년기의 사회적 발달에는 고려해야 할 요소들이 많다.

8. 노년기

1) 노년기의 개념

노년기(late adulthood)는 인생의 마지막 단계로 일반적으로 65세 이상인 사람을 노인이라고 한다. 우리나라 역시 연령적으로 65세 이상을 '노인'이라고 정의하며, 이를 세분해서 60~69세를 연소노인, 70~75세를 중고령노인, 75~84세를 고령노인, 85세 이상을 초고령노인으로 구분하는 경향이 있다. 그러나 노화가 시작되는 시기는 개인에 따라 차이가 있고, 개인마다 운동능력과 사고능력의 노화 정도가 다르고 의식수준도 개인차가 심하기 때문에, 노인을 한마디로 규정하기는 어렵다. 따라서, 일상적 활동이 감소하면서 사회와 유리되는 은퇴시기를 노년기로 간주하고 있다(강경미, 2016: 372-373). 「노인복지법」에서는 65세를 노인으로 규정하고 있으며, 일반 기업체의 정년퇴직 연령은 55세 정도인 경우가 가장 많다. 우리 사회에서는 55~65세 사이에 노년기가 시작된다고 할 수 있다. 하지만 50대 후반의 사람을 노인으로 규정하는 경우는 매우 드물며, 「노인복지법」에서 규정한 노년기의 시작 연령인 65세부터 사망에 이르기까지의 기간을 노년기로 규정하는 것이 타당할 것이다.

2017년 우리나라 전체 인구는 5,144만 6천명으로, 이 중 65세 이상은 13.8%인 707만 6천명이며 2060년에는 41.0%까지 늘어날 전망이다. 연령별로 살펴보면, 65~69세와 70~79세는 비중이 감소하는 반면, 80세 이상의 비중은 지속적으로 증가할 것이다. 2017년 인구 피라미드는 30~50대가 두터운 항아리 형태이며, 2060년에는 고령화로 인하여 60대 이상이 두터운 모습으로 변화될 것으로 전망이다(통계청, 2017: 15).

인간의 발달단계를 생애주기로 구분할 때, 노년기는 성인기 이후부터 죽음까지를 일컫는다. 물론 노년기의 시점에 관한 견해는 다양하여 노년기의 시작 나이를 일률적으로 규정하기는 쉽지 않다. 그러나 노년기에 들어서면 성인기에서의 생활로부터 급격한 삶의 변화가 온다. 아울러 임종과 함께 죽음을 맞이하는 노인들은 본인뿐 아니라, 가족을 포함한 주변인들에게 적지 않은 영향을 미친다. 취업활동을 비롯한 노년기 사회활동이 하향곡선을 그리면서 생활환경이 바뀌고, 노화로 제반활동이 줄어들고, 결국 가족이나 노인복지시설에 의지하는 경향이 강하다. 이뿐만 아니라, 임종과 죽음을 맞이하면서 발생하는 노인들의 심리적 변화와 이들의 가족 간 관계가 불러일으킬 수 있는 여러 문제는 사회문제로까지 대두하고 있다(최옥채 외, 2015: 347).

이 시기에는 자녀양육책임으로부터 벗어나 부부관계에 보다 초점을 맞추게 되고, 자녀들이 성인이 되는 등, 중년기까지의 자신의 삶이 결혼생활과 자녀양육에서 그리고 직업 등에서 성공했는지 실패했는지를 평가할 수 있는 증거가 축적된다. 따라서, 노년기에는 지나온 삶에 대한 평가를 하게 되는데, 이 과정에서 자신의 성취한계를 깨닫고 어느 정도의 실망을 하게 된다. 문제는 이것을 어떻게 받아들이는가인데, 어떤 경우에는 지나온 삶을 돌아보면서 극도의 우울감에 빠져 현재의 어떤 경험도 그 우울을 보상하지 못하는 경우가 있는가 하면, 어떤 경우에는 지나온 삶에 대한 평가를 지나치게 긍정적으로 합리화하여 극도의 자신감을 표현하는 경우도 있다(김이영 외, 2015: 185).

한편, 노년기의 의미를 바라보는 관점은 긍정적 관점과 부정적 관점이 있는데, 노년기를 죽음에 이르기까지의 인생의 마지막 단계로서 신체적 능력의 쇠퇴와 사회적 관계의 축소 그리고 사회경제적 지위의 하락과 같은 쇠퇴가 일어나는 시기로 보는 시각이 있다. 다른 시각으로는 노년기까지 삶을 살아오는데 축적된 경험과 지혜를 바탕으로 사회를 위해 봉사할 수 있으며, 죽음에 대비해 자신이 살아온 삶을 정리하는 과업이 중요한 시기로 보는 긍정적인 관점이 있다(지영주 외, 2016: 320).

2) 발달 특성

(1) 신체적 발달

노화(aging)란, 정상적 성장과 발달의 한 과정으로 연령 증가에 따라 인간 유기체에서 일어나는 생리 및 신체, 심리, 사회적 측면의 쇠퇴나 무기력화 현상이라 정의할 수 있다. 이 중 신체적 노화란 연령의 증가에 따라 일어나는 신체 구조적 및 신체 내적 기능의 변화를 의미한다. 이 시기에 들어서면 얼굴의 표피는 점차 얇아지고, 주름이 지며, 제2차 성장이 점차 위축되어 성별의 특징이 사라지게 된다. 골격은 뼈의 경화, 철분의 퇴적, 뼈대 구조의 변화가 나타나고, 신장이 줄어들며, 근육은 탄력성을 잃고 섬유소가 증가한다. 또한 감각기관의 능력이 감퇴하고 자극에 둔감해지며, 뇌의 무게가 줄고 뇌공은 팽창하며 피질조직은 좁아진다. 신체 기능상의 변화도 뒤따르는데, 자율적 조정능력이 감퇴하여 동작이 느려지고 동작 사이의 조정이 잘 이루어지지 않아 행동이 서툴고 어색하며, 지능이나 기억력 등 정신능력의 감퇴가 일어난다.

신체 내부의 장기는 40세부터 중량이 감소하지만, 심장은 말초혈관의 동맥경화에 의한 심장 비대, 지방분의 증가 등이 원인이 되어 오히려 중량이 늘어난다. 따라서, 심박출량과 심장박동능력이 떨어지면서 노년기에는 각종 심장질환에 걸릴 가능성이 높아진다. 노년기는 치아 결손, 소화효소분비량의 감소, 위 근육의 약화 등으로 소화기능이 감퇴된다. 그리고 폐용적의 감소로 폐 속에 잔기량이 증가하여 기관지 질환이나 호흡기 질환에 걸릴 가능성도 높아진다. 심장기능의 저하와 혈관기능의 저하는 혈액순환에 방해를 가져와 혈압의 상승을 가져오고, 이에 따라 동맥경화나 혈관성 치매에 이를 가능성 또한 높아진다(정은, 2014: 280).

노년기에는 수면에도 변화가 온다. 전체 수면시간은 줄어들며 자주 잠에서 깨어난다. 노인들은 하룻밤에 평균적으로 약 20번 잠에서 깨어나며 밤 시간의 약 20%는 깨어 있는 것으로 보고되고 있다(Hayachi & Ende, 1982). 노인의 약 1/3이 불면증을 호소한다. 잠자는 동안 일시적으로 호흡이 중단되는 현상(apnea)도 노년기 수면의 한 특징이다. 호흡 중단은 한 번에 약 2초에서 2분간 지속되며 하룻밤에도 수백 번 나타날 수 있다.

감각기능의 손상 또한 현저하다. 눈의 렌즈의 조절기능의 약화로 인해 시야 가까이 다가오는 물체에 대한 시각적 예민성이 급격히 감소된다. 노안이 오며, 하나 이상의 초점이 형성됨으로써 시야가 흐려지게 된다. 홍채의 유연성이 떨어져서 약한 불빛에서 동공의 크기가 확장되지 못하므로 밤눈이 어두워진다. 실제로 불빛이 흐린 상태에서 노인의 망막은 젊은이의 약 10~33%의 밝기밖에 받아들이지 못한다(Kosnik et al.,

1988). 50대부터 색깔 변별 능력이 낮아지는데 초록과 파랑색 계통의 변별력 손상이 먼저 오며 빨강색은 가장 늦게 나타난다. 이러한 시감각 능력의 변화는 시지각 감퇴를 유발한다. 생리적 기능의 감소는 신체적 질병 가능성을 증가시킨다.

결론적으로 65세 이후에 신체적 문제가 전혀 없는 노인은 발견하기가 어렵다. 연령 증가와 함께 심장혈관계의 효율성이 감소하고 허파, 신장, 간, 신경계 활동 등 신체 전반의 활동이 저하된다.

(2) 인지적 발달

인간의 성장의 의미는 퇴화도 함축하고 있다. 소위 연륜이라는 개념도 고연령에서는 의미가 없다. 그런 측면에서 인지적 변화는 노화의 측면에서 마음이나 지적 능력이 젊은지 늙었는지에 관계된 정신연령과 달력연령의 결합된 결과라고 할 수 있다. 그러나 노화에 있어서 중요한 사실은 인지능력에서 정신연령과 달력연령이 반드시 비례하는 것은 아니라는 점이다. 왜냐하면 과거와 다른 영양상태의 증진과 의학기술의 발달은 인간의 평균수명뿐만 아니라 건강수명까지도 연장시켰기 때문이다.

일반적으로 인지적 변화는 총체적인 측면에서 인지능력의 퇴화를 의미하는 것이지만, 부분적으로는 증진되는 능력도 있다. 달력연력의 성장은 아래와 같은 능력들이 어느 순간을 기점으로 둔해진다. 노년기의 특징인 지적 능력의 저하가 환경의 산물이라는 지적도 있다(Newman & Newman, 2011). 노년기의 환경은 새로운 사고나 체계적 사고를 강화하고 격려하는 유형이 아니며, 이러한 요인이 인지적 능력의 쇠퇴에 기여한다. 예를 들어, 많은 노인들이 혼자서 사는데 이것은 지적 분화와 새로운 사고형성을 촉진하는 다양한 사회적 상호작용이 결핍된 환경이다. 또한 노인들은 과거에 대해 이야기할 때 강화 받는 경향이 있으며, 이렇게 회상에 사로잡히는 것은 새로운 방향의 사고를 격려하지 않는다. 스키너(Skinner, 1958b)는 노년기에 인지적 능력의 쇠퇴를 막기 위한 개입으로 타인들과 언어적 상호작용을 촉진하는 규칙적인 기회를 가질 것, 기억이 감퇴하는 것을 막기 위해 책이나 논문의 개요를 작성해 볼 것, 아이디어가 떠올랐을 때 즉시 행동에 옮길 것 등을 제시했다.

노년기의 인지능력의 변화는 다음과 같다(김귀환 외, 2015: 258-259).

① 감각과 지각의 변화: 시각 퇴화에 따른 원근감각의 약화, 고음청취 곤란 및 소리 식별 능력 쇠퇴, 청각 쇠퇴로 인한 대인관계상의 문제, 촉각과 통각의 쇠퇴, 후각 · 미각 · 균형 감각의 쇠퇴 등이다.

② 지적 능력의 변화: 추리력 · 기억력 · 도형지각력 등과 같은 유동성 지능은 감소하지만, 어휘력 · 상식 · 이해력 등 결정성 지능은 증가한다. 즉, 많은 경험들은 후형식적 사고를 가능하게 하며, 결국 그것은 지혜의 증가를 의미한다.

③ 학습과 기억능력의 변화: 전반적인 학습능력의 저하, 단기 기억력 · 최근 기억력의 급감, 장기 기억력 · 최고 기억력의 점진적 감소, 동기 · 압박감 · 노력 · 보상 등에 의한 창의성의 개인차 · 다양화 등이다.

(3) 정서적 발달

노년기에는 신체적 건강 수준의 쇠퇴, 만성질환, 평생토록 함께 살아 온 배우자의 죽음, 정년퇴직으로 인한 경제사정의 악화, 가족이나 사회로부터의 소외 등으로 인하여 외로움, 고독감, 불안감, 좌절감, 죄의식 등을 갖게 되어 우울증 경향이 증가한다.

노년기가 되어 사회활동이 줄어들면서 노인들은 사회로부터 위축되어 내면의 자아로 몰두하게 되면서 내향성이 증가하게 된다. 또한 노인들은 어떤 일을 처리하는 데 있어서 스스로 노력이나 시도를 해보기도 전에 포기하거나 문제해결을 우연에 맡기는 경향이 있으며, 능동적이라기보다는 수동적이다.

노년기에는 융통성이 부족하고 경직성이 증가하여 환경의 변화에 적응하지 못하고 과거의 사고방식이나 태도를 고집하는 경향이 있다. 또한 시각, 청각 등의 감각기관의 퇴화와 과거의 경험을 바탕으로 한 정확성과 완벽성의 추구로 인하여 어떤 일을 할 때 조심성이 증가한다. 노인들은 가족구성원 간의 감정적 유대관계를 중요시하고, 믿고 의지할 사람을 찾게 되며, 물질적 도움보다는 심리적으로 의존할 수 있는 대상을 필요로 한다.

노인이 되면 그동안 살아온 자신의 인생을 되돌아보고 과거의 다양한 경험을 회상하는 일이 많아지며, 자신이 오랫동안 소중하게 여겼던 물건들이나 주위의 친근한 사물에 대해 애착을 갖게 된다. 노년기에는 시간의 흐름에 대한 인식이 달라져 생애의 나날이 젊은 시절보다 더욱 빠르게 느껴지며, 자녀, 재산, 작품 등과 같은 유산을 남기고자 하는 경향이 나타나게 된다. 또한 노인이 되면 남성과 여성의 성역할 지각의 변화가 나타나 남성은 집 안에 있기를 좋아하는 반면, 여성은 사회활동을 좋아하게 된다.

노년기에 들어서면 여러 가지 신체적·인지적 노화현상으로 인해 성격의 변화가 나타나는데, 그 내용은 다음과 같다(지영주 외, 2016: 335-336).

첫째, 우울한 경향이 증가한다. 노년기로 접어들면서 신체적 질병을 앓거나 배우자의 죽음, 경제적 어려움, 사회로부터의 고립, 일상생활에 대한 자기통제불가능 등으로 인하여 전반적으로 우울경향이 나타난다.

둘째, 나이가 들어감에 따라 사회적 활동이 점차 적어지고, 사물에 대한 판단과 활동방향을 외부에서 내부로 돌리는 행동양식이 많이 나타난다. 모든 문제에 능동적인 자세보다는 누군가의 도움을 받아 수동적으로 해결하거나 우연히 잘 되도록 내맡겨 버리는 경향이 증가한다.

또한 성격 특성은 원래부터 일정한 것이기 때문에 노년기가 되어도 젊은 시기의 성격을 그대로 유지한다는 주장과 변화한다는 주장이 동시에 제기되고 있다. 그러나 대개 노년기에 이르면 다소 변화되어 어떠한 독특한 성격 특성이 존재한다고 보고 있다.

(4) 사회적 발달

노년기에는 퇴직, 배우자와 친구의 상실 등으로 인하여 사회적 관계망이 줄어드는 것이 일반적이다. 그리고 직장 등과 같은 2차 집단과의 유대관계 및 참여정도는 줄어들고 가족, 친구, 이웃 등과 같은 1차 집단과의 관계가 사회적 관계의 중심이 되며, 그 중에서도 가족이나 자녀와의 관계가 핵심적 관계축이 된다.

노년기에는 평균수명의 연장과 출산자녀수의 감소로 자녀양육기간은 줄어들고, 배우자 사망 이후 독신으로 생활하는 기간과 여가시간이 늘어나게 된다. 따라서, 노년기에 있어서 원만한 부부관계의 유지는 삶의 만족도를 유지하는 데 필수적인 요인이 된다. 노년기에 원만한 부부관계를 유지하기 위해서는 건강 및 경제적 자립, 생활범위 조정 등이 이루어져야 한다. 특히, 남성노인의 경우 은퇴 이후 익숙하지 않은 가정이라는 공간에서 머물게 되는 시간이 늘어나게 되면서 배우자와 갈등을 일으키는 경우가 많아질 수 있으므로, 양성적 성역할을 사전에 학습할 필요가 있다. 노년기가 되면 배우자의 사망이라는 상실을 경험하게 되는데, 이때 많은 노인들이 슬픔, 불면증, 식욕상실, 체중감소, 사회활동에 대한 관심 저하, 불안, 우울, 분노, 비통, 죄의식 등과 같은 애도 감정이나 이와 관련된 행동을 나타낸다. 전통사회에서는 일부종사의 유교적 윤리에 근거하여 노년기의 이혼과 재혼을 금기시해 왔으나, 최근에는 황혼이혼이 점차 증가하고 있으며 노년기 재혼에 대해 보다 허용적 태도로 바뀌고 있다.

노년기에는 성인 자녀와 적절한 유대관계를 형성해야 하지만, 노인이 부양자의 지위에서 피부양자의 지위로 전환하는 과정에서 많은 어려움을 겪기도 한다. 핵가족화, 소가족화의 영향으로 자녀와 별거하는 비율이 높아지고, 부모자녀 간의 정서적 유대관계도 소원해지는 등 질적 관계에서도 많은 변화가 일어나고 있다. 특히, 결혼, 취업 등으로 인하여 자녀가 모두 부모의 곁을 떠나고 노부부만 남게 되는 '빈 둥지(empty nest) 시기'를 자유롭게 자기 자신을 개발할 수 있는 기회로 활용하는 경우가 있는가 하면, 자녀가 떠난 빈자리로 인하여 우울을 경험하는 경우도 있다. 노년기에 부모-자녀관계를 원만하게 유지하기 위해서는 자녀에게 일방적으로 의존하기보다는 상호지원 관계를 유지하고, 신체적 건강의 유지, 안정된 소득기반의 조성 그리고 심리적 건강 등을 확보하여야 한다.

노년기에 들어서 새로운 친구를 많이 사귄다는 것은 어려운 일이지만 오래된 친한 친구의 존재는 노인의 삶의 의욕을 유지시키고 인생의 만족감을 경험하게 하는 요인으로 작용한다. 노년기에도 친구관계는 친밀감을 제공하며 여가활동을 함께 하고 인지적인 자극을 주는 역할을 하며, 또한 노년기의 즐거움과 기쁨의 원천이 된다. 또한 친밀한 관계의 친구는 일상생활에서의 긴장이나 스트레스를 경감시키고 통제할 수 있도록 도움을 주는 역할을 한다.

노년기에는 직장동료관계 등과 같은 기존의 사회적 관계가 축소됨에 따라 친구의 수가 줄어들게 되지만, 새로운 친구를 사귀기가 쉽지 않으며, 대부분 지역적으로 가까운 곳에 사는 이웃노인이 친구가 되는 경우가 많다. 따라서, 노년기에 친밀한 친구 관계를 유지하기 위해서는 경제적으로 안정되어 있어야 하며, 건강상태가 양호해야 하며, 동일한 지역에서 오래 거주하는 것이 바람직하다. 대다수의 노인들은 자신이 거주했던 집에서 살고 싶어 하며, 주거지를 변경하는 경우는 많지 않다.

참고문헌

1. 단행본

강경미(2016). 『발달심리학』. 파주, 경기: 양서원.
강기정 외(2015). 『인간행동과 사회환경』. 고양, 경기: 공동체.
강봉규(2000). 『인간발달』. 서울: 동문사.
강상경(2011). 『인간행동과 사회환경』. 서울: 나남.
강세현 외(2013). 『아동관찰 및 행동연구』. 서울: 학지사.
강세현 외(2015). 『인간행동과 사회환경』. 파주, 경기: 양서원.
강영희(2014). 『생명과학대사전』(Encyclopedia of Life Science). 서울: 여초.
강용규 외(2011). 『21세기 사회복지정책』. 서울: 청목출판사.
강용규 외(2013). 『노인복지론』. 고양, 경기: 공동체.
강응섭(2010). 『프로이트: 무의식을 통해 마음을 분석하다』. 파주, 경기: 한길사.
강진령(2013a). 『상담과 심리치료』. 파주, 경기: 양서원.
곽호완 외(2008). 『실험심리학용어사전』. 서울: 시그마프레스.
구은미 외(2016). 『아동상담』. 파주, 경기: 양서원.
구혜영(2015). 『인간행동과 사회환경』. 서울: 신정.
국립특수교육원(2009). 『특수교육학 용어사전』. 서울: 하우.
권육상(2007). 『노인복지론』. 서울: 유풍출판사.
권육상(2008). 『인간행동과 사회환경』. 서울: 유풍출판사.
권중돈(2014). 『인간행동과 사회환경』. 서울: 학지사.
권중돈(2016). 『노인복지론』. 서울: 학지사.
권향임 외(2013). 『인간행동과 사회환경』. 서울: 창지사.
김경희(1999). 『발달심리학』. 서울: 학문사.
김귀환 외(2015). 『인간행동과 사회환경』. 파주, 경기: 정민사.
김근홍 외(2013). 『사회문제론』. 서울: 신정.
김남순(2003). 『발달심리학』. 서울: 과학교육사.
김남일 외(2015). 『심리학개론』. 파주, 경기: 동화기술.
김남일(2005). 『심리학』 대전: 신세계커뮤니케이션즈.
김남희 외(2014). 『노인복지론』. 서울: 동문사.
김민남 외(2004). 『도덕발달의 철학』. 서울: 교육과학사.
김보기 외(2016). 『최신 사회문제론』. 파주, 경기: 양서원.
김보기 외(2017). 『인간행동이해를 위한 심리학』. 파주, 경기: 양서원.
김선희 외(2012). 『인간행동과 사회환경』. 서울: 신정.

김성민(2001). 『분석심리학과 기독교』. 서울: 학지사.
김수희(2010). 『아동발달』. 파주, 경기: 양서원.
김신일(2013). 『교육사회학』. 파주, 경기: 교육과학사.
김영호(2010). 『인간행동과 사회환경』. 파주, 경기: 양서원.
김용선(1992). 『피아제와 반피아제론』. 서울: 형설출판사.
김용태(2007). 『통합의 관점에서 본 기독교상담학』. 서울: 학지사.
김유숙(2015). 『가족상담』. 서울: 학지사.
김윤재 외(2017). 『인간행동과 사회환경』. 파주, 경기: 양서원.
김이영 외(2015). 『인간이해를 위한 심리학』. 파주, 경기: 양서원.
김제한(2001). 『발달심리학』. 파주, 경기: 양서원.
김지미 외(2016). 『사회문제론』. 파주, 경기: 정민사.
김진(2016). 『콜버그의 도덕발달』. 울산: 울산대학교출판부.
김청자 · 정진선(2006). 『상담의 이론과 실제』. 서울: 동문사.
김춘경 외(1999). 『인성교육론』. 서울: 문음사.
김춘경 외(2004). 『아동학개론』. 서울: 학지사.
김춘경 외(2016). 『상담의 이론과 실제』. 서울: 학지사.
김치영 외(2014). 『노인복지론』. 서울: 동문사.
김태련 · 장휘숙(1998). 『발달심리학』. 서울: 박영사.
김태형 · 전양숙(2007). 『성격과 심리학』. 담양, 전남: 새뜰심리상담소.
김혜선 · 유안진(2011). 『인간발달』. 서울: 방송방송통신대학교출판부.
김흥규(2015). 『최신 상담심리학』. 파주, 경기: 양서원.
김희수 외(2014). 『노인상담의 이해』. 파주, 경기: 양서원.
______ · 이은숙(2014). 『노인상담의 이해』. 파주, 경기: 양서원.
나동석 외(2015). 『정신건강론』. 파주, 경기: 양서원.
남궁달화(1995). 『콜버그의 도덕교육론』. 서울: 철학과현실사.
남궁달화(1999). 『인성교육론』. 서울: 문음사.
노안영 · 강영신(2011). 『성격심리학』. 서울: 학지사.
도미향 외(2015). 『인간행동과 사회환경』. 서울: 신정.
문선모(2012). 『교육심리학의 이해』. 파주, 경기: 양서원.
박경애 외(2011). 『청소년 심리 및 상담』. 파주, 경기: 공동체
박근주 외(2016). 『영아 교사를 위한 부모상담 실제』. 파주, 경기: 양서원.
박석돈 외(2016). 『노인복지론』. 파주, 경기: 양서원.
박성연 외(2017). 『인간발달』. 서울: 파워북.
박순길 외(2017). 『아동상담』. 파주, 경기: 양서원.
박아청(2010). 『에릭슨의 인간이해』. 파주, 경기: 교육문화사.

박인숙 외(2014). 『인간성장발달』. 서울: 포널스출판사.
박희숙 · 김민희(2017). 『인간행동과 사회환경』. 서울: 창지사.
백지숙 외(2009). 『청소년상담』. 서울: 신정.
서강식(2010). 『피아제와 콜버그의 도덕교육이론』. 고양, 경기: 인간사랑.
서봉연 · 이순형(2003). 『발달심리학』. 서울: 중앙적성출판사.
서울대 교육연구소(1995). 『교육학용어사전』. 서울: 하우371
서창원(1996). 『현대심리학』. 서울: 한맥.
서혜석 외(2014). 『인간행동과 사회환경』. 서울: 청목출판사.
손광훈(2012). 『인간행동과 사회환경』. 고양, 경기: 공동체.
손병덕 외(2014). 『인간행동과 사회환경』. 서울: 학지사.
손진훈 외(1994). 『심리학의 이해』. 서울: 영진서관.
손홍숙(2011). 『아동발달론』. 고양, 경기: 공동체.
송대현(1981). 『사회심리학』. 서울: 박영사.
______(2012). 「또래관계」. 서울: 시그마프레스.
송지영(2012). 『정신병리학 입문』. 서울: 집문당.
신기원 외(2016). 『인간행동과 사회환경』. 고양, 경기: 공동체.
신명희 외(2013). 『발달심리학』. 서울: 학지사.
신희경 외(2011). 『교육심리학』. 서울: 신정.
신희천(2009). 『성도착증과 성정체감 장애』. 서울: 학지사.
심의보 외(2016). 『인간행동과 사회환경』. 서울: 파워북.
안범희(2011). 『성격심리학』. 서울: 하우.
안영진(2004). 『유아생활지도』. 서울: 삼광출판사.
______(2010). 『유아인성교육』. 서울: 창지사.
양병환(2010). 『정신병리학 총론』. 서울: 중앙문화사.
양옥남 외(2010). 「노인복지론」. 고양, 경기: 공동체.
양정남 외(2009). 『인간행동과 사회환경』. 서울: 청목출판사.
엄신자(2008). 『인간행동과 사회환경』. 서울: 인간과복지.
엄태완 외(2017). 『인간행동과 사회환경』. 고양, 경기: 공동체.
예병일(2007). 『내 몸 안의 과학』. 서울: 효형출판.
오만록(2017). 『생활지도 · 상담이론과 실제』. 파주, 경기: 정민사.
오수성 외(2013). 『정신병리학』. 서울: 학지사.
오창순 외(2015). 『인간행동과 사회환경』. 서울: 학지사.
옥선화(2004). 『결혼과 가족』. 서울: 하우.
우영효(2010). 『영유아 인성교육의 이론과 실제』. 파주, 경기: 양서원.
유수현 외(2015). 『인간행동과 사회환경』. 파주, 경기: 양서원.

윤가현 외(2016). 『심리학의 이해』. 서울: 학지사.
이광자 외(2009). 『현대심리학』. 서울: 아세아문화사.
이근홍(2015). 『인간행동과 사회환경』. 고양, 경기: 공동체.
이동귀(2016). 『너 이런 심리법칙 알아?』. 파주, 경기: 21세기북스.
이동원 외(2007). 『개인 · 관계 · 사회』. 파주, 경기: 양서원.
이소희 외(2005). 『청소년복지론』. 서울: 나남.
이순형 외(2014). 『아동복지 이론과 실천』. 서울: 학지사.
이순형 · 성미애(2014). 『인간발달』. 서울: 한국방송통신대학교출판문화원.
이신동(2016). 『생활 속에서 만나는 라이프 심리학』. 고양, 경기: 공동체.
이억범 외(2014). 『심리학개론』. 서울: 동문사.
이연호(2005). 「노인학대, 위험요인과 피해」. 파주, 경기: 한국학술정보.
이영실 외(2013). 『인간행동과 사회환경』. 서울: 창지사.
이영호(2010). 『정신건강론』. 고양, 경기: 공동체.
이옥형 외(2012). 『교육심리학』. 서울: 성신여자대학교출판부.
이우언 외(2017). 『인간행동과 사회환경』. 서울: 동문사.
이윤로(2006). 『인간행동과 사회환경』. 서울: 창지사.
이윤상(1995). 『심리학개론』. 서울: 기독교문서선교회.
이은희(2016). 『인간행동과 사회환경』. 고양, 경기: 공동체.
이인정 · 최혜경(2007), 『인간행동과 사회환경』. 서울: 나남.
이장호 · 김영경(2013). 『노인상담』. 서울: 시그마프레스.
이종복 · 전남련(2011). 『인간행동과 사회환경』. 파주, 경기: 학현사.
이종성(1992). 『윤리학(II)』. 서울: 대한기독교출판사.
이주희 외(2013). 『심리학의 이해』. 고양, 경기: 공동체.
이지연 외(2013). 『교육심리학』. 파주, 경기: 양서원.
이진향 외(2016). 『인간행동과 사회환경』. 서울: 창지사.
이훈구(1995). 『사회심리학』. 서울: 법문사.
이희세 · 임은희(2015). 『인간행동과 사회환경』. 파주, 경기: 양서원.
임규혁 · 임웅(2013). 『교육심리학』. 서울: 학지사.
임상록 외(2012). 『상담의 이론과 실제』. 서울: 파란마음.
임상록(2009). 『청소년복지론』. 서울: 학지사.
임은희(2010). 『인간행동과 사회환경』. 파주, 경기: 양서원.
장기수 · 송관재(2001). 『심리학의 이해』. 서울: 홍익대학교출판부.
장미경 외(2007). 『아동상담의 이론과 실제』. 서울: 태영출판사.
장수복 외 (2014). 『인간행동과 사회환경』. 서울: 동문사
장수한 외(2011). 『아동복지론』. 서울: 학지사.

장수환 외(2017). 『인간행동과 사회환경』. 고양, 경기: 공동체.
장혁표(2000). 『집단상담의 이론적 접근』. 서울: 중앙적성출판사.
정문자 외(2011). 『아동심리상담』. 파주, 경기: 양서원.
정미경 외(2011). 『아동복지론』. 서울: 학지사.
정미경 외(2015). 『심리학개론』. 파주, 경기: 양서원.
정서영 외(2017a). 『인간행동과 사회환경』. 파주, 경기: 양서원.
정서영 외(2017b). 『상담이론과 실제』. 파주, 경기: 양서원.
정순례 외(2015). 『청소년상담: 이론과 실제』. 서울: 학지사.
정옥분 외(2011). 『아동복지론』. 서울: 학지사.
정옥분(2011). 『아동발달의 이해』. 서울: 학지사.
정옥분(2014). 『발달심리학』.
정옥분(2014). 『심리학용어사전』. 서울: 한국심리학회.
정옥분(2015). 『전생애 인간발달이론』. 서울: 학지사.
정은(2014). 『인간행동과 사회환경(2판)』. 서울: 학지사.
정의석(2013). 『대학생을 위한 심리학』. 서울: 시그마프레스.
정정숙(2002). 『기독교 상담학』. 서울: 베다니출판사.
정철수(1985). 『사회심리학』. 서울: 법문사.
정태석 외(2014). 『사회학』. 서울: 한울아카데미.
정희영(2008). 『피아제와 교육』. 파주, 경기: 교육과학사.
조민식 외(2015). 『대중을 위한 사회학의 이해』. 파주, 경기: 양서원.
조복희 외(2016). 『인간발달』. 서울: 교문사.
조성연 외(2004). 『아동학개론』. 서울: 학지사.
조성연 외(2012). 『청소년복지론』. 서울: 창지사.
조형숙 외(2014). 『인간행동과 사회환경』. 파주, 경기: 정민사.
조흥식 외(2010). 『인간행동과 사회환경』. 서울: 학지사.
조희금 외(2009). 『건강가정론』. 서울: 신정.
지영주 외(2016). 『인간성장발달』. 서울: 퍼시픽북스.
천성문 외(2010). 『성문화와 심리』. 서울: 정인.
최경숙(2011). 『아동발달심리학』. 파주, 경기: 교문사.
최덕경 외(2014). 『인간행동과 사회환경』. 파주, 경기: 양서원.
최선화 외(2014). 『사회문제와 사회복지』. 파주, 경기: 양서원.
최옥채 외(2015). 『인간행동과 사회환경』. 파주, 경기: 양서원.
최일섭 · 최성재(2004). 『사회문제와 사회복지』. 서울: 나남.
최정윤 외(2015). 『이상심리학』. 서울: 학지사.
표갑수 외(2016). 『인간행동과 사회환경』. 서울: 신정.

표갑수(2014). 『사회문제와 사회복지』. 서울: 나남.
하정미 외(2017). 『인간행동과 사회환경』. 고양, 경기: 공동체.
한국교육심리학회(2000). 『교육심리학용어사전』. 서울: 학지사.
한국사전연구사 편집부(1996). 『간호학대사전』. 서울: 한국사전연구사.
한국산업사회학회 편(2010). 『사회학』. 서울: 한울아카데미.
한국심리학회(2004). 『현대심리학의 이해』. 서울: 학문사.
한국심리학회(2014). 『심리학용어사전』. 서울: 한국심리학회.
한국청소년개발원 편(2005). 『청소년문화론』. 서울: 교육과학사.
한규석(2009). 『사회심리학의 이해』. 서울: 창지사.
한규석(2009). 『사회심리학의 이해』. 서울: 창지사.
한미현 외(2013). 『아동복지』. 서울: 창지사.
한성심 외(2013). 『아동복지론(제4판)』. 서울: 창지사.
허경미(2003). "아동학대사범의 교정정책방향 연구". 『교종연구』. 제18호 : 235-253.
허정철 외(2017). 『인간행동과 사회환경』. 고양, 경기: 공동체.
현성용 외(2015). 『현대심리학의 이해』. 서울: 학지사.
현승일(2012). 『사회학』. 서울: 박영사.
홍기원 외(2016). 『알기 쉬운 심리학』. 고양, 경기: 공동체.
홍명희(2012). 『유아인성교육: 유아인성교육의 이론과 실제』. 서울: 형설출판사.
홍봉선 외(2013). 『청소년복지론』. 고양, 경기: 공동체.
홍봉선・남미애(2013). 『청소년복지론』. 고양, 경기: 공동체.
홍숙기(1990). 『성격심리학』. 서울: 박영사.
황응연・이기돈(1992). 『발달심리학』. 서울: 배영사.
황희숙 외(2011). 『아동발달과 교육』. 서울: 학지사

<논문>

강은지(2016). "학교폭력 사안 처리에 대한 예비교사의 대처능력 척도 개발". 중앙대학교 대학원. 석사학위논문.
강현정(2009). "노년기 사회적 배제". 한서대학교 대학원. 박사학위논문.
권금주(2007). "노인학대과정에 관한 연구". 이화여자대학교 대학원. 박사학위논문.
김석조(2015). "부모로부터의 학대경험이 청소년의 자살생각에 미치는 영향: 위축의 매개효과 분석". 연세대학교 사회복지대학원. 석사학위논문.
김송이(2001). "또래 지위와 친구 관계에 따른 아동의 또래 갈등 분석". 연세대학교 대학원. 박사학위논문.
김유경(2008). "아동학대 실태와 정책방안". 『보건복지포럼』. 제143호 : 30-43.
문영희(2003). "유아를 위한 생태학적 관점의 교육에 대한 프로그램운영의 실제". 『한국영유아보육학』. 제33집 : 27-236.

문영희(2004). "부모의 아동학대와 아동의 적응변인 연구: 서울시 초등학교 5, 6학년 대상으로". 서울기독대학교 박사학위논문.

문영희(2009). "아동 학대 의의와 실태 및 대처방안에 관한 고찰". 『한양대학』. 제27집 : 549-569.

문영희(2010). "개정 아동복지법과 아동 학대". 『한양대학』. 제37집 : 215-236.

문영희(2011). "아동 학대방지와 학대피해아동의 보호방안에 관한 연구". 동국대학교 박사학위논문.

문진영(2004). "사회적 배제의 국가간 비교연구: 프랑스, 영국, 스웨덴을 중심으로". 『한국사회복지학』. Vol.56 No.3 : 253-277.

박진재(2002). "아동의 또래관계증진을 위한 사회적 기술중재 프로그램의 효과". 연세대학교 대학원. 박사학위논문.

배지연 외(2006). "사회적 배제와 우울에 관한 탐색적 연구". 『노인복지연구』. 통권 33호 : 7-27.

손승희(2014a). "보육과정 총론". 『보육과정 및 상호작용』. 한국보육진흥원 : 29-38.

손승희(2014b). "상호작용 총론". 『보육과정 및 상호작용』. 한국보육진흥원 : 40-50.

심창학(2001). "사회적 배제 개념의 의미와 정책적 함의: 비교관점에서의 프랑스를 중심으로". 『(계간)한국사회복지학』. No.44 : 178-208.

이기학(2008). "재가 노인 학대에 관한 연구". 한서대학교 대학원. 박사학위논문.

이복희(2007). "부모의 아동학대와 아동의 적응변인 연구". 『교육문화연구』. 제13권 제1호.

이연호(2002). "노인학대 위험요인과 피해에 관한 연구". 이화여자대학교 대학원. 박사학위논문.

이찬엽(2011). "아동학대에 관한 형사법적 고찰". 『일감법학』. 제20호 : 343-374.

정혜숙(2009). "아내학대와 아동학대의 중복발생을 둘러싼 여성주의 비판모델과 여성복지적 과제의 검토". 『한국여성학』. 제25권 제4호 : 109-140.

조성남 외(2001). "청소년 하위문화와 정체성 정치: 또래집단을 중심으로". 『사회과학 연구논총』. Vol.7 : 117-162.

2. 외국문헌

Ainsworth, M. D. & Blehar, M. C.(2015). *Patterns of Attachment: A Psychological Study of the Strange Situation.* Psychology Press.

Ainsworth, M. D. & Wittig, B. A.(1965). Attachment and exploratory behavior of one-year-olds in a strange situation. In B. M. Foss (Ed.), *Determinants of infant behavior(Vol. 4)*. London: Methuen.

Ainsworth, M. D.(1979). Infant-Mother attachment. *American Psychologist, 34* : 932-947.

Anderson, R. E. & Carter, I.(1984). *Human Behavior in the Social Environment*. NY: Aiaine.

Apter, S. J. & Conoley, J. C.(1984). *Childhood Behavior Disorders and Emotional Disturbance: An Introduction to Teaching Troubled Children*. Englewood Cliffs. N.J.: Prentice-Hall.

Arlin, P. K.(1975). Cognitive Development in Adulthood. *Developmental Psychology, 11* : 602-606.

Arlow, J. A.(1979). Psychoanalysis. In R. J. Corsini (Eds.). *Current Psychotherapies* (2nd ed). IL: F. E. Peacock Publishers, Inc. : 1-43.

Arlow, J. A.(1979). Psychoanalysis. In R.J. Corsini (Eds.). *Current Psychotherapies* (2nd ed.). IL : F. E.

Arlow, J. A.(1989). Psychoanalysis. In R. J. Corsini (Ed.). *Current psychotherapies*. Itasca. IL: Peacock : 19-64.

Asher, S. R. & Dodge, K. A.(1996). Identifying children who are rejected by their peers. *Developmental Psychology. 23(4)* : 444-455.

Atchely, R. C. & Barusch, B.(2003). *Social Forces & Aging*. (10th Edition). Cengage Learning.

Atkinson, R. C. & Shiffirin, R. M.(1971). The Control of Short-term Memory. *Scientific American. 225* : 82-90.

Baker, E. L.(1985). Psychoanalysis and psychoanalytic psychotherapy. In J. L. Lynn & J. R. Garske (Eds.), *Contemporary psychotherapies*. Columbus. OH : Merrill/Prentice Hall : 19-67.

Bales, R. F.(1970). *Personality and Interpersonal Behavior*. New York: Holt, Rinehart & Winston.

Baltes, P. B. & Baltes, M. M.(1990). *Successful Aging*. Cambridge : Cambridge University Press.

Baltes, P. B. & Schaie, K. W.(1971). Aging and the IQ: The Myth of the Twilight Years. *Psychology Today. 7* : 35-40.

Bandler, B.(1963). *The Concept of Ego-supportive Psychotherapy*. In H. Parad, & R. Miller (Eds.), *Ego-oriented Casework: Problems & Perspectives*. NY: Family Service Association of America : 60-73.

Bandura, A. & Walters, R.(1963). *Social Learning and Personality Development*. NY: Holt, Rinehart and Winston.

Bandura, A.(1965a). Vicarious processes A case of no-trial learning. In L. Berkowitz (Ed.), *Advances in experimental social psychology. Vol. 2*. New York: Academic Press.

Bandura, A.(1965b). Influence of Model's Reinforcement Contingencies on the Acquisition of Imitative Responses. *Journal of Personality and Social Psychology. 1* : 589-595.

Bandura, A.(1969). *Principles of Behavior Modification*. New York: Holt, Rinehart & Winston.

Bandura, A.(1971). *Psychological modeling: conflicting theories*. Chicago: Aldine ·Atherton.

Bandura, A.(1973). *Aggression: a social learning analysis*. Englewood Cliffs. N.J.: Prentice-Hall.

Bandura, A.(1974). Behavior Theory and the Models of Man. *American Psychologist. 29* : 859-869.

Bandura, A.(1977). *Social Learning Theory*. Englewood Cliffs. NJ: Prentice Hall.

Bandura, A.(1986). *Social Foundations of Thought and Action: A Social Cognitive Theory*. Englewood Cliffs. N.J.: Prentice-Hall.

Bandura, A.(1997). *Self-efficacy: the exercise of control*. New York: W.H. Freeman.

Bandura, A.(2015). *Moral Disengagement: How People Do Harm and Live with Themselves*. New York, NY: Worth.

Bartholomew, K. & Horowitz, L. M.(1991). Attachment styles among young adults: A test of a four-category model. *Journal of Personality and Social Psychology. 61(2)* : 226-244.

Beck, A. T. & Freeman, A.(1990). *Cognitive therapy of personality disorders*. New York: Guilford Press.

Beck, A. T. et al.(1979). *Cognitive Therapy of Depression*. The Guilford Press. 원호택 외(2008). 『우울증의 인지치료』. 서울: 학지사.

Beck, A. T.(1967). *Depression: Clinical Experimental and Theoretical Aspects*. New York Harper & Rcw.

Beck, A. T.(1972). *Depression: Causes and Treatment*. University of Pennsylvania Press.

Beck, A. T.(1973). *The Diagnosis and Management of Depression*. University of Pennsylvania Press.

Beck, A. T.(1976). *Cognitive Therapy and the Emotional Disorders*. New York: International University Press.

Beck, A. T.(1979). John Rush, Brain F. Shaw, and Gary Emery, *Cognitive Therapy of Depression*. The Guilford Press. 원호택 외(2008). 『우울증의 인지치료』. 서울: 학지사.

Beck, A. T.(1985). *Anxiety Disorders and Phobias: A Cognitive Perspective*. New York: Basic Books.

Beck, A. T.(1989). *Love Is Never Enough: How Couples Can Overcome Misunderstandings, Resolve Conflicts, and Solve*. Harper Paperbacks.

Belsky, J. & Rovine, M. J.(1988). Nonmaternal care in the first year of life and security of infant-parent attachment. *Child Development. 59* : 157-167.

Bergman, J.(1995). Social Exclusion in Europe: Policy Context and Analytical Framework. Beyond the Threshold: the measurement and analysis of social exclusion. Bristol: Policy Press.

Berk, L. E.(1994). *Child development* (3rd. ed.). Boston: Allyn & Bacon.

Bigner, J. J. & Gerhardt, C. J.(2013). *Parent-child relation: An introduction to parenting* (9th ed). Pearson.

Bigner, J. J.(1983). *Human development: A life-span approach*. New York: Macmillan Publishing Co. Inc.

Bowlby, J.(1969, 1983). *Attachment and Loss (Series, Vol 1)* 2nd Edition. New York: Basic Books

Bowlby, J.(1973/1985). *Attachment and loss. Vol. 2: Separation, Anxiety and Anger*. Penguin Books.

Bowlby, J.(1989). *Secure attachment*. New York: Basic Books.

Brodaty, H. et al.(2005). Why caregivers of people with dementia and memory loss don't use services. *International Journal of Geriatric Psychiatry. 20(6)* : 537-546.

Brown, R.(1978). Development of the first language in the human species. In J. K. Gardner (Ed.), *Readings in developmental psychology*. Boston: Little. Brown & Co. : 117-129.

Brown, D. & Brooks, L.(1985). Career Counseling as a Mental Health Intervention. *Professional Psychology: Research and Practice*. 6 : 860－867.

Burchardt, T. J. et. al.(1999). Social Exclusion in Britain 1991-1995. *Social Policy and Administration. 33(3)* : 227-244.

Burchardt, T. J. et al.(2002). Introduction. *Understanding Social Exclusion*. edited by J. Hills, J. Le Grand and D. Piachaud. Oxford: Oxford University Press : 1-12.

Burger, J. M.(1986). *Personality: Theory and Research*. Belmont. CA: Wadsworth Publishing Company.

Carlson, E. A. et al.(2004). The construction of experience: A longitudinal study of representation and behavior. *Child Development*. 75 : 66-83.

Cattell, R. B.(1971). *Abilities: Their Structure, Growth, and Action*. Houghton Mifflin.

Chomsky, N.(1957). *Syntactic structures*. The Hague: Mouton.

Chomsky, N.(1968, 2006). *Language and Mind* (3 edition). Cambridge University Press.

Chomsky, N.(1986). *Knowledge of language: Its nature, origin, and use*. New York: Praeger.

Colby, A. et al.(1980). *A longitudinal study of moral judgment* (Unpublished manuscript). MA. Cambridge: Harvard University.

Cole, M. & Cole, S.(1993). *The development of children* (2nd ed.). New York: Scientific American Books.

Conway, J.(1997). *Men in Mid Life Crisis*. David C. Cook.

Craig, G. J. & Baucum, D.(2002). *Human Development*. Rue Education.

Crain, W.(2017). *Theories of Development: Concepts and Applications* (6th New edition). Routledge.

Crandell T. et al.(2011). *Human Development* (10th Edition). New York: McGraw-Hill Co. Inc.

Creswell, J. W.(2015). *Educational research: Planning, conducting, and evaluating quantitative and qualitative research* (4th ed.). New Jersey: Pearson India.

DeMulder, K. E. et al.(2000). Q-sort assessment of attachment security during the preschool years: Links from home to school. *Developmental Psychology*. *36* : 274-282.

Dodge, K. A.(1980). Social cognition and children's aggressive behavior. *Child Development*. *51* : 247-261.

Dollard, S. J. et al.(1939/1974). *Frustration and Aggression*. Yale University Press.

Dunphy, D. C.(1963). The Social Structure of Urban Adolescent Peer Groups. *Sociometry*. *14* : 227-236.

Durkheim, E.(1897, 2012). *Le Suicide, a study in sociology*. Ulan Press.

Dworetzky, J. P.(1996). *Introduction to child development* (6 edition). Wadsworth Publishing;

Erikson, E. H. & Erikson, J. M.(1982, 1997). *The Life Cycle Completed* (Extended Version). W. W. Norton & Company.

Erikson, E. H. & Robert Coles(2001). *The Erik Erikson Reader*. W. W. Norton & Company.

Erikson, E. H. and Kakar, S.(1993). *Identity and Adulthood*. Oxford University Press.

Erikson, E. H.(1950, 1993a). *Childhood and Society*. New York: W. W. Norton & Company.

Erikson, E. H.(1959, 1994a). *Identity and the Life Cycle*. New York: W. W. Norton & Company.

Erikson, E. H.(1962). *Young Man Luther*. Peter Smith Pub. Inc.

Erikson, E. H.(1965, 1994b). *Identity: Youth and Crisis*. New York: W. W. Norton & Company.

Erikson, E. H.(1970, 1993b). *Gandhi's Truth: On the Origins of Militant Nonviolence*. New York: W. W. Norton & Company.

Erikson, E. H.(1974, 1979). *Dimensions of a New Identity*. New York: W. W. Norton & Company.

Erikson, E. H.(1978). *Adulthood*. New York: W. W. Norton & Co Inc.

Erikson, E. H.(1993c). *Young Man Luther: A Study in Psychoanalysis and History*. New York: W. W. Norton & Company.

Erikson, E. H., Joan, M. and Kivnick, Helen Q.(1994). *Vital Involvement in Old Age*. W. W. Norton & Company.

Erikson, H. H.(1975). *Life History and Historical Moment*. NY: Norton.

Eron, L. D. et al.(1983). Age trend in development of aggression, sex, typing and related television habits. *Developmental Psychology*. *19* : 1103-1119.

Freud, A.(1965). *Normality and Pathology in Childhood*. N.Y.: International Psychoanalytic press.

Freud, S.(1914/1957). *On the history of the psycho-analytic movement*. Standard edition (Vol. 14). London: Hogarth Press.

Freud, S.(1920b/1967). *A general introduction to psychoanalysis*. New York: Washington Square Press.

Freud, S.(1920a/1949). *An outline of psychoanalysis*. New York: Norton.

Freud, S.(1923, 2013), *The Ego and the Id*. CreateSpace Independent Publishing Platform.

Freud, S.(1927). *The Future of an Illusion*. Garden City. NY: Doubleday Anchor Books.

Freud, S.(1964). Why War? In J. Strachey (Ed.), *Standard Edition of the Complete Psychological Works of Sigmund Freud* (Vol. 22). London: Hogarth Press.

Freud, S.(1966). *Introductory Lectures on Psychoanalysis*. N.Y.: Norton.

Germain, C. B. & Gitterman, A.(1980). *The Life Model of Social Work Practice*. NY: Columbia University Press.

Germain, C. B.(1973). An Ecological Perspective in Casework Practice. *Social Casework. 54(6)* : 323-331.

Germain, C. B.(1987). Human Development in Contemporary Environments. *Social Service Review*. 565-580.

Germain, C. B. (Ed.)(1979). *Social Work Practice: People and Environments*. NY: Columbia University Press.

Germain, C. B.(1978). Space an Ecological Variable in Social Work Practice. *Social Casework. 59(9)* : 519-522.

Gibbs, J. C.(2014). *Moral development and reality: Beyond the theories of Kohlberg and Hoffman* (3rd ed.). Upper Saddle River. NJ: Pearson.

Giddens, A.(2009). *Sociology*. Cambridge: Polity Press.

Gilligan, C.(1977). In a different voice: Women's conceptions of self and morality. *Havard Educational Review. 47(4)* : 481-517.

Gilligan, C.(1982). *In a different voice: Psychological theory and Women's development*. Cambridge. Massachusetts: Harvard University Press.

Gilligan, C.(1990). Teaching Shakespeare's sister. In C. Gilligan, N. Lyons & T. Hanmer (Eds.), *Making connections: The relational worlds of adolescent girls at Emma Willard School*. Cambridge. Massachusetts: Harvard University Press.

Gilligan, C.(1993). Adolescent development reconsidered. In A. Garrod (Ed.), *Approaches to moral development: New research and emerging themes*. New York: Teachers College Press.

Gilligan, C. & Belenky, M. F.(1980). A naturalistic study of abortion decisions. In R. Selman & R. Yando (Eds.), *Clinical-developmental psychology*. San Francisco: Jossey-Bass.

Gilligan, C. et al.(1971). Moral reasoning about sexual dilemmas. *Technical report of the commission on obscenity and pornography (Vol. 1)*. Washington. DC: U.S. Government Printing Office.

Goldstein, H.(1982). Cognitive Approaches to Direct Practice. *Social Service Review. 56* : 541-555.

Gould, S. J.(1978). *Transformation, Growth and Change in Adult Life.* New York : Simon and Schuster.

Grossman, H. J.(Ed.)(1993). *Classification in Mental Retardation*. Washington, D.C.: American Association on Mental Deficiency.

Grossman, K. E. & Grossman, K.(1990). The wider concept of attachment in cross-cultural research. *Human Development*. *33* : 31-47.

Hall, E.(1983). *Psychology today: An introduction* (5th ed.). New York: Random House.

Hansen, L. S. & Keierleber, D. L.(1978). Born free: A collaborative consultation model for career development and sex-role stereotyping. *Personnel and Guidance Journal*. *56(7)* : 395-399.

Harlow, H. F. & Harlow, M. K.(1969). Effects of various mother-infant relationships on rhesus monkey behaviors. In B. M. Foss (Ed.), *Determinants of infant behavior* (Vol. 4). London: Methuen : 15-36.

Hartup, W. W.(1974). Aggression in childhood developmental perceptive. *American Psychologist*. *29*.

Hartup, W. W.(1978). Peer interaction and behavioral development of the individual child. In Gardner, J. K.(Ed.), *Reading in Developmental Psychology*. Boston: Little, Br own & Co.

Havighurst, R. J.(1961). Successful aging. *The Gerontologist*. *1* : 8-13.

Havighurst, R. J. et al.(1968). Disengagement and patterns of aging. In B. L. Neugarten (Ed.), *Middle age and aging*. Chicago. IL: University of Chicago

Hazan, C. & Shaver, P. R.(1987). Romantic love conceptual as an attachment process. *Journal of Personality and Social Psychology*. *52* : 511-524.

Helms, D. B. & Turner, J. S.(1976). *Exploring child behavior*. Philadelphia: W. B. Saunders Co.

Hjelle, L. A. & Ziegler, D. J.(1992). *Personality theories*. N.Y.: McGraw-Hill, INC.

Hoyt, K. B.(1974). *An introduction to career education*. U. S. Office of Education Policy Paper. Washington. DC: The Office.

Hughes, F. P. & Noppe, L. D.(1985). *Human development across the life span*. New York: West Publishing Co.

Huston, A. C. et al.(1989). Public Policy and Children's Television. *American Psychologist*. *44* : 159-173.

Jacobsen, T. & Hofmann, V.(1997). Children's attachment representations: Longitudinal relations to school behavior and academic competency in middle childhood and adolescence. *Developmental Psychology*. *33* : 703-710.

Jones, C. L. et al.(1995). *The Future of the Family*. Englewood Cliffs. NJ: Prentice-Hall.

Kagan, J.(1994). *The Nature of the Child* (Tenth Anniversary Edition). NY: Basic Books.

Kail, R. V. & Cavanaugh, J. C.(2015). *Human Development: A Life-Span View* (7th Edition). Wadsworth Publishing.

Kohlberg, L. et al.(1983). *Moral stage: A current formulation and a response to critics*. Basel: Karger.

Kohlberg, L.(1963). The development of children's orientations toward a moral order. Sequence in the development of moral thought. *Human Development*. *6* : 11-33.

Kohlberg, L.(1968). The child as a moral philosopher. *Psychology Today*. *2(4)* : 25-30.

Kohlberg, L.(1969). Stage and sequence: The cognitive-developmental approach to socialization. In D. A. Goslin (Ed.), *Handbook of socialization theory and research*. Chicago: Rand McNally.

Kohlberg, L.(1970). Moral development and the education of adolescents. In R. F. Purnell (Ed.), *Adolescent and the American high school*. New York: Holt. Rinehart & Winston.

Kohlberg, L.(1973). Continuities in childhood and adult moral development revisited. In P. Baltes & K. W. Schaie (Eds.), *Life-span developmental psychology : Personality and socialization*. New York: Academic.

Kohlberg, L.(1976). Moral stages and moralization: The cognitive development approach. In T. Likona (Ed.), *Moral development and behavior: Theory, research, and social issues*. New York: Holt. Rinehart & Winston.

Kohlberg, L.(1981). *The Philosophy of Moral Development: Moral Stages and the Idea of Justice* (1st edition): Harper & Row.

Kohlberg, L. & Ryncarz, R. A.(1990). Beyond justice reasoning: Moral development and consideration of a seventh stage. In C. N. Alexander & E. J. Langer (Eds.). *Higher stages of human development*. New York: Oxford University.

Kosnik, W. et al.(1988). Visual change in daily Life Throughout Adulthood. *Journal of Gerontology. 43* : 63-70.

Küler-Ross, E.(1969). *On Death and Dying*. N.Y.: Macmillan.

Küller, J. A.(1996). Chronic Villus Sampling. In J. A. Kuller, N. C. Cheschier, & R. C. Cefalo (Eds.), *Prenatal Diagnosis and Reproductive Genetics*. St. Louis: Mosby : 145~158.

Lamb, M. E. et al.(1985). *Infant-mother Attachment: The Origins and Developmental Significance of Individual Differences in Strange Situation Behavior*. Hillsdale, NJ: Erlbaum.

Levinson, D.(1986). *The Seasons of a Mans Life*. New York: Ballantine Books,

Lewis, M.(2000). Attachment over time. *Child Development. 71* : 707-720.

Lucas-Thompson, R. & Clarke-Stewart, K. A.(2007). Forecasting friendship: The links from marital quality, maternal mood, and attachment security to children's peer relationships. *Journal of Applied Developmental Psychology. 28* : 499-514.

Mangelsdorf, S. C. et al.(1996). Attachment security in very low birth weight infants. *Developmental Psychology. 32* : 914-920.

Markus, H., & Zajoni, R. B.(1985). The Cognitive Perspective in Social Psychology. In G. Lindzey & E. Aronson (cds.). *The Handbook of Social Psychology* (3rd ed.). NJ.: Erlbaum Associates : 137-230.

McDaniel, C.(1978). The practice of career guidance and counseling. *Inform. 7(1)* : 1-8.

Miller, P. H.(2016). *Theories of developmental psychology* (6 edition). Worth Publishers.

Monte, C. F.(1980). *Beneath the mask: An introduction to theories of personality* (2nd ed.). New York: Holt, Rinehart & Winston.

Nesselroade, J. R. & Bakes, P. B.(1974). Adolescent personality development and historical change : 1970-1972. *Monographs of the Society for Research in Child development. 39*(1, Serial no. 154).

Newman, B. M. & Newman, P. R.(2011). *Development Through Life: A Psychosocial Approach* (11 edition). Wadsworth Publishing.

NICHD Early Child Care Research Network.(2001). Child-care and family predictors of preschool attachment and stability from infancy. *Developmental Psychology. 37* : 847-862.

Papalia, D. E. and Olds, S. W.(2008). *Human Development*(11th Edition). McGraw-Hill Humanities.

Papalia, D. E. et al.(2006). *A child's world: Infancy through adolescence*. NY: McGraw Hill.

Papalia, D. et al.(2003). *Child Development*. New York: McGraw-Hill.

Piaget, J. & Inhelder, B.(1956). *The child's conception of space*. London: Routledge & Kegan Paul.

Piaget, J.(1932, 1965). *The moral judgment of the child*. New York: Free Press.

Piaget, J.(1954). *The construction of reality in the child*. New York: Basic Books.

Piaget, J.(1962). *Play, dreams, and imitation in childhood*. New York: Norton.

Piaget, J.(1963). *The Origins of Intelligence in Children*. New York: Norton,

Piaget, J.(1973). *The Child and Reality: Problems of Genetic Psychology*. New York: Grossman Publishers.

Piaget, J.(1985). *The Equilibration of Cognitive Structures: The Central Problem of Intellectual Development*. Chicago: University of Chicago Press.

Polan, E. U. and Daphne Taylor, R.(2015). *Journey Across the Life Span: Human Development and Health Promotion* (5 edition). F. A. Davis Company.

Raynor, J. O. & Entin, E. E.(1982). *Motivation, career striving, and aging*. New York: Hemisphere.

Salkind, N. J.(2004). *An Introduction to Theories of Human Development*. Sage Publications.

Santrock, J. W.(2015). *Essentials of Life-Span Development*(4th Edition). McGraw-Hill Education.

Schaffer, H. R. & Emerson, P. E.(1964). The development of social attachments in infancy. *Monographs of the Society for Research in Child Development, 29*, 3.

Schultz, D. & Schultz, S. E.(1994). *Theories of Personality* (5th ed.). Pacific Grove, CA : Brooks/ Cole Publishing Company.

Schultz, D.(1977). *Growth Psychology: Models of the Healthy Personality*. New York ' D. Van Nostrand Co. 정종진 역(1990). 『건강한 성격의 소유자란』. 서울: 그루.

Sen, A. K.(2000). "Social Exclusion: Concept. Application. and Scrutiny". *Social Development Papers. 1* : 1-54.

Sheey, G.(2006). *Passages: Predictable Crises of Adult Life*. New York: Ballantine Books.

Silverman, R. E.(1982). *Psychology* (4th ed.). M. J.: Prentice-Hall Inc.

Sime, M.(1973). *A child's eye view: Piaget for young parents and teachers*. Thames and Hudson. 『피아제가 보여주는 아이들의 인지세계』. 문용린 역(2009). 서울: 학지사.

Simpson, J. A. et al.(2007). Attachment and the experience and expression of emotions in romantic relationships: A developmental perspective. *Journal of Personality and Social Psychology. 92* : 355-367.

Skinner, B. F.(1938). *The behavior of organisms*. New York: Appleton-Century.

Skinner, B. F.(1948). *Walden two*. New York: Macmillan.

Skinner, B. F.(1953). *Science and human behavior*. New York: Macmillan.

Skinner, B. F.(1954). The science of learning and the art of teaching. *Harvard Educational Review. 24* : 86-97.

Skinner, B. F.(1958a). *Teaching machines. Science. 128* : 969-977.

Skinner, B. F.(1958b). Intellectual Self-Management in Old Age. *American Psychologist. 38* : 239-244.

Skinner, B. F.(1974). *About behaviorism*. New York: Vintage Books, A Division of Random House.

Skinner, B. F.(1990). *Beyond Freedom and Dignity*. New York: Bantam Book.

Skinner, B. F.(2015). *Beyond Freedom and Dignity*. Martino Fine Books.

Specht, R. & Craig, G. J.(1987). *Human Development: A Social Work Perspective* (2nd ed.). Englewood Cliffs. NJ: Prentice-Hall.

Tharp, R. G. & Gallimore, R.(1988). *Rousing minds to life*. New York: Cambridge University Press.

Thomas, R M.(2011). *Comparing Theories of Child Development* (6th ed.). Thomson-Wadsworth.

Turner, J. S. & Helms, D. B.(1983). *lifespan Development* (2nd ed.). New York: Holt, Rinehart & Winston.

Udry, J. R.(1971). *The Social Context of Marriage*(2nd edition). J. B. Lippincott Company.

van den Bloom, et al.(1994). The effect of infant irritability on mother-infant interaction: A growth-curve analysis. *Developmental Psychology. 30* : 581-590.

van IJzendoorn, M. H.(1990). Development in cross cultural research on attachment: Some methodological notes. *Human Development. 33* : 3-9.

Vygotsky, L. S.(1962). *Thought and language*. MA. Cambridge: MIT Press.

Vygotsky, L. S.(1978). *Mind in Society: The Development of Higher Psychology Processes*. Cambridge. Mass.: Harvard University Press.

Warren, R. L.(1978). *The Community in America*. Chicago. IL: Rand McNally Company.

Watson, J. B. & Raynor, R.(1920). Conditional emotional reactions. *Journal of Experimental Psychology. 3* : 1-4.

Wertsch, J. V. & Tulviste, P.(1992). L. S. Vygotsky and contemporary psychology. *Developmental psychology. 28* : 548-557.

Wolman, B. B.(Ed.)(1982). *Handbook of Developmental Psychology*. Englewood Cliffs. NJ : Prentice-Hall.

Wolpe, J. (1969). *The Practice of Behavior Therapy*. New York: Pergamon Press.

Zastrow, C. & Kirst-Ashman, K. K.(2012). *Understanding Human Behavior in the Social Environment* (9th ed.). Belmont: Brooks/Cole.

찾아보기

인명

내용

(ㄱ)

(ㄴ)

(ㅇ)

(ㅈ)

저자소개

▌송형철

Canada Christian College & School of Graduate Theological Studies(D.C.C.)
The Graduate School of Theology at Louisiana Baptist University(Ph.D)
국제대학원대학교 사회복지교육학박사(Ph.D)
국제문화대학원대학교 교수
<저서> 감수성 훈련과 인간이해, 용서의 힘

▌권붕

국제문화대학원대학교 사회복지교육학과 박사(Ph.D)
국제문화대학원대학교 상담사회교육학과 박사(Ph.D)
대한신학대학원대학교 조직신학 전공 철학박사(Ph.D)
동방대학원대학교 사회복지학과 교수 / 호원대 사회복지학과 겸임교수
<저서> 발달심리학, 상담심리학, 상담이론과 실제, 사회복지개론, 사회복지행정론, 사회문제론

▌김종필

대한신학대학원대학원 사회복지학과 석사
그린이벤트 대표
행복나눔연구소 소장
해피팀봉사단 단장

▌문홍남

중앙신학대학원대학교 사회복지학과 박사(Ph.D)
군장대학교 현장실습지도교수/사회복지사 1급 나눔 교수
칼빈대학교 외래교수/미래정보연구소 남부지사 대표
<저서> 사회복지개론, 인간행동과 사회환경, 지역사회복지론, 사회복지실천론
노인복지론, 인간발달, 상담심리학, 상담이론과 실제

▌신민식

인천대학교 정책대학원 사회복지학 석사 졸업
대한신학대학원대학교 사회복지학 박사과정
한국사회복지실천정책학회 선임연구위원
<저서> 사회복지개론

▌양철수

California Central University 사회복지상담학과 석사·박사(D.S.W. in Coun.)
서울사회복지대학원대학교 사회복지학 석사(D.S.W)
서울사회복지대학원대학교 지도교수
세한대학교 대학원 경영학과(복지경영) 박사과정
(주)동우크린케어 대표이사
<저서> 인간발달, 상담심리학, 상담이론과 실제, 사회복지개론
인간행동과 사회환경 사회복지실천론, 사회복지행정론, 노인복지론

▌이상열

선문대학교 사회복지대학원 사회사업학과(가족치료 전공) 석사
선문대학교 일반대학원 통합의학과(자연치유 전공) 박사(Ph.D cand.)
통합연극심리상담협회 교육이사
한국열린사이버대학교 뷰티건강디자인학과 특임교수
사)한국심성교육개발원 심리상담연수부 전임교수
사)한국체형관리운동협회 중앙교육원 스포츠심리상담과정 교수

발달심리학

1판 1쇄 인쇄 – 2018년 8월 25일
1판 1쇄 발행 – 2018년 8월 30일

저 자 - 송형철 권 붕 김종필 문홍남
신민식 양철수 이상열

발 행 인 - 강철원
발 행 처 - 양성원
주 소 - 경기도 파주시 검산로 173번길 29-20
전 화 - 031-946-3861(代)
팩 스 - 031-946-3864
이 메 일 - tnwpub@naver.com
출판등록 - 2015년 8월 31일 제 2015-000211 호

ISBN 979-11-6126-120-1

정가 20,000원